화엄경청량소
華嚴經淸涼䟽

화엄경청량소

제6권

제2 보광명전법회 ②

[정종분 제10 보살문명품]

청량징관 저
석반산 역주

담앤북스

일러두기

1. 본 화엄경소초의 번역에 사용된 원본은 봉은사에 소장된 목판 80권 『화엄경소초회본』이다.
2. 교정본은 민국(民國) 31년(1942) 대만의 화엄소초편인회(華嚴疏鈔編印會)에서 합본으로 교간(校刊)한 『화엄경소초 10권』을 사용하였다. 그리고 원본현토는 화엄학연구소의 원조각성 강백의 현토본을 참고하였다.
3. 대장경 속에 경전과 합본으로 수록된 것은 없고, 다만 『大正大藏經』 권35에 『화엄경소 60권』이 있으며 권36에 『화엄경수소연의초(華嚴經隨疏演義鈔) 90권』이 있지만 경의 본문과의 손쉬운 대조를 위해 회본(會本)을 기본으로 하였으며, 일일이 찾아서 대장경과 대조하지는 못하였다.
4. 교재본이라 한 것은 민족사에서 1997년에 발간한 『현토과목 화엄경』(전 4권)을 지칭하며 원문 인용은 이 본을 기본으로 하였다.
5. 본 『청량소』 전권에서는 소(疏)의 전문을 해석하였고, 초문(鈔文)은 너무 번다하고 중복되는 부분을 필자가 임의로 생략하였다.
6. 본문에서 이해를 돕기 위하여 도표로 작성한 것은 봉선사 능엄학림의 월운강백께 허락을 얻어 『화엄경과도(華嚴經科圖)』를 준용(準用)한 것이다.
7. 목차는 『화엄경소초』의 과목을 사용하였고 『화엄경과도』를 준용하였다. 과목에 이어지는 ( ) 안에는 간편한 대조를 위하여 목판본의 페이지를 표시하였다.
   예) 一 一) (一) 1. 1) (1) 가. 가) (가) ㄱ. ㄱ) (ㄱ) a. a) (a) ㉠ ①
   ㋐ ㉮ ⓐ A. ㉧ ⓑ ㉲ ㄱ ⓐ Ａ ㅏ
8. 목차는 되도록 현대적 번역어로 제목을 삼으려 하였고, 풀어서 제목에

이어 표기된 아라비아 숫자는 문단의 개수이다.
9. 경과 소문(疏文)은 조금 띄워서 구별을 두었고, 소문(疏文) 앞에는 ■ 표시를, 초문(疏文) 앞에는 ● 로 표시하여 번역문을 수록하였다. ❖ 표시는 역자의 견해를 밝힌 부분이다.
10. 경구(經句)의 번역문은 한글대장경과 민족사 간(刊)『화엄경 전 10권』을 참고하였고, 소(疏) 문장 번역은 직역을 원칙으로 하였다. 인용문은 주로 한글대장경의 번역을 따르고자 노력하였다.

『화엄경청량소』 제6권 차례

大方廣佛華嚴經疏鈔 제13권의 ③ 秋字卷
제10. 보살들이 질문하고 대답하는 품[菩薩問明品] ①

제2절. 보살문명품 이하 23품은 닦을 인행에 대한 질문에 대답하다.
[次問明品下二十三品答所修因問] 4. ································· 16
제1. 오게 된 뜻 ··· 16
제2. 명칭 해석 ··· 20
제3. 근본 가르침 ··· 24
제4. 경문 해석 2. ·· 25
第一章. 믿지 못하는 이를 믿게 하다 3. ································ 26
一. 문명품은 원리적인 관법을 바로 이해하다 2. ···················· 26
(一) 질문과 대답으로 이치를 밝히다 10. ····························· 26
1. 연기법이 매우 깊다 2. ··· 26
가) 문수보살이 각수보살에게 묻다 5. ··································· 34
ㄱ. 단서의 역할에 대해 질문하다 ·· 34
ㄴ. 질문한 의미를 말하다 ··· 38
ㄷ. 질문할 대상을 구분하여 정하다 ····································· 41
ㄹ. 서로 위배됨을 회통하다 ·· 44
ㅁ. 경문 해석 3. ·· 63
ㄱ) 종지를 건립하고 참고하여 정하다 ··································· 63
ㄴ) 서로 위배된다는 힐난을 설정하다 ··································· 65
ㄷ) 앞의 힐난을 결론하다 ··· 70
나) 각수보살이 게송으로 대답하다 2. ··································· 94

ㄱ) 다섯 게송은 앞에 대해 답하여 결론하다 2. ······················95
(ㄱ) 한 게송은 법을 설하다 2. ···95
(ㄴ) 네 게송은 비유로 비교하다 2. ···································102
(a) 앞의 힐난을 해석함에 대해 통틀어 대답하다 4. ·············103
㊀ 물이 흐르고 물 댐이 있음에 의지하다······················103
㊁ 불꽃이 생겼다 없어짐에 의지하다 ···························117
㊂ 바람에 흔들림 있음에 의지한 비유 ·························125
㊃ 땅은 머물고 지탱함이 있음에 의지하다···················128
(b) 모든 모양은 서로 알지 못함에 대해 별도로 대답하다·······134
ㄴ) 다섯 게송은 앞의 힐난함에 대해 바로 대답하다 3. ············139
(ㄱ) 세 게송은 앞의 힐난에 대답하다 2. ······························139
a. 큰 의미를 밝히다 2. ···139
a) 게송의 뜻을 총합하여 밝히다 ·································139
b) 연기법을 개별로 설명하다 4. ·································146
(a) 공과 유를 바로 밝히다 ··146
(b) 뜻을 전개하다 2. ··158
① 참된 공으로 설명하다···································158
② 환술 같은 유로 설명하다·······························160
(c) 융섭하여 합하다···162
(d) 성품의 뜻을 개별로 해석하다 4. ·························168
㊀ 유의 뜻···168
㊁ 변하지 않음의 뜻·······································170
㊂ 결론하여 중도의 뜻으로 돌아가다 ·················176
㊃ 융섭하여 회통하다·····································176
b. 바로 경문을 해석하다···177
(ㄴ) 한 게송은 앞의 뜻을 해석하다 ···································223

(ㄷ) 한 게송은 자취를 털고 현묘함에 들어가다 ················ 224
2. 교화가 매우 깊다 2. ································ 235
1) 문수보살이 재수보살에게 묻다 ·························· 236
2) 재수보살의 게송으로 대답하다 2. ······················· 241
(1) 대의를 총합하여 밝히다 ··························· 241
(2) 게송 문장을 해석하다 2. ·························· 248
가. 한 게송은 법을 거론하여 듣기를 권하다 ················ 248
나. 아홉 게송은 앞의 질문에 개별로 대답하다 6. ············· 249
ㄱ. 세 게송은 몸과 시절에 의지하여 마음에 좋아함을 따라 그 방편을
   닦고 사유하고 관찰하다 2. ····················· 250
(ㄱ) 계로 분별하는 관법을 잡아 해석하다 ··············· 251
(ㄴ) 사념처 관법을 잡아서 해석하다 ·················· 255
ㄴ. 한 게송은 목숨과 시절에 의지하여 그 마음에 좋아함을 따라 방편
   을 닦고 사유하고 관찰하다 ····················· 260
ㄷ. 두 게송은 행과 시절에 의지하여 그 마음에 좋아함을 따라 방편을
   닦고 사유하고 관찰하다 ······················· 266
ㄹ. 한 게송은 알음알이와 시절에 의지하여 그 마음에 좋아함을 따라
   방편을 닦고 사유하고 관찰하다 ··················· 272
ㅁ. 한 게송은 언론과 시절에 의지하여 그 마음에 좋아함을 따라 그 방
   편을 닦고 사유하고 관찰하다 ···················· 284
ㅂ. 뒤의 한 게송은 교법이 두 가지 취함을 여읠 때에 그 마음에 좋아함
   을 따라 그 방편을 닦고 사유하고 관찰하다 ············· 291

大方廣佛華嚴經疏鈔 제13권의 ④ 收字卷
제10. 보살들이 질문하고 대답하는 품[菩薩問明品] ②

3. 업과 과보가 매우 깊다 2. ·····················298
1) 문수보살이 보수보살에게 질문하다 ·············299
2) 보수보살이 게송으로 대답하다 2. ··············303
　(1) 대답한 의미를 밝히다 ······················303
　(2) 게송 문장을 설명하다 4. ···················306
　　(가) 세 게송은 업과 과보가 체성이 없어서 텅 빈 모양을 무너뜨리지 않
　　　　음에 비유하다 ·························308
　　(나) 한 게송은 짓고 닦는 자가 없음을 비유하다 ···············327
　　(다) 한 게송은 체성이 한 가지 모양과 다름에 비유하다 ·········328
　　(라) 네 게송은 체성이 오고 감이 없음을 비유하다 ·············329
4. 설법이 매우 깊다 2. ·····················332
1) 문수보살이 덕수보살에게 묻다 ···············332
2) 덕수보살이 게송으로 대답하다 2. ··············338
　(1) 한 게송은 힐난한 질문의 이익 ················338
　(2) 아홉 게송은 비유로 대답하다 9. ···············339
　　가) 국토는 의지하여 사는 곳이 뛰어나고 하열하다 ············340
　　나) 불은 하나인데 태움은 여럿이다 ·······················341
　　다) 바다는 하나인데 파도는 다르다 ······················341
　　라) 바람은 하나인데 부는 것은 다르다 ····················342
　　마) 구름과 뇌성 뒤에 널리 비 내리다 ·····················342
　　바) 땅은 하나인데 싹은 다르다 ·························343
　　사) 둥근 달빛으로 널리 비추다 ·························343
　　아) 깨끗한 달빛을 모두가 보다 ·························344
　　자) 범천왕처럼 널리 응하다 ···························345
5. 복전이 매우 깊다 2. ·····················346
1) 문수보살이 목수보살에게 묻다 ···············346

2) 목수보살이 게송으로 대답하다 2. ··· 348
　가. 한 게송은 도장 찍음을 총합하여 비유하다 ······················· 349
　나. 아홉 게송은 이유를 개별로 밝히다 9. ······························· 350
　　가) 물로 비유하다 ··· 350
　　나) 요술쟁이의 비유 ·· 351
　　다) 왕의 비유 ··· 352
　　라) 거울의 비유 ··· 352
　　마) 아게타 약의 비유 ·· 354
　　바) 태양의 비유 ··· 355
　　사) 보름달의 비유 ··· 355
　　아) 태풍의 비유 ··· 356
　　자) 큰 불길의 비유 ··· 356
6. 교법이 매우 깊다 2. ··· 358
　1) 문수보살이 근수 보살에게 묻다 ··· 358
　2) 근수보살이 게송으로 대답하다 2. ······································ 362
　　(1) 대답한 의미를 드러내 보이다 ······································ 362
　　(2) 대답한 경문을 바로 해석하다 2. ·································· 363
　　　가. 한 게송은 가름을 열고 설법을 허락하다 ·················· 363
　　　나. 나머지 아홉 게송은 개별로 해석하다 8. ··················· 364
　　　　가) 한 게송은 신속히 해탈함에 대한 해석 ················· 364
　　　　나) 여덟 게송은 벗어나기 어려움을 해석하다 ············ 366
　　　　　(가) 불이 적고 젖은 땔감에 불 붙이는 비유 ··········· 366
　　　　　(나) 나무를 비벼 불을 구할 적에 자주 쉬는 비유 ··· 367
　　　　　(다) 인연을 빠뜨리고 불을 구하려는 비유 ··············· 375
　　　　　(라) 눈을 가리고 보기를 구하는 비유 ······················ 376
　　　　　(마) 인연을 빠뜨리고 마음을 넓히려는 비유 ············ 376

(바) 터럭 끝으로 큰 바닷물을 떠내려는 비유·····················377
(사) 적은 물로 겁의 불을 끄려는 비유·····························378
(아) 움직이지 않으면서 허공에 오르려는 비유·················378
7. 바른 행법이 매우 깊다 2.··379
1) 문수보살이 법수보살에게 묻다··379
2) 법수보살이 게송으로 대답하다 2.····································389
(1) 대답한 의미를 드러내 보이다···389
(2) 바로 경문을 해석하다 2.··392
가. 한 게송은 간략히 설하라고 찬탄하여 권유하다 2.··········392
나. 아홉 게송은 첫째 뜻을 비유로 밝히다 9.·······················402
(가) 빠질까 봐 목말라 죽는 비유··403
(나) 음식을 늘어놓고 스스로 굶어 죽는 비유·······················403
(다) 의사가 자신은 구제하지 못하는 비유····························404
(라) 가난뱅이가 남의 보물 세는 비유····································404
(마) 왕자가 춥고 배고픈 비유···405
(바) 귀머거리가 음악으로 남을 기쁘게 하는 비유················406
(사) 눈먼 이가 그린 그림을 남에게 보여 주는 비유·············407
(아) 뱃사공이 바다에 빠져 죽는 비유···································407
(자) 말은 잘하지만 참된 덕은 없는 비유······························408
8. 바른 조도법이 매우 깊다 2.···409
1) 문수보살이 지수보살에게 묻다··409
2) 지수보살이 게송으로 대답하다 2.····································413
가. 한 게송은 질문을 칭찬하고 설법을 허락하다··················415
나. 아홉 게송은 힐난한 바에 바로 대답하다 2.····················416
가) 두 게송은 두 가름의 문을 전개하다·······························416
나) 일곱 게송은 두 가름을 함께 해석하다···························419

9. 하나의 도가 매우 깊다 2. ··428
1) 문수보살이 현수보살에게 묻다 3. ·······································428
2) 현수보살이 게송으로 대답하다 2. ······································441
가) 두 게송은 그 세운 종지를 인가하다 ································453
나) 여덟 게송은 그 의심과 힐난에 대답하다 2. ·····················456
(가) 근기를 따라 소견이 다름을 총합하여 설명하다 ···········456
(나) 여섯 게송은 전전히 의심을 해석하다 ························458
10. 부처님 경계가 매우 깊다 2. ··466
(1) 여러 보살들이 문수보살에게 묻다 ···································466
(2) 문수보살이 게송으로 대답하다 10. ································470
가) 깊고 넓음으로 대답하다 ··470
나) 인행의 질문에 대답하다 ··473
다) 중생을 제도함에 대한 질문에 대답하다 ························473
라) 들어감에 대한 질문에 대답하다 ····································474
마) 지혜의 경계에 대한 질문에 대답하다 ··························475
바) 법계에 대한 질문에 대답하다 ··476
사) 음성 설법에 대한 질문에 대답하다 ······························479
아) 아는 것에 대한 질문에 대답하다 3. ····························480
ㄱ. 남종선과 북종선에 함께 회통한 해석 ·························481
ㄴ. 북종선의 병통을 보냄에 대한 해석 ·····························482
ㄷ. 다음 구절은 두 종지를 함께 회통함에 대한 해석 ········484
ㄹ. 마지막 구절은 법화경을 인용하여 해석하다 ···············485
자) 증득함에 대한 질문에 대답하다 ····································488
차) 출현에 대한 질문에 대답하다 ··491
(二) 현상을 나타내어 결론하고 통하다 2. ·····························492
1. 현상을 나타내다 ··492

2. 결론하고 시방에 통하다 2. ························496
1) 동방을 결론하다 ··································496
2) 나머지 아홉 방위와 유례하다 ····················497

大方廣佛華嚴經 제13권

大方廣佛華嚴經疏鈔 제13권의 ③ 秋字卷

제10 菩薩問明品 ①

第一章. 믿지 못하는 이를 믿게 하기[明未信令信] 위해서 문명품에서 열 분의 수자(首字)보살이 서로 묻고 대답하는 형식으로 불자들의 궁금증을 하나하나 점검합니다! 좌장(座長) 격인 문수보살이 질문을 던지듯이,
1. 연기법이 매우 깊음에서 각수(覺首)보살에게 질문을 하고 대답합니다.

"모든 법은 작용이 없는 것 그 자체의 성품도 또한 없는 것
그래서 온갖 것들이 각각 서로 알지 못한다네."
諸法無作用이며 亦無有體性이라 是故彼一切가 各各不相知니라

2. 교화가 매우 깊음에서 재수(財首)보살은 말한다.

"분별하여 이 몸을 관찰하건대 이 가운데 무엇을 나라 하리오.
만일 능히 이와 같이 이해한다면 나의 있고 없음을 통달하리라."
分別觀内身컨댄 此中誰是我오 若能如是解하면 彼達我有無니라

大方廣佛華嚴經疏鈔 제13권의 ③ 秋字卷

제2절. 보살문명품 이하 23품은 닦을 인행에 대한 질문에 대답하다
　　　[次問明品下二十三品答所修因問] 4.

제10. 보살들이 질문하고 대답하는 품[菩薩問明品] ①

제1. 오게 된 뜻[來意] (釋此 1上5)

[疏] 釋此一品에 亦有四門하니 初, 來意中에 有通有別이라 通은 謂上來 三品에 已答十句生解所依하고 此下는 正答生解因果일새 故次來也 니라 生解因中에 先, 答十住하니 住攬信成일새 將答所成에 先, 辨能 成이니라 又正答十信일새 故下三品이 來也니라 後, 別者는 三品明信 에 有解行德하니 解爲二本일새 此品이 先來니라

■ 이 한 품을 해석함에 역시 네 개의 부문이 있다. 제1. 오게 된 뜻 중에 1) 전체적인 부분과 2) 개별적인 부분이 있다. 1) 전체적인 부분은 말하자면 앞의 세 품[7.여래명호품 8.사성제품 9.광명각품]에 이미 생해분의 의지할 대상에 대해 대답하였고, 이 아래는 제2절. 생해분의 인행과 과덕을 대답할 것이므로 다음에 온 것이다. 생해분의 인행이란 먼저 십주에 대하여 대답하였으니 머무름[住]은 믿음[信]을 잡아서 이루어지므로 장차 이루어지는 대상을 대답하려면 먼저 '이루는 주체'에 대해 밝히겠다. 또 십신에 대해 바로 대답할 것이므로 아래 세 품[10.보살문명품 11.정행품 12.현수품]이 온 것이다. 2) 개별적인 부분은 세 품에서 믿

음에 대해 밝히면서 이해와 행법과 과덕이 있는데, 이해가 나머지 둘의 근본이 되므로 이 보살문명품이 먼저 온 것이다.

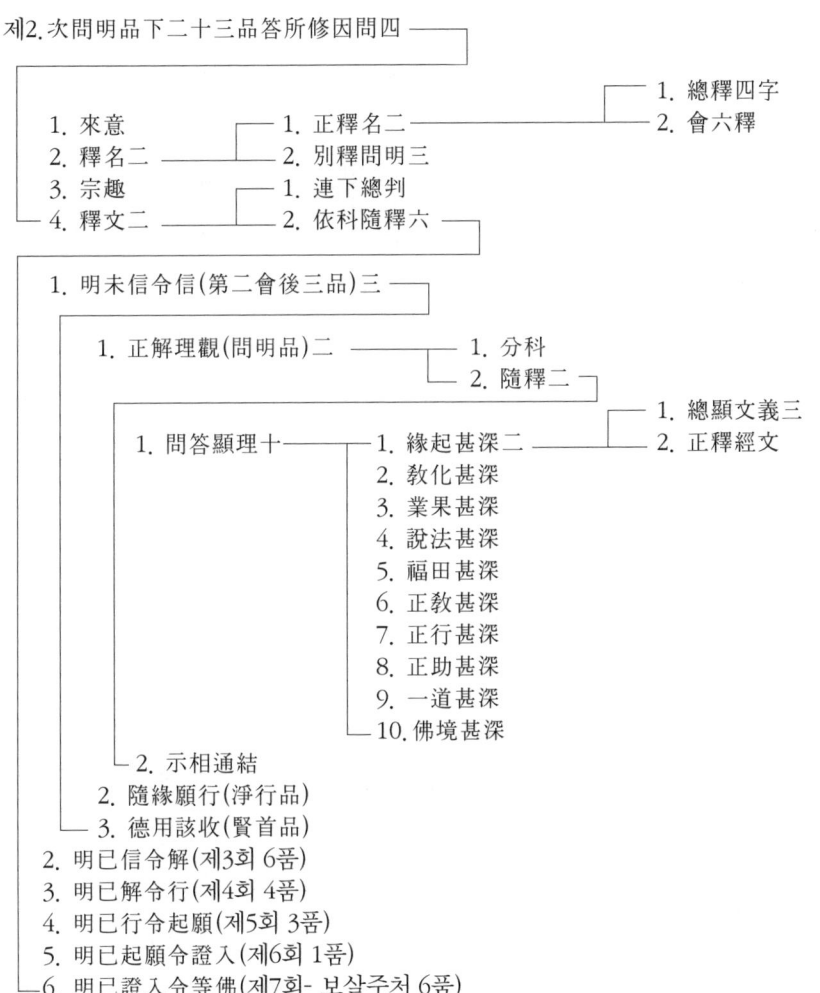

[鈔] 初來意等者는 疏文有二하니 先, 標요 後, 通謂下는 釋이라 通中에

二니 初, 明盡一分來意니 直盡第七會來오 二, 生解因中下는 唯明下三品來意라 於中에 二意니 一, 依古德信住合明이오 二, 又正答十信下는 卽疏意가 別明唯答十信[1]이니 以第二會初十問之中에 脫十信問故로 今三品에 答之하고 不答住也라 然賢首意는 始敎에 別開信位하니 如梁攝論에 云, 如須陀洹見道前四位는 謂煖과 頂과 忍과 世第一요 菩薩道前四位도 亦爾니 謂十信과 十住와 十行과 十廻向이라 又彼論과 及佛性論에 皆云, 地前에 修四種行하니 謂十信에 修信樂大乘行하고 十解에 修般若行하고 十行에 修三昧行하고 十廻向에 修大悲行이라하니 如其次第하야 卽是四位故라 又爲除四類障正使故니 卽此四位에 謂初, 除闡提不信障하고 二, 除外道我執障하고 三, 除聲聞畏苦障하고 四, 除獨覺捨大悲障이라 又信成淨德因種하고 解成我德因種하고 行成樂德因種하고 廻向은 成常樂德因種이라 又仁王經에 寄四輪王하시니 謂鐵銅銀金이라 以上敎義로 故知十信도 亦成位也로다 若終敎인대 十信은 但是十住方便이오 自無別位니 謂仁王에 釋三賢云하시되 十信, 十止, 十堅心, 十信이 卽住故라하니라 今疏는 不論成位와 不成位하고 皆以三品으로 別答信問하니 別一會答에 合有問故라 已如前說하니라

- 제1. '오게 된 뜻' 등이란 소의 문장에 둘이 있으니 1. 표방함이요, 2. 通謂 아래는 해석함이다. 1) 전체적인 부분 중에 둘이니 (1) 한 부분은 전체의 오게 된 뜻이니 바로 제7회 법회까지 오게 된 뜻이요, (2) 生解因中 아래는 오직 아래 세 품이 오게 된 뜻만 설명하였다. 그중에 두 가지 의미이니 가. 고덕이 십신과 십주에 의지하여 합하여 설명함이요, 나. 又正答十信 아래는 곧 소가의 생각이 오직 십신에만 대

---

[1] 上四字는 南續金本作答信.

답함을 개별로 설명함이니 제2회 보광명전법회의 첫 부분의 열 가지 질문 중에 십신에 대한 질문을 뺀 연고로 지금은 세 품에 대답하였고, 십주에 대해서는 대답하지 않았다. 그런데 현수대사의 주장은 대승 시교에서 십신의 지위에서 개별로 열었으니, 저 『양섭론』에 이르되, "저 수다원은 견도 앞의 네 가지 지위인 이른바 난위, 정위, 인위와 세 제일위를 말하였고, 보살도는 앞의 네 가지 지위도 또한 마찬가지이니, 이른바 십신과 십주, 십행, 십회향위이다." 또한 저 논과 『불성론』에서 모두 말하되, "십지 이전에는 네 가지 행법을 닦았으니 이른바 (1) 십신(十信)의 지위에 십신으로 즐겨 대승의 행법을 닦았고 (2) 십해(十解)의 지위에서 반야의 행법을 닦고 (3) 십행(十行)의 지위에서 삼매의 행법을 닦고 (4) 십회향(十廻向)의 지위에서 대비의 행법을 닦는다"라고 하였으니 그 순서와 같이 곧 네 가지 지위인 까닭이다. 또한 네 종류의 장애와 바른 결사 번뇌를 제거하기 위한 까닭이니, 곧 이런 네 지위에서 말하자면 (1) 익찬티카의 믿지 못하는 장애를 없애고, (2) 외도의 〈나〉란 고집의 장애를 없애고, (3) 성문이 괴로움을 두려워하는 장애를 없애고, (4) 연각이 대비심을 버린 장애를 없앤다. 또한 믿음으로 깨끗한 덕의 인행 종자를 이루었고, 이해함으로 〈나〉란 덕의 인행 종자를 이루었고, 행으로 즐거운 덕의 인행 종자를 이루었고, 회향으로 항상하고 즐거운 덕의 인행 종자를 이루었다. 또한 『인왕반야경』에서 네 가지 윤왕에 의탁하였으니 이른바 철륜과 동륜, 은륜, 금륜을 말한다. 위의 교법의 뜻으로 짐짓 십신도 또한 지위가 이루어짐을 알 수 있다. 만일 대승종교라면 십신은 단지 십주의 방편일 뿐이요, 스스로 별도의 지위가 없나니 이른바 『인왕경』에서 삼현(三賢)의 지위를 해석하여 말하되, "십신과 십지(十止)와 십견심이니,

십신이 곧 십주인 까닭이다"라고 하였다. 지금 소가는 지위를 이룸과 지위를 이루지 못함은 논하지 않고 모두 세 품으로 별도로 십신에 대한 질문에 대답하였으니, 개별로 한 법회에 대답할 적에 합하여 질문이 있는 까닭이다. 이미 앞에서 설명한 바와 같다.

제2. 명칭 해석[釋名] 2.

一. 바로 명칭을 해석하다[正釋名] 2.
一) 보살문명 네 글자를 해석하다[總釋四字] (二釋 2下8)

[疏] 二, 釋名者는 菩薩은 是人이오 問明은 是法이니 遮果表因일새 故云菩薩이라 問은 即是難이오 明은 即是答이라

■ 제2. 명칭 해석이란 보살은 사람이요, 문명은 법에 해당하나니, 과덕을 숨기고 인행을 표하였으므로 보살이라 말하였고, 질문이란 곧 힐난이요, 해명은 곧 대답을 뜻한다.

二) 문명을 따로 해석하다[別釋問明] 3.
(一) 논을 잡아 해명하다[約論通] (然問 2上9)
(二) 손님과 주인으로 나누어 해석하다[約賓主] (又長)
(三) 이치와 법을 잡아 해석하다[約理法] (又明)

[疏] 然이나 問有二種하니 一, 汎爾相問이니 梵云必理車오 二者, 難問이니 謂以理徵詰이니 梵云鉢羅室囊니 即今品意也라 答亦有二하니 一, 但依問酬報[2]曰答이오 二, 若俱爲解釋호대 旁兼異義하야 美言讚述

하야 令理顯煥日明이니 卽今品意也니라 明은 亦破闇이니 能除問者
之疑闇故라 今文殊九首가 互爲明難하야 遞作磓椎하야 硏覈敎理하
야 以悟群生일새 故以名也니라 又長行明은 起於問하고 偈頌明은 解
於問일새 故曰問明이라 不云答者는 欲以明으로 兼於問故라 問有二
義하야 故得稱明이니 一, 問中에 徵責詰難理盡하야 使答者로 亡言이
니 此는 至明之問也오 二, 以問中에 進退詰理令現하야 使答者로 易
釋이니 故以爲明이니라 又明은 卽法明이니 以十菩薩問으로 出十種法
明일새 故曰問明이니라

■ 그러나 '질문'에 두 가지가 있으니 첫째, 대개 서로 질문함이니 범어로
는 '필리거(必理車)'라 함이요, 둘째, 힐난하여 질문함이다. 말하자면
이치로 따져 물음이니 범어로는 '발라시랑(鉢羅室囊)'이니 지금 문명품
의 뜻이다. 대답에도 둘이 있으니 첫째, 단지 질문에 의지해서 대답함
을 '대답'이라 하고, 둘째, 만일 갖추어 해석하되 두루 다른 이치를 겸
하여 좋은 말로 찬술하여 이치를 확실히 드러내는 것을 '해명'이라 하
니, 곧 지금의 문명품의 뜻이다. '해명'이란 또한 어둠을 깨는 의미이
니 질문하는 자의 의심과 무식을 능히 없애 주는 뜻이다. 지금 문수
와 아홉 분의 수자(首字)보살이 번갈아 힐난에 대해 해명하여 서로 토
대[磓椎]가 되어 교리를 연구하여 중생들을 깨닫게 하므로 이렇게 이
름한 것이다. 또한 장항의 해명은 '질문'을 시작하고 게송의 해명은
질문을 '풀이'하므로 문명이라 하였다. '대답이라 말하지 않은 것'은
해명으로 질문을 겸하려고 한 까닭이다. 질문에 두 가지 뜻이 있어서
그러므로 해명이라 칭하였다. (1) 질문 중에 힐난에 대해 묻고 꾸짖
는 이치를 다하여 답하는 이로 하여금 말을 없앴으니 이것은 해명에

---

2) 報는 甲南續金本作答報. 磓 다듬이돌 침. 椎 몽치 추. 覈 핵실할 핵.

대한 질문까지이고, (2) 질문 중에 나아가고 물러남의 이치를 힐난하여 하여금 나타나게 해서 대답하는 이로 하여금 쉽게 해석하게 하였으니 그러므로 해명이라 하였다. 또한 해명은 곧 법으로 해명함이니 열 분 보살의 질문으로 열 가지 법을 내어 설명하는 연고로 '문명(問明)'이라 말하였다.

二. 육합석으로 회통하다[會六釋] (雖諸 2下10)

[疏] 雖諸義不同이나 皆菩薩之問明이라 依主釋也니라
■ 비록 여러 뜻이 같지는 않지만 모든 보살의 질문을 해명한다는 것은 의주석이다.

[鈔] 二, 釋名이라 疏文에 二니 先, 得名이오 後, 雖諸下는 釋名이라 前中에 先, 總釋이오 後, 然問有二下는 別釋이라 於中에 三이니 一, 約論通이오 二, 分賓主오 三, 約法理라 今初[3]라 問卽是難明卽是答은 今對彼難問일새 故答稱明이니 此明은 局在答者라 而有二義하니 一, 顯理爲明이니 此明屬自오 二, 明亦已下는 破闇爲明이니 此約答他하야 令他明故니라 又長行下는 第二, 約賓主라 問은 唯屬問이오 明은 通問答이라 言使答者亡言者는 如緣起甚深中問에 云, 心性是一이어늘 何以種種고 若云緣令種種인대 何以復不相知오하야 逆遮其救하야 使其亡言이라 言使答者易釋者는 謂問意에 言, 旣是一性인대 何以種種이며 欲言種種인대 復不相知라할새 故로 答意에 云, 由不相知하야 能成種種이니 種種無性이 卽不相知니 故不乖一性이라 卽答者가 易

---

[3] 上四十五字는 南金本作然問有二下 約論通.

釋也니라

又明卽法明下는 第三, 約法理⁴⁾釋이니 亦是約敎義說이라 謂問卽是敎요 釋有往復일새 故明卽法明이라 是義所攝이니 謂十甚深이 爲十種法明일새 就此法明이라 又約心境인대 法卽是境이오 明卽是心이니 以智慧明으로 照二諦法일새 故云法明이니라

- 제2. 명칭 해석이란 소의 문장이 둘이니 一. 명칭을 얻음이요, 二. 雖諸 아래는 명칭 해석이다. 一. 중에 一) 총합하여 해석함이요, 二) 然文有二 아래는 개별로 해석함이다. 그중에 셋이니 (一) 논을 잡아 통함이요, (二) 손님과 주인으로 나누어 해석함이요, (三) 이치와 법을 잡아 해석함인데, 지금은 (一)이다. '질문은 곧 힐난이요 해명은 곧 대답함'이란 지금은 저 힐난하여 물음에 상대한 연고로 대답을 해명이라 칭하였으니, 여기의 명(明)은 대답에만 국한된 것이다. 그러나 두 가지 뜻이 있으니 (1) 이치를 밝혀서 해명하였으니 여기의 명은 자신에게 속함이요, (2) 明亦 아래는 어둠을 타파함이 '밝음'이 되었으니 이것은 저에게 답함을 잡아서 다른 이로 하여금 밝히도록 하는 까닭이다.

(二) 又長行 아래는 손님과 주인으로 나누어 해석함이다. 질문은 오직 질문에만 속하고 해명은 질문과 대답에 통한다. '답하는 이로 하여금 말을 없애게 한다'고 말한 것은 저 1. '연기법이 매우 깊음' 중에 질문하여 말하되, "마음의 성품은 하나이거늘 어찌하여 가지가지 차별이 있음을 보나이까?" 만일 이르되, "연기가 갖가지로 하여금 어찌하여 다시 서로 알지 못하게 하는가?"라고 하여 그 구제함을 거꾸로 막아서 그로 하여금 말을 없앤다. '대답하는 이로 하여금 쉽게 해석하게 한다'고 말한 것은 말하자면 질문한 의미에 말하되, "이미 한 가

---

4) 法理는 甲南續金本作理法.

지 성품인데 어째서 갖가지이며 갖가지라고 말하려고 하는데 다시 서로 알지 못한다"라고 하였으므로 대답한 의미로 말하면, 서로 알지 못함으로 말미암아 능히 갖가지를 이루었으니 갖가지 성품 없음이 곧 서로 알지 못함이니, 그러므로 한 가지 성품을 어그러지게 하지 않는다. 곧 대답하는 이가 쉽게 해석한 것이다.

(三) 又明卽法明 아래는 이치와 법을 잡아 해석함이니 또한 교법과 뜻을 잡아 설명함이다. 말하자면 질문은 곧 교법이요 해석은 가고 돌아옴이 있으므로 해명은 곧 법으로 밝힘이다. 뜻에 포섭된 바이니 이른바 열 가지 매우 깊음이 열 종류의 법으로 밝히기 위함이다. 이 법에 입각하여 밝힌 것이다. 또한 마음 경계를 잡는다면 법은 곧 경계요 밝음은 곧 마음이니 지혜의 밝음으로 두 가지 진리법을 비추는 연고로 '법으로 밝힌다'고 말하였다.

제3. 근본 가르침[宗趣] (三宗 3下5)

[疏] 三, 宗趣者는 亦先은 通이오 後는 別이라 通에 復二義니 一, 通分宗이오 二, 通會宗이니 並如會初니라 二, 別明此品에 有其二義하니 一, 望當品에 以十甚深에 爲宗하고 依成觀解로 爲趣라 二, 望後二品에 則以甚深觀解로 爲宗이오 成後行德爲趣니라

■ 제3. 근본 가르침은 역시 一. 전체적인 부분이요, 二. 개별적인 부분이다. 一. 전체적인 부분에 또한 두 가지 뜻이 있으니 (1) 생해분의 전체적인 종취요, (2) 제2 보광명전법회의 종취니 아울러 법회의 처음에 밝힌 내용과 같다. 二. 개별적인 부분에 두 가지 뜻이 있으니 (1) 문명품을 바라보면 열 가지 깊음을 종(宗)으로 삼고, 이룸에 의

지해 관찰하고 이해함으로 취(趣)를 삼는다. (2) 뒤의 두 품을 바라보면 깊은 관찰과 이해로 종을 삼고, 뒤의 행덕을 이룸으로 취를 삼는다.

제4. 경문 해석[釋文] 2.

一. 아래와 연결하여 과판하다[連下總判] (四釋 3下9)

[疏] 四, 釋文이니 此下로 至菩薩住處히 明生解之因이라 配十句問은 如前問中이라 依文次第하야 且分爲六이니 初, 此下三品은 明未信令信이오 二, 第三會는 已信令解오 三, 第四會는 已解令行이오 四, 第五會는 已行令起願이오 五, 第六會는 已起願令證入이오 六, 十定品으로 至住處品은 已證入令等佛이라 今初三品이 卽爲三別이니 此品은 明正解理觀이오 次品은 明隨緣願行이오 賢首品은 明德用該收라

■ 제4. 경문 해석이니 이 아래로 제32. 보살주처품까지는 생해분의 인행을 밝힌 부분이다. 열 구절로 배대하여 질문함은 앞의 질문 중과 같다. 문장의 순서에 의지하여 우선 여섯 부분으로 나뉘었으니 一) 이 아래 세 품[10.보살문명품 11.정행품 12.현수품]은 믿지 못하는 이를 믿게 함이요, 二) 제3 도리천궁법회는 이미 믿은 이를 알게 함이요, 三) 제4 야마천궁법회는 아는 이를 수행하게 함이요, 四) 제5 도솔천궁법회는 수행하는 이를 발원하게 함이요, 五) 제6 타화자재천궁법회는 원을 세운 이를 증득해 들어가게 함이요, 六) (제7 중회보광명전법회는) 27. 십정품에서 보살주처품까지는 증입한 이를 부처님과 같게 함이다. 지금의 첫 세 품은 곧 세 가지 구분이 있으니, 10. 보살문명품

은 이치적으로 관찰함을 바로 알게 함을 밝혔고, 다음 11. 정행품은 인연 따라 원력을 실천함을 밝혔고, 12. 현수품은 공덕의 작용을 포함하여 거둠을 밝힌 내용이다.

二. 과판에 의지해 해석하다[依科隨釋] 6.
第一章. 믿지 못하는 이를 믿게 하다[明未信令信] (第二會後三品) 3.

一. 문명품은 원리적인 관법을 바로 이해하다[正解理觀] 2.
一) 과목 나누기[分科] (就初 4上5)

[疏] 就初하야 分二니 先, 問答顯理요 後, 示相結通이라
- 처음에 입각하여 둘로 나누리니 (一) 질문과 대답으로 원리를 밝힘이요, (二) 모양을 보이며 결론하여 통함이다.

二) 과목에 따라 해석하다隨釋] 2.
(一) 질문과 대답으로 이치를 밝히다[問答顯理] 10.
1. 연기법이 매우 깊다[緣起甚深] 2.

1) 경문의 뜻을 총합하여 밝히다[總顯文義] 3.
(1) 열 가지 매우 깊음으로 배대하다[配十甚深] 2.
가. 명칭을 나열하다[列名] (前中 4上6)

[疏] 前中에 以十菩薩이 各主一門하야 顯十甚深이 卽爲十段이니 一, 緣起甚深이오 二, 敎化甚深이오 三, 業果甚深이오 四, 說法甚深이오

五, 福田甚深이오 六, 正敎甚深이오 七, 正行甚深이오 八, 正助甚深이오 九, 一道甚深이오 十, 佛境甚深이니라

- 二)에 나아가 둘로 나누었으니 (一) 질문과 대답으로 이치를 밝힘이요, (二) 모양을 보이고 결론하여 통함이다. (一) 중에 열 분 보살이 각각 한 부문을 담당하여 열 가지 깊은 이치를 밝혔으므로 열 문단이 되었다. 1. 연기가 매우 깊음이요, 2. 교화가 매우 깊음이요, 3. 업과 과보가 매우 깊음이요, 4. 설법이 매우 깊음이요, 5. 복전이 매우 깊음이요, 6. 바른 교법이 매우 깊음이요, 7. 올바른 수행이 매우 깊음이요, 8. 올바른 조도법이 매우 깊음이요, 9. 하나의 도가 매우 깊음이요, 10. 부처님 경계가 매우 깊음이다.

나. 순서를 밝히다[辨次] (此十 4上9)

[疏] 此十甚深의 次第云何오 緣起深理가 總該諸法하니 觀解之要일새 故首明之라 衆生迷此일새 故須敎化요 違化順化에 有善惡業이오 欲知此業인대 由說法成이오 然說法成善에 唯佛福田이오 旣說順田에 須持聖敎요 敎在勤行이니 行須正道오 助道에 助必有正이오 殊途同歸오 得一道者는 當趣佛境이니 故爲此次니라

- 이 열 가지 매우 깊음의 순서가 어떠한가? 1) 연기법의 깊은 이치가 모든 법을 총합하여 관통하므로 관찰과 이해의 요체이므로 먼저 밝힌 것이다. 중생은 여기에 미혹하므로 교화가 필요함이요 교화를 어기거나 교화를 따르면 선업과 악업이 있게 되고, 이런 업에 대해 알려고 한다면 설법으로 인해 이루는 것이다. 하지만 설법으로 선업을 이루면 오직 부처님으로 복전이 될 것이요,

(2) 열 가지 신심으로 배대하다[配十信心] 2.

가. 바로 배대하다[正配] (又此 4下7)

나. 힐난을 해명하다[通難] (以是)

[疏] 又此十種을 亦可配於十信이나 但不次耳라 文殊佛境은 卽當信心이
  니 文殊는 主信故오 佛境은 卽所信故라 約發心次第에 信居其初오
  約所信終極에 最居其後라 亦明十心이나 不必次故라 勤首는 卽進心
  이오 財首는 爲念心이니 明四念故오 覺[5]首는 定心이니 能觀心性[6]이 爲
  上定故오 智首는 卽慧心이니 慧爲上首며 兼已莊嚴일새 故有十度라 法
  首는 卽不退心이니 如說修行에 得不[7]退故오 寶首는 卽戒心이니 三聚
  無缺이 如寶珠故며 業果甚深이 戒所招故오 德[8]首는 卽護法心이니
  說法[9]甚深이 是所護故오 目首는 卽願心이니 福田等一이오 由願異
  故며 目能將身이 如願導行故오 賢首는 卽廻向心이니 以歸一道가 卽
  廻向眞如며 一身一智等이 卽是佛果라 文에 云, 如本趣菩提하야 所
  有廻向心等이라하니라 以是圓融十法일새 故各兼多義니라

■ 또한 이런 열 종류를 또한 십신에 배대할 수 있지만 단지 순서대로가
  아닐 뿐이다. (1) 문수보살의 부처님 경계가 깊음은 곧 신심에 해당
  하나니, 문수보살은 믿음의 주체이기 때문이요, 부처님 경계는 믿을
  대상인 까닭이다. 발심하는 순서를 잡을 적에 믿음이 처음에 있으며,
  믿을 대상의 마지막을 잡을 적에도 가장 마지막에 있는 것이다. 또한
  열 가지 마음을 밝혔지만 반드시 순서가 맞지는 않는다. (2) 근수보

---

5) 覺은 甲南續金本作德.
6) 上四字는 甲南續金本作心性無念.
7) 得不은 南續金本作不得.
8) 德은 甲南續金本作覺.
9) 說法은 甲南續金本作緣起.

살은 곧 정진하는 마음이요, (3) 재수보살은 기억하는 마음이 되나니 네 가지 마음을 밝힌 까닭이요, (4) 각수보살은 삼매의 마음이니 관찰하는 주체인 마음 성품이 상품의 선정이 되는 까닭이요, (5) 지수보살은 곧 지혜로운 마음이니 지혜가 상수가 되는 까닭이며, 겸하여 이미 장엄한 연고로 십바라밀이 있는 것이다. (6) 법수보살은 곧 물러나지 않는 마음이니 말한 대로 수행할 적에 물러나지 않음을 얻는 까닭이요, (7) 보수보살은 곧 지계하는 마음이니 삼취정계에 잘못 없음이 보배구슬과 같은 까닭이며, 업과 과보가 매우 깊음이 지계로 인해 불러들이는 까닭이요, (8) 덕수보살은 곧 법을 지키는 마음이니 법문을 설함이 매우 깊음이 보호할 대상인 까닭이요, (9) 목수보살은 곧 서원하는 마음이니 복전이 한결같으며, 서원이 다름을 말미암은 까닭이며, 눈이 능히 몸을 끌고 가는 것이 서원이 행법을 인도함과 같은 까닭이요, (10) 현수보살은 곧 회향하는 마음이니 한 길로 돌아감이 곧 진여에 회향함이며, 한 몸과 하나의 지혜 따위가 곧 부처님의 과덕인 것이다. 경문에 이르되, "처음 보리에 나아갈 적에 가진 바 회향하는 마음과 같이해서" 따위라고 하였다. 열 가지 법에 원융한 연고로 각기 여러 가지 뜻을 겸하고 있다.

(3) 십신의 공덕을 배대하다[配十信德] (又亦 5上6)

[疏] 又亦攝十信之十德이나 恐繁不敍하노라
- 또한 십신의 열 가지 공덕을 포섭하였지만 번거로울까 염려하여 말하지 않는다.

[鈔] 第四, 釋文이라 前中以十菩薩下는 疏文有三하니 初, 約十甚深이오 次, 示別理오 後, 正釋文이라 前中에 二¹⁰⁾니 先, 列十名이라 然此十甚深은 卽遷禪師所立이니 今古同遵이니라 後, 此十甚深下는 明次第라 言緣起深理者는 若染若淨이 染淨交徹하야 無不攝故라 攝論中에 云, 菩薩初學에 應先觀諸法如實因緣이라하니 以成正信과 及正解故니라 又此十種下는 第二, 示別理라 於中有二하니 一, 配十信이오 二, 配信德이라 前中에 亦二니 先, 正配釋이라 然十信心은 謂一, 信이오 二, 進이오 三, 念이오 四, 定이오 五, 慧요 六, 不退요 七, 戒요 八, 護法이오 九, 願이오 十, 廻向이니 配文可知니라

後, 以是圓融下는 通妨難이라 謂有難云호대 信進等相은 釋處를 易知어니와 今十甚深은 文義兼廣이어니 何得而是十信等耶할새 故爲此答이니라 又亦攝者는 信有十德하니 一, 親近善友오 二, 供養諸佛이오 三, 修習善根이오 四, 志求勝法이오 五, 心常柔和오 六, 遭苦能忍이오 七, 慈悲深厚오 八, 深心¹¹⁾平等이오 九, 愛樂大乘이오 十, 求佛智慧니라 配十甚深者는 一은 卽正敎甚深이니 近佛善友하야 聞敎法故오 二는 卽福田甚深이오 三은 卽業果甚深이오 四는 卽緣起甚深이오 五는 卽正行이오 六은 卽助道요 七은 卽敎化요 八은 卽一道요 九는 卽說法이오 十은 卽佛境이니 通說佛智가 爲所信故라 旣有多含일새 故文義兼廣이니라

● 제4. 경문 해석이다. 가.(경문의 뜻을 밝힘) 중에 以十菩薩 아래는 소문이 셋이 있으니 가) 열 가지 매우 깊음을 잡아 밝힘이요, 나) 별다른 이치를 보임이요, 다) 바로 경문을 해석함이다. 가) 중에 둘이니 (가)

---

10) 上鈔는 南續金本作前中以十菩薩下.
11) 深은 原本作身, 甲南續金本作深; 案賢首品疏鈔引瓔珞經信心十德 第八爲深心平等.

열 가지 명칭을 나열함이다. 그런데 이런 열 가지 매우 깊음은 곧 희천(希遷)선사12)가 세운 주장이니 현재와 고덕들이 함께 따르고 있다. (나) 此十甚深 아래는 순서를 밝힘이다. '연기법의 깊은 이치'라 말한 것은 잡염과 청정함이 물들고 깨끗함으로 서로 사무쳐서 거두지 않음이 없는 까닭이다. 『섭대승론』 중에도 이르되, "보살은 처음으로 배움에 있어서 마땅히 먼저 모든 법의 여실한 인연을 관하여야 한다"라고 하였으니, 바른 믿음과 바른 이해를 이룬 까닭이다. 나) 又此十種 아래는 별다른 이치를 보임이다. 그중에 둘이 있으니 나) 열 가지 신심으로 배대함이요, 다) 십신의 공덕을 배대함이다. 나) 중에 또한 둘이니 (가) 바로 배대하여 해석함이니, 그런데 십신의 마음은 이른바 (1) 믿음 (2) 정진 (3) 생각 (4) 삼매 (5) 슬기 (6) 물러나지 않음 (7) 지계 (8) 법을 보호함 (9) 발원 (10) 회향심이니 배대한 경문은 알 수 있으리라.

(나) 以是圓融 아래는 힐난을 해명함이다. 말하자면 어떤 이가 힐난하여 말하되, "믿음과 정진하는 따위 양상을 해석한 곳은 쉽게 알거니와 지금 열 가지 매우 깊음은 경문의 뜻은 겸하여 광대한데 어떻게 이런 열 가지 믿음 따위를 얻었는가?"라고 하므로 그래서 여기서 대답하였다. 又亦攝 아래는 믿음에 열 가지 덕이 있으니 ① 착한 벗과 친근함이요, ② 부처님께 공양 올림이요, ③ 선근을 수습함이요, ④ 뛰어난 법을 구하려 함이요, ⑤ 마음이 항상 부드러움이요, ⑥ 괴로

---

12) 석두희천(石頭希遷, 700-790): 唐代 스님. 青原行思의 제자, 端州(광동성) 高要人. 성은 陳씨. 27세에 六祖에 의지해 得度하고 육조寂後 行思에게 師事하여 법을 이었다. [肇論]을 보다가 契悟한 바가 있어 '參同契'와 '草庵歌'를 짓다. 唐天寶初(742-755) 衡山 南寺 동쪽 石臺 위에 結庵而住하니 石頭和尚이라 칭하다. 廣德 2년(764) 門人의 請에 응하여 梁端으로 내려와 宗風을 선양하다. 당시 禪界에서 江西馬祖와 쌍벽을 이루다. 藥山惟儼에게 傳法하고 貞元 6년 91세로 示寂. (조당집4, 송고승전9, 전등록14, 통재14, 계고략3) 저서:[參同契 1권] [草庵歌 1권].

움 만나면 잘 참음이요, ⑦ 자비가 깊고 두터움이요, ⑧ 깊은 마음이 평등함이요, ⑨ 대승법을 좋아함이요, ⑩ 부처님 지혜를 구함이다. 열 가지 매우 깊음에 배대하면 (1) 바른 교법이 깊음이니 부처님과 선지식을 가까이하여 교법을 듣기 때문이요, (2) 복전이 깊음이요, (3) 업과 과보가 깊음이요, (4) 연기법이 깊음이요, (5) 바른 행법이 깊음이요, (6) 조도법이 깊음이요, (7) 교화가 깊음이요, (8) 하나의 도가 깊음이요, (9) 설법이 깊음이요, (10) 부처님 경계가 깊음이니 전체 모양으로는 부처님 지혜가 믿을 대상이 되는 까닭이다. 이미 많이 포함된 것이 있는 연고로 경문의 뜻과 겸하여 광대한 뜻이다.

2) 경문을 바로 해석하다[正釋經文] 2.
(1) 큰 의미를 총합하여 설명하다[總明大意] (且爲 6上3)

[疏] 且爲十甚深解에 然有二義하니 一, 約行이요 二, 約法이라 言約行者는 文殊發問에 九菩薩答은 明妙慧가 通於衆行이요 九菩薩問에 文殊爲答은 明衆行이 成於妙慧라 言約法者는 初九는 顯差別義요 後一은 顯差別同歸佛境이니 此二不二가 成信中之觀解니라

■ 우선 열 가지 매우 깊은 이해에 두 가지 뜻이 있으니 (1) 행법을 잡아 해석함이요, (2) 법을 잡아 해석함이다. '행법을 잡는다'고 말한 것은 문수보살이 질문하고 아홉 보살이 대답함은 미묘한 슬기가 여러 행법과 통함을 밝힘이요, 아홉 보살이 질문하고 문수보살이 대답함은 여러 행법이 미묘한 슬기를 이룸을 밝혔다. '법을 잡는다'고 말한 것은 처음 아홉 가지 깊음은 차별된 뜻을 밝힘이요, 뒤의 한 가지 깊음은 차별법이 함께 부처님 경계로 돌아감을 밝혔으니, 이 둘이 둘 아님

이 믿음 중의 관법과 이해를 이룬 것이다.

[鈔] 且爲十甚深下는 第三, 釋文이라 妙慧通於衆行者는 文殊는 爲妙慧요 九首는 爲衆行이니 各主一門故라 而問爲能成하고 答爲所成이니 故로 妙慧衆行에 互爲能所니라
此二不二者는 融上二也니 謂行與法이 不二일새 了法成行하고 行契法故라 又衍法師가 云, 一人問多는 表一中에 解無量故오 多人問一은 表無量中에 解一故라 又文殊는 是主오 餘九는 是伴故라 文殊是 總이오 餘九是別이라하니 不是全要일새 故略不出이니라

● 2) 且爲十甚深 아래는 경문을 바로 해석함이다. '미묘한 슬기가 여러 행법과 통한다'는 것은 문수보살은 미묘한 슬기가 됨이요, 아홉 수자 보살은 여러 행법이 됨이니 각기 한 문을 주재한 까닭이다. 그러나 질문은 성취하는 주체가 되고, 대답은 성취할 대상이 된다. 그러므로 미묘한 슬기와 여러 행법이 번갈아 주체와 대상이 되었다. '이 둘이 둘 아님'이란 위의 둘과 융합함이니, 이른바 행법과 법이 둘이 아니므로 법을 알고 행법을 성취하고 행법으로 법에 계합한 까닭이다. 또한 연(衍)법사가 이르되, "한 사람이 여러 사람에게 질문한 것은 하나 중에 한량없음을 안다는 것을 표하기 위함이요, 여러 사람이 한 사람에게 질문한 것은 한량없음 중에 하나를 알게 됨을 표하기 위함이다. 또한 문수보살은 주인이요 나머지 아홉 보살은 반려이기 때문이다. 문수는 총상이요 나머지 아홉 보살은 별상이다"라고 하였으니 전체가 중요한 것이 아니므로 생략하고 내보이지 않은 것이다.

(2) 경문을 개별로 해석하다[別釋經文] 2.

가. 열 문단으로 지적하다[總指十段] (文中 6下4)

[疏] 文中에 十段이 皆先問後答이라 又先, 起明問이오 後, 解問明이라
- 경문 중에 열 문단이 모두 앞은 질문이요, 뒤는 대답이다. 또한 앞에는 질문을 일으켜 해명하였고, 뒤는 해명할 것을 알고 질문한 것이다.

나. 첫째 문단을 개별로 해석하다[別釋初段] 2.
가) 문수보살이 각수보살에게 묻다[文殊問覺首] 2.

(가) 질문하고 대답하는 주인을 밝히다[彰問答之主] (今初 6下4)

**爾時에 文殊師利菩薩이 問覺首菩薩言하시되,
저 때에 문수보살이 각수보살에게 물으셨다.**

[疏] 今初, 緣起中에 二니 初는 問이라 分二니 初, 爾時下는 彰問答之主라 問覺首者는 彼得此門故라 緣起深義를 不覺則流轉故라
- 지금은 1. 연기법이 매우 깊음 중에 둘이니 (가) 爾時 아래는 질문하고 대답하는 주인을 밝힘이다. 각수보살에게 질문한 것은 저가 이 문을 얻은 까닭이다. 연기법이 깊음의 뜻을 깨닫지 못하면 (생사에) 유전하기 때문이다.

(나) 질문의 단서를 바로 밝히다[正顯問端] 5.
ㄱ. 단서의 역할에 대해 질문하다[問所爲] (二正 6下7)

[疏] 二, 佛子心性下는 正顯問端이라 略啓五門[13]이니 一, 問所爲오 二, 述問意오 三, 定所問이오 四, 會相違오 五, 釋本文이라 初, 問所爲者는 有二義故로 最初問之니 一, 拂異見이오 二, 顯深理라 拂見有三하니 一, 令諸菩薩로 知法從緣하야 異外道見이오 二, 知從心現하야 捨二乘見이오 三, 但心性起가 不同權敎니라 二, 顯深理者는 令諸菩薩로 於此實義에 發深信解하고 起行證眞이니 始終皆實일새 故問斯義라 起信論에 云,[14] 有法能起摩訶衍信根하나니 是故應說이니라 所言法者는 謂衆生心이니 依一心法하야 有眞如門과 及生滅門이라하니 彼論에는 依此하야 生淨信故니라

(나) 佛子心性 아래는 질문의 단서를 바로 밝힘이다. 대략 다섯 문을 열었으니 간략히 다섯 문이 있으니 ㄱ. 단서의 역할에 대해 질문함이요, ㄴ. 질문의 의미를 말함이요, ㄷ. 질문할 대상을 정함이요, ㄹ. 서로 위배됨을 회통함이요, ㅁ. 본문을 해석함이다. ㄱ. (단서의) 역할에 대해 질문함이란 두 가지 뜻이 있으므로 제일 먼저 질문하였다. (1) 다른 견해를 제거함이요, (2) 깊은 이치를 밝힘이다. (1) 견해를 제거함에도 세 가지가 있으니 ① 여러 보살로 하여금 법이 인연을 따르기 때문에 외도의 견해와 다름을 아는 것이요, ② 마음에서 나타남을 알아서 이승의 견해를 버리는 것이요, ③ 단지 심성이 일어남만이 권교와는 다른 것이다. (2) 깊은 이치를 밝힘이란 여러 보살로 하여금 이 실다운 이치에 깊은 믿음과 이해를 내고 행법을 시작하여 진여법을 증득하는 것이니, 처음과 마지막이 모두 진실이므로 이런 뜻에

---

13) 啓는 甲南續金本作起.
14) 起信論 立義本에 云, "所言法者는 謂衆生心이니 是心則攝一切世間(法)出世間法이라 依於此心하야 顯示摩訶衍義하나니 何以故오 是心眞如相이 卽示摩訶衍體故며 是心生滅因緣相이 能示摩訶衍自體와 相·用故니라."

대해 질문한 것이다. 『기신론』에 이르되, "법이 대승의 믿음의 근본[信根]을 잘 일으키므로 이런 까닭에 마땅히 설해야 한다. 법이라 말하는 것은 중생심을 말함이니 (이 마음이 곧 일체의 세간법과 출세간법을 포괄하며, 이 마음에 의하여 대승의 뜻을 나타내고 있다.) 일심의 법[一心法]에 의지하여 두 가지 문이 있으니 무엇이 둘인가? 첫째는 심진여문(心眞如門)이요, 둘째는 심생멸문(心生滅門)이다"라고 하였다. 저 논에서는 이 법에 의거하여 청정한 믿음을 내기 때문이다.

[鈔] 二顯深理者는 疏文分二니 先, 正明이니 令始涉者로 便悟心性하야 超乎大方일새 故云始終皆實이라 起信論下는 第二, 引證이라 於中有四하니 初로 至應說은 是論初標文이오 二, 從所言法者謂衆生心은 即立義分이라 論에 云, 次說立義分호리라 摩訶衍者는 總說有二種하니 一者는 法이오 二者는 義라 所言法者는 謂衆生心이니 是心이 則攝一切世間法과 出世間法이라 依於此心하야 顯示摩訶衍義니라 何以故오 是心眞如相은 即是[15]摩訶衍體故며 是心生滅因緣相이 能示摩訶衍自體相用故라하니라 釋曰, 法通軌持며 亦能顯下義일새 故稱爲法이니 該於染淨하야 大位가 在因故라 言謂衆生心은 爲染淨依故로 攝世出世라 何以故下는 出攝所以니 以有三大故라 三大卽義니 大位在果라 今取通爲緣起之本일새 故但引法하야 以證眞心隨緣이니라 三, 從依一心法하야 有眞如門及生滅門은 即義引解釋分이니 顯示正義中文에 以釋前法이라 論에 云, 顯示正義者는 依一心法하야 有二種門하니 一者는 心眞如門이오 二者는 心生滅門이라 是二種門이 皆各總攝一切法盡이니라 是義云何오 以是二門이 不相離故

---

15) 是는 論作示.

라 心眞如門者는 卽是一法界大總相法門體니 所謂心性은 不生不滅等이라하며 次下에 釋心生滅云호대 心生滅者는 依如來藏하야 有生滅心이니 所謂不生不滅이 與生滅和合하야 非一非異가 名爲阿梨耶識等이라하야 廣如彼釋하니라 今以眞如로 證心性은 一이로대 隨緣生滅하야 而成種種이 爲此深理故라 四, 從彼論依此生淨信故는 卽結示爲實이니 馬鳴이 依此造論하사 令物生信이어니 何不信耶아

● (2) 깊은 이치를 밝힘이란 소문을 둘로 나누니 ㄱ) (질문한 의미를) 바로 설명함이니 처음 건너는 자로 하여금 문득 심성을 깨달아서 큰 방소를 뛰어넘게 하는 연고로 '처음과 끝이 모두 진실이다'라고 하였다. ㄴ) 起信論 아래는 인용하여 증명함이다. 그중에 넷이 있으니 (ㄱ) 처음에서 應說까지는 기신론에서 처음 표방한 문장이요, (ㄴ) 말한 바 법은 중생심이라 한 것은 입의분(立義分)이다. 『기신론』에 이르되, "다음으로 입의분을 설하리라. 마하연이란 총괄적으로 말하면 두 가지가 있으니 무엇이 두 가지인가? 하나는 법(法)이요 둘은 의(義)이다. 법이라는 것은 '중생의 마음'을 이르는 것이니, 이 마음이 일체 세간과 출세간법을 거두느니라. 이 마음에 의하여 마하연의 뜻을 나타내 보이니, 왜냐하면 이 마음이 가진 진여의 모습이 그대로 마하연의 체성(體性)이기 때문이며, 마음의 생멸하는 인연의 모습이 마하연 자체의 모양[相]과 작용[用]이기 때문이니라"라고 하였다. 해석하자면 법은 법도를 지킴과 통하며 또한 능히 아래의 의를 밝히려는 연고로 법이라 칭하니, 염오와 청정을 감싸서 큰 지위는 인행에 있기 때문이다. 중생의 마음이라 말함은 염오와 청정의 의지처가 되는 연고로 세간과 출세간을 포섭한다. 何以故 아래는 거두는 이유를 내보임이니 삼대(三大)가 있기 때문이다. 삼대(三大)는 곧 의(義) 이니 큰 지위는 과덕에

있다. 지금은 통틀어 연기법의 근본을 취하였으므로 다만 법을 이끌어서 진심은 인연을 따름을 증명하였다. (ㄷ) 일심의 법[一心法]에 의지함부터 심진여문(心眞如門)과 심생멸문(心生滅門)까지는 곧 뜻으로 해석분을 인용하였다. 현시정의분 중의 논문에서 앞의 법을 해석하였다. 『기신론』에 이르되, " '바른 뜻을 나타내 보인다'는 것은 일심법에 의지하여 두 가지 문이 있으니 무엇이 둘인가? 첫째는 심진여문이요 둘째는 심생멸문이다. 이 두 문이 모두 각각 일체 법을 모두 거두니, 이 이치가 어떠한가? 하면, 이 두 문이 서로 떨어지지 않기 때문이니라. 심진여(心眞如)라 함은 곧 일법계 대총상법문의 체성이니 이른바 심성이 불생불멸하는 것이니라"라고 하였으며, 다음 아래에 심생멸을 해석하여 말하되, "마음의 생멸이란 여래장(如來藏)을 의지한 까닭에 생멸하는 마음이 있게 되니, 이른바 불생불멸이 생멸과 더불어 화합해서 하나도 아니고 다름도 아닌 것을 아뢰야식이라 하느니라"라고 하여 자세한 것은 저기에서 해석한 내용과 같다. (ㄹ) '저 논에서는 이 법에 의거하여 청정한 믿음을 내기 때문'이란 곧 실법이 됨을 결론해 보임이니, 마명(馬鳴)보살이 이 법에 의지하여 기신론을 지어서 중생으로 하여금 믿음을 일으키게 하였는데 어찌 믿지 않겠는가?

ㄴ. 질문한 의미를 말하다[述問意] 2.
ㄱ) 질문한 의미를 바로 설명하다[正明問意] (二述 8上7)

[疏] 二, 述問意者는 謂明心性是一인대 云何見有報類種種고 若性隨事異인대 則失眞諦오 若事隨性一인대 則壞俗諦로다 設彼救言호대 報類差別이 自由業等熏識變現하고 不關心性일새 故無相違者라하면

爲遮此救하야 故重難云호대 業不知心等이라하니 謂心業이 互依하야 各無自性이라 自性尙無이어니 何能相知하야 而生諸法가

■ ㄴ. 질문한 의미를 말함이란 이른바 '마음의 성품은 하나이거늘 어찌하여 과보의 종류가 가지가지로 있음을 보나이까?' 만일 성품이 현상을 따라 달라진다면 진제를 잃을 것이요, 만일 현상이 성품이 하나임을 따르면 속제를 무너뜨린다. 설사 저들이 구제하여 말하되, "과보의 종류와 차별이 자연히 업 등의 인식을 훈습함으로 인하여 변하여 나타나고, 심성과 관계하지 않는 연고로 서로 위배됨이 없다"라고 한다면 이것을 막고 구제하기 위하여 거듭 힐난하여 말하되, '업이 마음을 알지 못하는' 등이라 하였다. 말하자면 마음과 업이 서로 의지하여 각기 자성이 없다. 자성이 오히려 없는데 어찌 능히 서로 알아서 모든 법을 생기게 하겠는가?

ㄴ) 질문한 의미를 결론하다[結成問意] 2.
(ㄱ) 참고하여 정하다[按定] (旣離 8下2)
(ㄴ) 바로 결론하다[正結] (心性)

[疏] 旣離眞性하야 各無自立인대 明此皆依心性而起로다 心性旣一인대 事應不多오 事法旣多인대 性應非一이니 此是本末相違難이며 亦是理事相違며 亦一異相違며 亦眞妄相違니라

■ 이미 진실한 성품을 여의고는 각기 스스로 세운 것이 없는데 여기서는 모두 마음의 성품에 의지하여 일어남을 밝혔다. "마음의 성품이 이미 하나라면 현상은 응당히 많지 않으며, 현상과 법이 이미 여럿이라면 성품이 응당히 하나가 아님이니, (어찌하여 과보가 가지가지 차별이 있음

을 보나이까?)" 이것이 근본과 지말이 서로 위배되는 힐난이라면 또한 이치와 현상이 서로 위배됨이며, 또한 하나와 다른 것이 서로 위배됨이며, 또한 진여와 망념이 서로 위배됨이다.

[鈔] 二, 述問意라 於中에 三이니 初, 正釋前難이오 二, 設彼救下는 釋業不知오 下는 經文이니 先, 出伏難이오 後, 爲遮此救下는 擧經通釋이라 三, 旣離眞性各無自立下는 結成本難이라 於中에 二니 先, 出所以오 後, 方正結이라 今初에 言各無自立者는 起信[16]에 云, 若得無念者는 則知心相生住異滅하리니 以無念等故라 而實無有始覺之異니 以四相이 俱時而有라 皆無自立하야 本來平等하야 同一覺故라하니라 心性旣一下는 二, 正結이니 先, 以本으로 難末이오 後, 事法旣多下는 以末로 難本이라 故로 初結에 云, 本末相違라하니라 此結有四하니 一, 本末相違는 約能所生이오 二, 事理는 直語體性이오 三, 一異는 唯語其相이라 然一에 有事一하며 有理一하니 今是理一이라 四, 眞妄은 唯語其體라 然眞亦通事니 如佛眞智等이라 今亦約理爲眞에 以含義不同일새 故有四結이나 大同小異니라

● ㄴ. 질문한 의미를 말함이다. 그중에 셋이니 ㄱ) 앞의 힐난을 바로 해석함이요, ㄴ) 設彼救 아래는 업이 알지 못함을 해석함이요, 아래는 경문이니 (ㄱ) 숨은 힐난을 내보임이요, (ㄴ) 爲遮此救 아래는 경문을 거론하여 통틀어 해석함이다. (ㄷ) 旣離眞性各無自立 아래는 본래의 힐난을 결론함이다. 그중에 둘이니 a. 원인을 내보임이요, b. 바로 결론함이다. 지금은 a.에서 '각기 스스로 세운 것이 없다'고 말한 것은 『기신론』에 이르되, "만일 무념(無念)을 얻는 자는 곧 심상(心相)

---

16) 信下에 甲南續金本有論字.

의 생(生) · 주(住) · 이(異) · 멸(滅)을 아나니, 무념과 동등하기 때문이 니라. 실제로는 시각(始覺)이 없나니 네 가지 모양[四相]이 동시에 있는 것이어서 모두가 자체 독립이 없기 때문이니 본래 평등하여 동일한 각(覺)이기 때문이니라"라고 하였다. b. 心性旣一 아래는 바로 결론함이니 (1) 근본으로 지말을 힐난함이요, (2) 事法旣多 아래는 지말로 근본을 힐난함이다. 그러므로 처음 결론하여 말하되, "근본과 지말이 서로 위배된다"라고 하였다. 이런 b. 결론에 넷이 있으니 (1) 근본과 지말이 서로 위배됨은 생기는 주체와 대상을 잡은 해석이요, (2) 현상과 이치는 바로 체성을 말함이요, (3) 하나와 다름은 오직 그 양상만 말함이요, 그런데 하나에 현상이 하나만 있으며 이치가 하나만 있으니, 지금은 이치가 하나이다. (4) 진여와 망념은 오직 그 체성만 말함이요, 그런데 진여도 또한 현상과 통하나니 부처님의 진실한 지혜 등과 같다. 지금도 또한 이치도 진실이라 잡으면 포함된 뜻이 같지 않으므로 네 가지 결론이 있지만 크게는 같고 조금은 다르다.

ㄷ. 질문할 대상을 구분하여 정하다[揀定所問] 4.
ㄱ) 바로 설명하다[正明] (三揀 9上4)
ㄴ) 막고 구제하다[遮救] (亦不)

[疏] 三, 揀定所問者는 準此問意하리라 離如來藏코는 不許八識能所熏 等이 別有自體하야 能生諸法이니 唯如來藏이 是所依生이라 亦不可 言八識이 無二類일새 故名心性一이니 以能生種種이 非相違故라

■ ㄷ. 질문할 대상을 구분하여 정함이란 여기의 질문한 의미에 준하겠다. 여래장을 여의고는 제8식의 훈습하는 주체와 훈습할 대상 따위

가 별도로 자체가 있어서 능히 모든 법을 생기게 함을 허용하지 않나니, 오직 여래장만을 의지처로 하여 생기는 것이다. 또한 제8식은 두 종류가 없으므로 심성이 하나라 이름할 수 없으리니, 능히 갖가지로 생겨남이 서로 위배되지 않기 때문이다.

ㄷ) 막아서 전전히 구제하다[遮轉救] 3.
(ㄱ) 서로 위배되지 않음을 설명하다[明非相違] (亦非 9上7)
(ㄴ) 이치로 바로 분석하다[以理正析] (熏成)
(ㄷ) 대답한 경문을 인용하여 배대하다[引答文以配] (答中)

[疏] 亦非第八이 而爲性一이니 熏成種種이 非相違故며 心性之言은 非第八故라 答中에 旣言法性이 本無生이나 示現而有生이어니 法性은 卽是眞如異名이니 正與報事로 相違일새 故成難耳니라

■ 또한 (ㄱ) 제8식은 그러나 성품은 하나가 아닐 것이니, (ㄴ) 훈습하여 갖가지를 이룸이 서로 위배되지 않기 때문이며, 마음 성품이란 말은 제8식이 아니기 때문이다. (ㄷ) 대답함 중에 "이미 법성은 본래는 태어남이 없지만 보이고 나타내어 태어남이 있다고 말하였는데, 법성은 곧 진여의 다른 명칭이니 바로 과보의 일과 서로 위배되는 연고로 힐난을 이루었을 뿐이다."

ㄹ) 결론하여 밝히다[結顯] 2.
(ㄱ) 바로 결론하다[正結顯] (文殊 9上10)
(ㄴ) 경문을 인용하여 유례하다[引他經以例] (楞伽)

[疏] 文殊가 欲顯實敎之理하사 故以心性으로 而爲難本하야 欲令覺首로 以法性示生으로 決定而答하사 海會同證이라하니 楞伽와 密嚴에 皆廣說故니라

■ "문수보살이 실교의 이치를 밝히기 위해 심성으로 힐난의 근본을 삼았고, 각수보살로 하여금 법성은 태어남을 보이는 것으로 결정코 대답하게 하려고 대중 모임이 함께 증명하였다"라고 하였으니,『능가경』과『밀엄경』에도 모두 자세하게 설하였기 때문이다.

[鈔] 三, 揀定所問者는 意云, 此是假名法相師問이니 欲顯法性義는 非是法性師의 問이오 顯17)法相義일새 故云揀定이라 於中에 三이니 一, 正揀이오 二, 遮救요 三, 結成이라 亦不可言下는 二, 遮救也니 卽法相師가 救18)此法性師의 難法相義라 心性是一者는 八識心王이 同是心故로 名爲性一이라 破云, 生於種種은 卽眼耳鼻舌等이니 故非相違라 亦非第八下는 遮其轉救니 救云호대 若八識이 非一인대 第八賴耶가 此是一義라할새 故今破云, 汝第八은 正是所熏心體에 含多種子하야 熏一成種種이니 亦非相違로다 心性之言下는 以理正折이니 第八은 但是心相生滅이오 非唯識性이라 答中에 旣云法性示生하고 不言第八無生示生하니 明是眞如隨緣義耳니라 文殊下는 三, 結成也니라

● ㄷ. 질문할 대상을 구분하여 정함이란 의미를 말하되, "이것은 빌린 이름으로 법상종 스님에게 질문함이니, 법성의 뜻은 법성종 스님의 질문이 아님을 밝히려는 것이요, 법상종의 뜻을 밝히려는 연고로 '구분하여 정한다'고 말하였다." ㄱ) (바로 설명함)에 셋이니 (ㄱ) 바로 구분

---

17) 顯下에 甲南續金本有成字.
18) 救下에 甲南續金本有云字.

함이요 (ㄴ) 막고 구제함이요 (ㄷ) 결론함이다. ㄴ) 亦不可言 아래
는 막고 구제함이니 곧 법상종 스님이 이런 법성종 스님의 법상의 뜻
을 힐난함을 구제한 것이다. '심성이 하나'란 것은 제8식의 심왕이 마
음과 같은 연고로 성품이 하나라고 이름한다. 타파하여 말하되, "갖
가지에서 생김은 곧 눈, 귀, 코, 혀 등이라" 하니 그러므로 서로 위배
되지 않는다. ㄷ) 亦非第八 아래는 막아서 전전히 구제함이니 구제
하여 말하되, "만일 제8식이 하나가 아닌데 제8식인가? 이것은 한 가
지 뜻이라"라고 하므로 그러므로 지금 타파하여 이르되, "너의 제8식
은 바로 훈습할 대상인 마음 체성에서 여러 종자를 포함하여 하나를
훈습해서 갖가지를 이룰 테니 또한 서로 위배됨이 아니다. (ㄴ) 心性
之言 아래는 이치로 바로 분석함이니 제8식은 단지 마음의 모양이
나고 멸할 뿐이요 유식의 체성이 아니다. (ㄷ) 대답함 중에 이미 말
하되, '법성에서 태어남을 보인다'라 하고 '제8식에서 태어남 없이 남
을 보인다'고 말하니 진여가 인연을 따르는 뜻임이 분명할 뿐이다.
ㄹ) 文殊 아래는 결론하여 밝힘이다.

ㄹ. 서로 위배됨을 회통하다[會相違] 2.
ㄱ) 위배됨을 말하다[敍違] (四會 10上3)

[疏] 四, 會相違者는 問이라 若爾인대 瑜伽等中에 異熟賴耶가 從業惑種
하야 辦體而生이 非如來藏의 隨緣所成인대 如何會釋고
- ㄹ. 서로 위배됨을 회통함이란 질문이다. 만일 그렇다면『유가사지
론』중에 이숙인 아뢰야식이 업과 번뇌의 종자로부터 체성을 힘써서
생기는 것이 여래장의 인연 따라 성취할 대상이 아닌데 어떻게 회통하

여 해석하는가?

ㄴ) 회통하다[會通] 3.
(ㄱ) 바로 해석하다[正釋] 2.

a. 두 종파의 의미를 거론하다[擧二宗意] 2.
a) 법상종[相宗] (答瑜 10上4)
b) 법성종[性宗] (楞伽)

[疏] 答이라 瑜伽等中에는 對於凡小하야 約就權敎하사 隨相假說이오 楞伽와 密嚴은 對大菩薩하사 依於實敎하야 盡理而說이라
- 대답함이다. 『유가사지론』 중에는 범부나 소승과 상대하여 권교(權敎)를 잡아 입각하여 모양을 따라 거짓으로 말함이요, 『능가경』과 『밀엄경』은 대보살과 상대하여 실교(實敎)를 의지하여 이치를 다해 말한 것이다.

b. 서로 위배되지 않음을 밝히다[顯非相違] (旣機)

[疏] 旣機有大小하고 法有淺深하고 敎有權實일새 故不相違니라
- 이미 근기에는 크고 작음이 있고, 법에는 깊고 얕음이 있으며, 교법에는 권교와 실교가 있으므로 서로 위배되지 않는다.

(ㄴ) 인용하여 증명하다[引證] 2.
a. 두 경전을 인용하다[正引二經] 2.

a) 밀엄경을 인용하다[引密嚴] (故密 10上7)
b) 능가경을 인용하다[引楞伽] (楞伽)

[疏] 故로 密嚴에 云, 佛說如來藏이 以爲阿賴耶어늘 惡慧는 不能知오 藏
卽賴耶識이라하니 此明守權拒實일새 訶爲惡慧니라 又彼經에 云, 如
來淸淨藏이 世間阿賴耶이니 如金與指環이 展轉無差別이라하며 楞
伽中에 眞識과 現識이 如泥團與微塵이 非異非不異며 金莊嚴具도
亦復如是하야 皆此義也니라 又彼經에 云, 如來藏이 爲無始惡習所
熏일새 名爲藏識이라하며 又入楞伽에 云, 如來藏을 名阿賴耶識이니
而與無明七識으로 共俱라하니라

■ 그러므로 『밀엄경』에 이르되, "부처님께서 여래장은 아뢰야식이니, 나쁜 지혜로는 여래장이 곧 아뢰야식임을 능히 알지 못한다고 말씀하셨다"라고 하였으니, 이것은 방편을 고집하고 실법을 거부하므로 나쁜 지혜라고 꾸짖는다. 또한 저 경에 이르되, "여래의 청정한 장은 세간의 아뢰야식이니 마치 금과 금반지가 전전히 차별이 없는 것과 같다"라고 하였으며, 『능가경』(4권 능가경) 중에 "진실한 식과 현재의 식이 마치 진흙 덩이와 먼지가 다르지도 않고 다르지 않은 것도 아님과 같으며, 금으로 된 장신구도 또한 다시 그러해서 모두 이런 뜻이다." 또한 저 경에 이르되, "여래장은 끝없는 옛날부터 허위인 악습(惡習)에 훈습된 것을 이름하여 장식(藏識)이라 한다"라고 하였으며, 또한 『입능가경』에 이르되, "여래장을 아뢰야식이라 이름하나니 무명인 제7식과 함께한다"라고 하였다.

b. 세 논서를 인용하여 증명하다[引三種論] 2.

a) 기신론을 바로 인용하다[正引起信] (又起 10下5)
b) 두 논서를 인용하여 해석하다[引二論釋] (攝論)

[疏] 又起信論에 云, 不生不滅이 與生滅和合하야 非一非異가 名爲阿梨耶識이라하니라 又如達磨經頌에 云, 無始時來界가 爲諸法等依라 하며 攝論等에 就初敎釋云호대 界者는 因義니 即種子識하야늘 寶性論에 翻此頌云호대 此性이 無始時等이라 彼論은 就實敎釋云호대 性者는 謂如來藏性이라 如聖者勝鬘經에 說하시되 依如來藏故로 有生死하고 依如來藏일새 故有涅槃이라하니

■ 또한 『기신론』에 이르되, "불생불멸이 생멸과 더불어 화합해서 하나도 아니고 다르지도 않은 것을 아뢰야식이라 한다"라고 하였다. 또한 달마경의 게송에 이르되, "아득한 옛적부터 원인[界]이고, 모든 법이 평등히 의지하네"라고 하였으며, 『섭대승론』 등에서는 처음 교법에 나아가 해석하되, "계(界)란 원인의 뜻이니 곧 종자식이다"라 하였는데 『보성론』에서는 이 게송을 번역하기를, "이 성품이 비롯한 때가 없다"는 등이라 하였다. 저 논은 실교(實敎)에 입각하여 해석하되, "성품이란 이른바 여래장의 체성이다. 마치 『성자승만경』에서, '여래장에 의지한 연고로 나고 죽음이 있고, 여래장에 의지한 연고로 열반이 있다'라 말한 것과 같다"라고 하였다.

(ㄷ) 유식론을 인용하여 결론하다[結成] (以此 10下9)

[疏] 以此等文으로 故知兩宗이 不同이라 淺深을 可見이로다 又唯識等에 亦說眞如가 是識實性하야시늘 但後釋者가 定言不變하고 失於隨緣

하니 過歸後輩耳니라
■ 이런 따위의 논문으로 짐짓 두 종지가 같지 않음을 알았으며, (이치가) 깊고 얕은 것은 볼 수 있으리라. 또한 유식론 등에도 역시 '진여가 식의 진실한 체성이다'라고 말하였는데, 단지 뒤에 해석하는 이가 '변하지 않음'만 결정하여 말하고, '인연 따름'을 놓쳤으니 지나간 것은 후배에 돌아갈 뿐이다.

[鈔] 四會相違者는 此門은 躡前而起니 謂若依上如來藏이 隨緣成立인대 則違瑜伽等文일새 故今會之에 先, 敍所違[19]하니 玄談에 已釋하니라 後, 答瑜伽等下는 會通이라 於中亦二니 先, 會法相宗意오 後, 楞伽下는 申法性宗意라 於中에 三이니 初, 正釋이오 二, 引證이오 三, 結成이라 故密嚴下는 第二, 引證이니 總引二經三論하야 以成此義라 初, 引密嚴에 自有二文하니 俱是第三卷阿賴耶微密品末이라 兩頌이 相續이로대 中間에 有釋일새 故着又言이라 此前에 更有一偈云하시되 如來淸淨藏을 亦名無垢智니 常住無始終하야 離四句言說이라하며 次卽云하시되 佛說如來藏等이라하나라 彼疏에 釋云호대 上半은 定賴耶體니 謂是如來藏이 與妄染合을 名阿賴耶오 更無別體니 此是實敎所說이라 故引佛說이라 下半은 明會權[20]敎니 謂彼守權敎者는 不能了如來藏하고 作賴耶者는 當知彼是惡慧之人[21]이니 此是訶守權之人[22]하야 令歸實說이라 次頌은 卽如來淸淨藏等이니 彼疏에 釋云호대 此頌은 釋成前義라 上半은 法說이니 牒擧二位오 下, 約喩釋成

---

19) 上十字는 南金本作先相宗意.
20) 上四字는 南續金本作守權.
21) 人은 南金本作言.
22) 之人은 南續金本作者, 甲本作之者.

이니 謂如以金으로 作於指環에 環相虛無하고 金體露現일새 故云無差別이라 如來藏이 作賴耶에 賴耶相虛하고 藏性理現일새 故云卽是也라 亦可衆生迷故로 成阿賴耶하고 如來悟故[23]로 成如來藏이나 體無有二일새 故云無差라하니라

- ㄹ. 서로 위배됨을 회통함이란 이 문은 앞을 토대로 시작함이다. 말하자면 만일 위의 여래장이 인연 따라 성립함을 의지한다면『유가사지론』등의 논문과 위배되는 연고로 지금 회통하였다. ㄱ) 위배됨을 말함이니 현담에 이미 해석하였다. ㄴ) 答瑜伽等 아래는 모아서 해명함이다. 그중에 또한 둘이니 a) 법상종의 주장과 회통함이요, b) 楞伽 아래는 법성종의 주장을 말함이다. 그중에 셋이니 (ㄱ) 바로 해석함이요, (ㄴ) 인용하여 증명함이요, (ㄷ) 결론함이다. (ㄴ) 인용하여 증명함에서 총합하여 두 경과 세 논을 인용하여 이런 뜻을 결론한 내용이다. a) 밀엄경을 인용함에 자연히 두 경문이 있으니 모두 제3권 아뢰야미밀품(阿賴耶微密品) 끝부분이다. 두 게송이 연속되었는데 중간에 해석이 있으므로 '또한' 이란 말을 붙였다. 이 앞에서 다시 한 게송이 있으되 "여래의 깨끗한 장식(藏識)을 또한 때 없는 지혜라 이름하나니 항상 머물러서 시작과 끝이 없어서 네 구절의 말을 여의었다"라고 하였으며, 다음에 곧 이르되, "부처님이 말씀한 여래장" 등이라 하였다. 저 소에 해석하되, 위의 반의 게송은 아뢰야식의 체성을 정하였으니 이른바 여래장이 망념과 화합한 것을 아뢰야식이라 이름하며 다시 별다른 체성이 없나니 이것은 실교(實敎)에서 설한 내용이다. 그러므로 부처님의 말씀을 인용한 것이다. 아래 반의 게송은 권교와 회통함을 밝혔으니 이른바 저들이 권교를 고집한 것은 여래장에 대해

---

23) 上十二字는 南續金本作迷成賴耶悟.

능히 알지 못하고 아뢰야식이라 한 것은 마땅히 알라. 저것은 나쁜 지혜를 가진 사람이니, 이것은 권교를 고집하는 사람을 꾸짖어서 하여금 실교로 돌아오게 함을 말한 것이다. 다음 게송은 곧 여래의 청정한 장 등이니, 저 소에서 해석하되, "이 게송은 앞의 뜻을 해석함이다. 위의 반의 게송은 법으로 설함이니 두 지위를 거론함을 따온 것이요, 아래는 비유를 잡아 해석함이니 이른바 마치 금으로 금반지를 만들 적에 반지의 모양은 없어지고 금의 체성이 드러난 것과 같으므로 '차별이 없다'고 말하였다. 여래장을 아뢰야식이라 할 적에 아뢰야의 모양은 헛되어 없고 여래장의 성품은 이치로 나타나므로 곧 '이것'이라고 하였다. 또한 중생이 미한 연고로 아뢰야식을 이루고 여래는 깨달은 연고로 여래장을 이루었지만 체성은 둘이 없는 연고로 '차별이 없다'고 말한 것이다."

楞伽中眞識現識如泥團等者는 若具인대 彼文에 亦復如是[24]라하니라 下에 云, 大慧야 若泥團微塵이 異者인대 非彼所成이어늘 而實彼成이니 是故로 不異오 若不異者인대 泥團과 微塵이 應無差別호리라 如是轉識과 藏識과 眞相이 若異者인대 藏識은 非因이오 若不異者인대 轉識滅에 藏識도 亦應滅이어늘 而自眞相은 實不可滅하니 是故로 非自眞相滅이오 但業相滅耳니라 賢首가 解云호대 此中眞相은 是如來藏이오 轉識은 是七識이오 藏識은 是賴耶라하니 此解甚當이로다 但喩有二法하니 謂泥團微塵이라 而合에 有三을 意少難見이라 此卽第一經初에 先, 明識三相하고 次, 明三識이라 初에 云, 諸識이 有三種相하니 謂轉相과 業相과 眞相이라하니 釋曰, 此三種相이 通於八識이니 謂起心

---

[24] 復如是는 甲南續金本作爾.

을 名轉이니 八俱起故며 皆有生滅일새 故名轉相이라 動則是業이니 如
三細中의 初業相故라 八識皆動을 盡名業相이니라 八之眞性을 盡名
眞相이라 是故로 經에 云, 諸識에 有三種相이라하나니 則知三相이 通
八識矣로다 次經에 辨三識云하시되 大慧야 略說有三種識이어니와 廣
說하면 有八種相하니 何等爲三고 謂眞識과 現識과 分別事識이라하니
라 釋曰, 約不與妄合하야 如來藏心爲眞識이오 現卽第八이라 故로
下經에 云, 譬如明鏡이 現衆色像인달하야 現識處現도 亦復如是라하
니 明是第八이로다 餘七은 皆名分別事識이니 是則三識이 別爲三類
라 現唯第八이오 分別은 唯前七이오 眞相은 約佛이니 是八出纏이라
約凡에 在第八中이며 亦兼在餘七이라 然泥團經文에 含前二段하니
意明三識이 而參三相之名이니 轉識은 卽轉相之名이오 意是分別事
識이라 故로 唯識中에 名七轉識하나라 藏識은 卽現識이니 此則可知요
眞相은 卽是眞識이니 上二는 取識類別일새 故牒識名이오 眞相은 但取
通八識之眞일새 故牒相名이라 上經文에 言하시되 若異者藏識非因者
는 謂三若異인대 藏識이 卽25)應不同眞相이며 及轉識爲因이로다

- 『능가경』 가운데 진식과 현식이 마치 진흙 덩이와 먼지' 등이란 만일
갖추어 말하면 저 경문에도 '또한 마찬가지이다'라고 하였다. 아래에
말하되, "대혜야, 만약 진흙 덩이와 미진이 다르다면, 진흙 덩이가 미
진으로 이루어진 것이 아니어야 하지만 실제로 미진으로 이루어진 것
이므로 다르지 않다. 만약 다르지 않다면 진흙 덩이와 미진은 당연히
분별이 없어야 할 것이다. 이와 같이 대혜야, 전식(轉識)과 장식(藏識)
의 참모습이 만약 다르다면, 장식은 전식의 인(因)이 아니어야 할 것
이다. 만약 다르지 않다면, 전식이 없어지면 장식도 역시 없어져야 할

---

25) 卽은 南續金本作則.

것이다. 그러나 자체의 진상은 실제로 없어지지 않는다. 그러므로 대혜야, 자체의 진상의 식(識)이 없어지는 것이 아니고 단지 업상(業相)이 없어질 뿐이니, (만약 자체의 참모습이 없어진다면 곧 장식이 없어져야 할 것이다. 대혜야, 장식이 없어진다는 것은 외도의 단견(斷見)에 대한 논의와 다르지 않다.)"라고 하였다. 현수대사가 해석해 말하되, "이 가운데 진여상은 여래장이요, 전식은 제7식이요, 장식은 아뢰야식이다"라고 하였으니 이 해석은 매우 합당하다. 단지 비유에 두 가지 법이 있으니 이른바 진흙덩이와 미진이다. 비유와 합함에는 셋이 있는 것을 의미는 조금 보기가 어렵다. 이것은 제1권 경문의 첫 부분에 먼저 식의 세 모양을 밝히고 다음에 세 가지 식을 설명하였다. 첫 부분에 이르되, "모든 식에는 세 종류의 상(相)이 있으니, 전상(轉相)과 업상(業相)과 진상(眞相)이다"라고 하였다. 해석하자면 이 세 가지 식이 여덟 가지 식에 통하나니 이른바 마음 일으킴을 전식이라 칭하나니 8식과 함께 일어나기 때문이며, 모두 나고 멸함이 있으므로 전상이라 칭한다. 움직임은 곧 업상이니 마치 삼세 중의 첫째 업상인 까닭이다. 여덟 가지 식이 모두 움직임을 모두 업상이라 이름하였다. 여덟 가지 식의 진여성을 모두 진상이라 이름한다. 이런 연고로 경에, "모든 식에는 세 종류의 상(相)이 있다"고 하였으니 곧 세 가지 모양이 여덟 가지 식과 통함을 알겠다. 다음 경문에 세 가지 식을 밝혀 말하되, "대혜야, 간략히 말하면 세 종류의 식(識)이 있고 자세히 말하면 여덟 가지의 상(相)이 있다. 무엇이 세 종류인가 하면 진식(眞識)과 현식(現識)과 그리고 분별사식(分別事識)이다"라고 하였다. 해석하자면 망념과 합하여 여래장의 마음이 진식이라 함이요, 현식은 곧 제8식이다. 그러므로 아래 경문에 이르되, "이는 마치 맑은 거울이 모든 색상(色像)을 지니고 있는 것과 같으니, 현식에 색상이 나타나는 것도 또한 이와 같다"라고 하였으니 제8식인 것이 분명하다. 나머지 일곱 가지는 모두 분별사식이라 이름하나니, 이것은 세 가지 식이 별도로 세 종류가 된다. 현식은 오직 제8식뿐이요 분별사식은 오직 앞의 일곱 가지일 뿐이며, 진여상은 부처를 잡았으니 8식은 번뇌를 벗어난 식이다. 범부를 잡으면 제8식 중에 있으며, 또한 겸하여 나머지 7식에도 있다. 그런데 진흙 덩이란 경문에 앞의 두 문단을 포함하였으니 의미로는 세 가지 식이 세 가지 모양이란 명칭에 섞였음을 밝힌 것이다. 전식은 곧 전상의 이름이요, 의미로는 분별사식이다. 그러므로 유식론 중에는 제7 전식이라 이름하였다. 장식은 곧 현식이니 이것은 알 수 있을 것이요, 진상은 곧 진식이니 위의 둘[전식과 현식]은 식을 취하여 유례하여 구분한 연고로 식이란 명칭을 따옴이요, 진상은 단지 8식의 진상과만 통하는 연고로 (그렇게) 이름하였다. 위의 경문에 말하되, "이와 같이 대혜야, 전식(轉識)과 장식(藏識)의 참모습이 만약 다르다면, 장식은 전식의 인(因)이 아니어야 할 것이다."

旣以轉識熏故로 眞識이 隨緣而成藏識하니 則知不異로다 非以藏識으로 爲二識因이니 思之어다 故로 下에 重按定云하시되 非自眞相滅이오 但業相滅이라하나니 斯則三事가 備矣로다 謂喩中에 有三하니 一, 塵이오 二, 水오 三, 泥니 以水和塵에 泥團方立이오 以業으로 熏眞相에 藏識便生이라 業以合水니 但水滅而塵在일새 故로 業亡而眞存이라 經에 云, 若自眞相滅者인대 藏識則²⁶⁾滅者는 反顯藏識이 以眞妄和合而成일새 但其妄滅이언정 而眞體不無라 故로 下에 以水로 喩如

---

26) 則은 南續金本作卽, 經原本作則.

來藏하시고 波喩七識하시고 合成動海가 卽爲藏識이라 但波相滅이언
정 濕性不壞가 卽斯義也니라 不異之義는 易知로다 言皆此義者는 皆
是如來藏이 隨緣成識義也라 然云自眞相者는 十卷에 但云自相이라
하니 曉公이 釋云호대 本覺之心이 不藉妄緣하고 性自神解일새 名自
眞相이니 約不一義說이오 又隨無明風하야 作生滅時에 神解之性이
與本不異를 亦名自眞相이니 是依不異義說이라하니라 又彼經云等者
는 上辨與七和合이 爲藏識이오 今明無始無明으로 爲因이라 故로 論
下文中에 無明爲因하야 生三細하고 境界爲緣하야 生六麤라하니 此
中에 正取無明으로 爲因하야 生於三細라 三細가 旣屬賴耶하니 已成
識藏이로다 卽第四經文에 具云하시되 大慧야 如來藏은 是善不善因이
라 能徧興造一切趣生이 譬如伎兒가 變現諸趣라 離我我所어늘 不
覺彼故로 三緣和合하야 方便而生하나니 外道不覺하야 計着作者라하
니 爲無始虛僞惡習所熏을 名爲識藏이라 生無明住地하야 與七識俱
가 如海浪生에 常生不斷하야 離無常生過하며 離於我論等이라하니라

● 이미 전식으로 훈습한 연고로 진식이 인연 따라 장식을 이루었으니 달라지지 않음을 알았다. 장식으로 두 가지 식의 원인이 된 것은 아니니 생각해 보라. 그러므로 아래에 거듭 참고하여 정하여 말하되, "(대혜야,) 자체의 진상의 식(識)이 없어지는 것이 아니고 단지 업상(業相)이 없어질 뿐이다"라고 하였으니, 이렇다면 세 가지 일이 갖추어진 것이다. 말하자면 비유 중에 하나는 티끌이요 둘은 물이요 셋은 진흙이니 물이 미진과 화합하면 진흙 덩이가 비로소 성립함이요, 업으로 진여상을 훈습하면 장식이 문득 생겨난다. 업으로 물과 합하였으니 단지 물은 없어져도 미진은 남아 있으니 그러므로 업은 없어지고 진여만 남는다. 경문에서, '자체의 진상의 식(識)이 없어진다면 장식이

멸한다'는 것은 반대로 장식이 진여와 망념이 화합하여 이루어지면 단지 망념만이 없어질 뿐 진여의 체성은 없어지지 않는다. 그러므로 아래에 물로 여래장에 비유하고 파도는 7식에 비유하고 움직이는 바다와 합하여 곧 장식이 된다. 단지 파도의 모양만 없어지고 습한 체성은 무너지지 않음이 곧 이런 뜻이다. 다르지 않다는 뜻은 알기 쉽다. '모두 이런 뜻이다'라는 것은 모두 여래장이 인연 따라 식을 이룬다는 뜻이다. 그런데 '자체의 참모습'이라 말한 것은 『10권능가경』에 단지 '자체 모양'이라고만 하였으니 원효(元曉)법사가 해석하되, "본래 깨달은 마음이 망녕된 인연을 빌리지 않고 체성이 자연히 신령스럽게 아는 것을 '자체의 참모습'이라 하였으니 하나가 아니라는 뜻을 잡아 설명함이요, 또한 무명의 바람을 따라 나고 없어짐을 지을 때에 신령스럽게 아는 성품이 근본과 다르지 않음을 또한 '자체 참모습'이라 이름하였으니 이것은 '다르지 않다'는 뜻에 의지해 설한 내용이다." '또한 저 경에 이르되'라 한 등은 위에서는 7식과 화합한 것이 장식이라 함이요, 지금은 시작 없는 무명이 원인이 됨을 설명한 것이다. 그러므로 논의 아래 중에, "무명으로 원인을 삼아 삼세(三細)가 생기고 경계가 인연이 되어 육추(六麤)가 생겨난다"라고 하였으니 이 가운데 바로 무명으로 원인을 삼아 삼세(三細)가 생김을 취하였다. 삼세가 이미 아뢰야식에 속하니 이미 장식이 성립된 것이다. 곧 제4권 경문에 갖추어 말하면, "대혜야, 여래의 장(藏)은 선과 불선의 인(因)이니 능히 두루 모든 중생취(衆生趣)를 만들어 낸다. 이는 마치 광대가 변화하여 모든 중생취를 나타내는 것과 같아, 〈나〉와〈내 것〉을 여의지만, 그것을 깨닫지 못하기 때문에 세 가지 연(緣)이 화합한 방편으로 생긴 것이거늘, 외도가 깨닫지 못하고 짓는 이[作者]라고 계착한다. 끝없는 옛날부터 허위인 악습(惡習)에 훈습된 것을 이름하여 식장(識藏)이라 하니, 무명주지(無明住地)를 낳고 7식(識)과 함께하여 마치 바다의 물결같이 몸이 항상 생기어 끊이지 않는다. 무상(無常)의 허물을 여의고 <나>라는 논을 떠나면 (자성(自性)이 무구(無垢)하여 마침내는 청정하다.)"라고 하였다.

又入楞伽下는 前引楞伽의 與七識俱하고 次引楞伽의 爲惡習熏이라 今則雙具일새 故復引之니 大意無異니라 言而與無明七識共俱者는 與無明俱는 卽前第二意오 與七識俱는 卽第一意니라 又起信下는 引於三論이니 初, 直引起信[27]이오 後, 雙引二論이라 今初니 卽二門之中에 生滅門初라 具云하면 心生滅者는 依如來藏故로 有生滅心하니 所謂不生不滅이 與生滅和合하야 非一非異가 名阿梨耶識이라하니라 釋曰, 初二句는 標오 所謂不生不滅下는 辨相이라 不生不滅者는 是[28]如來藏自性淸淨心이 因無明風動하야 擧體가 隨緣作生滅心하야 不相捨離일새 故云和合이언정 非謂別有生滅이 來與眞合이라 此心이 所以生滅者는 因無明生이라 此生滅心은 原從本覺而起일새 故有二義나 而無二體라 故로 下論에 云, 如大海水가 因風波動에 水相風相이 不相捨離라하야 乃至廣說하나니 此中[29]에 動是風相[30]이오 濕是水相이니 以水擧體動故로 水不離於風相이오 無動而非濕故로 動不離於水相이라 心亦如是하야 不生滅心이 擧體動故로 心不離生滅相이오 生滅之相이 無非眞故로 生滅이 不離於心相이니 如是를 名爲和合이라 此是不生滅心이 與生滅合이니 以是隨緣門故라 非是生滅

---

27) 直은 甲南續金本作正.
28) 是下에 南續金本有上字.
29) 中下에 南續金本有名動爲風水之六字.
30) 相下에 甲南續金本有動之二字.

이 與不生滅合이니 以此가 不是向本眞如門故라 言非一非異[31]者는 眞如全體가 動故로 心與生滅로 非異오 而恒不變眞性일새 故與生滅로 不一이니 此約三細하야 以爲生滅이니 則第八中에 已含動靜이니라 若楞伽經云인대 七識染法이 爲生滅이오 以如來藏淨法으로 爲不生滅이니 以此二和合으로 爲阿賴耶識이니 以和合故로 非一非異者는 就麤顯說이라 然非一非異가 義廣[32]하니 如十忍品의 如幻忍明이라 又如來藏名은 初品에 已釋하니라 言不生滅等者는 旦公이 云, 性該始終이라 體非起盡이오 體徧迷悟라 性非解惑일새 故云不生不滅이니 若不覺知하면 能令生死로 不斷일새 名生이오 始覺에 能滅生死일새 故名爲滅이라하니라

- b) 又入楞伽 아래는 앞에서는 『능가경』의 7식과 함께함을 인용하였고, 다음에는 『능가경』의 나쁜 습기에 훈습됨을 인용하였다. 지금은 함께 갖추었으므로 다시 인용하였으니, 큰 의미는 다름이 없다. '무명인 제7식과 함께한다'라고 말한 것에서 '무명과 함께함'은 곧 앞의 둘째 의미요, '7식과 함께함'은 곧 첫째 의미이다. b. 又起信 아래는 세 가지 논서를 인용함이니 a) 바로 기신론을 인용함이요, b) 두 논서를 함께 인용함이다. 지금은 a)이니 곧 두 문 가운데 생멸문의 첫 부분이다. (기신론의 내용을) 갖추어 말하면, "마음의 생멸이란 여래장(如來藏)을 의지한 까닭에 생멸하는 마음이 있게 되니, 이른바 불생불멸이 생멸과 더불어 화합해서 하나도 아니고 다름도 아닌 것을 아뢰야식이라 하느니라"라고 하였다. 해석하자면 처음 두 구절은 표방함이요, 所謂不生不滅 아래는 양상을 밝힘이다. '나지도 않고 없어지지도 않음'이란 여래장의 자체 성품이 청정한 마음이 무명의 바람에

---

31) 異下에 甲南續金本有非一異三字.
32) 義廣은 甲南續金本作廣義.

움직임을 인하여 전체가 인연을 따라 생멸하는 마음을 지어서 서로 버리거나 여의지 않는 연고로 '화합한다'고 말할지언정 이른바 따로 생멸이 와서 진여와 화합할 뿐만 아니라 이런 마음이 나고 멸하는 까닭은 무명으로 인해 생긴 것이다. 이런 생멸하는 마음은 원래로 본각심으로부터 생긴 연고로 두 가지 뜻이 있지만 두 가지 체성은 없다. 그러므로 아래『기신론』에 이르되, "마치 바닷물이 바람을 인하여 파도가 움직여서 물과 바람이 서로 떨어지지 않는다"라고 하여 나아가 자세히 설명하였다. 이 가운데 움직임은 바람 모양이요, 습성은 물의 모양이니, 물 전체가 움직이는 까닭에 물이 바람 모양을 여의지 않고 움직임이 습성 아님이 없는 연고로 움직임이 물의 모양을 여의지 않는다. 마음도 또한 이와 같아서 생멸하지 않고 마음 전체가 움직이는 연고로 마음은 생멸하는 모양을 여의지 않고, 생멸하는 모양은 진여가 아님이 없는 연고로 생멸이 마음 모양을 여의지 않나니, 이런 것을 화합이라 이름한다. 이것은 생멸하지 않는 마음이 생멸과 화합함이니 이것은 인연을 따르는 문이기 때문이다. 생멸이 생멸하지 않음과 화합하지 않나니 이것이 근본을 향한 진여문이 아닌 까닭이다. '하나도 아니요 다른 것도 아니다'라고 말한 것은 진여 전체가 움직이는 연고로 마음이 생멸함과 다르지 않고 항상 진여 체성은 변하지 않는 연고로 생멸과 하나도 아님이니, 이것은 삼세를 잡아서 생멸을 삼은 것이니, 제8식 중에 이미 움직이고 고요함을 포함한 것이다. 만일『능가경』에 이르되, "7식의 물든 법이 생멸이 됨이요, 여래장의 청정한 법으로 불생멸이 되었으니, 이런 둘이 화합함을 아뢰야식이라 하나니, 화합한 연고로 하나도 아니요, 다름이 아닌 것은 육추(六麤)에 입각하여 드러내어 설명하였다." 그러나 하나도 아니요 다른 것도 아님은 뜻이 광대함이니 저 십인품의 여환인(如幻忍)에 밝힌 내용과 같다. 또한 여래장의 명칭은 처음 세주품에 이미 해석하였다. '생멸하지 않는 등이다'라고 말한 것은 단(旦)법사가 말하되, "성품이 처음과 끝을 포괄한다. 체성은 다 생겨나 다함이 없고 체성은 미하고 깨달음에 두루하다. 성품은 번뇌를 알지 못하는 연고로 '나지도 않고 멸하지도 않는다' "고 말하였으니, 만일 깨달아 알지 못하면 능히 나고 죽음으로 하여금 끊어지지 않게 하는 연고로 태어남이라 이름하고, 시각에 능히 생사를 없애는 연고로 멸도함이라 이름한다.

又如達摩經頌下는 雙引二論이라 於中에 二니 先, 擧經偈라 而云達摩經頌者는 攝論第二釋所知依中에 云此中에 最初且說所知依가 即阿賴耶[33]니 世尊이 何處에 說阿賴耶識이라 名阿賴耶니 謂薄伽梵이 於阿毘達磨大乘經中에 說이라하니라 釋曰, 此乃通指大乘經하야 爲對法經耳라 文中에는 但擧上半하니 下半에 云, 由此有諸趣와 及涅槃證得이라하니라 攝論等下는 第二, 引二論釋이니 初即法相宗等者가 等取瑜伽雜集等이니 彼論에 釋云, 無始者는 初際無故오 界者는 因義니 即種子也라 是識因種이니 謂一切法은 此唯雜染이오 非是淸淨이라 彼一切法等의 所依者는 能任持故로 非因性義니 所依와 能依가 性各異故라 若不爾者인대 界聲已了에 無假依言이라 故로 第三論에 云호대 此中聞熏習이 爲是阿賴耶識自性가 爲非阿賴耶自性가 下論에 答云호대 此聞熏習이 隨在一種所依轉處하야 寄在異熟識中하야 與彼和合으로 俱轉이 猶如水乳라 然非阿賴耶自性이니 是彼賴耶가 對治인 無分別智種子性故라하니라 下二句는 易了니 明知賴耶

---

33) 耶下에 南續金本有也字 論原本無.

는 但是生滅이오 非眞性成이로다

- b) 又如達摩經頌 아래는 두 논서를 함께 인용함이다. 그중에 둘이니 (a) 경문의 게송을 거론함이다. 그런데 달마경 게송이라 말한 것은 『섭대승론』 제2의 알아야 할 의지처를 해석함 중에 이르되, "여기서 처음에 우선 알아야 할 바의 의지처는 곧 아뢰야식임을 말한다. 세존께서는 어느 곳에서 아뢰야식을 말하여 아뢰야식이라 이름하셨는가? 박가범께서는 『아비달마대승경』의 게송에서 다음과 같이 말씀하셨다"라고 하였다. 해석하자면 이것은 비로소 대승경을 통틀어 가리켜서 대법경[아비달마대승경]을 삼았을 뿐이다. 소문에는 단지 위의 반의 게송만 거론하였으니 아래 반의 게송에는 이르되, "이로 인하여 모든 윤회세계[諸趣]가 존재하며 열반을 증득하네"라고 하였다. (b) 攝論等 아래는 두 논서를 인용하여 해석함이다. ① 법상종 등이란 『유가사지론』과 『아비달마잡집론』 등을 똑같이 취하였으니, 저 논에서 해석하되, "시작함 없음은 처음 시작한 때가 없기 때문이요, 계란 원인의 뜻이니 곧 종자의 뜻이다. 식의 원인인 종자이니 이른바 모든 법은 여기서는 오직 잡염법뿐이요, 청정법은 아니다." '저 모든 법에 평등히 의지처'라 함은 능히 마음대로 가지는 연고로 원인의 성품의 뜻은 아니다. 의지할 대상과 의지하는 주체가 성품이 각기 다르기 때문이다. 만일 그렇지 않다면 원인의 소리를 이미 요달할 적에 의지한다는 말을 빌림이 없다. 그러므로 제3권 논에 이르되, "이 들음의 훈습은 아뢰야식의 자성인가, 아뢰야식의 자성이 아닌가?" 아래 논에 답하기를, "이 들음의 훈습은 좇아서 한 종류의 의지처가 전전하는 곳에 있으며, 이숙식 안에 머물러서 그것과 화합하여 함께 전전하는 것이 마치 물과 우유와 같다. 그러나 들음의 훈습은 아뢰야식이 아니다. 그

다스림의 종자의 성품이기 때문이다"라고 하였다. 아래 두 구절은 쉽게 요달함이니 분명히 알라. 아뢰야식은 단지 생멸일 뿐이요 진여의 성품으로 이룬 것은 아니다.

寶性論翻下는 卽法性宗論이라 疏中에 一句는 但是義引이니 彼論에 具云호대 無始時來性이 作諸法依止니 依性하야 有諸道와 及證涅槃果라하니 卽第四論이라 彼論에 釋云호대 此偈는 明何義오 無始時來性者는 如經에 說言호대 諸佛如來가 依如來藏하야 說諸衆生의 無始本際를 不可得知故라 所言性者는 如聖者勝鬘經言하시되 世尊하 如來가 說如來藏者는 是法界藏이며 出世間法身藏이며 出世間上上藏이며 自性淸淨法身藏이며 自性淸淨如來藏故라 作諸法依止者는 如聖者勝鬘經言하시되 是故로 如來藏은 是依며 是持며 是住持며 是建立等이라 次論에 云, 依性有諸道者는 如聖者勝鬘經言하시되 世尊하 生死者는 依如來藏이니 世尊하 有如來藏故로 說生死니 是名善說故니다 及證涅槃果者는 如聖者勝鬘經言하시되 世尊하 依如來藏故로 有生死하고 依如來藏故로 證涅槃이니 世尊하 若無如來藏者인대 不得厭苦樂[34]求涅槃하며 不欲涅槃하며 不願涅槃故니 此明何義오 明如來藏은 究竟如來法身不差別이며 眞如體相畢竟云佛性體라 於一切時와 一切衆生身中에 皆無餘盡應知라하니라

以此等文下는 第三, 雙結二宗이라 於中에 先, 正結이니 以上諸敎가 皆如來藏으로 而爲識體라 故知心體性이 卽如來藏이오 此外無法이니 故爲深也니라 又唯識下는 引唯識文하야 結同法性이라 故로 論에 云, 此諸法勝義며 亦卽是眞如니 常如其性故로 卽唯識實性이라하니

---

34) 樂은 續金本作果 論原本作樂.

라 釋曰, 旣用眞如하야 爲識實性하니 明知天親이 亦用如來藏하야 而成識體어늘 但後釋論之人이 唯立不變일새 故云過歸後輩라 況世親이 造佛性論에 廣用勝鬘가

● ② 寶性論翻 아래는 법성종의『보성론』을 해석함이다. 소문 중에 한 구절은 단지 뜻으로 인용할 뿐이니 저『보성론』을 갖추어 말하면, "시작이 없는 세계로부터 성품은 모든 법의 의지가 되나니 성품을 의지하여 모든 도가 있고 또 열반의 과(果)를 증득하네"라 하였으니 곧 제4권 논문이다. 저 논에 해석하여 말하되, 이 게송은 어떤 뜻을 설명하였는가? '시작 없는 세계로부터 성품'이란 저 경에 설하되, "모든 부처님 여래가 여래장을 의지하여 모든 중생의 시작 없는 본제를 얻을 수 없기 때문이다." '말한 바 성품'이란『성자승만경』에 설하되, "세존이시여, 여래장은 곧 법계장(法界藏)이며, 법신장(法身藏)이며, 출세간상상장(出世間上上藏)이며, 자성이 청정한 법신장(自性淸淨法身藏)입니다. 자체 성품이 청정한 여래장이기 때문입니다." '모든 법의 의지가 된다'는 것은『성자승만경』에 설함과 같이 "이런 연고로 여래장은 의지가 되며, 지니는 바가 되며, 머물러 가짐이 되며, 건립하는 바가 된다"라고 하였다. 다음 논에 이르되, '성품을 의지하여 모든 도가 있다'는 것은『성자승만경』에 설함과 같되 "세존이시여, 생사(生死)라고 하는 것은 여래장에 의지하는 것입니다. 세존이시여, 여래장이 있는 연고로 생사를 말하나니 이것을 '잘 말한다'고 말하기 때문입니다. 또 '열반의 과를 증득하네'라는 것은 여래장이기 때문에 언제 시작되었는지 본제(本際)를 알지 못하는 것입니다. 세존이시여, 여래장이 있기 때문에 생사를 설하는 것은 잘 설하는 것이라 이름합니다."『성자승만경』에 설함과 같으되, "세존이시여, 여래장에 의지하는 연고로 생사가 있

고 여래장에 의지한 연고로 열반을 증득합니다. 세존이시여, 만일 여래장이 없다면 괴로움을 싫어하고 즐거이 열반을 구할 수 없을 것입니다." 열반에 들고자 아니하며 열반을 원하지도 않는 연고니 이것은 무슨 뜻을 설명함인가? 여래장은 구경의 여래 법신과 차별되지 않으며, 진여의 체성과 양상을 필경에는 불성의 체성이라 한다. 온갖 시간과 모든 중생의 몸 가운데 모두 남김 없이 다 응당히 알지니라"라고 하였다. (ㄷ) 以此等文 아래는 두 종지를 함께 결론함이다. 그중에 a. 바로 결론함이니, 위의 모든 교법이 모두 여래장으로 식의 체성을 삼았다. 그러므로 알라. 마음의 체성이 곧 여래장이요 이 밖에 법이 없나니 그러므로 깊음이 된 것이다. b. 又唯識 아래는 유식론을 인용하여 법성종과 같음을 결론함이다. 그러므로 『성유식론』에 이르되, "이것은 모든 법의 승의(勝義)이며 또한 곧 진여이다. 상주하고 평등한 것이면서도 그것의 자성이기 때문에 곧 유식의 참다운 성품이로다"라고 하였다. 해석하자면 이미 진여를 사용하여 식의 참다운 성품을 삼았으니, 세친보살이 또한 여래장을 써서 식의 체성을 이루었거늘 단지 뒤에 논을 해석한 사람들이 오직 변하지 않음[不變]만 건립하였으므로 '지나가서 후배에 돌아간다'고 말하였다. 하물며 세친보살이 『불성론』을 지을 적에 널리 『승만경』을 사용할뿐이겠는가?

ㅁ. 경문 해석[釋文] 3.
ㄱ) 종지를 건립하고 참고하여 정하다[立宗按定] (五釋 17上8)

佛子여 心性이 是一이어늘
"불자여, 마음의 성품은 이 하나이거늘

[疏] 五, 釋文者는 文分三別이니 初心性是一者³⁵⁾는 立宗按定이오 二, 云何下는 設相違難이오 三, 業不知心下는 結成前難이라 今初니 謂心之性故로 是如來藏也라 又心卽性故로 是自性淸淨心也라 又妄心之性이며 無性之性일새 空如來藏也오 眞心之性이며 實性之性일새 不空如來藏也라 皆平等無二일새 故云一也니라

■ ㅁ. 경문을 해석함에 경문을 셋으로 나누리니 ㄱ) '심성이 하나이거늘'이란 종지를 건립하고 참고하여 정함이요, ㄴ) 云何 아래는 서로 위배한다는 힐난을 설정함이요, ㄷ) 業不知心 아래는 앞의 힐난을 결론하여 성취함이다. 지금은 ㄱ)이니 말하자면 마음의 체성인 까닭으로 여래장이라 말하였다. 또 마음이 곧 체성인 연고로 '자성이 청정한 마음'이라 하였다. 또한 망심의 체성이며 체성 없는 성품이므로 공한 여래장이요, 진여심의 체성이며, 참된 성품의 체성이므로 불공 여래장이다. 모두 평등하여 둘이 없으므로 '하나'라고 말한 것이다.

[鈔] 又妄心之性等者는 此下一對로 成上二義라 然有二意하니 一, 如次成上이니 謂妄心之性으로 成心之性이니 以性相不同故오 眞心之性으로 成上卽性이니 眞心卽性故라 二者, 通成이니 謂此之二性을 別名³⁶⁾ 二藏이니 前之二性에 皆具二藏이라 但爲妄覆을 名如來藏이오 直語藏體에 卽自性心故라 此自性淸淨眞心이 不與妄合을 名爲空藏이오 具恒沙德을 名不空藏이라 前明卽離하고 此明空有일새 故로 重出也라 皆平等無二者는 上二가 卽離不同이니 由心之性故로 不卽이오 由心卽性故로 不離니 不卽不離가 爲心之性이라 後二는 卽空之實이 爲不空이오 卽實之空이 爲空藏이니 空有不二가 爲心之性이라 然이나 空

---
35) 上十一字는 甲南續金本作分三初佛子下.
36) 名은 甲南續金本作明.

有無二之性이 卽是不卽不離之性일새 故但云一也니라

- '또한 망심의 체성' 등이라 함은 이 아래 한 대구로 두 가지 뜻을 이루었다. 그런데 두 가지 의미가 있으니 (1) 순서대로 위를 성립함이니, 이른바 망심의 체성으로 마음의 체성을 이루었으니 체성과 양상이 같지 않기 때문이요, 진심의 체성으로 위가 곧 성품임을 이루었으니 진심이 곧 성품인 까닭이다. (2) 통틀어 성립함이니 이른바 이런 두 가지 성품을 개별로 두 가지 여래장이라 이름한 것이다. 앞의 두 가지 성품에 모두 두 가지 여래장[공여래장, 불공여래장]을 구족하였다. 단지 망심으로 덮인 것을 여래장이라 이름하였고, 바로 여래장의 체성을 말할 적에 곧 자체 성품의 마음인 까닭이다. 이런 자체 성품이 청정한 진심이 망심과 합하지 않은 것을 공여래장이라 이름하였고, 항하의 모래 같은 덕을 불공여래장이라 이름하였다. 앞에서는 합치하고 여읨에 대해 밝혔고, 여기서는 공과 유에 대해 밝혔으므로 거듭 내보인 것이다. '모두 평등하여 둘이 없다'는 것은 위의 둘이 합치하고 여읨이 같지 않나니 마음의 체성으로 말미암은 연고로 합치하지 않음이요, 마음이 체성과 합치함으로 말미암아 여의지 않나니, 합치하지도 여의지도 않음이 마음의 체성이 되었다. 뒤의 둘은 공과 합치한 실법이 불공여래장이 됨이요, 실법과 합치한 공함이 공여래장이 됨이니, 공과 유가 둘이 아님이 마음의 체성이 된 것이다. 그러나 공과 유가 둘이 없는 체성이 곧 합치하지도 않고 여의지도 않는 체성이 되므로 단지 '하나이다'라고만 말한 것이다.

ㄴ) 서로 위배된다는 힐난을 설정하다[設難相違] 2.
(ㄱ) 서로 위배됨을 총합하여 밝히다[總顯相違] (二設 18上4)

云何見有種種差別이니잇고
어찌하여 가지가지 차별이 있음을 보나이까?

[疏] 二, 設難中37)에 二니 先,38) 總顯相違니 謂心性旣一이어늘 云何而有 五趣와 諸根과 總別報殊39)오 故云種種不同이니라

- ㄴ) 서로 위배된다는 힐난을 설정함 중에 둘이니 (ㄱ) 서로 위배됨을 총합하여 밝힘이니 이른바 심성은 이미 하나이거늘 어찌하여 다섯 갈래와 모든 감관과 총상과 별상으로 과보가 다름이 있는가? 그러므로 '갖가지가 같지 않다'라고 말하였다.

[鈔] 五趣等者는 如持五戒하야 招得人身은 是總報業이오 由於因中에 有瞋忍等하야 於人總報에 而有姸媸는 名別報業이라 唯識에 亦名爲引滿業하니 能招第八하야 引異熟果일새 故名引業이오 能招第六하야 滿異熟果일새 名爲滿業이니라 俱舍에 亦云호대 一業이 引一生하고 多業이 能圓滿에 猶如繢像에 先圖形狀하고 後填衆彩等이라하니라 然其引業은 能造之思니 要是第六意識所起오 若其滿業인댄 能造之思가 從五識起니라

- 다섯 갈래 등은 마치 오계를 지켜서 사람의 몸을 불러온 것은 총체적 과보의 업이라 함과 같고, 인행 중에 성냄을 참음이 있는 등으로 인하여 사람의 총합 과보에서 곱고 추함이 있는 것은 개별 과보의 업이라 이름한다. 『성유식론』(제8권)에도 또한 이끄는 업[引業]과 원만케 하는 업[滿業]이라 이름하였으니, 능히 제8식을 초감하여 이숙과를 이끌었

---

37) 中은 甲南續金本作相違難分.
38) 先은 甲南續金本作初云何下.
39) 報殊는 甲南續金本作殊報.

으므로 '이끄는 업'이라 이름함이요, 제6식을 초감하여 이숙과를 원만케 하므로 '원만케 하는 업'이라 이름하였다. 『구사론』(제17권)에도 또한 이르되, "하나의 업이 1생을 이끌고 많은 업이 그를 원만하게 만드네. 마치 형상을 그릴 적에 먼저 형상을 그리고 뒤에 여러 색깔을 채움과 같은 등이다"라고 하였다. 그러나 그 '이끄는 업'은 능히 짓는 이의 생각이니 중요한 것은 제6식에서 일어난 것이요, 만일 그 '원만케 하는 업'이라면 짓는 이의 생각이 5식에서 일어나기 때문이다.

(ㄴ) 개별로 서로 위배됨을 보이다[別示相違] (二所 18下5)

所謂往善趣惡趣와 諸根滿缺과 受生同異와 端正醜陋와 苦樂不同이니라

이른바 선한 데도 가고 악한 데도 가며 모든 근이 원만하기도 하고 모자라기도 하며 생을 받음이 같기도 하고 다르기도 하며 단정하기도 하고 누추하기도 하며 고통을 받고 즐거움을 받는 것이 같지 않으니,

[疏] 二, 所謂下는 別示相違라 有十事五對하니 一, 約總報하야 明趣有善惡이니 善은 謂人天이오 惡은 謂三塗라 下四對는 皆約別報라 於中에 二는 謂[40]於前善惡趣中에 各根有滿缺이니 謂眼等內根이라 三, 於[41]滿缺中에 各生有同異니 謂四生不同과 勝劣處異라 四,[42] 於上同異生處에 各貌有姸媸라 五,[43] 於上姸媸에 各受有苦樂이라 上之

---

40) 上四字는 甲南續金本作諸根下.
41) 三於는 甲南續金本作受生下於前.
42) 四는 甲南續金本作端正下.

五對에 前前은 皆具後後하고 後後는 必帶前前이라 展轉異同하야 成多差別일새 故云種種不同이니 心性是一이 其義安在오

■ (ㄴ) 所謂 아래는 개별로 서로 위배됨을 보임이다. 열 가지 일에 다섯 대구가 있으니 (1) 총합 과보를 잡아서 갈래에 선함과 악함이 있음을 밝혔으니 선함은 인간과 천상이요, 악함은 삼악도를 말한다. 아래의 네 가지 대구는 모두 개별 과보를 잡은 것이다. 그중에 (2) 이른바 선취와 악취 중에서 각기 육근이 원만함과 모자람이 있으니, 이른바 눈 등의 내부의 육근이다. (3) 원만하고 모자람 중에 각기 생이 같고 다름이 있으니 이른바 사생(四生)이 같지 않음과 뛰어난 곳과 하열한 곳이 다르다. (4) 동생처와 이생처에 각기 곱고 추한 모양이 있다. (5) 위의 곱고 추함에서 각기 받음이 고수(苦受)와 낙수(樂受)가 있다. 위의 다섯 대구에서 앞으로 갈수록 모두 뒤와 뒤를 구족하고 뒤로 갈수록 반드시 앞과 앞을 수반한다. 전전히 다르고 같음이 많은 차별을 이루는 연고로 '갖가지로 같지 않음'이니 '마음의 성품이 하나인 것'은 그 뜻이 어찌 있겠는가?

[鈔] 展轉異同等者는 都有六十二句하니 謂初對는 是善惡이 爲二오 第二對는 開二成四니 兼前二하야 成六하고 第三對는 開四成八이니 配前六하야 成十四하고 第四對는 開八成十六이니 兼前十四하야 成三十하고 第五對는 開十六하야 成三十二니 配前三十하야 成六十二라 此約以後添前일새 故成六十二어니와 剋實而言인대 但有三十二니 以後開前에 前更無體故라 如開善惡趣하야 各成滿缺에 但有其四耳라 謂一, 善趣根滿이오 二, 善趣根缺이오 三, 惡趣根滿이오 四, 惡趣根

---

43) 五는 甲南續金本作苦樂下.

缺이라 此四之外에 更無有別善惡趣故니라 又但若二二開之하면 唯成三十二오 若更展其四生하면 則復成多句니 謂第三對에 先以四生으로 乘上四句하야 四四成十六句오 更有勝劣하야 乘十六하면 已有三十二오 配六하면 已成三十八이니 後後開之에 句數更多니라 第四對에 開成六十四하고 第五對에 開成一百二十八이라 若從初善惡하야 開爲六趣하면 則句數更多니 並可思準이라 故云後後가 必帶前前이라 展轉異同하야 成多差別이라하니라

● '전전히 다르고 같음' 등이란 모두 합하여 62구절이 있으니 이른바 첫째 대구[(1)約總報 明趣有善惡]는 선함과 악함이 둘이 됨이요, 둘째 대구[(2)善惡趣中 各根有滿缺]는 둘을 열어 넷을 이루었으니, 앞의 둘을 겸하여 육근을 이룸이요, 셋째 대구[(3)於滿缺中 各生有同異]는 넷을 열어 여덟을 이루었으니, 앞의 육근(六根)에 배대하여 열넷을 이룸이요, 넷째 대구[(4)同異生處 各貌有姸媸]는 여덟을 열어 16가지를 이루었으니, 앞의 열 넷을 겸하여 30가지를 이룸이요, 다섯째 대구[(5)於上姸媸 各受有苦樂]는 16가지를 열어서 32가지를 이루었으니, 앞의 서른을 배대하여 62가지를 이루었다. 이것은 뒤로 앞을 첨가함을 잡았으므로 예순둘을 이루었지만 실법에 나아가서 말한다면 단지 32가지뿐만 있으니 뒤로 앞을 열 때에 앞은 다시 체성이 없는 까닭이다. 마치 선취와 악취를 전개하여 각기 원만하고 모자람을 이룰 적에 단지 그 넷만 있을 뿐이다. 말하자면 "첫째, 선취로 육근이 원만함이요 둘째, 선취로 육근이 모자람이요 셋째, 악취로 육근이 원만함이요 넷째, 악취로 육근이 모자람이다. 이런 네 가지 외에 다시 별도의 선취와 악취가 없기 때문이다. 또한 단지 저 둘과 둘을 전개하면 오직 32가지를 이룰 뿐이요, 만일 다시 그 사생(四生)으로 전개하면 다시 많은 구절을 이룰

것이다. 이른바 셋째 대구에서 먼저 사생으로 위의 네 구절을 곱하여 [乘] 넷과 넷으로 16구절을 만들고, 다시 뛰어나고 하열함이 있어서 16을 곱하면 이미 32구절이 있음이요, 여섯을 배대하면 이미 38구절이 되었으니, 뒤로 갈수록 전개할 적에 구절의 숫자는 더욱 많아진다. 넷째 대구에서 전개하여 64구절을 이루고, 다섯째 대구에서 전개하여 128가지를 이루었다. 만일 처음의 선취 악취로부터 전개하여 육취(六趣)를 만들면 구절의 숫자가 더욱 많아지나니 아울러 준하여 생각할 수 있다. 그러므로 뒤로 갈수록 반드시 앞과 앞을 수반한다. 전전히 다르고 같음이 바뀌어 여러 차별을 이루게 된다"라고 하였다.

ㄷ) 앞의 힐난을 결론하다[結成前難] 2.
(ㄱ) 두 가지 견해를 표방하여 지적하다[標指二解] (第三 19下9)

業不知心하고 心不知業하며 受不知報하고 報不知受하며 心不知受하고 受不知心하며 因不知緣하고 緣不知因하며 智不知境하고 境不知智로다
업이 마음을 알지 못하고 마음이 업을 알지 못하며 수가 과보를 알지 못하고 과보가 수를 알지 못하며 마음이 수를 알지 못하고 수가 마음을 알지 못하며 인이 연을 알지 못하고 연이 인을 알지 못하며 지혜가 경계를 알지 못하고 경계가 지혜를 알지 못하나이다."

[疏] 第三, 結成前難이라 中此文意를 稍難見일새 略爲二解니 一, 依古德하야 作遮救重難이니 如前第二問意中辨이오 二, 直結成前難이라

■ ㄷ) 앞의 힐난을 결론함이다. 그중에 이 경문의 의미를 점점 보기 어려우므로 간략히 두 가지 견해가 되었으니 (1) 고덕에 의지하여 막고 구제하며 거듭 힐난하였으니 앞의 둘째 질문한 의미 중에 밝힌 내용과 같으며, (2) 앞의 힐난을 바로 결론함이다.

(ㄴ) 뒤의 견해에 의지하여 해석하다[依後解以釋] 2.
a. 앞과 상대하여 밝혀 결론하다[對前顯結] (且依 20上1)

[疏] 且依此釋文에 自有三意하니 由前難意에 亦有三故라 一, 直問所以니 故今結云호대 非但本性是一이라 我細推現事하니 各不相知라 既有種種이어늘 何緣不相知오 既不相知인대 誰教種種고 若謂業令種種인대 業不知心이오 若謂心令種種인대 心不知業이라 一一觀察컨대 未知種種之所由也로다 二, 懷疑[44]니 故로 結云호대 既不相知하니 爲是一性가 爲是種種가 三, 作相違難이니 結云호대 一性이 隨於種種인대 即失眞諦오 種種이 隨於一性인대 即失俗諦라 今見種種이로대 又不相知로다 此二互乖하니 云何並立고

■ 우선 여기에 의지하여 경문을 해석할 적에 자연히 세 가지 의미가 있으니, 앞의 힐난한 의미로 말미암아 또한 셋이 있기 때문이다. (1) 그 이유를 바로 질문함이니 그러므로 지금 결론하여 말하되, 비단 본래 성품이 하나일 뿐이다. 내가 자세하게 현재의 일을 추측하니 각기 서로 알지 못한다. 이미 가지가지가 있는데 무슨 인연으로 서로 알지 못하는가? 이미 서로 알지 못하면 누가 가지가지를 가르쳤는가? 만일 업이 하여금 가지가지로 말하게 하려면 업이 마음을 알지 못함이

---

44) 疑下에 甲南續金本有重難二字.

요, 만일 마음이 하여금 가지가지라고 말하게 하려면 마음이 업을 알지 못함이다. 낱낱이 관찰한다면 가지가지가 된 이유를 알지 못한다. (2) 의심을 품음이니 그러므로 결론해 말하되, "이미 서로 알지 못하니 한 가지 성품이 되는가, 가지가지 성품이 되는가?" (3) 서로 위배된다고 힐난함이니 결론하여 말하되, "한 가지 성품이 갖가지를 따른다면 곧 진제를 잃음이요, 갖가지 성품이 한 가지 성품을 따른다면 곧 속제를 잃음이다. 지금은 갖가지를 보았지만 또한 서로 알지 못한 것이다. 이 둘이 번갈아 어긋나니 어찌하여 함께 성립하겠는가?"

[鈔] 第三, 結成前難이라 於中文二니 先, 總顯文意요 後, 已知大意下는 釋文이라 今初니 準下諸菩薩問에 皆有三段하니 其第三段은 多是直結故니라

- ㄷ) 앞의 힐난을 결론함이다. 그중에 경문이 둘이니 (ㄱ) 경문의 의미를 총합하여 밝힘이요, (ㄴ) 已知大意 아래는 경문 해석이다. 지금은 (ㄱ)이니 아래 모든 보살의 질문에 준하면 모두 세 문단이 있으니, 그 셋째 문단은 대부분 바로 결론하였기 때문이다.

[疏] 已知大意하니 次,⁴⁵⁾ 正釋文⁴⁶⁾이라 亦有十事五對하니 略爲二解니 一, 通이오 二, 別이라 初通은 謂總觀이니 前來總別二報라 於中에 初一對⁴⁷⁾는 就先業因하야 約能所依以難이라 然有二意하니 一, 約本識이니 謂業是能依오 心是所依니 離所하면 無能일새 故云이니

---

45) 上疏는 甲南續金本作二.
46) 文은 南續金本作本文.
47) 上五字는 甲南續金本作業不下.

■ 이미 큰 의미를 알았으니 b. 경문을 해석하리라. 또한 열 가지 일에 다섯 대구가 있으니 간략히 두 가지 견해가 되었다. a) 통틀어 관찰함이요, b) 개별로 관찰함이다. a) 통틀어 관찰함은 이른바 총합하여 관찰함이니, 앞에서부터 총합 과보와 개별 과보의 둘이 된다. 그 중에 첫째 한 가지 대구는 앞의 업과 원인에 입각하여 의지하는 주체와 대상을 잡아서 힐난하였다. 그런데 두 가지 의미가 있으니 (1) 근본식을 잡았으니 이른바 업은 의지하는 주체요, 마음은 의지할 대상이니 대상을 여의면 주체도 없으므로 말하였다.

b. 본문을 바로 해석하다[正釋本文] 2.
a) 통틀어 관찰하다[通觀] 5.
(a) 업과 마음이 상대하다[業心對] (業不 20下1)

[疏] 業不知心이오 離能하면 無所일새 故云心不知業이라 以各無體用인대 不能相成이오 旣各不相知어늘 誰生種種고 下並準之니라 二, 約第六識이니 業是所造오 心是能造라 並皆速滅하야 起時에 不言我起하고 滅時에 不言我滅이어늘 何能有體하야 而得相生하야 成種種耶아

■ 업은 마음을 알지 못함이요, 주체를 여의면 대상도 없으므로 '마음이 업을 알지 못한다'고 말하였다. 각기 체성과 작용이 없다면 능히 서로 성립하지 못하고, 이미 각각 서로 알지 못하거늘 누가 갖가지로 생겨나겠는가? 아래는 아울러 준한다. (2) 제6식을 잡았으니 업은 지을 대상이요 마음은 짓는 주체이니, 아울러 모두 빨리 없어져서 일어날 때에는 '내가 일으킨다'고 말하지 않고, 없어질 때에는 '내가 없앤다'고 말하지 않았는데 어찌 능히 체성이 있어서 서로 생겨나서 갖

가지를 이루겠는가?

[鈔] 一, 約本識者는 業是心所니 故依於心이오 心是第八이니 爲根本依라 從離所無能下는 釋不相知義니 以相待門으로 釋이라 言離所無能者는 旣無所依心王하면 亦無能依之業이니 今依心有業하고 業從緣生일새 故無自性하야 不能知心이라 離能無所者는 離能依業하면 則心非所依니 今由業하야 成所依하고 所依가 無性일새 故不相知業이라 以各下는 結이니 謂各從緣成하야 性空無體며 相依無力일새 故云無用이라 覺首가 亦云, 無體用故로 故不相知라하니라

二, 約第六識者는 卽以第六識으로 名心은 從於積集하야 通相說故니 謂第六識은 人執無明으로 迷眞實義하야 異熟理故라 以善不善相應思로 造罪等三行하며 熏阿賴耶하야 能感五趣愛非愛等인 種種報相이라 但云六者는 謂五識은 無執이라 不能發潤일새 故非迷理오 無推度故로 不能造業이라 雖造滿業이나 亦非自能이오 但由意引하야사 方能作故라

- '(1) 근본식을 잡았다'는 것은 업은 심소이니 그러므로 마음을 의지함이요, 마음은 제8식이니 근본식에 의지함이 된다. a) 離所無能 아래는 서로 알지 못함의 뜻을 해석함이니, 상대하는 문으로 해석한 내용이다. '대상을 여의면 주체도 없다'고 말한 것은 이미 의지할 대상인 심왕이 없으면 또한 의지하는 주체의 업이 없나니, 지금은 마음에 의지하여 업이 있고 업은 인연으로부터 생겨나므로 자체 성품이 없어서 마음을 능히 알 수 없는 것이다. '주체를 여의면 대상도 없다'는 것은 의지하는 주체인 업을 여의면 마음은 의지할 대상이 아님이니, 지금은 업으로 말미암아 의지할 대상을 이루고 의지할 대상은 체성이

없으므로 업을 서로 알지 못하는 것이다. 以各 아래는 결론함이니 이른바 각각 인연으로부터 성립하여 성품이 공함에 체성이 없으며, 서로 의지하여 힘이 없으므로 '작용이 없다'고 말하였다. 각수(覺首)보살도 또한 말하되, "체성과 작용이 없는 연고로 짐짓 서로 알지 못한다"라고 말하였다. '(2) 제6식을 잡았다'는 것은 곧 제6식으로 마음이라 이름한 것은 적집심(積集心)으로부터 통상적으로 설한 까닭이다. 말하자면 제6식은 사람이 무명을 고집함이 진실한 뜻에 미혹하여 이숙(異熟)하는 이치인 까닭이다. 선과 불선이 상응한 생각으로 죄 등 세 가지 행을 지으며 아뢰야식을 훈습하여 능히 다섯 갈래의 사랑하고 사랑하지 않는 등인 갖가지 과보의 모양을 감득한다. 단지 '6식뿐'이라 말한 것은 이른바 5식은 고집함이 없고 능히 (업을 짓기) 시작하거나 윤업(潤業)하지 못하므로 이치에 미혹한 것이 아니요, 미루어 계탁함도 없으므로 능히 업을 짓지 못한다. 비록 원만케 하는 업을 지었지만 또한 스스로 능한 것이 아니요, 단지 의업으로 이끎을 말미암아 비로소 능히 짓기 때문이다.

後, 並皆速滅者下는 明不相知라 通相而言에 皆約無體用故오 別相而言에 用門不同이라 此用이 二門이니 一, 無常門이니 故言並皆速滅이라 淨名弟子品에 云, 優波離야 一切法이 生滅不住가 如幻如電하고 諸法不相待며 乃至一念不住오 諸法皆妄見이니 故로 心業皆空이라하니라 下經에 云, 衆報隨業生이나 如夢不眞實이라 念念常滅壞하나니 如前後亦爾라하나니 故由無常하야 不能相知니라 從起時로 不言我起下는 即無我門이니 約法無我하야 明不相知라 故로 淨名問疾品에 云, 又此病所起가 皆由着我니 是故로 於我에 不應生着이라 既知

病本하니 卽除我想과 及衆生想이오 當起法想이라 應作是念호대 但
以衆法으로 合成此身이니 起唯法起오 滅唯法滅이라하니라 釋曰, 上
以法遣我니라 次經에 云, 又此法者는 各不相知니 起時에 不言我起
하고 滅時에 不言我滅이라하니라 釋曰, 此는 總顯我空하야 明不相知
라 次經에 云,[48] 彼有疾菩薩이 爲滅法想하야 當作是念호대 此法想
者는 亦是顚倒라 顚倒者는 卽是大患이니 我應離之호리라 云何爲離
오 謂離我我所니라 云何離我我所오 謂離二法이니라 云何離二法고
謂不念內外諸法하야 行於平等이니라 云何平等고 謂我等涅槃等이니
라 所以者何오 我及涅槃이 此二皆空이니라 以何爲空고 但以名字故
로 空이니 如此二法이 無決定性이라하니라 釋曰, 此는 破法顯空이니
今但取我法不相知義일새 故略用二句니라 次下經에 云, 得是平等
하야 無有餘病이오 唯有空病이니 空病亦空이라하니라 釋曰, 此以空
空으로 破空이니 非今所要로대 因便引來하야 成一段義畢耳니라

- b) 並皆速滅 아래는 서로 알지 못함을 설명함이다. 통상으로 말할 적에 모두 체성과 작용이 없음을 잡은 까닭이요, 개별 모양으로 말할 적에 작용하는 문은 같지 않다. 이런 작용이 두 가지 문이니 (1) 무상한 문이니 그래서 '아울러 모두 빨리 없어진다'고 말하였다. 『유마경』 제자품에 이르되, "우바리여, 일체 법이 생기고 소멸하여 머물지 않음이 허깨비와 같고 번갯불과 같으며, 모든 법이 서로 상대하지 않으며 내지 한순간도 머물지 아니합니다. 제법은 모두 허망하게 보는 것이라 망상으로부터 생긴 것입니다. 그러므로 마음과 업이 다 공합니다"라고 하였다. 아래 경문(敎化甚深의 재수보살 게송)에 이르되, "온갖 과보가 업을 따라 나는 것이 꿈과 같아서 진실하지 않으며 순간순간 항

---

[48] 云은 南纘金本作又云.

상 소멸하여 앞과 같이 뒤도 역시 그러니라"라고 하였으니 그러므로 무상함으로 인하여 능히 서로 알지 못하는 것이다. (2) 起時不言我 起 아래는 내가 없는 문이니 법에 내가 없음을 잡아서 서로 알지 못함을 설명하였다. 그러므로 『유마경』문질품(問疾品)에 이르되, "또한 이 병이 생긴 것은 모두 나에게 집착함으로 말미암았으니, 이러한 까닭에 나에게 응당 '집착을 내지 말자'라고 해야 합니다. 이미 병의 근본을 알았다면 나에 대한 생각과 중생에 대한 생각을 제거하고 반드시 법에 대한 생각을 내어 이런 생각을 해야 합니다. '다만 여러 가지 법으로 이 몸을 합성하였다. 생기면 법이 생기는 것이고 소멸하면 법이 소멸하는 것이다"라고 하였다. 해석하자면 위에는 법으로 나를 보낸 것이다. 다음 『유마경』에 이르되, "또한 이 법이란 것은 각각 서로 알지 못해서 생길 때에 내가 생긴다고 말하지 아니하고, 소멸할 때에 내가 소멸한다고 말하지 않는다고 해야 합니다"라고 하였다. 해석하자면 나는 내가 공함을 총합하여 밝혀서 서로 알지 못함을 설명하였다. 다음 경에 또 이르되, "저 병이 있는 보살이 법에 대한 생각을 소멸하기 위해서 마땅히 이런 생각을 하여야 합니다. '이 법에 대한 생각도 또한 뒤바뀐 생각[顚倒想]'이다. 뒤바뀐 생각은 곧 큰 병이다. 나는 응당히 그것을 떠나리라. 어떻게 떠나는가? 〈나〉와 〈내 것〉을 떠나는 것이다. 무엇이 두 가지 법을 떠나는 것인가? 이를테면 안팎의 모든 법을 생각하지 않고 평등한 것이다. 무엇이 평등함인가? 이를테면 나도 평등하고 열반도 평등하나니 무슨 까닭인가 하면, 나와 열반이라는 두 가지가 다 텅 비었기 때문이다. 왜 텅 비었는가? 다만 이름뿐이기 때문에 텅 비었다. 이처럼 '두 가지 법이 결정된 체성이 없다'라고 생각합니다"라고 하였다. 해석하자면 이것은 법을 파하고 공을 드러냄이니 지금은 다만 나와 법이 서로 알지 못한다는 뜻만 취한 연고로 간략히 두 구절을 사용하였다. 다음에 아래 경문에 이르되, "이런 평등을 얻고는 다른 병이 없고 오직 텅 빈 병만 있을 뿐이니 텅 빈 병도 또한 텅 비었다"라고 하였다. 해석하자면 이것은 텅 빈 것이 공함으로 공을 파한 것이니, 지금은 중요한 것이 아니지만 문득 이끄는 업이 옴으로 인하여 한 문단의 뜻을 성립하여 마쳤을 뿐이다.

(b) 느낌과 과보가 상대하다[受報對] (受不 22下2)

[疏] 受不下는 第二對,[49] 約得報果時難이라 能所受는 謂受是報因이니 卽名言種으로 爲業所引하야 受所受報라 離報하면 無受일새 故云受不知報오 離受하면 無報일새 故云報不知受니 以並無體라 故準前應知니라

■ (b) 受不 아래는 느낌과 과보가 상대함은, 얻는 과보와 시간을 잡아서 힐난함이다. 느끼는 주체와 대상은 말하자면 받음은 과보의 원인이니 곧 명언종자로 업이 이끌 대상을 삼아 느낄 대상의 과보를 받는 것이다. 과보를 떠나면 받음이 없으므로 '느낌은 과보를 알지 못한다'고 말하고, 느낌을 떠나면 과보가 없으므로 '과보가 느낌을 알지 못한다'고 말하나니, 함께 체성이 없는 것이니, 그러므로 앞과 준하여 응당히 알아라.

[鈔] 第二對者는 此釋受不知報報不知受니 受是能受之因이오 報是所受之報라 此上은 總明이오 從謂受是報因下는 別釋이라 卽名言種者는

---

[49] 上疏는 甲南續金本作受不下.

唯識第八에 云, 復次生死相續이 由諸習氣라 然諸習氣가 總有三種하니 一, 名言習氣오 二, 我執習氣오 三, 有支習氣라 名言習氣者는 謂有爲法의 各別親種이라 名言有二하니 一, 表義名言이니 卽能詮義音聲差別이오 二, 顯境名言이니 卽能了境心心所法이라 隨二名言所熏成種하야 作有爲法各別因緣이라하니라 釋曰, 言各別親種者는 三性種異故라 能詮義音聲者는 揀無詮聲이니 彼非名故라 名은 是聲上屈曲이라 唯無記性이니 不能熏成色心等種이라 然因名起種을 名名言種이니라 二, 顯境名言은 卽七識見分等心이오 非相分心이라 相分心者는 不能顯境故라 此見分等은 實非名言이로대 如言說名으로 顯所詮義하야 此心心所法이 能顯所了境하야 如似彼名이 能詮義故로 隨二名言하야 皆熏成種이니라 二, 我執習氣와 三, 有支習氣는 並如六地라 有支는 卽是今文의 爲業所引能引之業故라 唯識에 云, 三, 有支習氣니 謂招三界異熟業種이라 有支有二하니 一, 有漏善이니 卽是能招可愛果業이오 二, 諸不善이니 卽是能招非愛果業이라 隨二有支所熏成種하야 令異熟果善惡趣別이라하니라 故로 論頌에 云, 由諸業習氣와 二取習氣俱하야 前異熟旣盡하면 復生餘異熟이라하니라 此能引業은 卽諸業習氣오 此名言種은 卽二取習氣라 言爲業所引者는 卽彼俱義니 親辦果體가 卽由名言이라 若無業種하면 不招苦樂이 如種無田하면 終不生芽라 故此名言이 由業引起하야사 方受當來異熟之果와 苦樂之報라 故로 六地에 云, 業爲田이며 識爲種也라 하니라 離報無受下는 釋不相知니 亦約相待空故라

- (b) 느낌과 과보가 상대함이란 여기서 '느낌이 과보를 알지 못하고, 과보가 느낌을 알지 못함'에 대해 해석함이다. 느낌은 받는 주체의 원인이요, 과보는 느낄 대상의 보답이다. 이 위는 총합 설명이요, 謂受

是報因 아래는 개별 해석이다. '곧 명언종자'란 『성유식론』 제8권에 이르되, "또한 태어나고 죽는 일이 상속하는 것은 모든 습기에 의거한다. 그런데 모든 습기에 총체적으로 세 종류가 있다. (1) 명언습기(名言習氣)요, (2) 아집습기(我執習氣)[50]요, (3) 유지습기(有支習氣)[51]이다. (1) 명언습기는 유위법의 각기 다르게 직접 훈습된 종자를 말한다. 언어[名言]에 두 가지가 있다. 하나는 뜻을 표현하는 언어[表義名言]이니, 능히 뜻을 나타내는 음성의 차이이다. 다른 하나는 대상을 나타내는 언어[顯境名言]이니, 곧 능히 대상을 요별하는 심왕과 심소법이다. 두 가지 언어에 따라서 훈습된 종자가 유위법의 각기 다른 인연이 된다"라고 하였다. 해석하자면 '각기 다르게 직접 훈습된 종자'라 말한 것은 세 가지 성품의 종자가 다른 까닭이다. '뜻과 소리를 표현하는 음성'이란 표현할 것 없는 음성과 구분하는 것이니, 저것은 명칭이 아닌 것이다. 명칭은 음성 속의 굴곡이므로 오직 무기업의 성품일 뿐이니, 능히 훈습하여 이룬 형색과 마음 등의 종자가 아니다. 그러나 명언으로 인해 생긴 종자를 명언종자라 이름한다. (2) 대상을 나타내는 언어는 곧 제7식의 견분 등의 마음이요, 상분의 마음

---

[50] 아집습기(我執習氣)는 허망되게 나와 나의 소유로 집착하는 종자를 말한다. 아집에 두 가지가 있다. 하나는 선천적으로 일어나는[俱生] 아집이니, 곧 수도에서 단멸되는 나와 나의 소유라는 집착이다. 다른 하나는 분별에 의해 일어나는 아집이니, 곧 견도에서 단멸되는 나와 나의 소유라는 집착이다. 두 가지 아집에 따라서 훈습된 종자가 유정 등으로 하여금 자신과 남의 차별을 짓게 만든다. 아집습기는 아집종자·아집훈습종자라고도 하며, 자아가 실재한다는 견해[我見]에 의해 아뢰야식에 이식된 종자이다. 俱生我執은 말나식이 아뢰야식의 見分을 대상으로 하고, 의식이 五取蘊을 대상으로 하여 각각 나[我]와 나의 소유[我所]로 집착하는 것을 말한다. 분별아집(分別我執)은 곧 견도에서 단멸되는 나와 나의 소유라는 집착이다. 두 가지 아집에 따라서 훈습된 종자가 유정 등으로 하여금 자신과 남의 차별을 짓게 만든다.

[51] 유지습기(有支習氣)이니, 삼계(界)의 이숙과를 초감하는 업종자를 말한다. 윤회세계의 원인[有支]에 두 가지가 있다. 하나는 有漏善이니, 곧 능히 애착할 만한 과보를 초감하는 업이다. 다른 하나는 모든 불선법이니, 곧 애착할 만한 것이 아닌 과보를 초감하는 업이다. 윤회세계의 두 가지 원인에 따라서 훈습된 종자가 이숙과로 하여금 좋은 세계[善趣]와 나쁜 세계[惡趣]의 차별이 있게 한다. 마땅히 알라. 아집습기와 유지습기는 차별 있는 과보에 대해서 증상연이 된다.

이 아니다. '상분의 마음'이란 능히 대상을 나타내지 못하기 때문이다. 이런 견분 등은 실제로 명언종자가 아니로되 말로 설한 명칭과 같이 표현할 뜻을 밝혀서 이런 심왕과 심소법이 능히 요달할 대상 경계를 밝혀서 저 명칭이 능히 뜻을 표현함과 같은 연고로 두 가지 명언[表義名言 顯境名言]을 따라 모두 훈습하여 이룬 종자이다. (2) 아집습기와 (3) 유지습기는 아울러 제6지의 내용과 같다. (3) 유지습기는 곧 지금 본경의 업으로 이끌 대상과 이끄는 주체의 업이 되기 때문이다. 『성유식론』에 이르되, "(3) 유지습기니 삼계의 이숙과를 초감하는 업종자를 말한다.[52] 윤회세계의 원인(有支)[53]에 두 가지가 있다. 하나는 유루선(有漏善)이니, 곧 능히 애착할 만한 과보를 초감하는 업이다. 다른 하나는 모든 불선법이니, 곧 애착할 만한 것이 아닌 과보[三惡趣의 苦果]를 초감하는 업이다. 윤회세계의 두 가지 원인에 따라서 훈습된 종자가 이숙과로 하여금 선취(善趣)와 악취(惡趣)의 차별이 있게 한다"라고 하였다. 그러므로 『성유식론』(19번) 게송에 이르되, "모든 업의 습기와 이취(二取)[54]의 습기와 함께함으로써 이전의 이숙식이 이미 멸하면 다시 다른 이숙식을 생겨나게 하는도다"라고 하였다. 이런 이끄는 주체의 업은 곧 모든 업의 습기요, 이 명언종자는 곧 두 가지 취함의 습기이다. '업으로 이끌 대상'이라 말한 것은 곧 저 '함께한다'는 뜻이니, 친히 과보의 체성을 만드는 것이 곧 명언으로 인하기 때문이다. 만일 업과 종자가 없다면 괴롭고 즐거움을 초감하지 못하는 것이 마치 종자를 밭에 뿌리지 않으면 마침내 싹이 생겨나지 않음과

---

52) 유지습기는 업습기·업종자라고도 하며, 유정을 삼유(三有: 욕계·색계·무색계)에서 생사윤회하게 만드는 종자이다. 선이나 악업에 훈습된 종자로서, 미래의 생존상태[有]를 결정하고 발생하는 직접 원인이다.
53) 有支에서 有는 三有, 즉 三界이고, 支는 원인이라는 뜻이다.
54) 能取와 所取이다.

같다. 그러므로 이런 명언종자가 업으로 인해 이끌려 생겨야만 비로소 미래의 이숙의 과보와 괴롭고 즐거운 과보를 받게 된다. 그러므로 제6 현전지 경문에 이르되, "업은 밭이 되고 식은 종자가 된다"고 말하였다. 離報無受 아래는 서로 알지 못함을 해석함이니 또한 상대하는 문의 공을 잡은 까닭이다.

(c) 마음과 느낌이 상대하다[心受對] (心不 23下10)

[疏] 心不下는 三,[55] 約名言因하야 就能所依難이니 謂前能受報因이 依心하면 無體일새 故無相知라 餘義同前하니라
- (c) 心不 아래는 마음과 느낌이 상대함이다. 명언종자인 원인을 잡아서 의지하는 주체와 대상에 입각한 힐난이다. 이른바 앞에서 느낌과 과보의 주체인 원인이 마음을 의지하면 체성이 없으므로 서로 아는 것이 없다. 나머지 뜻은 앞과 같다.

[鈔] 三約名言等者는 標也니 即將第二對中의 能受名言之因하야 對第一對中의 所依本識이라 前은 以業依識으로 難이라 今은 以種依現行으로 難이라 從謂前能受報因下는 釋不相知義라 但釋受不知心하고 不解心不知受일새 故로 結云餘義同前이니 若具인대 應云, 所依心體는 若離能依하면 亦無所依니 無所依故로 不能相知니라
- (c) 명언종자 따위를 잡는다는 것은 표방함이니 곧 앞의 둘째 대구 가운데 받는 주체인 명언종자의 원인을 가져서 첫째 대구[①業心對] 중의 의지할 대상인 근본식을 상대한 해석이다. 앞은 업이 식에 의지함

---

55) 三은 甲南續金本作心不下.

으로 힐난하였고, 지금은 종자가 현행을 의지함으로 힐난하였다. 謂
前能受報因 아래는 서로 알지 못함의 뜻을 해석함이다. 단지 '느낌이
마음을 알지 못함'만 해석하고, '마음이 느낌을 알지 못함'은 해석하
지 않은 연고로 결론하기를, '나머지 뜻은 앞과 같다'라고 하였으니
만일 갖춘다면 응당히 의지할 대상인 마음의 체성은 만일 의지하는
주체를 여의면 또한 의지할 대상도 없나니, 의지할 대상이 없으므로
능히 서로 알지 못하게 된다.

(d) 원인과 인연이 상대하다[因緣對] (因不 24上7)

[疏] 因不下는 四,⁵⁶⁾ 約因緣就親疎相假難이니 謂所引名言種으로 爲因
하고 能引業爲緣이라 相待相奪에 各無自性이라 如不自生等하야 準
之니라

■ (d) 因不 아래는 원인과 인연이 상대함이다. 원인과 인연을 잡아 친
함과 소원함을 서로 빌림에 입각한 힐난이라. 말하자면 이끌 대상인
명언종자로 원인을 삼고, 이끄는 주체인 업을 인연으로 삼은 것이다.
서로 기다리고 서로 뺏을 적에 각기 자체 성품이 없는 것이 마치 스스
로 생겨나지 못하는 등과 같이 준하여 해석한 것이다.

[鈔] 四約因緣等者는 取前第二對中所引名言과 及能引業하야 相對以
明이라 於中에 初⁵⁷⁾는 標也요 次, 謂所引下는 出體요 後, 相待相奪
下는 釋不相知라 言相待者는 業無識種하면 不親辦體오 識無業種하
면 不招苦樂이라 旣互相待하니 則⁵⁸⁾ 各無自性이로다 言相奪者는 以

---

56) 四는 甲南續金本作因不下.
57) 於中初는 甲南續金本作此卽.

業奪因에 唯由業招故로 因如虛空이오 以因奪緣에 則唯心爲體故로 業如虛空이라 互奪獨立하야 亦不能相知며 互奪兩亡하야 無可相知로다 次言如不自生等者는 引例以釋이니 以緣奪因일새 故不自生이오 以因奪緣일새 故不他生이라 因緣合辨하야도 相待無性일새 故不共生이라 互奪雙亡하야 無因커니 豈生가 以此不生으로 類於不知에 居然易了로다 卽以因爲自하고 以緣爲他하고 合此爲共이라 離此하면 爲無因이니 互有라도 尙不相知어든 互無어니 豈能相知리오

- (d) 원인과 인연 등을 잡은 것은 앞의 둘째 대구[②受報對] 중의 이끌 대상인 명언종자와 이끄는 주체인 업을 취하여 상대하여 설명한 내용이다. 그중에 ㉠ 표방함이요, ㉡ 謂所引 아래는 체성을 내보임이요, ㉢ 相待相奪 아래는 서로 알지 못함을 해석함이다. '서로 기다린다'고 말한 것은 업은 식의 종자가 없으면 친히 체성을 힘쓰지 못하며, 식은 업의 종자가 없으면 괴롭고 즐거움을 초감하지 못한다. 이미 번갈아 서로 기다리나니 각기 자체 성품이 없는 것이다. '서로 뺏는다'고 말한 것은 업은 원인을 뺏을 적에 오직 업으로 인해 초감하는 연고로 원인이 허공과 같음이요, 원인으로 인연을 뺏을 적에 오직 마음만이 체성이 되는 연고로 업이 허공과 같은 것이다. 서로 뺏고 홀로 세워서도 역시 능히 서로 알게 하지 못하며, 서로 뺏음이 둘이 없어서 서로 알 수가 없는 것이다. 다음에 '마치 스스로 생겨나지 못함과 같음' 등이라 말한 것은 사례를 인용하여 해석함이니, 인연이 원인을 빼앗은 연고로 스스로 생겨나지 않는다. 원인과 인연을 합하여 밝혀도 체성 없음을 서로 기다리는 연고로 함께 생겨나지 않는다. 서로 뺏고 함께 없애서 원인이 없는데 어찌 생겨나겠는가? 이런 생겨나지 않음으로

---

58) 則은 甲南續金本作卽.

알지 못함과 유례할 적에 자연히 쉽게 알게 된다. 곧 원인으로 자신을 삼고 인연으로 남을 삼고 이를 합쳐서 함께함으로 삼았다. 이것을 여의면 원인 없음이 되었으니 서로 있더라도 오히려 서로 알지 못할 텐데 서로 없으니 어찌 능히 서로 알겠는가?

(e) 경계와 지혜가 상대하다[境智對] (智不 25上1)

[疏] 智不下는 五,[59] 約境智相對라 相見虛無難이니 謂境是心變일새 境不知心이오 心托境生일새 心不知境이라 以無境外心이 能取心外境이니 是故로 心境虛妄하야 不相知也니라

■ (e) 智不 아래는 (경계와 지혜가 상대함이니) 경계와 지혜가 상대함을 잡아서 허무함을 서로 보는 힐난이다. 이른바 경계는 마음이 변함이므로 경계가 마음을 알지 못함이요, 마음은 경계에 의탁해 생겼으므로 마음이 경계를 알지 못하는 것이다. 경계 밖에 마음이 없는 것이 취하는 주체인 마음 밖의 경계이니, 이런 연고로 마음과 경계가 허망하여 서로 알지 못하는 것이다.

[鈔] 五約境智等者는 相卽相分이오 見卽見分이라 諸心心所가 略有二分이오 廣說有四니 如下當辨이니라 謂境是心變下는 明不相知義라 於中에 先, 約唯識能所變釋이오 後, 以無境外下는 約於當經互融以說이라 故로 下經에 云, 無有智外如가 爲智所入이며 亦無如外智가 能證於如라하니라 無有少法이 與法同住니 以擧心攝境에 則無心外之境이오 擧境攝心에 則無境外之心이라 以性無二하야 相卽性故며

---

59) 五는 甲南續金本作智不下.

相隨性融하야 隨一皆攝이라 上約眞心이니라 後, 心境虛妄下는 約其 妄心이니 眞則60)互融일새 妄俱無體라 故로 下答中에 云, 能緣所緣 力으로 種種法出生이나 速滅不暫停이라 念念悉如是라하니 卽顯妄無 性일새 故不相知也니라 然上五對에 初及第四는 唯約因中이오 第二, 一對는 因果對辨이오 第三, 一對는 心含因果오 第五, 一對는 義通 因果라 修因二取는 卽名言等이라 故로 唯識論에 釋二取61)中에 總有 四義하니 一者, 相見이오 二者, 名色이오 三者, 王所오 四者, 本末이 니 末卽六識異熟이오 本卽第八異熟이라 四種二取가 皆能熏發하야 親能生彼本識上의 功能을 名二取習氣오 所變心境은 卽通因果62) 也니라 又能變之心은 是因이오 所變之境은 是果라 心託境生일새 俱 通因果니라

- (e) 경계와 지혜 등을 잡은 것은 모양은 곧 상분이요, 보는 것은 곧 견분이다. 모든 심왕과 심소가 간략히 두 부분이 있고 자세히 말하면 넷이 있으니 아래에 가서 밝힘과 같다. 謂境是心變 아래는 서로 알지 못하는 뜻을 설명함이다. 그중에 ㉠ 유식론의 변하는 주체와 대상을 잡아 해석함이요, ㉡ 以無境外 아래는 본경의 서로 융합함을 잡아서 설명함이다. 그러므로 아래 경문에 이르되, "지혜 밖에 진여가 없으며 지혜로 들어갈 데도 없고, 또한 진여 밖의 지혜도 없고 능히 진여를 증득하지도 않는다"라고 하였다. 조금도 법과 함께 머무는 것이 없으니 마음을 들어 경계를 거둘 적에 마음 밖의 경계가 없고, 경계를 들어 마음을 거둘 적에 경계 밖의 마음이 없다. 성품은 둘이 없어서 모양이 곧 체성인 까닭이며, 모양은 체성을 따라 융섭하여 하나

---

60) 則은 南續金本作卽.
61) 取下에 甲南續金本有二字.
62) 因果는 甲續本作果用.

를 따라 모두 섭수하는지라 위는 진심을 잡은 해석이다. ㈢ 心境虛 妄 아래는 그 망심을 잡은 해석이니, 진여는 서로 융섭하므로 망심이 모두 체성이 없다. 그러므로 아래 대답함 중에 이르되, "반연과 반연할 바의 힘으로 갖가지 법이 출생하나니 빨리 소멸하고 잠깐도 머물지 아니해서 순간순간 모두 그러하니라"라고 하였으니 망심은 체성이 없음을 밝힌 연고로 서로 알지 못하는 것이다. 그러나 위의 다섯 대구에서 (a) 업심대(業心對)와 (d) 인연대(因緣對)는 오직 원인을 잡은 해석이요, (b) 수보대(受報對)의 한 대구는 원인과 결과를 상대하여 밝힘이요, (c) 심수대(心受對)의 한 대구는 마음은 원인과 결과를 포함함이요, (e) 경지대(境智對)의 한 대구는 뜻으로 원인과 결과에 통한다. 원인의 두 가지 취함을 닦음은 곧 명언종자 등이다. 그러므로 『성유식론』에 이취(二取: 能取와 所取)를 해석함 중에 총합하여 네 가지 뜻이 있으니 ① 모양과 보는 것이요, ② 명칭과 형색이요, ③ 심왕과 심소요, ④ 근본과 지말이다. 지말은 곧 6식이 이숙함이요, 근본은 곧 제8식이 이숙함이다. 네 가지 이취(二取)가 모두 훈습하는 주체를 시작해서 친히 저 근본식 위의 공능을 능히 생기게 함을 '이취의 습기'라 이름하고, 변화할 대상인 마음과 경계는 곧 원인과 결과에 통한다. 또한 변화하는 주체의 마음은 원인이요, 변화할 대상인 경계는 결과이다. 마음이 경계에 의탁하여 생기므로 모두 원인과 결과에 통한다.

b) 개별로 관찰하다[別觀] 4.
(a) 첫째와 둘째 대구는 선취 악취를 결론하다[初二對結善惡趣]

(二別 26上1)

[疏] 第二, 別觀者는 以初二對로 結趣善惡이니 趣善惡者는 正由業熏하야 受總報故니라

■ b) 개별로 관찰함이란 (a) 첫째와 둘째 대구는 선취 악취를 결론함이니 갈래가 선하고 악함은 바로 업으로 훈습함을 말미암아 총합 과보를 받기 때문이다.

[鈔] 第二別觀者는 上云通觀은 五對之中에 一一通前善惡趣等五對本難이어니와 今卽以斯五對로 別對前五라 而前後鉤鎖하야 但有四重하니 細尋可見이니라
以初二對結趣善惡者는 標也오 次云趣善惡者正由業熏은 是第一對인 業不知心心不知業이니 此對爲因이라 次云受總報故는 卽第二對인 受不知報報不知受라 初對爲因하야 受第二對報라 總報는 卽是趣善惡故니라

● b) 개별로 관찰함은 위에서 말한 통틀어 관찰함은 다섯 대구 중에 하나하나가 앞에서 선취 악취 등 다섯 대구의 근본적 힐난에 대해 해명하였지만 지금은 이런 다섯 대구로 개별로 앞의 다섯 가지를 상대하였다. 그러나 앞과 뒤를 쇠사슬로 얽어서 단지 네 번의 거듭함이 있으니 자세하게 찾아보면 알게 되리라. '(a) 첫째와 둘째 대구는 선취 악취를 결론함'이란 표방함이요, 다음에 이르되, '갈래가 선하고 악함은 바로 업으로 훈습함을 말미암음'은 첫째 대구인 업이 마음을 알지 못하고, 마음은 업을 알지 못함이니 이 대구가 원인이 된다. 다음에 '총합 과보를 받기 때문'이라 말함은 곧 둘째 대구인 '느낌이 과보를 알지 못하고 과보가 느낌을 알지 못함'이다. 첫째 대구로 원인을 삼아 둘째 대구로 과보를 받는다. 총합 과보는 곧 갈래가 선하고 악한 까

닭이다.

(b) 둘째와 셋째 대구는 느낌과 생을 받음이 같고 다름을 결론하다
[二三對結受生同異] (二復 26上9)

[疏] 二, 復以第二와 及第三對로 結受生同異니 初對는 以名言種으로 對所生處요 次對는 以名言種으로 對能依本識이니라
- (b) 다시 둘째와 셋째 대구는 느낌과 생을 받음이 같고 다름을 결론함이다. 첫째 대구는 명언종자로 생겨난 곳을 상대함이요, 다음 대구는 명언종자로 의지하는 주체인 근본식과 상대한다.

[鈔] 二, 復以第二等者는 鉤取前二對中第二對하야 卽重明受不知報報不知受라 受卽名言種일새 故云初對는 以名言種으로 對所生處니 謂亦由識種하야 往所生處라 故로 初地에 云, 於三界田中에 復生苦芽라하니라 次對는 以名言種으로 對能依本識者는 卽心不知受受不知心이라 受卽名言種이며 心卽能依本識者는 依名言種하야 招現行識故로 識爲能依니 則此心言은 通因及果라 上에는 約因中本識일새 故爲所依요 今約果中일새 故爲能依니라
- (b) 다시 둘째 등은 갈고리로 앞의 두 대구 중 둘째 대구를 취하여 곧 거듭하여 '느낌이 과보를 알지 못하고 과보가 느낌을 알지 못함'을 밝혔다. 느낌은 곧 명언종자이므로 '첫째 대구는 명언종자로 생겨난 곳을 상대함'이라 하였다. 말하자면 또한 식의 종자로 말미암아 생겨난 곳으로 가는 것이다. 그러므로 제1 환희지에 이르되, "삼계란 밭에 다시 고통의 싹을 틔운다"라고 하였다. 다음 대구는 '명언종자로

의지하는 주체인 근본식과 상대함'이란 곧 '마음이 느낌을 알지 못하고 느낌이 마음을 알지 못함'이니, '느낌은 곧 명언종자요 마음은 곧 의지하는 주체인 근본식'이란 명언종자에 의지하여 현행하는 식을 초감한 연고로 식이 의지하는 주체이니, 이런 마음과 말은 원인과 결과에 통한다. 위에서는 원인 중의 근본식을 잡았으므로 의지할 대상이 되었고, 지금은 결과를 잡았으므로 의지하는 주체가 되었다.

(c) 셋째와 넷째 대구는 고수와 낙수가 같지 않음을 결론하다

[三四對結苦樂不同] (三後 26下8)

[疏] 三, 復以第三과 及第四對로 結苦樂不同과 及端正醜陋니 初對는 觀現受時오 次對는 觀苦樂因과 及彼姸嬿가 皆由緣令異니 謂損益因으로 成苦樂果하고 以瞋忍因으로 成姸嬿果라

■ (c) 다시 셋째와 넷째 대구는 고수와 낙수가 같지 않음과 단정함과 추함을 결론함이다. 첫째 대구[業心對]는 현재의 받는 시기를 관찰함이요, 다음 대구[受報對]는 고수와 낙수의 원인과 저 곱고 추함을 관찰함이 모두 인연으로 다르게 함을 말미암았으니, 이른바 손해와 이익의 원인으로 고수와 낙수의 결과를 이루고 성냄과 인내함의 원인으로 곱고 추함의 결과를 이룬 것이다.

[鈔] 三復以第三等者는 卽通以此二對로 雙結前二對라 言初對觀現受時者는 卽心不知受受不知心對니 謂亦由受因하야 受苦樂體와 及姸嬿故라 若無識種本識하면 此二가 亦無所依니라 次對觀苦樂因等者는 卽因不知緣緣不知因이라 謂損益下는 別示二對之相이니 由損

他業하야 感於苦報하고 由益他業하야 感於樂報하며 以瞋恚業으로 感於醜陋하고 由忍辱業하야 感於端正이라 此中에 言因은 名緣爲因이오 此中에 言果는 是別報果니라

- (c) 다시 셋째 등이란 곧 이 두 가지 대구로 앞의 두 가지 대구[(a) 業心對 (b) 受報對]를 함께 결론함이다. '첫째 대구는 현재의 받은 시기를 관찰함'이라 말한 것은 곧 '마음은 느낌을 알지 못하고 느낌은 마음을 알지 못함'이 상대함이다. 말하자면 또한 느낌의 원인으로 말미암아 고수와 낙수의 체성과 곱고 추함을 받기 때문이다. 만일 식의 종자인 근본식이 없으면 이런 둘이 또한 의지할 대상이 없다. '다음 대구는 고수와 낙수의 원인' 등이란 곧 '원인이 인연을 알지 못하고 인연이 원인을 알지 못함'이다. 謂損益 아래는 두 가지 대구의 모양을 개별로 보임이니 남을 손해나게 하는 업으로 말미암아 고통의 과보를 감득하고 남을 이익되게 하는 업으로 말미암아 즐거운 과보를 감득하며, 성냄의 업으로 추함을 감득하고 인욕의 업으로 말미암아 단정함을 감득한다. 이 가운데 말의 원인은 명칭과 인연으로 원인이 되고 이 가운데 말의 과보는 개별 과보의 결과이다.

(d) 넷째와 다섯째 대구는 감관이 원만함과 모자람을 결론하다

[四五對結諸根滿缺] (四後 27上9)

[疏] 四, 復以第四와 及第五對로 結諸根滿缺이라 亦由滿業因緣이 有損他益他之異故로 成內六處滿缺之果라 又由內根有滿缺故로 於分別位에 了境不同이라 並皆無性하야 各不相知라 旣不相知어니 誰令種種고

■ (d) 다시 넷째와 다섯째 대구는 감관이 원만함과 모자람을 결론함이다. 또한 원만케 하는 업의 원인과 인연이 남을 손해 냄과 남을 이익함이 다름이 있는 연고로 안의 육근(六根)이 원만하고 모자람의 결과를 이루었다. 또한 안의 감관이 원만하고 모자람으로 말미암아 지위를 분별할 적에 경계를 요달함이 같지 않다. 아울러 모두 체성이 없어서 각기 서로 알지 못하는 것이다. 이미 서로 알지 못하는데 누구로 하여금 갖가지를 알게 하겠는가?

[鈔] 四復以第四等者는 此上은 總明이오 從亦由滿業下는 別說其相이라 滿業은 卽第四對인 因不知緣緣不知因이라 緣卽是業이니 唯取滿業이 由損他眼耳하야 成盲聾等하며 由益他六根等하야 成六處滿足이라 次云又由內根等者는 卽第五對인 智不知境境不知智니 謂智於境에 有信進念定慧之滿足하야 則受果中에 亦具五根明利勝上이라 若智於境에 信等隨闕커나 或非深厚하면 則得果時에 五根隨缺하며 或成下品이니라

並皆無性下는 上別釋中에는 但出能對所對二種法體어니와 今則總明不相知義니 在文易了니라 意云, 並各相依하야 從緣無性이어니 何有能所熏等이 而能相知리오 旣不相知어니 誰令種種가 此但約第一直問意結이오 亦應帶疑云호대 爲是種種가 爲是一性가 結成難云호대 一性이 隨於種種인대 則失眞諦오 種種이 隨於一性인대 則失俗諦로다 一性이 卽不相知인대 亦應結云호대 種種이 隨於不相知인대 則失俗諦오 不相知가 隨於種種인대 則失眞諦等이니라

● (d) 다시 넷째와 다섯째 대구 등이란 (1) 이 위는 총합하여 밝힘이요, (2) 亦由滿業 아래는 개별로 그 양상을 말함이다. 원만케 하는 업은

곧 넷째 대구인 '원인은 인연을 알지 못하고 인연은 원인을 알지 못함'이다. 인연은 곧 업이니 오직 원만케 하는 업만 취함이 남의 눈과 귀를 손해 냄으로 말미암아 맹인과 귀머거리 등을 이루며, 남의 육근을 이익하는 등으로 말미암아 육처가 만족함을 이룬다. 다음에 말하되, '또한 안의 감관이 원만하고 모자람' 등이란 곧 다섯째 대구인 '지혜가 경계를 알지 못하고 경계가 지혜를 알지 못함'이다. 이른바 지혜가 경계에서 ① 믿음과 ② 정진과 ③ 명심함과 ④ 선정과 ⑤ 지혜가 만족함이 있어서 과보를 느낌 중에 또한 다섯 감관이 분명하고 이롭고 뛰어남을 갖추었다. 만일 지혜가 경계에 믿음 등을 따라 빠졌거나 혹은 깊고 두터우면 결과를 얻을 때에 오근(五根)이 따라 모자라며 혹은 하품을 이루기도 하였다.

並皆無性 아래는 위의 개별 해석 중에는 단지 상대하는 주체와 대상인 두 종류의 법의 체성을 내보였지만 지금은 서로 알지 못하는 뜻을 총합하여 밝힌 것은 경문에 있으니 쉽게 알 것이다. 의미로 말하면, "아울러 각기 서로 의지하여 인연을 따르고 체성이 없는데 어찌 훈습하는 주체와 대상 등을 능히 서로 알 수 있겠는가? 이미 서로 알지 못하는데 누가 갖가지가 되게 하였는가?" 이것은 단지 첫째 대구인 바로 질문한 의미를 결론함이요, 또한 응당히 의심을 띠고 말하되, '이것이 갖가지가 되는가? 한 가지 성품인가?' 힐난을 결론하여 말하되, "한 성품이 갖가지를 따른다면 진제를 잃을 것이요, 갖가지가 한 성품을 따른다면 속제를 잃을 것이다." 한 성품이 곧 서로 알지 못하는데 또한 응당히 결론해 말하되, "갖가지가 서로 알지 못함을 따른다면 속제를 잃음이요, 서로 알지 못함이 갖가지를 따른다면 진제 등을 잃게 된다"라고 말하였다.

나) 각수보살이 게송으로 대답하다[答] 2.

(가) 질문을 찬탄하고 설법을 허락하다[讚問許說] (二答 28上9)

時에 覺首菩薩이 以頌答曰,
그때에 각수보살이 게송으로 답하셨다.

[疏] 二, 時覺首下는 答中[63]에 二니 初一偈[64]는 讚問許說이니 上半은 讚問이니 謂[65]自究深旨코 一向爲他하야 仁心으로 弘益也라 次句는 許說分齊니 稱性說故[66]라 後句는 勸聽이니 言同意別[67]일새 故令諦受라

- 나) 時覺首 아래는 각수보살이 게송으로 대답함 중에 둘이니 (가) 처음 한 게송은 질문을 찬탄하고 설법을 허락함이니, 위의 반의 게송은 질문을 찬탄함이니 이른바 스스로 깊은 종지를 궁구하고 한결같이 남을 위하여 인자한 마음으로 크게 이익하는 것이다. 다음 구절은 설법을 허락하는 부분이니 체성에 맞게 설하기 때문이다. 뒤 구절은 듣기를 권함이니 말은 같고 뜻은 다르므로 하여금 자세히 받게 한 것이다.

(나) 질문한 바에 바로 대답하다[正答所問] 2.
ㄱ. 의미를 밝히고 과목 나누다[顯意分科] (二正 28下4)

---

63) 上疏는 南續金本作二答中分.
64) 一偈는 續金本作時覺首下 南本作時覺下.
65) 謂下에 南續金本有文殊二字.
66) 故下에 南續金本有也字.
67) 別下에 南續金本有也字.

[疏] 二, 後十偈⁶⁸⁾는 正答이라 答勢縱橫하야 具答⁶⁹⁾三重問意라 且分爲 二니 前五는 答前結成之中에 以何因緣으로 而不相知니 用此釋成하 야 答前難故로 首而明之라 後五는 正答前難이라

■ (나) 뒤의 열 게송은 (질문한 바에) 바로 대답함이다. 대답한 세력이 종 과 세로와 가로로 세 번 질문한 의미에 갖추어 대답하였다. 우선 둘 로 나누리니 ㄱ) 앞의 다섯 게송은 앞에 대해 대답하고 결론함 중에 무슨 인연으로 서로 알지 못하나니, 이것을 사용하여 해석하여 앞의 힐난에 대답한 까닭에 우두머리에 밝힌 것이다. ㄴ) 뒤의 다섯 게송 은 앞의 힐난에 바로 대답함이다.

ㄴ. 과목에 따라 개별로 해석하다[隨科別釋] 2.
ㄱ) 다섯 게송은 앞에 대해 답하여 결론하다[前五答前結成] 2.

(ㄱ) 한 게송은 법을 설하다[初一法說] 2.
a. 의미를 밝히다[顯意] (今初 28下6)

仁今問是義는　　　　　爲曉悟群蒙이라
我如其性答호리니　　　惟仁應諦聽하소서
인자가 이런 뜻을 지금 물으니
중생들을 깨우치기 위함이라
내가 그 성품과 같이 답하리니
인자여, 자세히 들으소서.

---

68) 後十偈는 甲南續金本作二.
69) 答下에 甲南續金本有前來二字.

[疏] 今初를 分二니 先一은 法說이오 後四는 喩況이라 今初意에 云, 特由 從緣種種故로 不相知也니라
- 지금은 ㄱ)을 둘로 나누리니 (ㄱ) 한 게송은 법으로 설함이요, (ㄴ) 뒤의 네 게송은 비유로 비교함이다. 지금은 (ㄱ)에서 의미로 말하면, "특별히 갖가지 인연으로 말미암아 서로 알지 못하는 것이다"라고 말하였다.

b. 경문 해석[釋文] 2.
a) 두 가지 뜻을 잡아 해석하다[約二義釋] 3.
(a) 인명론으로 분량을 세우다[因明立量] (卽此 28下9)

諸法無作用이며　　亦無有體性이라
是故彼一切가　　　各各不相知니라

모든 법은 작용이 없으며
또한 체성도 없어
그러므로 저 모든 것은
각각 서로 알지 못하느니라.

[疏] 卽此偈上半은 出因이오 下半은 結歸本宗이라 後四는 卽爲同喩니 量 云, 眼等은 是有法이오 定不相知故는 是宗法이오 因云, 從緣無體用 故오 同喩는 云, 如河中水니 河水는 無體用하며 河水가 不相知인달하 야 眼等이 無體用하며 眼等이 不相知니라
- a) 곧 이 게송의 (a) 위의 반은 원인을 내보임이요, (b) 아래의 반의 게송은 근본종지로 돌아감을 결론함이다. b) 네 게송은 곧 같은 비

유로 삼음이니 헤아려 말하되 "눈 등은 유법(有法)이요, 서로 알지 못한다고 정한 까닭은 종법(宗法)이요, 원인으로 말하되 '인연을 따르므로 체성과 작용이 없는 까닭이다'" 하였고, 비유와 같음은 "마치 강의 중간에 있는 물과 같나니 강물은 체성과 작용이 없으며, 강물이 서로 알지 못함과 같아서 눈 등은 체성과 작용이 없으며 (그래서) 눈 등이 서로 알지 못한다"라고 하였다.

(b) 연기이므로 서로 연유하다[緣起相由] (若以 29上2)

[疏] 若以緣起相由門으로 釋者인대 初句는 因緣相假하야 互皆無力이오 次句는 果法含虛일새 故無體性이니 至下喩中하야 別當釋之호리라
■ 만일 연기이므로 서로 연유하는 문으로 해석한다면 ㊀ 첫 구절은 원인과 인연을 서로 빌려서 번갈아 모두 힘이 없으며, ㊁ 다음 구절은 과보의 법이 허공을 머금었으므로 체성이 없는 것이니, 아래 비유 중에 가서 개별로 마땅히 해석하리라.

(c) 결론하여 연기법을 보이다[結示緣起] (是故 29上4)

[疏] 是故로 虛妄緣起가 略有三義하니 一, 由互相依하야 各無體用일새 故不相知오 二, 由依此無知無性하야사 方有緣起오 三, 由此妄法이 各無所有하야 故令無性眞理로 恒常顯現이니 現文에는 但有初後二意니라
■ 이런 연고로 허망한 연기가 간략히 세 가지 뜻이 있으니 (1) 번갈아 서로 의지함으로 말미암아 각기 체성과 작용이 없으므로 서로 알지

못함이요, (2) 이런 알지 못함과 체성 없음을 의지함으로 인해 비로소 연기법이 있는 것이요, (3) 이런 망녕된 법이 각기 있는 바가 없음을 말미암은 연고로 체성 없는 진실한 이치로 하여금 항상 나타나게 하나니, 현재의 경문에는 단지 처음과 나중의 두 가지 뜻만 있다.

[鈔] 第二, 覺首答이라 今初意云特由從緣下는 疏文有三하니 初, 總顯偈意오 二, 卽此偈上半下는 別示義理오 三, 言諸法下는 委釋經文이라 二中에 亦三이니 初, 以因明立量示오 二, 以緣起相由示오 三, 結示緣起深旨라 今初70)니 懸指後四가 以爲同喩라 則此偈中에 但有宗因을 可知로다

若以緣起相由門釋者下는 二, 緣起相由示라 然緣起相由가 具力無力과 及有體無體하니 今顯不相知理는 但明無力無體라 又因中에 亦有無體義나 今取義便因緣相假하야 但明無力이니 謂因假緣故로 因無力이오 緣假因故로 緣無力이라 果上에 亦有無力義로대 今取義顯하야 但明無體니 謂全攬因成이라 緣成無性일새 故云含虛無體라 下四喩中에 皆有無體用義라 故指下明이니라

是故虛妄緣起下는 第三, 結示緣起深旨라 然此가 正結緣起相由門이며 兼結上因明立量이니 以立量中에 亦說不相知로 爲宗故라 卽三義中初義라 言現文但有初後二意者는 全取一偈가 卽是初意오 唯取不相知言이 卽是後意라 其第二意는 至後五偈答本難中하야 方用斯義니라

- 나) 각수보살이 게송으로 대답함이다. 今初意云特由從緣 아래는 소문이 셋이 있으니 a) 게송의 의미를 총합하여 밝힘이요, b) 卽此偈上

---

70) 上七十字는 南金本作初因明立量.

半 아래는 뜻과 이치를 개별로 보임이요, c) 言諸法 아래는 경문을 자세하게 해석함이다. b) 중에도 또한 셋이니 (a) 인명론으로 분량을 세워 보임이요, (b) 연기법이 서로 연유하여 보임이요, (c) 연기법의 깊은 종지를 결론하여 보임이다. 지금은 (a)이니 뒤의 넷을 뚜렷하게 지적함이 같은 비유가 된다. 이런 게송 중에는 단지 종지와 원인만 있으니 알 수 있으리라.

(b) 若以緣起相由門釋者 아래는 연기법이 서로 연유하여 보임이다. 그런데 연기법이 서로 연유함이 유력(有力)과 무력(無力), 체성 있음과 체성 없음을 갖추었으니 지금은 서로 알지 못하는 이치는 단지 무력이면 체성 없음을 설명한 것임을 밝힌 것이다. 또한 원인 중에도 체성 없음의 뜻이 있지만 지금은 뜻을 취하여 문득 원인과 인연을 서로 빌려서 단지 힘이 없음[有力]만 밝혔다. 말하자면 원인은 인연을 빌린 연고로 원인은 힘이 없음[無力]이요, 인연은 원인을 빌린 연고로 힘이 없음[無力]을 인연한다. 결과 위에도 역시 힘이 없는 뜻이 있지만 지금은 뜻이 현저함을 취하여 단지 체성 없음만 밝혔으니 이른바 완전히 원인을 잡아서 성립함이다. 인연은 체성 없음을 성립하는 연고로 '허공이 체성 없음에 포함된다'고 말하였다. 아래의 네 가지 비유 중에 모두 체성과 작용의 뜻이 있다. 그러므로 아래에 가서 설명한다고 지적하였다.

(c) 是故虛妄緣起 아래는 연기법의 깊은 뜻을 결론하여 보임이다. 그래서 이것은 연기법이 서로 연유하는 문을 결론함이며, 겸하여 위의 인명론으로 분량을 세움을 결론함이니, 분량을 세운 중에 또한 서로 알지 못함을 말하므로 종(宗)이 된 것이다. 곧 세 가지 뜻 중에 첫째 뜻이다. '현재의 경문에는 단지 처음과 나중의 두 가지 뜻만 있다'고

말한 것은 완전히 한 게송이 곧 첫째 의미임을 취하였다. 오로지 서로 알지 못한다는 말을 취함이 곧 뒤의 의미이다. 그 두 번째 의미는 다섯째 게송에서 근본 힐난에 대답한 중에 가서 비로소 이 뜻을 사용하였다.

b) 연기법을 잡아 거듭 해석하다[約緣起重釋] 2.
(a) 위의 반의 게송을 해석하다[釋上半] 2.
㊀ 諸法에 대한 해석[釋諸法] (言諸 29下10)
㊁ 체성과 작용 없음을 해석하다[釋無體用] (果從)

[疏] 言諸法者는 非唯擧前十事五對라 亦該一切有爲法也니라 果從因生하니 果無體性이오 因由果立하니 因無體性이라 因無體性이어니 何有⁷¹⁾感果之用이며 果無體性이어니 豈有酬因之能이리오 又互相待일새 故無力也오 以他爲自일새 故無體也라

■ ㊀ '모든 법'이라 말한 것은 오직 앞의 열 가지 일에 다섯 가지 대구만 거론했을 뿐 아니라 또한 온갖 유위법을 다 포섭한 말이다. 결과는 원인에서 생겼으니 결과는 체성이 없음이요, 원인은 결과로 말미암아 성립하나니 원인에는 체성이 없다. 원인에 체성이 없는데 어찌 결과를 감득한 작용이 있을 것이며, 결과는 체성이 없는데 어찌 원인에 대답하는 공능이 있겠는가? 또한 번갈아 서로 기다리므로 힘이 없는 것이요, 남으로 자신을 삼은 연고로 체성이 없는 것이다.

(b) 아래 반의 게송을 해석하다[釋下半] (下半 30上3)

---

71) 有는 金本作以.

[疏] 下半結中에 是故者는 是前體用이 俱無故니 故彼一切法이 各各不相知也니라

- (b) 아래 반의 게송을 해석함 중에 '이런 연고'란 앞의 체성과 작용이 모두 없기 때문이니, 그러므로 온갖 법이 각각 서로 알지 못하는 것이다.

[鈔] 言諸法者下는 第三, 委釋經文이라 言果從因生等者는 上取義便하야 但因無力으로 說果無體어니와 今欲盡理일새 故具擧之니 則上句 諸法이 通於因果라 於中에 先以因緣門으로 明因果俱無體라 因無體性下는 以上無體로 釋成因果無用이니 體尙不立이어니 用安得存가 從又互相待下는 以相待門으로 明無體用이니 先明因果無用일새 故云無力이라 後, 以他爲自下는 明因果無體라 旣全攬他일새 故無自體니라

- b) 言諸法者 아래는 경문을 자세하게 해석함이다. '결과는 원인에서 생겼다'고 말한 것은 위는 뜻이 편함을 취하여 단지 힘 없음을 인하므로 '결과가 체성이 없다'고 말하였지만 지금은 이치를 다하려는 연고로 갖추어 거론하였으니 위 구절의 모든 법은 원인과 결과에 통한다. 그 가운데 먼저 인연문으로 원인과 결과가 모두 체성이 없음을 밝혔다. 因無體性 아래는 위의 체성 없음으로 원인과 결과가 작용 없음을 해석하여 이루었으니, 체성이 오히려 성립하지 않는데 작용이 어찌 있을 수 있겠는가? (a) 又互相待 아래는 서로 기다리는 문으로 체성 없음을 밝혔으니 먼저 원인과 결과가 작용 없음을 밝혔으므로 '힘이 없다'고 말하였다. (b) 以他爲自 아래는 원인과 결과가 체성 없음을 밝힘이다. 이미 남을 전체로 잡은 연고로 자기 체성이 없는 것이다.

(ㄴ) 네 게송은 비유로 비교하다[後四喩況] 3.
a. 함께 표방하다[雙標] (第二 30下3)

譬如河中水가　　　湍流競奔逝하되
各各不相知인달하여　諸法亦如是니라
비유컨대 강 가운데 흐르는 물이
빠르게 다투어 흘러가지만
각각 서로 알지 못하듯이
모든 법도 또한 이와 같으니라.

[疏] 第二, 喩況이라 略有二意하니 一, 以此四喩로 通釋諸法不相知言이오 二, 別對前文諸不相知하야 兼通前設難이라 今初에 以四大로 爲喩라 然各上三句는 喩況이오 下句는 法合이라

- (ㄴ) 네 게송은 비유로 비교함이다. 간략히 두 가지 의미가 있으니 (a) 이런 네 가지 비유로 모든 법이 서로 알지 못한다는 말을 통틀어 해석함이요, (b) 앞의 경문에서 모든 것은 서로 알지 못함을 개별로 상대하여 앞에서 설정한 힐난과 겸하여 통하였다. 지금은 (a)에서 사대로 비유를 삼았다. 그러나 각기 ㊀ 위의 세 구절은 비유로 비교함이요, ㊁ 아래 구절은 법과 합함이다.

b. 함께 해석하다[雙釋] 2.
a) 네 가지 법과 비유를 총합하여 과목 나누다[總判四種法喩]

(然此 30下5)

[疏] 然此四喩가 各顯一義니 一, 依水有流注오 二, 依火焰起滅이오 三, 依風有動作이오 四, 依地有任持라 法中에 四者는 一, 依眞妄相續이오 二, 依眞妄起滅이오 三, 妄用依眞起오 四, 妄爲眞所持라 然此法喩가 一一各有三義하니 一은 唯就能依오 二는 依所依오 三은 唯所依라

■ 그런데 이 네 가지 비유가 각기 한 가지 뜻을 밝혔으니 (1) 물이 흘러감을 의지함이요, (2) 불꽃이 생기고 없어짐을 의지함이요, (3) 바람에 동작함이 있음을 의지함이요, (4) 땅이 맡아 지탱함이 있음에 의지함이다. ㈡ 법과 합함 중에 넷이란 ① 진심과 망심이 상속함을 의지함이요, ② 진심과 망심이 생기고 없어짐을 의지함이요, ③ 망심의 작용은 진심에 의지해 일어남이요, ④ 망심은 진심의 의지처가 됨이다. 그런데 이런 법과 비유가 낱낱이 각기 세 가지 뜻이 있으니 (1) 오직 의지하는 주체에 입각함이요, (2) 의지할 대상에 의지함이요, (3) 오직 의지할 대상뿐이다.

b) 과목에 의지해 네 가지 비유를 해석하다[依科別釋四喩] 2.
(a) 앞의 힐난을 해석함에 대해 통틀어 대답하다[通答釋成前難] 4.
㈠ 물이 흐르고 물 댐이 있음에 의지하다[依水有流注] 3.

① 경문을 바로 해석하다[正釋經] 2.
㉮ 비유로 말하다[喩說] 3.
㉠ 의지하는 주체뿐이다[唯能依] 6.
ⓐ 표방하여 지적하다[標指] (今初 30下10)
ⓑ 서로 알지 못함을 개별로 보이다[別示不相知] (然此)

[疏] 今初喩中에 唯就能依者는 流也라 然此流注가 有十義不相知하야 而成流注하니 一, 前流不自流하고 由後流排故로 流니 則前流가 無自性일새 故不知後오 二, 後流가 雖排前이나 而不到於前流일새 故亦不相知오 三, 後流不自流하고 由前流가 引故로 流니 則後流가 無自性일새 故不相知前이오 四, 前流가 雖引後나 而不至後일새 故亦不相知오 五, 能排와 與所引이 無二일새 故不相知오 六, 能引과 與所排가 無二일새 故不相知오 七, 能排와 與所排가 亦無二일새 故不相知오 八, 能引과 與所引이 亦無二일새 故不相知오 九, 能排와 與能引이 不得俱일새 故不相知오 十, 所排와 與所引이 亦不得俱일새 故不相知라

■ 지금은 ㉠ 첫째 비유로 말함 중에 ㉠ 오직 의지하는 주체에만 입각함이란 흐름을 뜻한다. 그런데 이 흐르고 물 댐이 열 가지 뜻이 서로 알지 못함이 있어서 흐르고 물 댐을 이루었으니 (1) 앞의 흐름은 스스로 흐르지 못하고 뒤의 흐름이 밀어냄으로 인하여 흐르는 것이니, 앞의 흐름이 자체 성품이 없는 연고로 뒤를 알지 못함이요, (2) 뒤의 흐름이 비록 앞을 밀어내지만 앞의 흐름에 도달하지 못하는 연고로 또한 서로 알지 못함이요, (3) 뒤의 흐름은 스스로 흐르지 못하고 앞의 흐름이 이끎으로 말미암아 흐르게 되나니, 뒤의 흐름이 자체 성품이 없으므로 앞을 서로 알지 못함이요, (4) 앞의 흐름이 비록 뒤를 이끌지만 뒤에 도달하지 못하는 연고로 또한 서로 알지 못함이요, (5) 밀어내는 주체가 이끌 대상과 둘이 없으므로 서로 알지 못함이요, (6) 이끄는 주체가 밀어낼 대상이 둘이 없으므로 서로 알지 못함이요, (7) 밀어내는 주체와 밀어낼 대상이 또한 둘이 없으므로 서로 알지 못함이요, (8) 이끄는 주체와 이끌 대상이 또한 둘이 없으므로 서로 알지

못함이요, (9) 밀어내는 주체와 이끄는 주체가 함께하지 못하는 연고로 서로 알지 못함이요, (10) 밀어낼 대상과 이끌 대상이 또한 함께하지 못하는 연고로 서로 알지 못함이다.

ⓒ 체성이 공함을 결론하여 밝히다[結顯性空] (是則 31上9)
ⓓ 다른 논서를 인용하여 증명하다[引他證成] (肇公)

[疏] 是則前後가 互不相至하고 各無自性이라 只由如此無知無性하야 方有流注니 則不流而流也니라 肇公이 云, 江河가 競注而不流가 卽其義也니라
■ 이렇다면 앞과 뒤가 번갈아 서로 알지 못하고 각기 자체 성품이 없는 것이다. 단지 이러한 알지 못함과 체성 없음으로 인하여 비로소 흐르고 물 댐이 있나니, 흐르지 않으면서 흐른다는 뜻이다. 승조(僧肇)법사가 이르되, "강물이 다투어 물 대어도 흐르지 못함이 곧 그 뜻이다"라고 하였다.

ⓔ 앞과 뒤의 두 글자를 개별로 해석하다[別釋前後二字] (然上 31下2)
ⓕ 서로 알지 못하는 이치를 구분하여 정하다[揀定不相知理] (小乘)

[疏] 然上云前後者는 通於二義하니 一, 生滅前後니 謂前滅後生하야 互相引排오 二, 此彼前後는 卽前波後波니라 小乘에 亦說當處生滅이 無容從此轉至餘方이나 而不知無性緣起之義耳니라
■ 그런데 '앞과 뒤'라 말한 것은 두 가지 뜻에 통하나니 (1) 나고 멸하는 앞과 뒤이니 이른바 앞은 없어지고 뒤가 생겨나서 서로서로 이끌

고 배척함이요, (2) 이것과 저것의 앞과 뒤는 곧 앞의 파도와 뒤의 파도라는 뜻이다. 소승에도 바로 그곳에서 나고 멸함을 말한 것이 이로부터 뒤바뀌어 나머지 방소에 도달함을 용납함이 없지만 그러나 체성 없는 연기법의 뜻을 알지 못한 것일 뿐이다.

㉡ 의지할 대상에 의지하다[依所依] (二依 34上5)
㉢ 의지할 대상뿐이다[唯所依] (三唯)

[疏] 二, 依所依者는 謂前流後流가 各皆依水로대 悉無自體하고 不能相知라 然不壞流相일새 故說水流니라 三, 唯所依者는 流旣總無코 但唯是水니 前水後水가 無二性故로 無可相知라 是則本無有流나 而說流也니라

■ ㉡ 의지할 대상에 의지함이란 이른바 앞 물결과 뒤 물결이 각기 모두 물을 의지하되 모두 자체가 없고 능히 서로 알지 못하는 것이다. 그런데 물결의 모양을 무너뜨리지 않는 연고로 '물이 흐른다'고 말한다.
㉢ 의지할 대상뿐이란 흐름은 이미 총합적으로는 없고 단지 오직 물뿐이니 앞 물과 뒤 물이 두 가지 체성이 없는 연고로 모양으로 알 수가 없다. 이렇다면 본래 흐름이 없지만 '흐른다'고 말한다.

[鈔] 今初喩中下는 疏文有四하니 一, 釋喩오 二, 釋法이오 三, 對問會通이오 四, 傍顯水義라 初中에 三重이 卽爲三別이니 初, 唯流中에 文有六段하니 一, 標章이오 二, 別示不相知相이오 三, 結示正理오 四, 引他證成이오 五, 別釋前後二字요 六, 揀定不相知理라 今初可知로다 然此偈文은 晉經에 云, 譬如駛水流에 水流無絶已호대 二俱不相知

하야 諸法亦如是라하니 今文小異나 義旨無違니라

然此流注下는 二, 別示不相知相이니 謂欲顯不相知理일새 故寄前後流異하야 成其十門이라 若不說前後之流하면 將何不相知耶아 一河之水가 不出前後하니 則千里九曲이 皆悉無性하야 不相知矣니라 然雖十義가 本唯二流로 成兩重能所니 前流를 望引爲能이오 望排爲所며 後流를 望排爲能이오 望引爲所라 以斯四義로 相參[72)]하야 成十이니 初及第三은 以爲所故로 無性無知오 二四兩門은 約不相到오 五六二門은 約無二體니 以後流는 是能排니 即所引故오 前流는 是所排니 即能引故라 七八은 約緣成故로 無二니 謂七中에 能排는 是後오 所排는 是前이라 言亦無二者는 要有所排하야사 方有能排이니 此二相成일새 故亦無二라 八, 約能引亦然이라 九와 十은 約不俱故로 無知者라 然其能排는 是後오 能引은 是前이라 而言不得俱者는 後爲能排에 前須爲所排라 不得即此名爲能引이오 義門이 別故로 名爲不俱니라 第十句例此니 前流가 爲所排時에 後流는 須爲能排니 不得爲所引일새 故云不俱니라

是則前後下는 第三, 結示正理니라 肇公下는 第四, 引他證成이니 即物不遷論이라 然其相連하야 總有四句하니 論에 云, 既無往返之微朕이어니 有何物而可動乎아 然則旋嵐偃岳而常靜이오 江河가 競注而不流하며 野馬가 飄鼓而不動하고 日月이 歷天而不周라 復何怪哉아하니 今四喩中에 但用水風하고 彼無火地하니라

● 今初喩中 아래는 소문에 넷이 있으니 ㉮ 비유를 바로 해석함이요, ㉯ 법을 해석함이요, ㉰ 질문에 상대하여 회통함이요, ㉱ 곁으로 물의 뜻을 밝힘이다. ㉮ 중에 세 번 거듭이 곧 세 가지 차별이 되나니, ㉠

---

72) 參은 甲南續金本作集.

오직 흐름뿐임 중에 경문이 여섯 문단이니 ⓐ 가름을 표방함이요, ⓑ 서로 알지 못하는 모양을 개별로 보임이요, ⓒ 바른 이치를 결론하여 보임이요, ⓓ 다른 논서를 인용하여 증명하여 완성함이요, ⓔ 앞과 뒤의 두 글자를 개별로 해석함이요, ⓕ 서로 알지 못하는 이치를 구분하여 정함이다. 지금 ⓐ는 알 수 있으리라. 그런데 이 게송 문장은 진경(菩薩明難品 覺首章)에 이르되, "이를테면 저 강의 흐르는 물이 끊임없이 함께 빨리 흐르지마는 그것들은 각기 서로 모르는 것처럼 저 갖가지 모든 법도 그와 같느니"라고 하였다. 지금 본경의 문장은 조금 다르지만 뜻과 종지는 위배됨이 없다.

ⓑ 然此流注 아래는 서로 알지 못하는 모양을 개별로 보임이니, 말하자면 서로 알지 못하는 이치를 밝히려는 연고로 앞과 뒤의 흐름이 달라짐을 의탁하여 열 가지 문을 이루었다. 만일 앞과 뒤의 흐름을 말하지 않았으면 무엇을 가져서 서로 알지 못하겠는가? 한 강물이 앞과 뒤에서 벗어나지 않나니 천 리와 아홉 굽이가 모두 체성이 없어서 서로 알지 못하는 것이다. 그러나 비록 열 가지 뜻이 본래로 오직 두 흐름으로만 두 가지 거듭된 주체와 대상이 되었으니 앞과 뒤를 이끎을 바라보고 주체를 삼고, 밀어냄을 바라보고 대상을 삼았고, 뒤의 흐름을 밀어냄을 바라보고 주체로 삼고, 이끎을 바라보고 대상을 삼았다. 이런 네 가지 뜻으로 서로 섞어서 열이 되었으니 첫째와 셋째는 대상이 되는 연고로 체성이 없고 아는 것도 없으며, 둘째와 넷째 두 문은 서로 도착하지 않음을 잡는 문이요, 다섯째와 여섯째 두 문은 두 체성이 없음을 잡았으니 뒤의 흐름은 밀어내는 주체이니 곧 이끌 대상인 까닭이요, 일곱째와 여덟째는 인연으로 성립함을 잡은 연고로 둘이 없나니, 이른바 일곱째 중에 밀어내는 주체는 뒤의 흐름이

요, 밀어낼 대상은 앞의 흐름이다. '또한 둘이 없다'고 말한 것은 중요한 것은 밀어낼 대상이 있어야만 비로소 밀어내는 주체가 있는 것이니 이런 둘이 서로 성립하는 연고로 또한 둘이 없는 것이다. 여덟째, 이끄는 주체를 잡음도 역시 마찬가지이다. 아홉째와 열째는 함께 하지 않음을 잡은 연고로 아는 것도 없다는 뜻이다. 그러나 그 밀어내는 주체는 뒤의 흐름이요, 이끄는 주체는 앞의 흐름이다. 그러나 '함께 얻을 수 없다'고 말한 것은 뒤의 흐름이 밀어내는 주체가 될 적에 앞의 흐름도 모름지기 밀어낼 대상이 된다. 얻지 못함이 곧 이것을 이끄는 주체라 이름한 것이요, 뜻의 문이 다른 연고로 함께하지 않음이라 이름하였다. 열째 구절은 이것과 유례함이니 앞의 흐름이 밀어낼 대상이 될 때에 뒤의 흐름은 모름지기 밀어내는 주체가 됨이니 얻지 못함은 이끌 대상이 되는 연고로 '함께하지 않음'이라 말한다.

ⓒ 是則前後 아래는 바른 이치를 결론하여 보임이다. ⓓ 肇公 아래는 저 논을 인용하여 증명함이니 곧 (승조법사의)『물불천론(物不遷論)』이다. 그러나 그것은 서로 연결하여 총합하면 네 구절이 있으니 논에 이르되, "이미 갔다가 돌아오는 작은 조짐이 없는데 어떤 사물이 움직일 수 있는 것이 있겠는가? 그렇다면 돌개바람이 수미산을 무너뜨린다 해도 항상 고요하며 강하가 다투듯 달려도 흐르지 않는다. 아지랑이 흩날리나 움직이지 않고 해와 달 하늘을 지나지만 돌지 않으니 다시 무엇이 괴상하리오!"라고 하였다. 지금의 네 가지 비유 중에 다만 물과 바람만 사용하였고, 저기에는 불과 땅은 없다.

然上云下는 第五, 別釋前後二字니 一, 生滅前後者는 此卽豎說이니 如壯與老니 謂此流水가 刹那生滅일새 前刹那滅하고 後刹那生이라

二, 此彼前後者는 猶如二人이 同行狹徑에 後人排前하고 前人引後니 此卽橫說이라 分分之水가 皆有前後며 乃至毫滴이라도 亦有前毫後毫라 故聚衆多하야 皆成流注하니 則無性矣로다 小乘亦說下는 第六, 揀定不相知理라 文中에 二니 先은 擧小乘하고 後는 而不知下는 擧大異小라 小乘은 卽俱舍論業品中에 釋身表를 許別形하고 非行動으로 爲體니 以諸有爲法이 有刹那盡故라하고 論文初句에 論主가 標有宗義하고 下三句에 破正量部하니 以正量部에 謂以動身으로 爲身表體일새 故論破之라 然이나 正量部에는 心心所法은 則有刹那어니와 此之動色은 無有刹那라하야늘 今論主가 明諸有爲法이 皆有刹那하니 何以知有아 後有盡故라 旣後有盡일새 知前有滅이라 故로 論에 云, 若此處生하면 卽此處滅이니 無容從此하야 轉至餘方이라하니라 釋曰, 此生此滅이 不至餘方은 同不遷義나 而有法體가 是生是滅하니 故非大乘이로다 大乘之法은 緣生無性이라 生卽不生이오 滅卽不滅이니 故遷卽不遷이라 則其理가 懸隔이니라 然肇公論에는 則含二意하니 顯文所明컨대 多同前義라 故로 云, 傷夫人情之惑久矣라 目對眞而莫覺하고 旣知往物之不來하야 而謂今物而可往하니 往物이 旣不來인대 今物이 何所⁷³⁾往이리오 何則고 求向物於向하면 於向에 未嘗無오 責向物於今하면 於今에 未嘗有라 於今에 未嘗有일새 以明物不來오 於向에 未嘗無일새 故知⁷⁴⁾物不去라 覆而求今컨대 今亦不往이니 是謂昔物은 自在昔이라 不從今以至昔이오 今物은 自在今이라 不從昔以至今이니라 故로 仲尼曰, 回也여 見新交臂가 非故라하니 如此則物不相往來가 明矣라 旣無往返之微朕이어니 有⁷⁵⁾何物而可動乎아 卽

---
73) 所는 甲南續金本作可.
74) 故知는 甲南續金本作以明.
75) 有는 南金本作又.

云, 然則旋嵐等라하고 下文에 又云호대 若古不至今하고 今亦不至古인대 事各性住於一世어니 有何物而可去來라하니라 釋曰, 觀肇公意컨대 旣以物各性住而爲不遷하니 則濫小乘의 無容從此轉至餘方이나 下論에 云, 故談眞에 有不遷之稱하고 導物에 有流動之說이라하니 此則以眞諦로 爲不遷하고 而不顯眞諦之相이라 若但用於物各性住로 爲眞諦相인대 寧非性空이 無可遷也아 不眞空義로 方顯性空이니 義約俗諦하야 爲不遷耳니라

- ⓔ 然上云 아래는 앞뒤의 두 글자를 따로 해석함이니 (1) 생기고 멸하는 앞과 뒤는 여기서 세로로 세워 말함이니 마치 장년과 노년이 이른바 이런 흐르는 강물이 찰나 간에 생기고 없어지므로 앞의 찰나에 없다가 뒤의 찰나에 생긴다는 뜻이다. (2) 이것과 저것의 앞과 뒤는 마치 두 사람이 좁은 길을 함께 갈 적에 뒷사람이 앞을 밀어내고 앞의 사람은 뒤를 끌어당기는 것과 같나니, 이것은 가로로 펼쳐서 말한 것이다. 나누고 나눈 물이 모두 앞과 뒤가 있으며, 나아가 한 터럭의 물방울이라도 또한 앞의 터럭과 뒤의 터럭이 있다. 그러므로 여러 많은 것을 모아서 모두 흘려 물 댐을 이루나니, 체성이 없기 때문이다. ⓕ 小乘亦說 아래는 서로 알지 못하는 이치를 구분해 정함이다. 소문 중에 둘이니 ⓕ 소승을 거론하고 ⓕ 而不知 아래는 대승을 거론하여 소승과 다름이다. 소승은 곧 『구사론』업품(業品) 중에 "몸의 표업은 형색(形色)으로서 따로따로 일어나고 행동으로 그 자체가 된 것 아니라고 하나니 온갖 함이 있는 법이란 찰나에 다함이 있기 때문이네"라고 해석하였다. 논문의 첫 구절에 논주가 유종의 뜻을 표방하고, 아래 세 구절에서 정량부(正量部)를 타파하나니, 정량부에서 이른바 행동하는 몸으로 몸에서 체성을 표한 연고로 논에서 타파하였다. 그러나 정량

부에는 "심왕과 심소법은 찰나가 있지만 여기의 행동하는 형색은 찰나에도 없다"라고 하였거늘 지금 논주가 "모든 유위법이 모두 찰나가 있으니 어찌하여 유를 알겠는가? 뒤에 다함이 있는 까닭이다. 이미 뒤에 다함이 있으므로 앞에서 멸함이 있음을 안 것이다." 그러므로 논에 이르되, "만일 이곳에서 생겼으면 곧 이곳에서 없어지고, 여기에서 딴 곳에까지 옮겨 감을 용납하지 않는다"라고 하였다. 해석하자면 여기서 생기고 여기서 없어짐이 딴 방소에까지 가지 않음은 '옮겨 가지 않는다'는 뜻과 같지만 법의 체성이 있는가? 곧 생기고 멸함이니 그러므로 대승법이 아니다. 대승의 법은 인연으로 생기면서 체성이 없으므로 생김이 곧 생기지 않음이요, 없어짐이 곧 없어짐이 아니다. 그러므로 옮기는 것이 곧 옮기는 것이 아니니 그 이치가 현격하다. 그러나 승조법사의 『조론』에는 두 가지 의미를 포함하였으니 소문에 밝힌 것이 뚜렷하지만 대부분 앞의 뜻과 같다. 그러므로 말하되, "아프도다, 사람 생각의 미혹함이 오래되었구나! 눈으로 진여를 대하면서도 깨닫지 못하고 이미 과거의 사물이 오지 않는 줄 알지만 그러나 지금의 사물이 갈 수 있나니, 과거의 사물이 이미 오지 않았는데 지금의 사물이 어디로 갔으리오!" 무슨 법칙인가? 과거의 사물을 과거에서 구하면 과거에서 일찍이 아직 없는 것이요, 과거의 사물을 지금에 꾸짖으면 지금에 아직 있지 않은 것이다. 지금에 일찍이 있지 않으므로 사물은 오지 않음이 분명하다. 과거에서부터 일찍이 없지 않으므로 사물은 가지 않는 줄 알아야 한다. 반복하여 지금을 구한다면 지금도 역시 가지 않나니, 이것은 과거의 사물은 스스로 과거에 있다고 말한다. 지금에서부터 과거에 이르지 않는 것이요, 지금의 사물은 스스로 지금에 있다. 과거에서부터 지금에 이른 것이 아니다. 그러므로 공자가 가로되, "안회(顔回)여, 너와 내가 새롭게 스치는 팔은 옛날의 모습이 아니라는 것을 보았느냐? 이러하다면 사물은 서로 왕래하지 않는 것임이 분명하다. 이미 가고 돌아옴이 조금의 조짐도 없는데 어떤 물건이 움직일 수 있겠는가?" 곧 말하되, 그렇다면 돌개바람 등이라 하였고, 아래 논문에 또 이르되, "만일 과거가 지금에 이르지 않고 지금도 또한 과거로 가지 않는다면 일은 각각의 성품이 한 세상에 머물렀는데 어떤 물건이 오고 갈 수 있겠는가?"라고 하였다. 해석하자면 승조법사의 주장을 관찰한다면 이미 사물의 각각 성품이 머무르고 옮겨 가지 않았으니 소승의 여기로부터 딴 곳에 옮겨 감을 용납하지 않음이 잘못이지만, 아래 논에는 이르되, "그러므로 진리를 말할 적에 옮겨 가지 않는다는 명칭이 있고, 사물을 이끌어 갈 적에 흐르고 움직인다는 말이 있다"라고 하였으니 이것은 진제로 옮겨 가지 않음을 삼고 진제의 모양을 밝히지 못했다. 만일 단지 사물이 각각 성품에 머무름으로 진제(眞諦)의 모양을 사용한다면 어찌 성품이 공함이 옮겨 감이 없겠는가? 참된 공이 아니라는 뜻으로 비로소 성품이 공함을 밝혔으니 뜻이 속제(俗諦)를 잡아서 옮겨 가지 않음을 삼았을 뿐이다.

⑭ 법과 합하다[法合] (二法 34上9)

[疏] 二, 法中三義者는 一, 流喩能依妄法이오 二, 妄依眞立이오 三, 妄盡唯眞이라 初中에 妄緣起法은 似互相藉나 各不能相到하야 悉無自性일새 故無相知니 是則有而非有也오 二, 依所依者는 謂此妄法이 各各自虛하야 含眞方立이어니 何有體用이 能相知相成이리오 卽由此無知無成하야 含眞故有니 是則非有而爲有也오 三, 唯所依者는 謂

能依妄法이 逈無體用하고 唯有眞心이 挺然顯現이라 旣無彼此어니 何有相知리오 正由此義하야 妄法은 有卽非有니 以非有爲有라 復說 眞性은 隱卽非隱이니 以非隱으로 爲隱이니라

- ㊁ 법과 합함 중의 세 가지 뜻이란 (1) 흐름은 의지하는 주체인 망심의 법에 비유함이요, (2) 망법은 진여에 의지해 성립함이요, (3) 망법이 다하면 진여뿐이다. ㉠ (唯能依) 중에 망심의 연기법은 서로 번갈아 돕는 것 같지만 각기 능히 서로 도달하지 못하여 모두 자성이 없으므로 서로 아는 것이 없나니 이것은 있으면서 있지 않음이요, ㉡ 의지할 대상에 의지함[依所依]이란 이른바 이 망법이 각기 스스로 허망하여 진여를 포함해야 비로소 성립하는 것인데, 어찌 체성과 작용이 능히 서로 알고 서로 성립함이 있겠는가? 곧 이런 서로 알고 서로 성립함으로 말미암아 진여를 포함한 연고로 있는 것이다. 이러하다면 있지 않으면서 있음이 됨이요, ㉢ 오직 의지할 대상[唯所依]뿐이란 이른바 의지하는 주체인 망법이 현격하게 체성과 작용이 없고, 오직 진심만 있는 것이 특출하게 나타난다. 이미 저것과 이것이 없으니 어찌 서로 아는 것이 있겠는가? 바로 이런 뜻으로 말미암아 망법은 있어도 있는 것이 아님이니 있지 않음을 있음으로 삼은 것이다. 다시 말하되, 참된 성품은 숨어도 숨지 못하나니 숨지 않은 것으로 숨은 것을 삼은 까닭이다.

[鈔] 二法中下는 第二, 釋法이라 文中에 三이니 初는 總이오 次, 初中下는 別이오 後, 正由此義下는 結이라 妄法有卽非有는 是初義오 隱卽非隱은 是第二義니 以正爲事隱之時에 而有所依故라 以非隱爲隱은 卽第三義니 理常現故니라

- ㉴ 二法中 아래는 법과 합함을 해석함이다. 소문 중에 셋이니 ㉠ 총상 해석이요 ㉡ 初中 아래는 별상 해석이다. ㉢ 正由此義 아래는 결론함이다. '망법이 있어도 있지 않음'은 첫째 뜻이요, '숨어도 숨지 않음'은 둘째 뜻이니 바로 일이 숨을 때에 의지할 대상이 있기 때문이다. '숨지 않음으로 숨음을 삼은 것'은 셋째 뜻이니 이치가 항상 나타나기 때문이다.

② 질문에 상대하여 회통하다[對問會通] (此上 34下10)

[疏] 此上三意가 卽三種答이라 答上三種問이니 思之니라
- 이 위의 세 가지 의미가 곧 세 가지로 대답함이다. 위의 세 가지 질문에 대답한 내용이니, 생각해 보라.

[鈔] 此上三意下는 第三, 對問會通이라 言思之者는 以易見故라 若具說者인댄 第一, 妄法有而非有며 答前直問호대 旣有種種인대 何緣不相知니 謂種種은 是妄有오 體卽非有일새 故不相知라 二, 答懷疑호대 爲是種種가 爲不相知니 故今答云호대 能依妄法이 依所依眞이니 妄常種種이오 眞常無知故라 三, 答結成難者는 卽妄卽眞일새 故種種이 不乖不相知也니라
- ㉴ 此上三意 아래는 질문과 상대하여 회통함이다. '생각해 보라'고 말한 것은 쉽게 보는 까닭이다. 만일 갖추어 말한다면 (1) 망법은 있어도 있지 않음이며, 앞의 바로 질문함에 대해 대답하되, 이미 갖가지가 있으면 무슨 인연으로 서로 알지 못한다. 말하자면 갖가지는 망법으로 있음이요 체성은 있음이 아니므로 서로 알지 못한다. (2) 의

심을 품은 데 대해 대답하되, "갖가지가 되는가, 서로 알지 못함이 되는가?"라고 하였으니 그러므로 대답하여 말하되, "의지하는 주체인 망법이 의지할 대상인 진여를 의지하나니 망법은 항상 갖가지이고, 진여는 항상 앎이 없기 때문이다. (3) 결론하여 힐난함에 대해 대답한 것은 망법과 합치하고 진여와 합치한 연고로 갖가지가 서로 알지 못함과 어긋나지 않는다.

③ 물은 진심에 비유함을 밝히다[別顯水喩眞心] (何故 35上7)

[疏] 何故로 以水로 喩眞心者오 以水가 有十義同眞性故니 一, 水體澄淸을 喩自性淸淨心이오 二, 得泥成濁을 喩淨心不染而染이오 三, 雖濁이나 不失淨性을 喩淨心染而不染이오 四, 若澄泥淨現을 喩眞心惑盡性現이오 五, 遇冷成冰而有硬用으로 喩如來藏이 與無明合하야 成本識用이요 六, 雖成硬用이나 而不失軟性으로 喩卽事恒眞이오 七, 煖融成軟으로 喩本識還淨이오 八, 隨風波動이나 不改靜性으로 喩如來藏이 隨無明風하야 波浪起滅이나 而不變自不生滅性이오 九, 隨地高下하야 排引流注나 而不動自性으로 喩眞心이 隨緣流注나 而性常湛然이오 十, 隨器方圓이나 而不失自性으로 喩眞如性이 普徧諸有爲法이나 而不失自性이라 略辨十義에 少分似眞일새 故多以水로 爲喩라 此義는 見文에 雖似不具나 而大通衆經이니라

■ 무슨 까닭으로 물로써 진심에 비유하였는가? 물이 열 가지 뜻으로 참된 성품과 같은 까닭이니 (1) 물의 체성이 맑고 깨끗함을 자성이 청정한 마음에 비유한 것이요, (2) 진흙을 만나면 탁해짐을 깨끗한 마음이 물들지 않으면서 물듦에 비유한 것이요, (3) 비록 탁해져도 깨

끗한 성품을 잃지 않음을 깨끗한 마음이 물들어도 물들지 않음에 비유한 것이요, (4) 만일 진흙을 맑히면 깨끗함이 나타남을 진심이 번뇌가 다하면 성품이 나타남에 비유한 것이요, (5) 차가움을 만나면 얼음이 되어 굳건한 작용이 있음으로 여래장이 무명과 합하여 본식의 작용을 이룬 것에 비유한 것이요, (6) 비록 굳건한 작용을 이루었지만 부드러운 성품을 잃지 않음으로 일에 나아가 항상 진실함에 비유한 것이요, (7) 따뜻함과 융합하여 부드러운 것으로 본식이 깨끗함으로 돌아옴에 비유한 것이요, (8) 바람을 따라 파도가 움직이지만 고요한 성품을 바꾸지 않음으로 여래장이 무명의 바람을 따라 물결이 일어나고 없어지지만 스스로 생멸하지 않는 성품은 변하지 않음에 비유한 것이요, (9) 땅이 높고 낮음을 따라 밀어내고 이끌어서 흐르고 물 대지만 자체 성품은 동요하지 않는 것으로 진심이 인연 따라 흐르고 물 대지만 성품이 항상 담담한 것에 비유한 것이요, (10) 그릇이 모나거나 둥근 것을 따르지만 자체 성품을 잃지 않는 것으로 진여의 성품이 모든 유위법에 널리 두루 하지만 자체 성품을 잃지 않음에 비유한 것이다. 간략히 열 가지 뜻을 밝히면 작게나마 진여와 비슷한 연고로 대부분 물로써 비유한 것이다. 이런 뜻은 경문을 볼 적에 비록 갖추지 않는 것 같지만 대부분 여러 경전과 통한다.

㊂ 불꽃이 생겼다 없어짐에 의지하다[依火燄起滅] 2.
① 바로 경문을 해석하다[正釋經文] 3.
㉮ 의지하는 주체뿐이다[唯能依] (第三 35下10)

亦如大火聚가　　　　猛焰同時發하되

各各不相知인달하여　　　諸法亦如是니라
또한 큰 불무더기에서
맹렬한 불길이 함께 일어나지만
각각 서로 알지 못하듯이
모든 법도 또한 이와 같으니라.

[疏] 第二, 依火焰起滅喩中에 三義同前이라 初, 唯焰者는 謂焰起滅이 有其二義하니 一, 前焰이 謝滅코 引起後焰하며 後焰無體하야 而不能知前焰하며 前焰已滅에 復無所知니 是故로 各各皆不相知라 二, 前焰이 若未滅이라도 亦依前引無體일새 故無能知오 後焰未生일새 故無所知니 是故로 彼亦各不相知니라 妄法도 亦爾하야 刹那生滅하야 不能自立하나니 謂已滅未生에 無物可知오 生已則滅에 無體可知라 是故로 皆無所有也라 斯則流金爍石而不熱也니라

㈡ 불꽃이 생겼다 없어짐에 의지한 비유 중에 세 가지 뜻은 앞과 같다. ㉮ 불꽃뿐이란 이른바 불꽃이 생겼다 없어짐에 두 가지 뜻이 있으니 (1) 앞의 불꽃이 멸해 없어지고 뒤의 불꽃이 이끌어 생겨나며 뒤의 불꽃은 체성이 없어서 능히 앞의 불꽃을 알지 못하며, 앞의 불꽃이 멸하고 나면 다시 알 대상이 없어진다. 이런 연고로 각각 모두 서로 알지 못한다. (2) 앞의 불꽃이 만일 멸하지 않아도 또한 앞을 의지하여 이끌어도 체성이 없는 연고로 아는 주체가 없으며, 뒤의 불꽃이 생겨나지 않았으므로 알 대상도 없나니 이런 연고로 저도 역시 각기 서로 알지 못한다. 망법도 또한 그러해서 찰나 간에 생기고 없어져서 능히 스스로 성립하지 않는다. 말하자면 이미 멸하고 생겨나지 않았을 적에 사물을 알 수가 없으며, 생겨나고는 없어질 적에 체성이 없음

을 알 수 있으리라. 이런 연고로 모두 있지 않은 것이다. 이러하다면 쇳물이 흐르고 바위가 녹아내려도[流金爍石] 뜨거운 줄 모른다.

[鈔] 第二, 依火等者는 下之三喩는 文勢稍略하니 隨其三義하야 便以法合이니라 今初, 唯焰喩中에 二義니 一, 明後不知前이오 二, 明前不知後오 二, 妄法亦爾下는 法合이라 於中에 先, 總이오 後,[76] 謂已滅下는 別이라 然法喩가 俱用生滅門釋호대 而有小異하니 喩中에 用前念滅後念生釋하고 今法合中에도 亦用前滅後生하야 正合前焰後焰하며 兼三時門이라 今初에 已滅者는 前念也요 未生者는 後念也니 故此二念이 一向無物이라 生已則滅者는 前後二念이 皆卽生卽滅하야 並皆緣生일새 故言無體니 體無實故라 言兼三時門者는 謂一念之上에 卽有三時하니 已滅은 爲已生이오 未生은 爲未生이오 生已卽滅은 是生時라 故로 淨名에 云, 若過去生인대 過去生은 已滅이오 若未來生인대 未來生은 未至오 若現在生인대 現在生은 無住라하니라 經에 云, 比丘야 汝今卽時亦生이며 亦老亦滅이라하니 故三時가 無體하야 無可相知也니라

斯則流金者는 卽莊子中意니 說於至人호대 大水가 稽天而不溺하며 大旱하야 金石流火山燋라도 而不熱이라하니라 然其本意는 非是水不能溺이며 火不能燒라 意云乘時處順하야 不以水火로 而爲患也며 亦不橫爲其所燒溺也니 正同今意의 燒而不燒라 但彼는 約順時하고 此約無性이 理懸隔矣니라

● ㊁ 불꽃의 비유에 의지함 등이란 아래의 세 가지 비유는 경문의 세력이 더욱 간략하니 그 세 가지 뜻을 따라 문득 법과 합하게 된다. 지

---

[76] 上十一字는 南金本作合先總.

금은 ㉮ (의지하는 주체인) 불꽃의 비유뿐임 중에 (해석함에) 두 가지 뜻이니 ① 뒤의 불꽃은 앞의 불꽃을 알지 못함을 밝혔고, ② 앞의 불꽃은 뒤의 불꽃을 알지 못함을 밝힌 내용이요, ㉡ 妄法亦爾 아래는 법과 합함이다. 그중에 ⓐ 총상 해석이요, ⓑ 謂已滅 아래는 별상 해석이다. 그런데 법과 비유가 모두 생멸문을 써서 해석하되 조금 다른 점이 있다. 비유 중에 앞의 생각이 멸하고 뒤의 생각이 생겨남을 사용하여 해석하였고, 지금의 법과 합함 중에도 또한 앞의 불꽃이 멸하고 뒤의 불꽃이 생겨남을 사용하여 앞의 불꽃과 뒤의 불꽃과 바로 합하였으며, 삼시(三時)의 문을 겸하고 있다. 지금 ⓐ에서 이미 멸함이란 앞 생각이요, 생겨나지 않음은 뒤의 생각이다. 그러므로 이 두 생각이 한결같이 사물이 없는 것이다. '생겨나서는 없어진다'는 것은 앞과 뒤의 두 생각이 모두 생겨남과 합치하고 멸함과 합치하여 아울러 모두 인연으로 생겨난 연고로 체성이 없다고 말하였나니, 체성에 진실함이 없는 까닭이다. '삼시(三時)의 문을 겸하고 있다'고 말한 것은 이른바 한 생각 뒤에 곧 세 가지 시기가 있으니 이미 멸함은 이미 생겨남이 되고, 생겨나지 않음은 생겨나지 않음이 된다. '생겨나서는 없어짐'은 생겨난 때이니 그러므로 『유마경』(보살품 제4)에 이르되, "만약 과거생이라면 과거생은 이미 소멸하였고, 만약 미래생이라면 미래생은 아직 오지 않았고, 만약 현재생이라면 현재생은 머물지 않습니다"라고 하였고, 또 경문에 이르되, "비구여, 그대는 지금 이 순간 또한 생기며 또한 늙으며 또한 소멸한다"라고 하였다. 그러므로 세 시기가 체성이 없어서 모양으로 알 수 있는 것이 아니다. '이러하다면 금모래가 흘러가도'란 곧 『장자(莊子)』(소요유 편)의 주장이니, 지인(至人)에게 말하되, "큰 홍수가 나서 물이 하늘까지 이르더라도 그를 적실 수조차 없고,

큰 가뭄이 들어 금속과 암석이 녹아내리고 산이 불탈 지경이라도 그는 뜨거운 줄도 모른다네"라고 하였다. 그러나 그 본래 의미는 물이 빠뜨리지 못하고 불이 태울 수 없는 것이 아니다. 의미로 말하면 '탈 때는 장소에 따라 물이나 불로 근심하지 않으며, 또한 그 타거나 빠짐이 횡액이 되지 않는다'는 뜻이다. 바로 지금의 주장인 태워도 태워지지 않음과 같다. 단지 저것은 시간을 따름을 잡았고, 여기는 체성 없음을 잡은 것이 이치가 현격히 다르다.

㉑ 의지할 대상에 의지하다[依所依] (二依 37上5)

[疏] 二, 依所依者는 謂彼火焰이 卽由於此無體無用하야 不相知故니 而有起滅虛妄之相이니 是則攬非有而爲有也라 妄法도 亦爾하야 依此無所依之眞理하야 方是妄法이니 是亦非有로 爲有也니라

■ ㉑ 의지할 대상에 의지함이란 말하자면 저 불꽃이 곧 여기의 체성 없고 작용 없음으로 말미암아 서로 알지 못하는 까닭이니, 그러나 생겼다 없어지는 허망한 모양이 있음이니 이러하다면 있지 않음으로 있음을 삼는 것을 잡은 해석이다. 망법도 또한 그러해서 이런 의지할 대상이 없는 진리에 의지하므로 바야흐로 망법인 것이니 이것은 또한 있지 않음으로 있음을 삼은 해석이다.

[鈔] 二依所依者는 亦先喩요 後合이라 然與水喩로 釋有影略하니 水喩는 以水爲所依어니와 今以焰無體用으로 而爲所依라 若例前은 流依於水者인대 應以火로 爲所依라 火是熱性이니 身所觸故오 焰是色動이니 有形顯故라 若依此釋인대 應云, 前焰後焰이 皆依於火하니 以無

自性일새 故無相知니 是則依水依火가 明二空所顯不空眞理로 以爲所依로다 若無體用으로 爲所依者인대 則顯依他無性이 卽是圓成이오 二空眞理가 以爲所依니 顯義無方일새 故有影略이라 下唯所依도 亦準斯釋이니라 又若例後風喩인대 風依物動하니 則火依薪有라 薪爲可燃이오 火是能燃이니 故以燃因可燃이라 則燃無體오 可燃因燃이라 則可燃無體니 則以無性可燃으로 而爲所依로다

● ㉡ 의지할 대상에 의지함은 또한 앞은 비유요 뒤는 합함이다. 그런데 물의 비유와 함께 해석할 적에 비추어 생략함이 있으니, 물의 비유는 물로써 의지할 대상을 삼았지만 지금은 불꽃이 체성과 작용이 없는 것으로 의지할 대상을 삼은 것이다. 만일 앞에서 흐름이 물에 의지함과 유례한다면 응당히 불로써 의지할 대상을 삼아야 한다. 불은 뜨거운 성품이니 몸이 닿는 대상인 까닭이요, 불꽃은 형색이 동요함이니 형색으로 드러남이 있기 때문이다. 만일 여기에 의지하여 해석한다면 응당히 이르되, "앞의 불꽃과 뒤의 불꽃이 모두 불에 의지하나니 자체 성품이 없는 연고로 서로 알지 못하는 것이다. 이러하다면 물에 의지함과 불에 의지함이 두 가지 공함으로 밝힐 대상인 공하지 않다는 진리로 의지할 대상을 삼은 것이 분명하다. 만일 체성과 작용이 없음으로 의지할 대상을 삼는다면 의타기의 체성 없음이 곧 원성성인 것을 밝힌 것이요, 두 가지 공한 진리가 의지할 대상이 되었으니 뜻을 밝힘에 방소가 없으므로 비추어 생략함이 있다. 아래 ㉢ 의지할 대상 뿐에도 또한 여기에 준하여 해석하였다. 또한 만일 뒤의 바람의 비유와 유례한다면 바람은 사물에 의지하여 움직이나니 곧 불이 장작에 의지하여 있는 이치이다. 장작은 불탈 수 있음이요, 불은 태우는 주체이니 그러므로 불탈 원인으로 태울 수 있는 것이다. 태움은 체성이

없고 태울 수 있음은 태움으로 인한 것이다. 그렇다면 태울 수 있음은 체성이 없나니 체성 없음으로 태울 수 있음은 의지할 대상이 되는 것이다.

㊓ 의지할 대상뿐이다[唯所依] (二唯 37下10)

[疏] 三, 唯所依者는 推起滅之焰에 體用俱無오 無焰之理가 挺然顯現이니라 是則無妄法之有와 有妄法之無가 湛然顯現하야 遂令緣起之相으로 相無不盡이며 無性之理로 理無不現이니라

■ ㊓ 의지할 대상뿐이란 생겼다 멸하는 불꽃으로 추측해 보면 체성과 작용이 함께 없으며, 불꽃이 없는 이치가 특출히 환하게 나타난다. 이러하다면 망법이 없는 유와 망법이 있는 무가 담담하게 밝게 나타나서 드디어 연기법의 모양으로 하여금 모양이 다하지 않음이 없으며, 체성 없는 이치로 나타나지 못함이 없는 이치이다.

[鈔] 是則無妄下는 二, 結上三義也라 然有無가 有二하니 一, 定性有無오 二, 眞空妙有라 今無妄法之有則無定性之有니 則非斷無矣로다 有妄法之無는 是眞空之無가 便爲妙有니 是故로 若擧妄取眞하면 則妄有眞空이니 如三論說이오 若眞妄對辨인대 則妄空眞有니 如涅槃明이라 遂令緣起下는 覆成上義니 上句는 成無妄法之有오 下句는 成有妄法之無라 相無不盡은 是初門이오 理無不現은 是第三門이오 合上二句는 爲第二門이니라

● ㉡ 是則無妄 아래는 위의 세 가지 뜻을 결론함이다. 그러나 유와 무가 둘이 있으니, (1) 체성이 정해진 유와 무요, (2) 참된 공이면서 묘

하게 있음이다. 지금은 망법이 없는 유는 체성이 정해진 유가 아님이니 단멸한 무가 아닌 것이다. 망법이 있는 무는 진공의 무가 문득 묘유가 됨이니, 이런 연고로 만일 망법을 거론하여 진여를 취하면 망법이 있는 진공인 것이니, 삼론종(三論宗)의 설명과 같고, 만일 진법과 망법을 상대하여 밝힌다면 망법이 공함과 진법으로 있음이니 열반종(涅槃宗)의 설명과 같다. 遂令緣起 아래는 위의 뜻과 반대로 성립함이니, 위 구절은 망법이 없는 유를 성립함이요, 아래 구절은 망법이 있는 무를 성립한 내용이다. 다하지 않음이 없는 모양은 첫째 문이요, 나타내지 못함이 없는 이치는 셋째 문이요, 위의 두 구절을 합함은 둘째 문이 된다.

② 질문과 상대하여 회통하다[對問會通] (上三 38上10)

[疏] 上三義中에 亦如次喩하야 答前三問也라 下二喩는 準知니라
- 위의 세 가지 뜻 가운데 또한 다음의 비유와 같아서 앞의 세 가지 질문에 대답한 내용이다. 아래 두 가지 비유는 (여기에) 준하여 알지니라.

[鈔] 上三義中下는 第三, 對問會通이라 唯焰無性일새 故不相知로 答直問也오 能依種種이나 所依無二로 答懷疑也오 卽事同眞일새 故不相違니 答設難也라 在義易了일새 故云準知니라 若賢首意인대 問者는 據其初義요 答者는 用其後二라하니 亦是一理라 是則初義를 兩家共用이라 下當重明호리라
- ② 上三義中 아래는 질문과 상대하여 회통함이다. 오직 불꽃일 뿐

체성이 없으므로 서로 알지 못함으로 바로 질문함에 대답한 내용이요, 의지하는 주체가 갖가지이지만 의지할 대상이 둘이 없으므로 의심 품은 데 대해 대답한 내용이다. 현상과 합치하여 진여와 같으므로 서로 위배되지 않음이니 설정한 힐난에 대답한 내용이다. 뜻으로 쉽게 요달하므로 '준하여 알지니라'라고 하였다. 만일 현수대사의 주장이라면 "질문한 것은 그 첫째 뜻에 의거함이요, 대답한 것은 그 뒤의 두 가지 뜻을 사용한다"라고 하였으니 또한 일리가 있는 주장이다. 이것은 첫째 뜻을 두 가풍[삼론종과 열반종]에서 함께 사용하였다. 아래에 가서 거듭 설명하겠다.

㈢ 바람에 흔들림 있음에 의지한 비유[依風有動作] 3.
① 표방하다[標] (第三 38下7)

又如長風起에　　　　遇物咸鼓扇하되
各各不相知인달하여　　諸法亦如是니라
또 바람이 오래 불어올 때
물건에 닿으면 함께 흔들리지만
각각 서로 알지 못하듯이
모든 법도 또한 이와 같으니라.

[疏] 第三, 依風有動作으로 喩妄用依眞起라 三義同前하니라
■ ㈢ 바람에 흔들림 있음에 의지하여 망법의 작용은 진여에 의지하여 일어남에 비유하였다. 세 가지 뜻은 앞과 같다.

[鈔] 三依風有動作喩에 有標釋結호대 而無對問하니 卽以水樹等으로 而 爲所依라 餘大는 同前하니라
- ㈢ 바람에 흔들림 있음에 의지하여 비유함에 ① 표방함과 ② 해석함과 ③ 결론함이 있는데 질문에 상대함이 없으니 곧 물과 나무 등으로 의지할 대상을 삼은 것이다. 나머지 4대종은 앞과 같다.

② 해석하다[釋] 3.
㈎ 오직 흔들림뿐이다[唯動] (一唯 38下10)

[疏] 一, 唯動者는 離所動之物하면 風之動相을 了不可得이니 無可相知라 妄法亦爾하야 離所依眞하면 體不可得일새 故無相知니 斯則旋嵐偃岳而常靜也니라
- ㈎ 오직 흔들림뿐이란 흔들리는 사물을 떠나면 바람이 흔들리는 모양을 마침내 얻을 수 없으니 모양으로 알 수가 없기 때문이다. 망법도 또한 그러해서 의지할 대상인 진여를 여의면 체성을 얻을 수 없으므로 모양으로 알 수 없는 것이니, 이러하다면 돌개바람이 산을 무너뜨린다 해도 항상 고요한 것이다.

[鈔] 但云斯則旋嵐偃岳而常靜者는 卽肇公言이라 亦云隨嵐이니 皆梵音輕重77)이라 卽興雲之風이니 北方風也오 亦是壞劫78)時風이라
- 단지 '이러하다면 돌개바람이 산을 무너뜨린다 해도 항상 고요하다'고 말하는 것은 곧 승조(僧肇)법사의 말씀이다. 또한 이르되, '비람풍을 따른다'고 말하나니 모두 범어의 소리가 가볍고 무거운 차이이다.

77) 上五字는 金本無, 案金陵本係依葉刻本删去.
78) 壞劫은 甲南續金本作劫壞.

곧 구름을 일으키는 바람이니 북쪽 지방 바람이요, 또한 괴겁 때의 바람이다.

㉴ 의지할 대상에 의지하다[依所依] (二依 39上5)
㉵ 오직 의지할 대상뿐이다[唯所依] (三唯)

[疏] 二, 依所依者는 謂風不能自動이요 要依物하야사 現動이니 動無自體라 可以知物이요 物不自動하고 隨風無體하야 不能知風이라 法中에 能依妄法이 要依眞立에 無體知眞이요 眞隨妄隱에 無相知妄이라 三, 唯所依者는 謂風鼓於物에 動唯物動이라 風相皆盡하야 無可相知요 妄法作用이 自本性空이요 唯所依眞이 挺然顯現이라

■ ㉴ 의지할 대상에 의지함이란 이른바 바람은 능히 스스로 볼 수가 없으며, 사물을 의지하여 흔들림을 나타냄이 중요하나니, 흔들림은 자기 체성이 없으므로 물건으로 알 수 있기 때문이요, 사물은 스스로 흔들리지 못하고 바람이 자체가 없음을 따라 능히 바람을 알지 못하는 것이다. 법 중에 의지하는 주체인 망법인 것은 진여에 의지하여 성립할 적에 체성 없이 진여를 아는 것이 중요하고, 진여는 망법을 따라 숨었을 적에 모양이 없으므로 망법을 아는 것이다. ㉵ 오직 의지할 대상뿐이란 이른바 바람이 사물에 불 적에 흔들림은 오직 사물이 흔들림뿐이다. 바람의 모양은 모두 다하여 모양으로 알 수 없음이요, 망법의 작용은 자체 본성이 공함이요, 오직 의지할 대상뿐인 진여가 특별히 환하게 나타난다.

③ 결론하다[結] (是故 39下2)

[疏] 是故로 妄法이 全盡而不滅하고 眞性은 全隱而恒露라 能所熏等法이 本自爾니 思之可見이니라

■ 이런 연고로 망법은 완전히 다하고도 없어지지 않고 진여성품은 완전히 숨었어도 항상 드러난다. 훈습하는 주체와 대상 등의 법이 본래 스스로 그러하나니, 생각해 보면 알 수 있으리라.

[鈔] 是故妄法下는 結이라 文有兩對하야 具上三門이라 妄法全盡而不滅者는 單取妄法全盡이니 是初門이라 將上而不滅하야 對下眞性全隱하야 爲第二門이니 以不滅로 爲能依하고 全隱으로 爲所依故라 下句中에 而恒露現은 卽第三門이니라

● ③ 是故妄法 아래는 결론함이다. 경문에 두 가지 대구가 있어서 위의 세 문을 갖추었다. '망법은 완전히 다하여도 없어지지 않는다'는 것은 단순하게 망법이 완전히 다함을 취하였으니 첫째 문이다. 위이면서 멸하지 않음을 가지고 아래 진여성품은 완전히 숨은 것을 상대함은 둘째 문이 되나니, 없어지지 않음으로 의지하는 주체가 되고 완전히 숨은 것으로 의지할 대상을 삼았기 때문이다. 아래 구절 중에서 항상 드러나고 나타남은 곧 셋째 문이다.

㈣ 땅은 머물고 지탱함이 있음에 의지하다[依地有住持] 3.
① 표방하다[標] (第四 39下9)

又如衆地界가　　　　展轉因依住하되
各各不相知인달하야　諸法亦如是니라
또 여러 땅덩이가

차례차례 의지하여 머물지만
각각 서로 알지 못하듯이
모든 법도 또한 이와 같으니라.

[疏] 第四, 依地有任持者는 喩妄爲眞所持라 三義同前하니라
■ ㈣ '땅은 머물고 지탱함이 있음에 의지함'이란 망법은 진여에 의지할 대상이 됨에 비유하였다. 세 가지 뜻은 앞과 같다.

② 해석하다[釋] 3.
㉮ 의지하는 주체뿐이다[唯能依] 2.
㉠ 자신의 부류를 잡아 해석하다[約自類] (初地 39下10)

[疏] 初, 地界因依에 有二種義하니 一, 約自類오 二, 約異類라 前中에 從 金剛際로 上至地面히 皆上依下하고 下持上하야 展轉因依而得安住 라 然上能依가 皆離所하면 無體而能知下오 然下能持도 皆亦離所하 면 無體可令知上이라 又上上能依가 徹至於下에 無下可相知오 下 下能持도 徹至於上에 無上可相知라 是故로 若依若持가 相無不盡 이라 所現妄法도 當知亦爾니 必鸝依細라 謂苦報는 依於業하고 業依 無明造하고 無明은 依所造하야 展轉無體니 無物可相知라 斯則厚載萬 物而不仁也니라 肇公이 亦曰, 乾坤倒覆이라도 無謂不靜也라하니라
■ ㉮ 땅덩이가 의지함으로 인할 적에 두 종류의 뜻이 있으니 ㉠ 자신의 부류를 잡은 뜻이요, ㉡ 다른 종류를 잡은 뜻이다. ㉠ 중에 금강제 (金剛際)세계로부터 위로 지면에 이르기까지 모두 위는 아래를 의지하 고 아래는 위를 의지하여 전전히 의지함으로 인하여 안주함을 얻는

다. 그러나 위의 의지하는 주체가 모두 의지할 대상을 떠나면 체성이 없이 능히 아래를 알게 된다. 그런데 아래의 지탱하는 주체도 모두 또한 (지탱할) 대상을 떠나면 체성이 없이 하여금 위를 알 수 있게 한다. 또한 위로 갈수록 의지하는 주체가 철저하게 아래에 이를 적에 아래가 서로 알 수 있음이 없고, 아래로 갈수록 의지하는 주체가 철저하게 위로 이를 적에 위가 서로 알 수 있는 것이 없다. 이런 연고로 의지함과 지탱함이 모양이 다하지 않음이 없다. 나타날 대상인 망법도 또한 그러한 줄 마땅히 알라. 반드시 육추(六麤)는 삼세(三細)에 의지한다. 말하자면 괴로운 과보는 업에 의지하고 업은 무명에 의지하여 만들고 무명은 지을 대상에 의지하여 전전히 체성이 없나니 어떤 사물을 서로 알 수 있는 것이 없다. 이러하다면 두텁게 만물에 실었어도 어질지 않은 것이다. 승조법사가 또한 말하되, "하늘과 땅을 뒤집어 엎더라도 고요하지 않다고 말하지 않는다"라고 하였다.

[鈔] 第四, 依地有任持者는 有標와 釋과 結이라 二中에 三義니 初義[79]立名이 與前小異하니 前에 云一은 唯流唯焰唯動하고 今初에 云地界因依하니 卽喩勢小異라 言一約自類者는 猶如累墼라 餘並可知니라 言斯則厚載者는 不恃仁德也라 老子가 云, 天地不仁하야 以萬物로 爲芻狗하며 經에 云, 譬如大地가 荷四重任호대 而無疲厭也라하니라 次, 肇公下는 亦不遷論末에 總結云然則乾坤倒覆라도 無謂不靜이오 洪流[80]滔天이라도 無謂其動이라 苟能契神於卽物하면 斯不遠而可知矣리라 乾坤是地일새 故得引之니라

- 四 '땅은 머물고 지탱함이 있음에 의지함'이란 ① 표방함과 ② 해석함

---

79) 上鈔는 南金本無, 義는 甲南續金本作唯能依此中.
80) 流는 甲續金本作水. 滔 넘칠 도, 肇 비롯할 조

과 ③ 결론함이 있다. ② 중에 세 가지 뜻이니 첫째 뜻은 명칭을 세움이 앞과 조금 다르니 앞에서 이르되, (1) 오직 흐름과 오직 불꽃과 오직 흔들림뿐이고, 지금은 ①에서 '땅덩이가 의지함을 인한다'라고 하였으니 곧 세력을 비유함이 조금 다르다. '㉮ 자신의 부류를 잡은 뜻'이라 말한 것은 쌓은 벽돌과 같다. 나머지는 함께하면 알 수 있으리라. '이러하다면 두텁게 만물에 실었어도'라고 말한 것은 인자함의 덕을 믿지 않는 것이다. 『노자』에 이르되, "천지(天地)는 인자하지 않아서 만물을 추구(芻狗: 깡마른 개)처럼 여긴다"라고 하였다. 경[승만경 섭수정법장]에 이르되, "마치 대지가 네 가지 무거운 책임을 능히 짊어지고 피곤해 하거나 싫어함이 없음과 같다"라고 하였다. ㉯ 肇公 아래는 또한 『물불천론(物不遷論)』 끝에 총합하여 결론하되, "그렇다면 천지가 뒤집힌다 해도 고요하지 않다고 말할 수는 없을 것이며, 홍수가 하늘까지 넘실댄다 해도 움직인다고 말할 수는 없으리라. 사물에 합치하는(움직이는 사물에 나아가 천류하지 않는 이치에) 나의 정신이 하나로 일치할 수만 있다면 이를 머지 않은 곳에서 알게 되리라"라고 하였다. 건곤은 곧 땅이므로 인용한 것이다.

㉡ 다른 부류를 잡아 해석하다[約異類] (二 約 40下7)

[疏] 二, 約異類者는 如下文에 地輪은 依水輪하고 水輪은 依風輪하고 風輪은 依虛空하고 虛空은 無所依라하니 準此에 妄境은 依妄心하고 妄心은 依本識하고 本識은 依如來藏하고 如來藏은 無所依라 是故로 若離如來藏하면 餘諸妄法이 各互相依하야 無體能相知니 是則妄法이 無不皆盡이니라

■ ㉡ 다른 부류를 잡아 해석함이란 아래 경문에 "땅의 바퀴는 물의 바퀴를 의지하고 물의 바퀴는 바람의 바퀴를 의지하고 바람의 바퀴는 허공을 의지하고 허공은 의지하는 바가 없다"라고 함과 같으니, 여기에 준하면 망법의 경계는 망심에 의지하고 망심은 근본식에 의지하고 근본식은 여래장에 의지하고 여래장은 의지할 대상이 없다. 이런 연고로 만일 여래장을 여의면 나머지 모든 망법이 각기 서로 번갈아 의지하여 체성이 없이 능히 서로 알 수 있으니 이렇다면 망법이 모두 다 하지 않음이 없다.

[鈔] 二, 約異類者는 卽出現品四輪이 相依喩라 然其合文은 與此不同이나 今但借其四輪用耳니라

● ㉡ 다른 부류를 잡은 것은 곧 여래출현품의 네 가지 바퀴가 서로 의지한 비유이다. 그러나 그 합한 경문은 이것과 같지 않지만 지금은 단지 그 네 가지 바퀴만 빌려서 사용한 것일 뿐이다.

㉯ 의지할 대상에 의지하다[依所依] (二依 41上3)
㉰ 의지할 대상뿐이다[唯所依] (二唯)

[疏] 二, 依所依者는 地界가 正由各無自性코 而得存立이니 向若有體면 則不相依라 不相依故로 不得有法이니 是故로 攬此無性하야 以成彼法이라 法合은 可知로다 三, 唯所依者는 謂攬無性成彼法者는 是則彼法이 無不皆盡이나 而未曾不減이오 唯無性理가 而獨現前이니라

■ ㉯ 의지할 대상에 의지함이란 땅덩이가 바로 각기 자체 성품이 없음에서 말미암아서 존립함을 얻었고, 앞에서 만일 체성이 있으면 서로

의지하지 않는다. 서로 의지하지 않은 연고로 유의 법을 얻지 못하였다. 이런 연고로 이런 체성 없음을 잡아서 저 법을 성립하였다. 법과 합함은 알 수 있으리라. ㉤ 의지할 대상뿐이란 이른바 체성이 없어서 저 법을 성립함을 잡은 것은 이것은 저 법이 모두 다하지 않음이 없지만 일찍이 감소하지 않은 것이 아니요, 오직 체성이 없는 이치가 홀로 앞에 나타난 것이다.

③ 총합하여 결론하다[結] (餘義 41上8)

[疏] 餘義同前하니라 上, 通答釋成前難는 竟하다
- 나머지 뜻은 앞과 같다. 여기까지 앞의 힐난에 대해 해석함에 대해 통틀어 대답한 것은 마친다.

[鈔] 餘義同前者는 第三, 總結例也라 然餘義有二하니 一者, 結前三門이니 應云, 一은 妄無不盡이 是初門이오 理無不現이 是第三이오 合二 爲第二오 二三이 合[81]在第三唯所依中故로 故云餘義니라 二者, 對上三問하야 以爲餘義하니라
- '나머지 뜻은 앞과 같다'는 것은 ③ 총합하여 결론하고 유례함이다. 그러나 나머지 뜻에 둘이 있으니 첫째, 앞의 세 문을 결론함이니 응당히 말하되, (1) 망법은 다하지 않음이 없는 것이 첫째 문이요, (2) 이치를 나타내지 않은 것이 없음은 셋째 문이요, (3) 둘을 합하여 둘째 문이 되었고, 둘째와 셋째를 합하면 ㉤ 오직 의지할 대상뿐임에 있는 연고로 나머지 뜻이라 하였다.

---

81) 二三合은 甲南續金本作全.

(b) 모든 모양은 서로 알지 못함에 대해 별도로 대답하다
[別答諸相不相知] 4.
㊀ 물이 유전하는 비유[水流轉喩] (第二 41下3)

[疏] 第二, 別對諸不相知와 及通前難者는 初, 水流轉으로 喩前二對不相知하야 答趣善惡難이니 以善惡趣가 流轉體故라
■ (b) 모든 모양은 서로 알지 못함과 앞의 힐난을 해명함에 대해 별도로 대답한 것은 ㊀ 물이 유전함으로 앞의 두 가지 대구로 서로 알지 못함에 비유하여 갈래가 좋고 나쁘다는 힐난에 대답함이니 선취 악취가 몸을 유전하는 주체인 까닭이다.

[鈔] 第二, 別對等者는 上之四喩는 通喩五對不相知義오 今則別對라 言及別通前難者는 卽往善趣等五對難也라 初, 水流喩前二對者는 卽業不知心心不知業과 受不知報報不知受라 答趣善惡者는 上에 云, 心性是一이어늘 云何見往善趣惡趣오 答云, 善趣惡趣는 卽是總報니 由業熏心하야 受所受報가 如水漂流라 言流轉體者는 體卽賴耶라 故로 唯識에 云, 恒轉如瀑流하야늘 釋論에 云, 如瀑流水가 非斷非常이로대 相續長時하야 有所漂溺인달하야 此識亦爾하야 終無始來로 刹那刹那에 果生因滅하니 果生故로 非斷이오 因滅故로 非常이라 漂溺有情하야 令不出離라하니라 亦如起信에 云, 如大海水가 因風波動이라하며 楞伽에 云, 藏識海常住어늘 境界風所動等이라하며 二地經에 云, 一切衆生이 爲大瀑水波浪所沒等이니 其文非一이니라
● (b) (모든 모양은 서로 알지 못함에 대해) 별도로 대답한 등이란 위의 네 가지 비유가 다섯 가지로 상대하여 서로 알지 못하는 뜻에 통틀어 비유

함이요, 지금은 별도로 상대함이다. '또 앞의 힐난에 대해 별도로 해명한다'고 말한 것은 곧 선취 등에 가는 다섯 대구로 힐난함이다. ㊀ 물이 유전하는 비유에서 앞의 두 대구는 곧 업이 마음을 알지 못하고 마음이 업을 알지 못함과 느낌이 과보를 알지 못하고 과보가 느낌을 알지 못함이다. '갈래가 좋고 나쁘다는 힐난에 대답한 것'은 위에 이르되, "심성은 하나이거늘 어떻게 선취 악취에 감을 봅니까?" 대답하기를, "선취 악취는 곧 총합 과보이니 업이 마음을 훈습함을 말미암아 받을 대상인 과보를 받는 것이 물이 강에 떠다님과 같다." '유전하는 몸체'라 말한 것은 몸체는 곧 아뢰야식이다. 그러므로『성유식론』에 이르되, "항상 유전함이 폭포수와 같다"고 하였거늘, 논의 해석에 이르되, "폭포수가 단절되지도 상주하지도 않고 상속해서 오랫동안 떠다니고[漂] 빠짐[溺]이 있는 것과 같다. 이 식도 역시 그러해서 아득한 옛적부터 찰나 찰나에 과보가 생기고 원인이 멸하였으니 과보가 생기는 연고로 단절됨이 아니요, 원인이 멸하는 연고로 항상함도 아니다. 유정들을 빠뜨려서 하여금 벗어나지 못하게 한다"라고 하였다. 또한『기신론』에 이르되, "마치 바닷물이 바람을 인하여 파도가 움직여서"라고 하였고,『능가경』에 이르되, "장식의 바다는 항상 머물러 있으나 경계의 바람에 흔들려" 등이라 하였고, 제2 이구지 경문에 이르되, "일체 중생이 빨리 흐르는 폭류(爆流)에 휩쓸린다" 등이라 하였으니 그 경문이 하나가 아니다.

㊁ 큰 불로 비유하다[大火喩] (二大 42上7)

[疏] 二, 大火로 喩第二三對不相知하야 答前諸根受生이니 如火依薪하야

有生滅故라

■ ㈡ 큰 불로 둘째, 셋째 대구의 서로 알지 못함에 비유하여 앞의 모든 근으로 생을 받음에 대답하였으니, 불은 장작에 의지하여 생기고 멸함이 있는 것과 같다.

[鈔] 二大火喩者는 此亦鉤鎖니 第二對는 前已用竟이어니와 今復喩之니 謂受不知報하고 報不知受하며 及心不知受하고 受不知心이라 答前諸根受生者는 答前二難이니 由前問에 云, 心性是一이어늘 何以見有諸根滿缺과 及受生同異고할새 故今答云호대 諸根滿缺과 受生同異는 皆由識種하야 受所受報하며 亦依於心이 如火依薪[82]이니라

● ㈡ 큰 불로 비유함이란 이것은 또한 쇠사슬로 얽어맨 것이니, 둘째 대구는 앞에서 이미 사용하여 마쳤거니와 지금 다시 비유한 것이다. 말하자면 받음이 과보를 알지 못하고 과보가 받음을 알지 못하며, 및 마음이 받음을 알지 못하고, 받음이 마음을 알지 못하는 것이다. 앞의 모든 감관이 생을 받음에 대해 대답한 것은 앞의 두 가지 힐난에 대답한 내용이니, 앞에서 묻기를 "심성은 하나이거늘 어찌하여 모든 감관이 원만하고 모자람과 생을 받음과 같고 다름이 있습니까?"라고 함으로 말미암은 연고로 지금 대답하되, "모든 감관이 원만하고 모자람과 생을 받음이 같거나 다른 것은 모두 식의 종자로 인하여 받을 과보를 받으며, 또한 마음은 불이 땔나무를 의지함과 같음을 의지한 것이다.

㈢ 큰 바람으로 비유하다[長風喩] (次以 42下4)

---

82) 薪下에 甲南續金本有故字.

[疏] 次, 以長風으로 喩前因緣하야 答前好醜니 遇物鼓扇하야 現諸相故라
■ ㊂ 큰 바람으로 앞의 인연을 비유하여 앞의 잘나고 못난 것에 대해 대답하였으니 사물이 부채를 부치는 것을 만나서 모든 양상을 나타내기 때문이다.

[鈔] 次, 以長風者는 唯喩一對니 謂因不知緣과 緣不知因이라 答前好醜者는 謂前에 問云호대 心性是一이어늘 云何見有端正醜陋오할새 故今答云호대 今所受報가 有姸媸者는 皆由業緣異하야 令報好醜가 如風東西하야 令物偃仰83)이 相各不同이니라
● ㊂ 큰 바람이란 오직 한 대구만 비유하였으니 말하자면 원인이 인연을 알지 못하고 인연이 원인을 알지 못함이다. '앞의 잘생기고 추한 모습에 대답한 것'이란 이른바 앞에서 묻되, "심성은 하나이거늘 무슨 연고로 단정하고 추한 모습이 있음을 보나이까?"라고 하였으므로 지금 대답하되, "지금에 받은 바 과보가 예쁘고 못난 것이 있는 것은 모두 업과 인연이 다름으로 말미암아 과보로 하여금 잘생기고 추한 모습을 하는 것이 마치 바람이 동서로 불어 사물로 하여금 무너지고 뒤집어지게 함이 모양이 각기 같지 않음과 같다.

㈣ 땅덩이로 비유하다[地界喩] (次以 42下9)

[疏] 次, 以地界로 亦喩因緣하야 答前苦樂이니 展轉因依가 以84)輕重故라 又喩前境智하야 答前諸根이니 隨種所生하야 根等異故라

---

83) 仰은 南續金本作倚.
84) 以는 南金本作似.

제10. 菩薩問明品 ① 137

■ ㈣ 땅덩이로 또한 원인과 인연에 비유하여 앞의 괴롭고 즐거움에 대해 대답하였으니 전전히 인행에 의지함이 가볍고 무거운 까닭이다. 또한 앞의 경계와 지혜에 비유하여 앞의 모든 감관에 대해 대답함이니, 종자로부터 태어나서 감관 등이 달라지기 때문이다.

[鈔] 答前苦樂者는 喩不相知가 則同於風이오 答前苦樂은 則不同風이라 謂上問言호대 心性是一이어늘 云何見有受苦受樂고할새 故今答云호대 善因樂果와 惡業苦報로 苦樂多種이 如地輕重이니라 言又喩前境智者는 前以風地二喩로 同喩因緣一不相知하고 今一地喩로 喩二不相知니라 答前諸根者는 以諸根에 有二義하니 一, 約眼等諸根에 則火喩以答이오 二, 信等諸根에 今地喩以答이라 地雖是一이나 隨種生芽오 心性雖一이나 隨根⁸⁵⁾成異故로 故로 信進等이 各各不同이니라

● '앞의 괴롭고 즐거움에 대해 대답함'이란 서로 알지 못함에 비유하면 바람과 같고, 앞의 괴롭고 즐거움에 대해 대답하면 바람과 다른 것이다. 말하자면 위에서 질문하여 말하되, "심성은 하나인데 무슨 까닭으로 괴로움을 받고 즐거움을 받음이 있음을 보나이까?"라고 하였으므로 지금 대답하되, "좋은 원인에 즐거운 결과와 나쁜 업에 괴로운 과보로 괴롭고 즐거움이 여러 가지인 것이 마치 땅이 가볍고 무거운 것과 같다"라고 하였다. '또한 앞의 경계와 지혜에 비유하였다'고 말한 것은 앞에서 바람과 땅덩이의 두 가지 비유로서 원인과 인연이 한결같아 서로 알지 못함에 함께 비유하였고, 지금은 땅덩이의 비유 하나로 둘이 서로 알지 못함을 비유하였다. '앞의 모든 감관에 대해 대답함'이란 모든 감관에 두 가지 뜻이 있으니 (1) 눈 등 모든 감관을

---

85) 根은 甲南續金本作報.

잡을 적에 불의 비유로 대답하였고, (2) 믿음 등의 모든 근에는 지금 땅덩이의 비유로 대답하였다. 땅이 비록 하나이지만 종자를 따라 싹이 생겨남이요, 심성이 비록 하나이지만 근을 따라 다름을 이루는 까닭이다. 그러므로 믿음과 정진 따위가 각각 같지 않은 것이다.

c. 함께 결론하다[雙結] (上來 43上9)

[疏] 上來에 總別並答釋成 中에 以何因緣으로 各不相知는 竟하다
■ 여기까지 총상과 별상으로 함께 대답하여 해석함 중에 무슨 원인과 인연으로 각기 서로 알지 못하는가 함은 마친다.

ㄴ) 다섯 게송은 앞의 힐난함에 대해 바로 대답하다[後五正答前難] 2.
(ㄱ) 세 게송은 앞의 힐난에 대답하다[初三偈正答前難] 2.
a. 큰 의미를 밝히다[明大意] 2.

a) 게송의 뜻을 총합하여 밝히다[總彰偈文之義] 3.
(a) 첫째 질문에 대답하다[答第一問] 2.
㊀ 앞을 결론하고 시작하다[結前生起] (第二 43上10)

[疏] 第二, 五偈는 答前設難이라 文分爲三이니 初, 三偈는 正答前難이오 次, 一偈는 釋成前義오 第三, 一偈는 拂迹入玄이라 今初에 先, 明大意하고 次, 正釋文이라 今初라 前問에 有三重일새 今此三偈라 一一具答上之三問이니 謂第一은 直爾問云호대 既有種種인대 何緣으로 得不相知오 前五偈에 答竟하다 既不相知인대 何緣種種고

■ ㄴ) 다섯 게송은 앞에서 설정한 힐난에 대해 대답한 내용이다. 경문을 셋으로 나누었으니 (ㄱ) 세 게송은 앞의 힐난에 바로 대답함이요, (ㄴ) 한 게송은 앞의 뜻을 해석하여 완성함이요, (ㄷ) 한 게송은 자취를 털고 현묘함에 들어감이다. 지금은 (ㄱ)에서 a. 큰 의미를 밝힘이요, b. 바로 경문을 해석함이다. 지금은 a.이다. 앞의 질문에 세 거듭이 있으니 지금 여기는 세 게송이다. 하나하나 위의 세 가지 질문에 갖추어 대답하였다. 이른바 첫째는 바로 그렇게 질문하되, "이미 갖가지가 있다면 무슨 인연으로 서로 알지 못함을 얻는가?" 앞의 다섯 게송에 대답함은 마친다. "이미 서로 알지 못한다면 무슨 인연으로 갖가지라 하였는가?"

㈂ 게송 중에 대답한 의미를 밝히다[正顯偈中答意] 3.
① 바로 밝히다[正明] (答有 43下4)
② 융합하여 회통하다[融會] (然此)
③ 결론하여 비판하다[結彈] (諸宗)

[疏] 答有四因하니 一, 妄分別故오 二, 諸識熏習故오 三, 由無性不相知故오 四, 眞如隨緣故라 初偈에 具二三하고 餘二는 各一義라 然此四因이 但是一致니 謂由妄分別爲緣하야 令眞如로 不守自性하고 隨緣成有하야 諸識熏習하야 展轉無窮이라 若達妄源하면 成淨緣起니라 諸宗各取는 並不離象이라 受一非餘면 斯爲偏見이니라

■ 대답함에 네 가지 원인이 있으니 (1) 망심으로 분별한 까닭이요, (2) 모든 식이 훈습한 까닭이요, (3) 체성 없이 서로 알지 못함을 말미암은 까닭이요, (4) 진여가 인연을 따른 까닭이다. 첫 게송에 둘과 셋

을 갖추었고, 나머지 둘은 각기 한 가지 뜻이다. 그런데 이 네 가지 원인이 단지 하나로 이르나니, 이른바 망심으로 분별함을 인연으로 삼음으로 인해 진여로 하여금 자체 성품을 지키지 않고 인연 따라 유를 이루어 모든 식이 훈습하여 전전히 끝이 없다. 만일 망심의 근원을 알면 깨끗한 연기법을 완성할 것이다. 모든 종파가 각기 취함은 아울러 모양을 여의지 않는 것이다. 하나만 받고 나머지는 아니라 하면 이것은 치우친 소견이 된다.

[鈔] 第二, 五偈가 答前設難이라 今初前問有三下는 卽先明大意라 於中有二하니 第一, 總彰偈意[86]오 第二, 通明緣起之義라 前中에 疏,[87] 然此四因下는 上은 別明이오 此下[88]는 融會라 言諸宗者는 上四因中에 初一은 通性相二宗이오 二, 卽法相宗이오 三, 卽無相宗이오 四, 卽法性宗이라 據其實義컨대 四因不闕하야사 方成緣起甚深之趣니 隨情執見하면 則乖聖旨가 如盲摸象에 不全見象이라 然不離象이어니와 盲不識乳는 則一向奪之라 今盲摸象은 則是分奪이오 取其不離는 並順聖教라 此喩는 卽涅槃第三十二와 南經三十에 答師子吼호대 衆生이 若有佛性인대 不須修道코 自得菩提니 答意에 云, 衆生有者인대 定當得故라 後擧此喩云하시되 善男子야 譬如有王이 告一大臣호대 汝牽一象하야 以示衆盲[89]하라 爾時에 大臣受王勅已하고 多集衆盲하야 以象示之한대 時彼衆盲이 各以手觸이라 大臣卽還하야 而白王言호대 臣已示竟이니다 爾時大王이 卽呼衆盲하야 各各問言호대 汝見

---

86) 意는 南續金本作文之意.
87) 疏는 續本作亦, 上十一字는 南金本無; 此下에 南續金本有二初正明.
88) 上五字는 南續金本作二.
89) 衆盲은 經甲南續金本作盲者.

象耶아 衆盲各言호대 我已得見이니다 王言호대 象爲何類오 其觸牙者는 卽言象形이 如蘆菔根이라하고 其觸耳者는 言象如箕라하고 其觸頭者는 言象如石이라하고 其觸鼻者는 言象如杵라하고 其觸脚者는 言象如木臼라하고 其觸脊者는 言象如牀이라하고 其觸腹者는 言象如甕이라하고 其觸尾者는 言象如蛇라하나라 善男子야 彼衆盲[90]이 不說象體나 亦非不說이니 若是衆相이 悉非象者인대 離是之外에 更無有象이니라 善男子야 王喩如來正徧知也[91]오 臣喩方等大涅槃經이오 象喩佛性이오 盲喩一切無明衆生이니 是諸衆生이 聞佛說已하고 或作是言호대 色是佛性等이라하나라 釋曰, 彼經喩意는 明一切衆生이 雖有佛性이나 見不明了하야 互執不同이라 然非全離니 所執之法이 皆佛性故라 而非全見이니 今借此喩하야 以況聖敎深旨는 總喩於象이오 諸宗異見은 如盲所觸이니 並合聖理일새 故云不離오 然非圓了일새 故云非是說象이니라 故로 脇尊者가 云하시되 依之修行하면 無不獲益이라하니라 言受一非餘斯爲偏見者는 言象如箕라하고 不信如臼하면 斯爲大迷니 但信諸識하고 不信無性眞如隨緣하면 故爲偏見이라 離世間品에 云, 受一非餘면 魔所攝持라하니라

- ㄴ) 다섯 게송은 앞에서 설정한 힐난에 대해 대답함이다. a. 今初前問有三 아래는 큰 의미를 밝힘이다. 그중에 둘이 있으니 a) 게송의 뜻을 총합하여 밝힘이요, b) 연기법을 통틀어 밝힘이다. 그중에 소문의 然此四因 아래는 ① 바로 밝힘이요, 여기 아래는 ② 융합하여 회통함이다. '모든 종파'라 한 것은 위의 네 가지 원인 중에 (1) 성종 상종의 둘과 회통함이요, (2) 법상종이요, (3) 무상종이요, (4) 법성종이다. 그 진실한 뜻에 의거한다면 네 가지 원인을 빠뜨리지 않아야만

---

90) 盲下에 甲南續金本有者字.
91) 來下에 甲南續金本有應字, 知下에 南續金本有也字.

비로소 연기법의 매우 깊은 가르침을 완성하나니 생각을 따라 소견을 고집하면 성스러운 종지와 어긋남이 마치 맹인이 코끼리를 만질 적에 완전히 코끼리를 보지 않음과 같다. 그러나 코끼리를 떠나지 않았지만 맹인이 젖을 알지 못함은 한결같이 뺏은 것이다. 지금 맹인이 코끼리를 만지는 것은 부분적으로 뺏음이요, 그 떠나지 않음을 취한 것은 아울러 성인의 교법을 따르는 것이다. 이 비유는 곧 『열반경』 제32권이요, 『남본열반경』은 제30권이다. 사자후보살에게 답한 내용이다. "중생이 만일 불성이 있다면 모름지기 도를 닦지 않고도 스스로 보리를 얻을 것이니," 답한 의미에 이르되, "중생에게 (불성이) 있다면 결정코 마땅히 얻기 때문이다." 뒤에 이 비유를 거론하여 말하되, "선남자여, 어떤 왕이 한 대신에게 '그대는 코끼리 한 마리를 이끌고 가서 맹인에게 보이라'고 하였다고 하자. 그때에 대신은 왕의 명령을 받들어서 많은 맹인들을 모아놓고 코끼리를 보여 주었더니, 그때에 저 맹인들은 각자 손으로 만져 보았느니라. 대신이 곧 돌아가서 왕에게 사뢰어 보고하자 (대왕은 곧 맹인들을 불러서 각각에게 물었느니라.) '너희들은 코끼리가 무엇과 같더냐?'라고 물었더니, 상아를 만진 사람은 코끼리의 형상이 갈대나 무 뿌리[蘆菔根] 같다고 말하고, 그 귀를 만진 사람은 코끼리가 삼태기[箕] 같다고 말하고, 그 머리를 만진 사람은 코끼리가 바위[石] 같다고 말하고, 그 코를 만진 사람은 코끼리가 절구공이[杵] 같다고 말하고, 그 다리를 만진 사람은 코끼리가 나무 절구[木臼] 같다고 말하고, 그 등을 만진 사람은 코끼리가 평상[牀] 같다고 말하고, 그 배를 만진 사람은 코끼리가 항아리[甕] 같다고 말하고, 그 꼬리를 만진 사람은 코끼리가 뱀과 같다고 말하였느니라. 선남자여, 그 맹인들은 코끼리의 전체를 말한 것이 아니지만 또한 말하지 않은 것도 아니니라. 이러한 모습들은 모두 코끼리가 아니지만 이것을 떠나서 그 밖에 따로 코끼리가 있는 것은 아니니라. 선남자여, 왕은 여래 정변지를 비유하고, 대신은 방등의 대열반경을 비유하고, 코끼리는 부처님 성품을 비유하고, 맹인은 일체의 무명에 덮인 중생을 비유하였느니라. 그 모든 중생은 부처님의 말씀을 듣고 나서 혹은 이렇게 말하느니라. '색이 부처님 성품이다'" 등이라 하였다. 해석하자면 저 경에서 비유한 의미는 일체 중생이 비록 불성이 있긴 하지만 소견이 밝게 알지 못해서 번갈아 고집함이 같지 않음을 밝혔다. 그러나 완전히 떠난 것은 아니지만 고집한 법이 모두 불성인 까닭이다. 그러나 완전한 견해는 아니니 지금 이 비유를 빌려와서 성인 가르침을 깊은 뜻과 비교한 것은 총합하여 코끼리에 비유한 것이요, 모든 종파의 다른 견해는 마치 맹인이 만진 것과 같나니, 아울러 성인의 이치와 합하는 연고로 '떠나지 않는다'라고 말하였고, 그런데 원만하게 안 것이 아니므로 '이것은 코끼리를 말한 것이 아니다'라고 하였다. 그러므로 협존자(脇尊者)가 말씀하되, "의지하여 수행하면 이익을 얻지 못함이 없다"라고 하였다. '하나만 받고 나머지는 아니라 하면 치우친 소견이 된다'고 말한 것은 코끼리를 삼태기와 같다고 말하면서 절구 같다고 말한 것은 믿지 않는다면 이것은 크게 미혹한 것이니 단지 모든 식만 믿고 체성이 없는 진여가 인연을 따름을 믿지 않는 연고로 치우친 견해가 된 것이다. 이세간품에 이르되, "하나만 믿고 나머지는 아니라 하면 마군에 집힌 것이다"라고 하였다.

(b) 둘째 질문에 대답하다[答第二問] (上初 45上10)

[疏] 上第二疑에 云, 爲是種種가 爲是一性가할새 今答云호대 常種種이면
　　서 常一性이니라
■ 위의 둘째 의심에 이르되, "갖가지가 되는가, 한 가지 성품이 되는가?"
　　라 하였으므로 지금 대답하여 말하되, '항상 갖가지이면서 항상 하
　　나인 성품이다'라고 말한다.

(c) 셋째 질문에 대답하다[答第三問] (第三 45下1)

[疏] 第三難云호대 一性이 隨於種種인대 則失眞諦오 種種이 隨於一性인
　　대 則壞俗諦라할새 今答云호대 此二가 互相成立이어니 豈當相乖리오
　　性非事外니 曾何乖乎種種이며 種種性空이어니 曾何乖乎一性이리오
　　由無方有일새 一性이 能成種種이오 緣生故空일새 種種이 能成一性이
　　니라
■ (c) 셋째로 힐난하여 말하되 "한 가지 성품이 갖가지를 따른다면 진
　　제를 잃는 것이요, 갖가지가 한 가지 성품을 따른다면 속제를 무너
　　뜨린다"라고 하므로 지금 대답해 말하되, "이 둘이 번갈아 서로 성립
　　하는데 어찌 당체의 모양과 어긋나리오. 성품은 현상 밖이 아니니 일
　　찍이 어떻게 갖가지와 어긋날 것이며, 갖가지의 성품이 공한데 일찍이
　　어떻게 한 성품과 어긋나리오. 무(無)로 말미암아 비로소 유(有)이므
　　로 한 가지 성품이 능히 갖가지를 이룰 것이요, 인연으로 생긴 연고로
　　공(空)하나니, 갖가지가 능히 한 가지 성품을 성립하는 것이다.

[鈔] 由無方有下는 上辨不相乖오 今明相成이라 然事理相望에 略有三
　　義하니 一, 相違義오 二, 不相礙義오 三, 相作義라 今用後二니 其第

一義는 是問家所用이니라

● 由無方有 아래는 위는 서로 위배되지 않음을 밝혔고, 지금은 서로 성립함을 밝혔다. 그러나 현상과 이치를 서로 바라보면 간략히 세 가지 뜻이 있으니 (1) 서로 위배되는 뜻이요, (2) 서로 장애하지 않는 뜻이요, (3) 서로 짓는 뜻이다. 지금은 뒤의 둘((2) 不相礙義 (3) 相作義)을 사용하였으니, 그 첫째 뜻((1) 相違義)은 가문에서 쓰이는 바를 질문함이다.

b) 연기법을 개별로 설명하다[別明緣起之法] 4.
(a) 공과 유를 바로 밝히다[正明空有] 2.
㈠ 바로 설명하다[正明] (是以 45下8)

[疏] 是以로 緣起之法이 總有四義하니 一, 緣生故로 有니 卽妄心分別有와 及諸識熏習이 是也라 二, 緣生故로 空이니 卽上에 云諸法無作用이며 亦無有體性이니 是故彼一切가 各各不相知라함이 是也라 三, 無性故로 有니 論에 云, 以有空義故로 一切法得成이라하니라 經에 云從無住本하야 立一切法이라하니 卽上隨緣이 是也라 四, 無性故로 空이니 卽一切空無性이 是也니라

■ 이런 까닭에 연기의 법이 총합하여 네 가지 뜻이 있으니 (1) 인연으로 생기는 연고로 유(有)이니 곧 망심으로 분별한 유와 모든 식으로 훈습한 유가 이것이다. (2) 인연으로 생긴 연고로 공(空)함이니 곧 위에서 이르되, "모든 법은 작용이 없으며 또한 체성이 없나니 이런 연고로 저 온갖 것이 각기 서로 알지 못한다"라고 한 것이 이것이다. (3) 체성이 없는 연고로 유(有)이니 논에 이르되, "공(空)의 뜻이 있는 연고로 온갖 법이 성립됨을 얻는다"라고 하였다. 『유마경』에 이르되, "머

무릊 없는 근본에서부터 온갖 법을 세운다"라고 하였으니 곧 위의 인연을 따름이 이것이다. (4) 체성이 없는 연고로 공함이니 곧 온갖 공(空)이 체성이 없다는 것이 이것이다.

[鈔] 是以緣起之法下는 第二通明緣起之義라 於中에 四니 一, 總明이오 二, 開義요 三, 融合이오 四, 別釋性義라 初中에 二니 先, 立義配經이오 後, 是以無性緣生故空下는 會歸中道라 今初라 就四義中하야 二義는 是空有之義니 謂緣生故有는 是有義요 無性故空은 是空義라 二義가 是空有所以니 謂無性故有는 是有所以오 緣生故空은 是空所以니 所以가 卽是因緣이라 謂何以無性이 得成空義오 釋云, 由從緣生일새 所以無性이니 是故緣生이 是無性空之所以也니라 何以緣生이 得爲有義오 釋云호대 特由無定性故로 方始從緣而成幻有니 是故로 無性이 是有所以니라 故로 中論四諦品에 云, 若人不知空하며 不知空因緣하며 及不知空義하면 是故로 自生惱가 如不善呪術에 不善捉毒蛇라하니라 若將四句하야 總望空有인대 則皆名所以니 故云, 緣生故名有며 緣生故名空이오 無性故名有며 無性故名空이라 良以諸法이 起必從緣이니 從緣有故로 必無自性이오 由無性故로 所以從緣이라 緣有性無가 更無二法이나 而約幻有하면 萬類差殊일새 故名俗諦오 無性一味일새 故名眞諦니라 又所以四句에 唯第三句가 引證成者는 無性故有는 理難顯故라 若具證者인대 一, 緣生故有者는 法華에 云, 但以因緣有라 從顚倒生故로 說하며 淨名에 云, 以因緣故로 諸法生이라하며 中論에 云, 未曾有一法이 不從因緣生等이라하니 皆因緣故로 有義也니라 二, 緣生故空者는 經에 云, 因緣所生은 無有生이라하시며 論에 云, 若法從緣生인대 是則無自性이니 若無

自性者인대 云何有是⁹²⁾法이라하니라 三中에 言以有空義故一切法得成者는 亦四諦品文이니 由前諸品에 以空遣有라 小乘은 便爲菩薩立過云호대 若一切法空하야 無生無滅者인대 如是則無有四聖諦之法이로다 菩薩이 反答云호대 若一切不空하야 無生無滅者인대 如是則無有四聖諦之法이라하니 謂小乘은 以空故로 無四諦오 菩薩은 以不空故로 則無四諦라 若有空義하면 四諦方成이니 故로 有偈에 云, 以有空義故로 一切法得成이니 若無空義者인대 一切則不成이라하니 卽無性故로 有也니라

- b) 是以緣起之法 아래는 연기법의 뜻을 통틀어 설명함이다. 그중에 넷이니 (a) 총합하여 설명함이요, (b) 뜻을 전개함이요, (c) 융합하여 합함이요, (d) 성품의 뜻을 별도로 해석함이다. (a) 중에 둘이니 ㊀ 뜻을 세우고 경을 배대함이요, ㊁ 是以無性緣生故空 아래는 중도로 회통하여 돌아감이다. 지금은 ㊀이다. 네 가지 뜻에 입각하여 그중 두 가지 뜻은 공과 유의 뜻이다. 말하자면 인연으로 생긴 연고로 유라 함은 유의 뜻이요, 체성이 없으므로 공이라 함은 공의 뜻이다. 두 가지 뜻이 공과 유인 까닭이다. 이른바 체성이 없으므로 유는 유인 까닭이요, 인연으로 생겼으므로 공은 공인 까닭이니, 그 이유가 곧 원인과 인연이다. 어찌하여 체성 없음이 공의 뜻을 성립함이 되는가? 해석하여 말하되, 인연으로부터 생기므로 체성이 없나니, 이런 연고로 인연으로 생김이 체성이 없는 공이 된 이유이다. 어찌하여 인연으로 생김이 유의 뜻이 되는가? 해석하여 말하되, 특별히 정해진 체성이 없음을 말미암은 연고로 비로소 인연으로부터 환유(幻有)를 이루나니, 이런 연고로 체성 없음이 유가 된 이유이다. 그러므로 『중론』

---

92) 是는 金本作自.

사제품(四諦品)에 이르되, "만일 사람이 지금 <공>과 <공>의 인연을 모르고 <공>의 이치도 모르나니 그러므로 스스로가 번뇌를 낸다. 마치 주술(呪術)을 잘못한 것 같고 독사를 잘못 붙든 것 같다"라고 하였다. 만일 네 구절을 가지고 총합하여 공과 유를 바라본다면 모두 이름한 이유가 되나니, 그러므로 인연으로 생기므로 유라 이름하고, 인연으로 생기므로 공이라 이름하고, 체성이 없으므로 유라 이름하고, 체성이 없으므로 공이라 이름한 것이다. 진실로 모든 법이 일어나면 반드시 인연을 따르나니 인연을 따라 유인 연고로 반드시 자체 성품이 없고, 체성이 없음을 말미암은 연고로 인연을 따르는 것이다. 인연으로 있고 체성이 없는 것이 다시 두 가지 법이 없지만 환유(幻有)를 잡으면 만 가지 부류가 차별되고 다르므로 속제(俗諦)라 이름하고, 체성이 없이 한 맛이므로 진제라 이름한다. 또한 그 때문에 네 구절 중에 오직 셋째 구절만이 인용하여 증명한 것은 체성이 없으므로 유는 이치를 밝히기 어렵기 때문이다. 만일 갖추어 증명한다면 (1) 인연으로 생기므로 유인 것은 『법화경』(제14 안락행품)에 이르되, "다만 인연으로 있어 전도를 따라 나는[生] 것을 설하나니"라 하였고, 『유마경』(제1 佛國品)에 이르되, "인연인 까닭에 모든 법이 생기며"라고 하였고, 『중론』(觀顚倒品)에 이르되, "일찍이 어떤 한 법도 인연에서 나지 않음이 없으니" 등이라 하였으니 모두 원인과 인연이므로 유의 뜻이 되었다. (2) 인연으로 생겼으므로 공이라 함은 경에 이르되, "원인과 인연으로 생긴 것은 생긴 것이 아니다"라고 하였으며, 『중론』에 이르되, "만일 법이 인연으로부터 생겼다면 이것은 자체 성품이 없는 것이니 만일 자체 성품이 없다면 어떻게 이 법이 있겠는가?"라고 하였다. 세 가지 중에 '공의 뜻이 있는 연고로 온갖 법이 성립한다'고 말한 것은 또한 사제품의 논문이니 앞의 모든 품에서 공으로 유를 보냈기 때문이다. 소승에서는 문득 보살에 대해 허물을 세워 말하되, "만일 온갖 법이 공하여 생김도 없고 멸함도 없으면 이러한 것은 사성제의 법이 없는 것이다." 보살이 반대로 답하여 말하되, "만일 온갖 것이 공하지 않아서 생김도 없고 멸함도 없다면 이러한 것은 사성제의 법이 없는 것이다"라고 하였다. 말하자면 소승은 공인 연고로 사성제가 없고, 보살은 공하지 않으므로 사성제가 없다. 만일 공한 뜻이 있으면 사성제가 비로소 성립할 것이니 그러므로 어떤 게송에 이르되, "공의 뜻이 있는 연고로 온갖 법이 성립하나니 만일 공의 뜻이 없다면 온갖 법이 성립되지 않는다"라고 하였으니 곧 체성이 없는 연고로 유인 것이다.

經云從無住本立一切法者는 前已引竟이나 今當重引호리니 卽淨名의 第二推善不善之本이라 故로 經에 云, 善不善에 孰爲本고 答曰,[93] 身爲本이니다 又問호대 身孰爲本고 答曰, 欲貪爲本이니다 又問호대 欲貪에은 孰爲本고 答曰, 虛妄分別爲本이니다 又問호대 虛妄分別은 孰爲本고 答曰, 顚倒想爲本이니다 又問호대 顚倒想은 孰爲本고 答曰, 無住爲本이니다 又問호대 無住에 孰爲本고 答曰, 無住則無本이니다 文殊師利여 從無住本하야 立一切法이니라 叡公이 釋云호대 無住는 則實相異名이오 實相은 卽是性空異名이라 故從無性하야 有一切法이라하니라 餘如別說하니라 四中에 應引淨名云호대 以何爲空고 但以名字故로 空이니 如是二法이 無決定性이니라 經에 云, 法性本空寂하야 無取亦無見이라하며 又云, 一切法無性이 是則佛眞體라하며 八地

---

93) 曰은 南續金本作云.

에 云, 無性爲性이라하며 中論始末에 皆明無性하야 以顯眞空하니라
- '경문에 이르되, 머무름 없는 근본에서부터 온갖 법을 세운다'고 말한 것은 앞에서 인용하여 마쳤지만 지금 마땅히 거듭 인용할 것이니, 『유마경』(제7 觀衆生品)의 둘째 선(善)과 불선(不善)의 근본을 추측한 내용이다. 그러므로 경문에 이르되, " '선과 불선 중에 어느 것이 근본이 되는가?' 대답하되, '몸이 근본입니다.' 또 묻되, '몸은 무엇으로 근본을 삼는가?' 대답하되, '욕구와 탐심이 근본이 됩니다.' 또 묻되, '욕구와 탐심은 무엇이 근본이 되는가?' 대답하되, '허망하게 분별함이 근본이 됩니다.' 또 묻되, '허망하게 분별할 적에 무엇이 근본이 되는가?' 대답하되, '뒤바뀐 생각이 근본이 됩니다.' 또 묻되, '뒤바뀐 생각은 무엇이 근본이 되는가?' 대답하되, '머무름 없음이 근본이 됩니다.' 또 묻되, '머무름 없음은 무엇이 근본이 되는가?' 대답하되, '머무름 없음은 근본이 없습니다. 문수사리여, 머무름 없는 근본으로부터 온갖 법이 세워졌습니다.' " 승예(僧叡)법사가 해석하여 말하되, "머무름 없음은 진실한 모양의 다른 이름이요, 진실한 모양은 곧 성품이 공한 것의 다른 이름이다. 그러므로 체성 없음으로부터 온갖 법이 생겼다"라고 하였다. 나머지는 별도로 설명함과 같다. 네 가지 중에 응당히 『유마경』(文殊師利問疾品)을 인용하여 말하되, "무엇이 공이 되는가? 단지 이름과 글자 때문에 공이니 이러한 두 가지 법이 결정된 체성이 없습니다." 경문에 이르되, "왜 텅 비었는가. 다만 이름뿐이기 때문에 텅 비었다. 이처럼 두 가지 법이 결정된 체성이 없다." 또 본경(수미게찬품)에 이르되, "법의 성품 본래 공적하여 취할 수 없고 볼 수도 없다"라고 하였다. 또한 말하되, "온갖 법이 모양 없으면 이것이 부처의 참된 체성이라네"라고 하였고, (십지품의) 제8 부동지에 이르되, "성품이 없는

것으로 성품을 삼으며"라고 하였으며, 중론의 시작과 끝 부분에 모두 체성이 없음을 밝혀서 참된 공을 드러내었다.

㈢ 중도의 이치로 회통하다[會中道] 3.
① 잘못을 가려서 옳음을 밝히다[揀非顯是] (是以 48上2)
② 중도의 뜻을 세우다[立中道義] (幻有)
③ 중도로 결론하다[結成中道] (非空)

[疏] 是以로 無性緣生故空은 則非無見斷見之空이오 爲眞空也며 無性緣生故有는 則非常見이나 有見之有오 是幻有也라 幻有는 卽是不有有오 眞空은 卽是不空空이니 不空空故로 名不眞空이오 不有有故로 名非實有니 非空非有가 是中道義니라

■ 이런 까닭으로 체성이 없이 인연으로 생긴 연고로 공인 것은 무라는 소견이나 단멸견[斷見]의 공이 아니요 참된 공이 되며, 체성이 없이 인연으로 생긴 연고로 유인 것은 항상한 소견[常見]이나 유라는 소견의 유가 아니요 환술 같은 유[幻有]이다. 환술 같은 유는 곧 유가 아닌 유요, 참된 공은 곧 공하지 않은 공이니, 공하지 않은 공인 연고로 참된 공이 아니라 이름하고, 있는 것이 아닌 유인 연고로 참된 유가 아니라 이름하나니, 공도 아니요 유도 아닌 것이 바로 중도의 뜻이다.

[鈔] 是以無性緣生故空下는 第二, 會中道意니 明此中空有가 皆是中道라 文中有三이니 初, 揀非顯是오 二, 立中道義요 三, 結成中道라 初中에 無性緣生故空者는 雙牒前四句中兩種空也니 此二種空은 並離斷見之無라 斷見之無는 定無[94)니 定無則着斷이어니와 今緣生故

로 空은 非是定無오 無性故空은 亦非定無니라 定無者는 一向無物이
如龜毛兔角이어니와 今但從緣無性일새 故非定無니 此上은 揀非오 爲
眞空也라 二, 顯是니 言無性緣生故有者는 亦雙牒前之二有니 並非
常見之有라 常見之有는 是定性有어니와 今從緣有하니 非定性有온
況由無性有가 豈定有耶아 亦是上은 揀非요 是幻有也는 顯是니라
幻有者는 從緣無性이 如幻化人이니 非無幻化人이나 幻化人은 非眞
일새 故云幻有라 亦名妙有니 以非有로 爲有일새 故名妙有니라 然斷
常見이 旣由有無하니 則有無見이 卽斷常見이니라

疏何重牒고 此有深意하니 斷常二見은 多是邪宗이라 卽五利使며 邊
見所攝이니라 其有無見으로 通涉正法[95)]에 取空有相일새 未能[96)]契
理는 爲有無見이라 此有無見을 究竟遠離는 唯大菩薩이니라 故로 淨
名에 云, 說法이 不有亦不無나 以因緣故로 諸法生이라하나니 有無二
邊에 無復餘習이니라 下經에 善友가 歷事諸佛하야 已證法門코도 尙
云, 猶於諸法中에 無而計爲有等하나니라

- ㈡ 是以無性緣生故空 아래는 중도의 이치로 회통함이니 이 가운데 공과 유가 모두 중도임을 설명하였다. 경문에 셋이 있으니 ① 잘못을 가려서 옳은 이치를 밝힘이요, ② 중도의 뜻을 세움이요, ③ 중도로 결론함이다. ① 중에 체성이 없이 인연으로 생긴 연고로 공이란 앞의 네 구절 중에서 두 종류의 공을 함께 따왔으니, 이런 두 가지 공은 아울러 단멸의 무를 떠난 소견이다. 단멸의 무는 정해진 무이니 무라고 정해지면 단견(斷見)에 집착되지만 지금은 인연으로 생긴 연고로 공인 것은 정해진 무가 아니요, 체성이 없는 연고로 공인 것은 역시 정해진

---

94) 上八字는 南續金本作謂定有則着常.
95) 法下에 甲南續金本有但字.
96) 能은 金本作有誤.

무가 아니다. 정해진 무는 한결같이 사물이 없는 것이 마치 거북의 털이나 토끼의 뿔과 같겠지만 지금은 단지 인연을 따라 체성이 없는 연고로 정해진 무가 아님이니, 이 위는 잘못을 가려냄이요, 참된 공이 된다. 다음은 옳음을 밝힘이니 '체성이 없이 인연으로 생긴 연고로 유'라고 말한 것은 또한 앞의 두 가지 유를 함께 따옴이니, 아울러 상견(常見)의 유가 아니다. 상견의 유는 체성이 정해진 유이지만 지금은 인연을 따르는 유이니 체성이 정해진 유가 아닐 텐데 하물며 체성이 없음으로 말미암은 유가 어찌 정해진 유이겠는가? 또한 이 위는 잘못을 가려냄이요, 환술 같은 유는 옳은 이치를 밝힘이다. 환술 같은 유는 인연을 따라 체성 없음이 마치 환술이나 허깨비 같은 사람과 같나니, 환술이나 허깨비 같은 사람이 아니지만 환술이나 허깨비 같은 사람은 진실이 아니므로 '환술 같은 유'라 한 것이다. 또한 묘한 유라고도 이름하나니, 유가 아닌 것을 유로 삼은 연고로 묘한 유라고 이름한다. 유가 아닌 것을 유로 삼은 연고로 묘한 유[妙有]라고 이름한다. 그러나 단견과 상견이 이미 유와 무로 말미암았으니 유와 무의 소견이 곧 단견과 상견인 것이다.

소가가 어째서 거듭 따왔는가? 여기에 깊은 의미가 있으니 단견과 상견 두 소견은 대부분 삿된 종지이니 곧 다섯 가지 날카로운 번뇌[五利使]이며 변두리 소견에 포섭된다. 그 유와 무의 소견으로 통틀어 정법을 건너갈 적에 공과 유의 모양을 취하므로 능히 이치에 계합하지 못하는 것은 유와 무의 소견이 되기 때문이다. 이런 유와 무의 소견을 끝까지 멀리 여의는 것은 오직 대승보살뿐이다. 그러므로 『유마경』(제1 佛國品)에 이르되, "설법은 있지도 않고 또한 없지도 않으나 인연인 까닭에 모든 법이 생기며"라고 하였으니 유와 무의 두 변견에 다시 남은 습기가 없는 것이다. 아래 경문에 선지식이 모든 부처님을 역대로 모셔서 이미 법문을 증득하고도 오히려 말하되, '오히려 모든 법 가운데 무이면서 유 따위로 계탁하는 등이다'라고 말한다.

幻有卽是不有有下는 第二, 立中道義라 此中에 有三中道하니 一, 幻有上에 自爲中道니 謂有與不有가 此二無礙일새 故爲中道라 故云 有是不有有니라 言不有者는 擧體全空하야 無所有故라 重言有者는 亦名非不有니 謂不待破差別相故라 故로 大品에 云, 諸法無所有며 如是有故로 非有非不有로 名爲中道니 是幻有義니라하니라 二, 言眞空이 是不空空者는 卽眞空上에 以明中道니 謂不空與空이 無障礙故라 言不空者는 以空無空相故라 重言空者는 亦名非不空이니 謂餘一切相이 無不盡故라 是故로 非空非不空을 名爲中道니 是眞空義니라 經에 云, 空不空不可說을 名爲眞空이라하며 中論에 云, 無性法亦無니 一切法空故라하니라 重言不空空故名不眞空과 不有有故名非實有者는 旁會異義니 意不殊前이라 卽通會肇公의 不眞空論이라 康公이 云, 萬法不眞故로 空이라하니 不得肇意로다 達公이 云,[97] 不遷이 當俗이라 俗則不生이오 不眞爲眞이라 眞但名說이라하니 却得肇意로다 此中眞空은 非是前文對妙有之眞空이오 此中眞空은 是所破病이니 人謂眞諦는 一向無物이 爲眞空義라하니 是故로 肇公이 以不로 不之하사 云不一向是無物이라하야 故云不眞空이니 謂卽萬有之無性을 名爲眞諦라 何曾一向是空이리오 故云不眞空也니라 此不眞空은 卽前眞空이니라 不有有故로 名非實有者는 對上不眞空하야 故爲此揀[98]이니 眞空과 實有는 並是二邊이오 不眞과 非實은 卽爲正理니라

---

97) 達公은 甲續金本作遠公誤, 見肇論慧達序.
98) 揀은 甲南續金本作句.

非空非有下는 三, 結成中道라 然其正意는 合前眞空二義하야 總名非空하고 合前幻有二義하야 皆名非有니 空有不二일새 故爲中道니라 又以幻有로 爲非空하고 以眞空으로 爲非有가 皆中道義라 實則上空有之上에 有二中道하고 兼此爲三이라 下融會[99]中에 更當廣說하리라 上來는 卽第一門總明은 竟하다

- ② 幻有卽是不有有 아래는 중도의 뜻을 세움이다. 이 가운데 세 가지 종류가 있으니 (1) 환술 같은 유 위에 자연히 중도가 되나니 이른바 유와 유 아님이 이 둘이 장애가 없는 연고로 중도가 된다. 그러므로 '유는 유가 아닌 유'라고 말한다. '유가 아니다'라고 말한 것은 전체가 완전히 공하여 아무 것도 없는 까닭이다. '거듭하여 유'라고 말한 것은 또한 유 아님이 없음을 이름한 것이다. 말하자면 차별된 모양을 타파하기를 기다리지 않기 때문이다. 그러므로 『대품반야경』에 이르되, "모든 법은 있는 바가 없으며 이렇게 있는 연고로 유도 아니고 있지 않음도 아닌 것을 이름하여 중도라 하나니 환술 같은 유의 뜻이다"라고 하였다. (2) '참된 공이 공하지 않은 공이다'라고 말한 것은 곧 참된 공 위에 중도를 밝힌 것이다. 말하자면 공하지 않음과 공이 장애가 없는 까닭이다. '공하지 않음'이라 말한 것은 공이지만 공한 모양이 없는 까닭이다. '거듭하여 공하다'라고 말한 것은 또한 공하지 않은 것도 아님이니, 말하자면 나머지 온갖 모양이 다하지 않음이 없기 때문이다. 이런 연고로 공도 아니요 공하지 않은 것도 아닌 것을 중도라 이름하나니, 곧 참된 공의 뜻이다. 경에 이르되, "공하면서 공하지 않아서 말할 수 없음을 이름하여 참된 공이라 말한다"라고 하였다. 『중론』(제13 觀行品)에 이르되, "(모든 법이 변함이 있으므로 모

---

99) 會는 甲南續金本作合.

두가 성품 없음일 줄 안다) 성품 없는 법도 없나니 온갖 법이 공하기 때문이다"라고 하였다. (3) '거듭하여 공하지 않은 공인 연고로 참된 공이 아니라 이름한 것과 있지 않으면서 있는 연고로 진실로 있음이 아니다'라 한 것은 곁들여 다른 뜻과 회통함이니 의미는 앞과 다르지 않다. 곧 승조법사의『불진공론(不眞空論)』과 회통한 내용이다. 강(康)법사가 이르되, "만 가지 법이 진실하지 않은 연고로 공하다"라고 하였으니 승조법사의 주장을 얻지 못하였다. 달(達)법사가 이르되, "천류하지 않음은 속제에 해당한다. 속제는 생기지 않음이요, 진제가 아닌 것을 진제라 한다. 진제는 단지 이름뿐으로 설한 것이다"라고 하였으니 도리어 승조법사의 뜻을 얻은 것이다. 이 가운데 "참된 공은 앞의 경문이 묘하게 있음과 참된 공을 상대한 견해가 아니요, 이 가운데 참된 공은 타파할 대상인 병이니 사람들이 말한 진제는 한결같이 사물이 없는 것이 참된 공의 뜻으로 삼는다"라고 하였으니 이런 연고로 승조법사는 부정함으로 부정하여서 '한결같이 사물이 없는 것이 아니다'라고 말한 연고로 '참된 공이 아니다'라고 하였으니, 이른바 만 가지 존재와 합치한 체성 없음을 이름하여 진제라 하였다. 어찌 일찍이 한결같이 공하다 하겠는가? 그러므로 '참된 공이 아니다'라고 말한 것이다. 이런 참된 공이 아님은 곧 앞의 참된 공이다. 유가 아닌 유인 연고로 '참된 유가 아니다'라고 이름한 것은 위의 참된 공과 진실로 있음은 아울러 두 가지 변두리 소견이요, 참되지 않음과 진실이 아님은 곧 바른 이치가 된 것이다.

㈢ 非空非有 아래는 중도로 결론함이다. 그런데 그 바른 의미는 앞의 참된 공의 두 가지 뜻과 합하여 총합하여 '공하지 않다'라고 이름하였고, 앞의 환술 같은 유의 두 가지 뜻과 합하여 모두 '유가 아님'

이라 이름하였으니, 공과 유가 둘이 아니므로 중도가 된 것이다. 또한 환술 같은 유로 공하지 않음을 삼고 참된 공으로 유가 아님을 삼은 것이 모두 중도의 뜻이다. 진실하게는 위의 공과 유의 위에 두 가지 중도가 있고, 이것과 겸하면 셋이 된다. 아래 융합하여 회통함 중에 다시 마땅히 자세히 설명하겠다. 여기까지는 곧 첫째 문단인 총합하여 설명함은 마친다.

(b) 뜻을 전개하다[開義] 2.
㊀ 바로 설명하다[正明] 2.
① 참된 공으로 설명하다[眞空] (又開 50上9)

[疏] 又開此空有에 各有二義하니 一, 眞空은 必盡幻有니 以若不盡幻有하면 非眞空故라 二, 眞空이 必成幻有니 以若礙幻有하면 非眞空故라
■ 또한 이 공과 유를 전개하면 각기 두 가지 뜻이 있으니 ① 참된 공은 반드시 환술 같은 유가 다함이니, 만일 환술 같은 유를 다하지 않으면 참된 공이 아니기 때문이다. ② 참된 공은 반드시 환술 같은 유를 성립하나니, 만일 환술 같은 유를 장애하면 참된 공이 아니기 때문이다.

[鈔] 又開此空有下는 二, 開義別釋이라 於中有二하니 先, 正開[100])오 二, 文殊各以下는 結示問答이라 今初니 一, 眞空必盡幻有는 是相害義니 亦法界觀中의 眞理奪事門이라 以事攬理成일새 遂令事相으로 無不皆盡이오 唯一眞理가 平等顯現이니 以離眞理外에 無片[101])事可得故라 如水奪波에 波無不盡이니 般若中에 云, 是故로 空中에 無色無

---
100) 開는 南續金本作明.
101) 片은 甲南續金本作有少.

受想行識等이라하니라 二, 眞空必成幻有者는 是相作義며 及無礙義 니 亦法界觀中의 依理成事門이니 謂事無別體코 要因眞理而得成立 이니 以諸緣起가 皆無自性故라 由無性理하야 事方成故가 如波攬水 하야 而成立故라 亦是依如來藏하야 得有諸法故니 大品에 云, 若諸 法不空하면 則無道無果102)라하며 中論에 云, 以有空義故로 一切法 得成이라하니라

- (b) 又開此空有 아래는 뜻을 전개하여 별도로 해석함이다. 그중에 둘이 있으니 ㉠ 바로 설명함이요, ㉡ 文殊各以 아래는 질문과 대답으로 결론해 보임이다. 지금은 ㉠ 이니 ① '참된 공은 반드시 환술 같은 유를 다함'이란 모양을 해치는 뜻이니, 또한 법계관법 중의 참된 이치로 현상을 뺏는 문이다. 현상은 이치를 잡아 성립하므로 드디어 현상의 모습으로 하여금 모두 다하지 않음이 없는 것이요, 오직 하나뿐인 참된 이치가 평등하게 드러난 것이니, 참된 이치를 여읜 밖에 조금의 현상도 얻을 수 없기 때문이다. 마치 물에서 파도를 뺏으면 파도가 모두 다하나니 『반야경』 중에 이르되, "이런 연고로 물질도 없고 수상행식도 없다는 등이다"라고 하였다. ② '참된 공은 반드시 환술 같은 유를 이룬다'는 것은 서로 작용하는 뜻이며, 걸림이 없는 뜻이니 역시 법계의 관법 중에서 이치를 의지하여 현상을 이루는 문이다. 말하자면 현상은 별다른 체성이 없고 중요한 것은 진리로 인하여 성립하는 것이니 모든 연기법이 모두 자체 성품이 없기 때문이다. 체성이 없는 이치로 말미암아 현상이 바야흐로 성립하기 때문인 것이 마치 파도는 물을 잡아서 성립하는 것과 같기 때문이다. 또한 여래장을 의지하여 모든 법이 있음을 얻기 때문이니, 『대품반야경』에 이르

---

102) 果下에 南續金本有又字.

되, "만일 모든 법이 공하지 않으면 도(道)도 없고 결과도 없다"라고 하였으며, 『중론』에 이르되, "<공>의 이치가 있기에 온갖 법이 이루어진다"라고 하였다.

② 환술 같은 유로 설명하다[幻有] (二幻 51上2)

[疏] 二, 幻有二義者는 一, 幻有는 必覆眞空이니 以空隱有現故오 二, 幻有가 必不礙眞空이니 以幻有는 必自盡하야 令眞空으로 徹現故니라
■ ② 환술 같은 유의 두 가지 뜻이란 (1) 환술 같은 유는 반드시 참된 공을 덮나니 공은 유를 숨기고 나타나기 때문이요, (2) 환술 같은 유가 반드시 참된 공을 장애하지 않나니, 환술 같은 유는 반드시 스스로 다하여 참된 공으로 하여금 끝까지 나타나게 하기 때문이다.

[鈔] 一, 幻有必覆眞空者는 卽相違義니 亦法界觀中의 事能隱理門이니 謂眞理隨緣[103]하야 成諸事法이라 然此事法이 旣違於理일새 遂令事顯理不現也니 以離事外에 無有理故가 如波奪水에 水無不隱이라 是則色中에 無空相也니라 二, 幻必不礙眞空은 是不相礙義며 亦相作義니 亦法界觀中의 事能顯理門이라 謂由事攬理故로 則事虛而理實이니 以事虛故로 全事中之理가 挺然露現이 如由波相虛하야 令水體로 露現이라 故로 論에 云, 若法이 從緣生인대 是則無自性이라하니라 然上眞空二義는 第二義中에 以相作으로 攝無礙義어니와 今幻有는 第二義中에 乃以不相礙로 攝[104]相作이라 其故는 何耶오 理實空有의 第二義中에 皆含相作과 及無礙義나 而影略者는 事依理成일새 故

---

103) 緣下에 南續金本有能字.
104) 攝下에 南續金本有於字.

前에 有相作이오 理非事造일새 故로 今無相作이라 而上三義中에 言空有相作者는 但約事法能顯理하야 故名作理耳니라 然此四義가 亦卽是前緣生故며 空等四義也라 一, 眞空必盡幻有는 是無性故空義오 二, 必成幻有는 是無性故로 有義오 三, 幻有必覆眞空은 是緣生故로 有義오 四, 必不礙眞空은 是緣生故로 空義라 前四는 總明空有所以오 今四는 正說空有之相이니라

- '① 환술 같은 유가 반드시 참된 공을 덮는다'는 것은 서로 위배한다는 뜻이니, 또한 법계의 관법 중에서 현상이 능히 이치를 덮는 문이니, 이른바 참된 이치는 인연을 따라 모든 현상법을 이룬다는 뜻이다. 그러나 이런 현상법은 이미 이치에 위배되므로 드디어 현상으로 하여금 이치를 드러내어도 나타나지 않나니, 현상법을 여읜 밖에 이치가 없기 때문인 것은 마치 파도에서 물을 뺏으면 물이 숨지 않음이 없는 것과 같다. 이것은 물질 중에 공한 모양이 없는 것이다. (2) 환술 같은 유는 반드시 참된 공을 장애하지 않음은 서로 장애하지 않는 뜻이며, 또한 서로 작용하는 뜻이니, 역시 법계의 관법 중에서 현상이 능히 이치를 드러내는 문이다. 말하자면 현상은 이치를 잡음으로 인하여 현상은 허망하지만 이치는 진실하나니 현상이 허망한 연고로 완전히 현상 속의 이치가 특출하게 드러나는 것이 마치 파도의 모양이 헛됨으로 말미암아 물의 체성으로 하여금 드러나게 함과 같다. 그러므로 논에 이르되, "법이 만일 인연에서 생겼다면 이것은 자체 성품이 없는 것이다"라고 하였다. 그러나 위의 참된 공의 두 가지 뜻은 둘째 뜻 가운데 서로 작용함으로 장애하지 않는 뜻을 섭수하였지만, 지금의 환술 같은 유는 둘째 뜻 중에서 서로 장애하지 않음으로 서로 작용하는 뜻을 섭수하였다. 그 까닭이 무엇인가? 이치로는 실로 공과 유의

둘째 뜻 가운데 모두 서로 작용함과 장애하지 않는 뜻을 포함하고 있지만 비추어 생략한 것은 현상은 이치에 의지해 성립하는 연고로 앞에는 서로 작용함이 있는 것이요, 이치는 현상을 만드는 것이 아니므로 지금은 서로 작용함이 없다. 그러나 위의 세 가지 뜻 중에 '공과 유가 서로 짓는다'고 말한 것은 단지 현상법은 능히 이치를 드러냄을 잡으므로 '이치를 짓는다'고 이름할 뿐이다. 그런데 이런 네 가지 뜻이 또한 앞의 인연으로 생긴 까닭이며, 공함 따위의 네 가지 뜻인 것이다. 첫째, 참된 공은 반드시 환술 같은 유를 다함은 체성이 없는 연고로 공하다는 뜻이요, 둘째, 환술 같은 유를 반드시 이룬 것은 체성이 없는 연고로 있다는 뜻이요, 셋째, 환술 같은 유는 반드시 참된 공을 덮음은 인연으로 생긴 연고로 유라는 뜻이요, 넷째, 참된 공을 반드시 장애하지 않음은 인연으로 생긴 연고로 공하다는 뜻이다. 앞의 네 가지는 공과 유의 이유를 총합하여 설명함이요, 지금의 네 가지는 공과 유의 모양을 바로 설명한 내용이다.

㈡ 질문과 대답으로 배대하다[配問答] (文殊 52上2)

[疏] 文殊가 各以初義로 致難하고 覺首는 各以後義로 而答하나니 以初二義는 空有異故오 以後二義는 空有相成故니라
- 문수보살이 각기 첫째 뜻으로 힐난에 이르고, 각수보살은 각기 뒤의 뜻으로 대답하였으니 처음의 두 가지 뜻은 공과 유가 다르기 때문이요, 위의 두 가지 뜻은 공과 유가 서로 성립하기 때문이다.

(c) 융섭하여 합하다[融合] (然此 52上3)

[疏] 然이나 此二가 不二니 謂有非有無二하야 爲一幻有오 空非空이 無二하야 爲一眞空이라 又非空과 與有가 無二하야 爲一幻有오 空與非有가 無二하야 爲一眞空이라 又幻有與眞空이 無二하야 爲一味法界니 卽中道義니라 離相離性하고 無障無礙하야 無分別法門이니 思以準之니라

■ 그러나 이런 둘이 둘이 아님이니 말하자면 (1) 유와 비유(非有)가 둘이 없어서 하나의 환술 같은 유가 됨이요, (2) 공과 비공(非空)이 둘이 없어서 하나의 참된 공이 된 것이다. (3) 또한 공이 아님과 유가 둘이 없어서 하나의 환술 같은 유가 된 것이요, (4) 공과 비유가 둘이 없어서 하나의 참된 공이 된 것이다. (5) 또한 환술 같은 유와 참된 공이 둘이 없어서 한 맛의 법계가 되었으니 곧 중도의 뜻이다. 모양을 여의고 체성을 여의어서 걸림도 없고 장애도 없어서 분별 없는 법문이니 준하여 생각해 보라.

[鈔] 然此二不二下는 三, 融合이라 於中에 二니 先, 正明이오 後, 結歎이라 前中에 卽合前四義라 須知四義가 兩處名異니 上의 眞空이 必盡幻有는 是眞空上空義요 二, 必成幻有는 是眞空上不空義오 三, 幻有必覆眞空은 是幻有上有義요 四, 必不礙眞空은 是幻有上非有義라 又須知有非有와 空非空이 各有二義니 一, 有上二義者는 一은 是不壞有相義오 二는 是遮斷滅義니 則名有爲非不有니라 二, 非有上二義者는 一은 離有相義오 二는 卽是空義니라 三, 空上二義者는 一은 不壞性義오 二는 遮定有義니 故名空爲非不空이니라 四, 非空上二義者는 一은 離空相義오 二는 卽是有義니라 已知名義하니 今疏에 融合호리라 乃有五重하야 爲五種中道하니 一은 云謂有非有無二爲一

幻有者는 此是有上에 二義自合이라 然取有上의 不壞相義와 非有上의 離有相義일새 故合爲一幻有니 是俗諦中道니라 空非空無二爲一眞空者는 卽空上에 二義自合이라 然取空上의 不壞性義와 非空上의 離空相義일새 故合爲一眞空하야 爲眞諦中道라 前一은 爲卽相無相之中道오 此一은 爲卽性無性之中道라 亦存泯無二義니라

- (c) 然此二不二 아래는 융섭하여 합함이다. 그중에 둘이니 ㊀ 바로 설명함이요, ㊁ 결론하고 찬탄함이다. ㊀ 중에 곧 앞의 네 가지 뜻과 합함이다. 모름지기 알라. 네 가지 뜻이 두 곳이면서 명칭은 다름이니 (1) 위의 참된 공이 반드시 모두 환술 같은 유인 것은 참된 공 중에서 공하다는 뜻이요, (2) 반드시 환술 같은 유를 이룸은 참된 공 중에서 공하지 않다는 뜻이요, (3) 환술 같은 유가 반드시 참된 공을 덮음은 환술 같은 유(有) 중에 있다는 뜻이요, (4) 반드시 참된 공을 장애하지 않음은 환술 같은 유 중에 있지 않다는 뜻이다. 또한 모름지기 유와 비유와 공과 비공이 각기 두 가지 뜻이 있으니 ① 유에서 두 가지 뜻이란 첫째, 유의 모양을 무너뜨리지 않는다는 뜻이요, 둘째, 단멸을 막는 뜻이니 유가 비유 아님이 된다고 말한다. ② 비유(非有)에서 두 가지 뜻이란 첫째, 유의 모양을 여읜 뜻이요, 둘째, 공과 합치한다는 뜻이다. ③ 공(空)에서 두 가지 뜻이란 첫째, 체성을 무너뜨리지 않는 뜻이요, 둘째, 정해진 유를 막는 뜻이니 그러므로 공이 공 아닌 것도 아님이라 말한다. ④ 비공(非空)에서 두 가지 뜻이란 첫째, 공의 모양을 여읜 뜻이요, 둘째, 바로 유와 합치한 뜻이다. 이미 이름과 뜻을 알았으니 지금 소에서 융섭하여 합하겠다. 비로소 다섯 가지 거듭이 있어서 다섯 가지 중도가 되었으니 (1)에 이르되, "유와 비유가 둘이 없는 것이 하나의 환술 같은 유가 된다"고 말한 것은 여

기서 유에서 두 가지 뜻이 자연히 합한다. 그러나 유에서 모양을 무너뜨리지 않는 뜻과 비유에서 유의 모양을 떠난 뜻을 취했으므로 합하여 하나의 환술 같은 유가 되었으니 속제의 중도이다. (2) 공과 비공이 둘이 아님이 하나의 참된 공이 된 것은 곧 공에서 두 가지 뜻을 자연히 합한 것이다. 그런데 공에서 체성을 무너뜨리지 않는 뜻과 비공에서 공한 모양을 여읜 뜻을 취한 연고로 합하여 하나의 참된 공이 되어 진제의 중도가 된 것이다. 앞의 하나는 모양 있음과 모양 없음과 합치한 중도요, 여기의 하나는 체성 있음과 체성 없음과 합치한 중도이다. 또한 존재함과 없앰이 둘이 아닌 뜻이기도 하다. (3) 또한 비공과 유가 둘이 아님이 하나의 환술 같은 유가 된 것은 위의 한 대구는 공과 유가 자연히 합함이요, 이 아래의 한 대구는 공과 유의 네 가지 뜻이 서로 연결되어 합함이다. 지금 여기의 셋째는 곧 참된 공에서 비공인 뜻과 환술 같은 유에서 유의 뜻을 취하여 두 가지 뜻을 서로 수순하여 그 둘이 아님을 설명한 것이다. 그러나 비공에서 취한 것이 곧 유의 뜻이며, 유에서 단멸을 막은 뜻을 취한 연고로 함께 환술 같은 유를 이룬 것이 공이 아님과 유가 아닌 것도 아님이 되나니, 존재하고 없앰에 걸림 없는 중도인 것이다.

又非空與有無二가 爲一幻有者는 上一對는 空有自合이오 此下一對는 空有四義가 交絡而合이라 今此第三은 卽取眞空上의 非空義와 及幻有上의 有義하야 二義相順하야 明其不二라 然是非空上에 取卽是有義하며 有上에 取遮斷滅義일새 故得共成幻有가 爲非空非不有니 存泯無礙之中道니라 空與非有가 無二하야 爲一眞空者는 卽第四取眞空上의 空義와 幻有上의 非有義하야 二義相順하야 明其不二라 然是

空上에 遮定有義와 非有上에 卽是空義가 故二相順하야 得成眞空하야 爲非有非不空存泯無礙之中道니라 三, 是存俗泯眞이니 此是存眞泯俗이니라 又三은 是空徹於有오 今是有徹於空이니 皆二諦交徹이니라

又幻有與眞空으로 無二하야 爲一味法界者는 卽第五總合前四하야 令其不二라 然上에 各合交徹하야 並不出於眞空幻有일새 故今合之 爲一味法界하야 爲二諦俱融之中道니라 然三四가 雖融二諦나 而空有別融이어니와 今此는 卽空有無礙니 卽是非空非有無礙니 擧一全收니라 若以眞同俗인대 唯一幻有오 融俗同眞에 唯一眞空이라 空有無二하야 爲雙照之中道오 非空非有無二는 爲雙遮之中道오 遮照一時는 存泯無礙故니라

第二, 結歎에 云離相離性無障無礙無分別法門者는 以幻有爲相이오 眞空爲性이니라 又空有皆相이오 非空非有爲性이니라 又別顯爲相이오 總融爲性이니 今互奪雙融하야 並皆離也니라 無分別法은 但約智說이오 唯無分別智는 方究其源矣라 其無障無礙는 通於境智니라 謂上之五重에 多約境說이라 心智契合에 卽爲五觀이니 五境旣融에 五觀亦融이니 以俱融之智로 契無礙之境하면 則心境無礙라 心中에 有無盡之境하고 境上에 有無礙之心이라 故要亡言하야사 方合斯理니 總爲緣起甚深之相이라 餘義는 如玄中已明하니라

● (4) 공과 비유가 둘이 없어서 하나의 참된 공이 된 것은 곧 넷째 참된 공에서 공한 뜻과 환술 같은 유에서 유가 아닌 뜻을 취하여 두 가지 뜻이 서로 수순해서 그 둘 아님을 설명하였다. 그러나 이 공에서 정해진 유를 막은 뜻과 비유에서 곧 공인 뜻이 짐짓 둘이 서로 수순해서 참된 공을 이루어서 비유(非有)와 비불공(非不空)과 존재와 없앰에 걸림 없는 중도인 것이다. 셋째는 속제는 존재하고 진제는 없앰이니 여

기는(넷째) 진제는 존재하고 속제는 없앰이다. 또한 셋((1) (2) (3))은 공하여 유를 다함이요, 지금((4))은 유라서 공을 다함이니 모두 두 가지 진리가 서로 다함이다. (5) '또한 환술 같은 유와 참된 공으로 둘이 없어서 한 맛의 법계가 된다'는 것은 곧 (5) 앞의 넷을 총합하여 하여금 둘이 없게 한 것이다. 그러나 위에 각기 서로 다함을 합하여 아울러 참된 공과 환술 같은 유를 벗어나지 않으므로 지금 합하여 한 맛의 법계가 되어서 두 가지 진리가 모두 융섭한 중도가 된 것이다. 그런데 (3)과 (4)가 비록 두 진리를 융섭했지만 공과 유를 따로 융섭하였거니와 지금 (5)는 공과 유가 장애가 없으니 곧 비공과 비유가 장애 없음이니, 하나를 거론하여 전체를 거둔 것이다. 만일 진제가 속제와 같다면 오직 환술 같은 유 하나뿐일 것이요, 속제를 융섭하여 진제와 같아지면 오직 참된 공 하나뿐이니, 공과 유가 둘이 없어서 함께 비추는 중도가 되었다. 비공과 비유가 둘이 없음은 함께 막는 중도가 되고, 막고 비춤이 동시인 것은 존재하고 없앰이 장애가 없는 까닭이다.

(b) 결론하고 찬탄함에 이르되, "모양을 여의고 체성을 여의어서 걸림도 없고 장애도 없어서 분별 없는 법문이다"라고 말한 것은 (1) 환술 같은 유는 모양이 되고 참된 공은 체성이 된 것이다. (2) 또한 공과 유가 모두 모양이요, 비공과 비유는 체성이 되었다. (3) 또한 개별로 밝힘은 모양이 되고, 총합하여 융섭함은 체성이 되나니 지금은 서로 뺏고 함께 융섭하여 아울러 모두 여읜 것이다. 분별 없는 법은 단지 차례를 잡아 설함이요, 오직 분별 없는 지혜뿐임은 바야흐로 그 근원을 궁구한 것이다. 그 걸림 없고 장애가 없음은 경계와 지혜에 통하는 개념이다. 말하자면 위의 여섯 가지 거듭에서 대부분 경계를 잡

아서 말하였으니, 마음과 지혜가 계합할 적에 곧 다섯 가지 관법이 되나니, 다섯 가지 경계가 이미 융섭하면 다섯 가지 관법도 역시 융섭하나니 모두 융섭한 지혜로 걸림 없는 경계와 계합하면 마음과 경계가 걸림 없는 것이다. 마음 가운데 끝없는 경계가 있고, 경계 위에 걸림 없는 마음이 있다. 그러므로 중요한 것은 말이 없음이라야 비로소 이런 이치에 계합하는 것이니, 총합하여 연기법의 매우 깊은 모양이 되었다. 나머지 뜻은 현담 중에 밝힌 내용과 같다.

(d) 성품의 뜻을 개별로 해석하다[別釋性義] 4.
㊀ 유의 뜻[有義] (復次 54上10)

[疏] 復次性有二義하니 一者, 有義요 二者, 空義라 復有二義하니 一者, 不變이오 二者, 隨緣이니라 以有義故로 說二空所顯하니 即法性은 本無生也오 以空義故로 說依他無性하니 即是圓成이라 即各不相知니라 以有義故로 說於不變하고 以空義故로 說於隨緣이라 此二不二니 隨緣이 即是不變이오 不變故로 能隨緣이니라

■ 다시 성품에 두 가지 뜻이 있으니 ㊀ 유(有)의 뜻이요, ㊁ 공(空)의 뜻이다. 다시 두 가지 뜻이 있으니 ① 변하지 않음이요, ② 인연을 따름이다. 유의 뜻인 연고로 두 가지 공으로 밝힐 바를 설하나니 곧 법의 성품은 본래 생사가 없으며, 공한 뜻인 연고로 의타성이 체성이 없음을 말하나니 곧 원성성인 것이다. 곧 각기 서로 알지 못함의 뜻이다. 유의 뜻인 연고로 변하지 않음을 말하고, 공의 뜻인 연고로 인연을 따른다고 말한다. 이런 둘이 둘이 아님이니 인연을 따름이 곧 변하지 않음이요, 변하지 않는 연고로 능히 인연을 따르는 것이다.

[鈔] 復次性有二義下는 第四, 別釋性義라 於中有四하니 一, 順釋이오 二, 反成이오 三, 結歸中道오 四, 結勸修學이라 今初에 文有四節하니 一, 雙標二門이오 二, 以有義故說二空所顯下는 釋空有義오 三, 以有義故說於不變下는 卽將初門하야 釋變不變이오 四, 此二不二下는 雙融不變隨緣二門이라 就第三, 釋變不變中하야 云何以有義로 說於不變고 旣以二空所顯眞如인대 則湛然常存하야 體無變易이니라 云何以空義故로 說於隨緣고 由依他無性이 卽是空義라 要在緣中하야사 方顯空理니 故知隨緣이로다 四中에 上來에 且隨一義하야 以收二宗하니 以法相宗은 唯不變故오 無相宗中에는 唯性空故라 故須第四에 雙融二門하야 具足無礙하야사 方順圓融法性宗意니라 二義旣卽에 空有亦卽이라 隨緣이 卽是不變일새 故로 空性이 卽[105]有性이오 不變故能隨緣일새 則有性이 卽是空性이라 若非實有면 將何隨緣하야 而成諸法고 如本無水하면 將何隨風하야 而成波浪이리오

- (d) 復次性有二義 아래는 성품의 뜻을 개별로 해석함이다. 그중에 넷이 있으니 ㊀ 수순하여 해석함이요, ㊁ 반대로 성립함이요, ㊂ 결론하여 중도로 돌아감이요, ㊃ 결론적으로 닦고 배우기를 권함이다. 지금은 ㊀에 경문이 네 문단이 있으니 ① 두 문을 함께 표방함이요, ② 以有義故說二空所顯 아래는 공과 유의 뜻을 해석함이요, ③ 以有義故說於不變 아래는 곧 첫째 문을 가지고 변하고 변하지 않음을 해석함이요, ④ 此二不二 아래는 불변과 수연의 두 문을 함께 융섭함이다. ③ 변하고 변하지 않음을 해석하여 어떻게 유의 뜻인 연고로 불변을 말하고, 이미 두 가지 공으로 밝힌 대상이 진여라면 담담하게 항상 존재하여 체성이 변하고 바뀜이 없다. 어떻게 공의 뜻인 연고로

---

105) 卽下에 甲南續金本有是字.

반연을 따른다고 말하는가? 의타성이 체성이 없음이 곧 공의 뜻이기 때문이다. 중요한 것은 인연에 있어야 바야흐로 공의 이치를 밝히나니 그러므로 인연을 따름인 줄 알지니라. ㉣ 중에 여기까지 우선 한 가지 뜻을 따라서 두 종지로 거두었으니 법상종(法相宗)은 오직 불변뿐인 까닭이요, 무상종(無相宗)에는 오직 체성이 공함뿐인 까닭이다. 그러므로 모름지기 (d)에서 두 문을 함께 융섭하여 걸림 없음을 구족하여야 비로소 원융한 법성종(法性宗)의 의미를 따르게 된다. 두 가지 뜻이 이미 합치하면 공과 유도 또한 합치한다. 인연을 따름이 곧 변하지 않음이므로 공한 체성이 곧 유의 체성이요, 변하지 않으므로 능히 인연을 따르는 것이다. 말하자면 유의 체성이 곧 공의 체성이란 뜻이다. 만일 진실한 유가 아니면 장차 어떻게 인연을 따라 모든 법을 이루겠는가? 마치 본래 물이 없으면 장차 어떻게 바람을 따라서 물결을 이루겠는가?

㊂ 변하지 않음의 뜻[不變] (若唯 55上9)

[疏] 若唯不變인대 性何預於法이며 若但隨緣인대 豈稱眞性이리오 故隨其流處하야 有種種異나 而其本味는 停留雪山이니라 又若性離於法이면 則成斷滅이요 法離於性이면 則本無今有니라 又法若卽性이면 性常應常이요 性若卽法이면 法滅應滅이니라

- 만일 오직 변하지 않음뿐이라면 성품이 어떻게 법에 참여할 것이며, 만일 단지 인연을 따름뿐이라면 어찌 참된 성품과 칭합하겠는가? 그러므로 그 흐르는 곳을 따라 갖가지로 달라짐이 있지만 그 본래의 맛은 설산에 머물러 있는 것이다. 또한 만일 성품이 법을 떠나면 단멸을

이루고, 법이 성품을 떠나면 본래 없었지만 지금은 있는 것이다. 또한 법이 만일 성품과 합치하면 성품은 항상 상견과 응할 것이요, 성품이 만일 법과 합치하면 법이 멸하면 응하여 (성품도) 멸할 것이다.

[鈔] 若唯不變下는 第二, 反成이라 若唯不變性何預法者는 卽性如虛空이오 法如星象이라 虛空이 不爲星象之性이면 眞如가 何得爲諸法之性이리오 則性與法異면 何相干耶아 若但隨緣豈稱眞性者는 緣有生滅에 則非眞故니라 隨其流處下는 借涅槃經하야 以成二義니 隨流有異는 是隨緣義오 本味停留는 是不變義니 卽第七經과 南經第八如來性品에 答迦葉問하사 顯性是常이라 經에 云, 復次善男子야 譬如雪山에 有一味藥하니 名曰藥味라 其味極甛하야 在深叢下호대 人無能見이라 有人聞香하고 卽知其地에 當有是藥하니라 過去世中에 有轉輪王하야 於彼雪山에 爲此藥故로 在在處處에 造作木筩하야 以接是藥하고 是藥熟時에 從地流出하야 集木筩中호대 其味眞正하니라 王旣沒已에 其後是藥이 或酢或鹹하며 或甛或苦하며 或辛或淡하야 如是一味가 隨其流處하야 有種種異나 是藥眞味는 停留在山이 猶如滿月이라 凡人薄福하야 雖以掘鑿하며 加功苦至나 而不能得하니라 復有聖王이 出現於世하야 以福因緣으로 卽得是藥眞正之味하니라 善男子야 如來秘藏인 其味亦爾하야 爲諸煩惱叢林所覆호대 無明衆生은 不能得見하며 一味藥者는 譬如佛性이니 以煩惱故로 出種種味라 所謂地獄畜生餓鬼天人男女와 非男非女와 刹利波羅門과 毘舍首陀라 佛性雄猛하야 難可毁壞니 是故로 無有能殺害者라 若有殺者면 則斷佛性이니 如是佛性은 終不可斷이라 若可斷者면 無有是處니라 如我性者는 卽是如來秘密之藏이니 如是秘藏은 一切가 無能毁

壞燒滅이라 雖不可壞나 然不可見이니 若得成就阿耨多羅三藐三菩
提하면 爾乃證知라 以是因緣으로 無能殺者라하니라 釋曰, 以法對喩
하면 文亦易見이라 然彼如來秘藏佛性으로 以合一味니 卽是此中如
來藏性의 不變隨緣인 二義分明이니라 但雪山은 喩經하고 其過去王
은 喩過去佛이오 復有聖王은 卽是合中에 若得菩提라 餘並可知니라

● ㈢ 若唯不變 아래는 반대로 성립함이다. '만일 오직 변하지 않음뿐이
라면 성품이 어떻게 법에 참여할 것이며,'는 곧 성품이 허공과 같고 법
은 별 모양과 같다는 뜻이다. 허공이 별 모양의 성품이 되지 않으면
진여가 어찌 모든 법의 성품이 되겠는가? 다시 말하면 성품과 법이 다
르면 어찌 서로 간섭하겠는가? '만일 단지 인연을 따를뿐이라면 어찌
참된 성품과 칭합하겠는가?'라 한 것은 인연에 생기고 멸함이 있으면
진여가 아니기 때문이다. 隨其流處 아래는 『열반경』을 빌려와서 두
가지 뜻을 성립함이니, 흐름을 따라 다름이 있음은 인연을 따름의 뜻
이요, 본래의 맛이 (설산에) 머무름은 변하지 않음의 뜻이니, 곧 제7권
경문과 남본으로는 제8권 여래성품에 가섭보살의 질문에 대답하여
성품이 항상함을 밝힌 부분이다. 경문에 이르되, "또한 선남자여, 설
산에 제일의 맛을 지닌 약이 있는데 그 이름이 낙미(樂味)이다. 맛이
매우 달고 깊은 숲속에 있으므로 사람들이 볼 수가 없었다. 한 사람
이 냄새를 맡고 그 땅에 반드시 이 약이 있는 줄을 알았다. 과거 지나
간 세상에 어떤 전륜왕이 이 설산에서 이 약을 찾기 위해 군데군데 나
무 통을 만들어 놓고 이 약을 받게 하였다. 이 약은 익었을 때 땅에서
흘러나와 나무 통 속에 모였는데 맛이 진실로 훌륭하였다. 그 전륜
왕이 죽자 그 뒤에 약이 변하여서 시기도 하고 짜기도 하고 달기도
하고 쓰기도 하고 맵기도 하고 싱겁기도 하였다. 그와 같이 한 맛이

던 것이 흐르는 장소를 따라 여러 가지로 달라졌던 것이다. 그러나 이 약의 진실한 맛은 산에 머물러 있었으니, 마치 보름달 같았다. 보통 사람들은 박복하여 비록 괭이로 땅을 파 보는 공을 더하여도 얻지 못하였다. 다시 성왕이 세상에 출현하였는데, 그의 복력으로 즉각 진정한 맛을 지닌 약을 얻었다. 선남자여, 여래의 비장이 지닌 맛도 그러하다. 여러 번뇌의 숲속에 덮여 있으므로 무명(無明)의 중생들이 제일의 맛을 보지 못한다. 비유하면 불성이 번뇌로 말미암아 가지가지의 맛을 내니, 곧 지옥 축생 아귀 천신 인간으로 된다. 그리고 남자, 여자, 남자도 여자도 아닌 자, 찰리, 바라문, 비사, 수타 등이 된다. 하지만 불성은 웅장하고 용맹하여 훼손하거나 깨뜨릴 수 없다. 그러므로 살해할 수 있는 자가 없다. 만일 살해할 수 있다면 불성이 단절되겠지만, 저 불성은 끝내 단절될 수 없으니 성품을 끊을 수 있다는 것은 결코 그렇지 아니하다. 자아의 성품은 곧 여래의 비밀의 장(藏)이니, 이러한 비밀의 장은 모든 것이 능히 깨뜨리거나 태우거나 소멸할 수 없는 것이다. 그러나 비록 깨뜨리지도 못하고 보지도 못하지만 아뇩다라삼약삼보디를 성취하면 곧 증득해 아니, 이러한 인연으로 능히 살해할 자가 없는 것이다"라고 하였다. 해석하자면 법으로 비유와 상대하면 경문도 역시 쉽게 볼 것이다. 그러나 저 여래의 비밀한 불성과 한 맛으로 합쳐지나니, 곧 이 가운데 여래장의 성품의 변하지 않음과 인연을 따름인 두 가지 뜻으로 인해 분명하여졌다. 단지 설산은 경전에 비유하고, 그 과거의 왕은 과거 부처님에 비유하고, 다시 어떤 전륜성왕은 곧 저 보리를 얻음과 합하였다. 나머지는 (경문과) 함께하면 알 수 있으리라.

又若性離於法下는 覆成上義니 上에 云性何預法이 卽是離義라 則成斷滅者는 性離於法에 非卽法空일새 故性成斷이니라 言法離於性本無今有者는 性出自古라 此爲本有니 法旣離性일새 故本無今有라 本無今有가 有何過耶아 則虛空中에 本無衆生이나 常出衆生이라 若爾인대 法卽於性에 應非本無今有어늘 何以論에 云, 從無之有曰生이오 自有還無稱滅고 釋曰, 緣會事顯이 卽是本無今有라 無始衆生을 不可得言本無今有온 況[106] 涅槃에 云, 本有今無며 本無今有라 三世有法이 無有是處아 上半은 約相이오 下半은 約性이라 旣相與性이 不得相離하니 則本無之法이 非全本無오 今有之法이 非全新有니라 是故로 下에 云, 三世有法이 無有是處라하니 此偈廣義는 已見初品하니라 又法若卽性等者는 然常無常이 非卽非離니 此以不卽에 難其全卽이니라 性若卽法者는 謂水若卽波인대 波滅에 水滅이어니와 今但波滅호대 而水不滅하니 則法若滅時에 而性不滅하니 卽非全卽也로다 故로 大品中에 佛問須菩提하시되 心若生時에 爲卽性不아 答言卽性이니다 此心滅不아 答云生法必滅이니다 佛言하시되 眞性滅不아 答言不滅이니다 佛言하시되 此處를 可思議不아 答云, 不可思議라하나니 卽斯義矣니라

● 又若性離於法 아래는 위의 뜻을 덮어서 성립함이니, 위에 말하되, '성품이 어떻게 법에 오는 것'은 곧 여읨의 뜻이다. 단멸을 이루는 것은 성품이 법을 여읠 적에 곧 법이 공함이 아닌 연고로 성품은 단멸을 이루는 것이다. '법이 성품을 떠나면 본래 없었지만 지금은 있다'라고 말한 것은 성품이 나온 것은 예전부터이다. 이것을 본래 있음이라 하나니, 법이 이미 성품을 떠났으므로 본래는 없었지만 지금은 있는 것

---

106) 況은 甲南續金本作旣.

이다. 본래 없었지만 지금 있는 것이 무슨 허물이 있는가? 허공 가운데 본래는 중생이 없었지만 항상 중생에서 나온 것이다. 만일 그렇다면 법이 성품에 합치할 적에 응당히 본래 없었다가 지금은 있는 것이 아닐 텐데 어찌하여 논에 이르되, "없음에서 유로 가는 것을 생이라 말하고, 유로부터 무로 돌아감을 멸이라 칭하였는가?" 해석하자면 인연을 알고 현상을 밝힘이 곧 본래 없었다가 지금은 있는 것이다. 비롯함 없는 중생을 본래 없다가 지금은 있다고 말하지 않았을 것인데, 하물며 『열반경』에 이르되, "본래 있었다가 지금은 없으며, 본래 없었다가 지금은 있는 것이다. 삼세토록 법이 있다는 것은 옳은 곳이 없다"고 하였겠는가? 위의 반은 모양을 잡았고, 아래의 반은 체성을 잡은 해석이다. 이미 모양과 체성이 서로 여의지 않았으니 본래 없던 법이 완전히 본래 없는 것이 아니요, 지금 있는 법이 완전히 새롭게 있는 것이 아니다. 이런 연고로 아래에 이르되, "삼세에 있는 법이 옳은 곳이 없다"라고 하였으니, 이 게송의 자세한 뜻은 이미 제1 세주묘엄품에서 보았다. '또한 법이 만일 성품과 합치한다'는 등이란 그런데 항상함과 무상함이 합치하지도 않고 여의지도 않나니 이것은 합치하지 않을 적에 완전히 합치하기도 어렵다. '성품이 만일 법과 합치함'이란 이른바 물이 만일 파도와 합치한다면 파도가 멸함에 물이 멸하거니와 지금은 단지 파도만 없어지고 물은 없어지지 않는 것이니, 다시 말하면 법이 만일 멸할 때에 성품은 멸하지 않나니 합치함이 완전히 합치함이 아닌 것이다. 그러므로 『대품반야경』에 이르되, "부처님이 수보리에게 물으시되 '마음이 생길 때에 성품과 합치하는 것인가, 아닌가?' 대답하되, '성품과 합치합니다.' '이 마음은 멸하는가, 아닌가?' 대답하되, '생긴 법은 반드시 멸합니다.' 부처님이 말씀하시되 '참된 성품은 멸하는가, 아닌가?' 대답하되, '멸하지 않습니다' 부처님이 말씀하시되 '이곳을 사의할 수 있는가, 아닌가?' 대답하되, '사의할 수 없습니다' "라고 하였으니 바로 이런 뜻이다.

㈢ 결론하여 중도의 뜻으로 돌아가다[中道義] (故二 57下8)

[疏] 故二相成하야 非常非斷이오 此二相奪일새 故說非有非空이 爲中道義니라
■ 그러므로 두 가지가 서로 성립하여 항상함도 아니고 단멸함도 아니요, 이 두 가지가 서로 뺏으므로 유도 아니요 공도 아닌 것을 '중도의 뜻'이라 설하였다.

[鈔] 故二相成下는 三, 結歸中道라 略有三重하니 上은 非卽非離爲中道라 由此故로 成非斷非常과 非有非無니 亦應言非變非不變也니라
● ㈢ 故二相成 아래는 결론하여 중도의 뜻으로 돌아감이다. 간략히 세 거듭이 있으니 위는 합치함도 아니요 여읨도 아닌 것을 중도라 한다. 이런 이치를 말미암은 연고로 단멸도 아니요 항상함도 아님과 유도 아니요 무도 아님이 성립하였으니, 또한 응당히 변함도 아니요, 변하지 않음도 아니라고 말한다.

㈣ 융섭하여 회통하다[融會] (苟得 58上2)

[疏] 苟得其會면 不惑百家異說이니 願諸學者는 虛己求宗이니라
■ 진실로 회통함을 얻으려면 백 가지 종파의 다른 설명에 현혹되지 말

것이니, 원하건대 모든 배우는 이는 자신을 비우고 종지를 구해야 할 것이다.

[鈔] 苟得其會下는 四, 結勸修學하야 使無偏執이라 上에 已明大意하다
● ㈣ 苟得其會 아래는 결론적으로 닦고 배우기를 권하여 하여금 치우쳐 고집하지 않게 함이다. 여기까지 이미 큰 의미를 밝혔다.

b. 바로 경문을 해석하다[正釋文] 3.
a) 첫째 게송을 해석하다[釋第一偈] 3.

(a) 첫째 질문에 대답하다[答第一問] 3.
㊀ 모든 식으로 훈습하다[諸識熏習] (次正 58上6)

眼耳鼻舌身과 　　　心意諸情根이
以此常流轉하되 　　而無能轉者니라
눈과 귀와 코와 혀와 몸과
마음과 뜻과 모든 생각의 근이
이런 것이 항상 유전하지만
유전하는 주체가 없느니라.

[疏] 次, 正釋文이라 且第一偈가 答三問者니 初答何因種種이라 此具二意니라
■ b. 바로 경문을 해석함이다. 우선 a) 첫째 게송이 세 가지 질문에 답한 것이니, (1)에 무슨 원인으로 갖가지가 되는가에 대답한 내용이

다. 여기에 두 가지 의미를 갖추었다.

[鈔] 次正釋文이라 初答何因種種이라 此有二意者[107]는 標也니 謂此一偈가 具四因中에 第二, 八識熏習이오 第三, 由無定性이라
- b. 바로 경문을 해석함이다. '(1)에 무슨 원인으로 갖가지가 되는가?에 대답한 내용이다. 여기에 두 가지 의미가 있다'는 것은 표방함이다. 말하자면 여기의 한 게송이 네 가지 원인을 구족한 중에 (2) 제8식으로 훈습함이오, (3) 정해진 체성이 없기 때문이다.

[疏] 一, 以八識熏習而成故라 初句는 五識이오 次句는 心是本識이니 集起義故라 意通六七하니 七은 謂審思量故오 六은 謂意之識故며 了別義故라 偈文窄故로 不立識言이나 亦諸情攝이니 此從別義오 通則八識이 皆得心意識名이라 諸情根者는 通於八種이니 類非一故라 五依色根하고 六依第七하고 七八은 互依니라 又第七識은 爲染汚根이오 第八은 又爲諸識[108]通依일새 云諸情根이라 言以此者는 以上八識이 爲能所熏하야 展轉爲因하야 而常流轉이라 無別我人일새 故云無能轉者라 又識外無法일새 亦爲無者니라
- (1) 제8식으로 훈습하여 이룬 까닭이다. 첫 구절[眼耳鼻舌身]은 전5식이요, 다음 구절[心意諸情根]은 마음의 근본식이니 모으고 일으키는 뜻인 까닭이다. 뜻은 6식과 7식에 통하나니 7식은 이른바 살펴서 사량(思量)하는 까닭이요, 6식은 이른바 생각하는 식인 까닭이며, 알고 차별하는 뜻인 까닭이다. 게송 문장은 좁은 연고로 식이란 말을 세우지 않았지만 또한 모든 생각에 포섭되나니 이것은 차별의 뜻을 따른 것

---

107) 上鈔는 南續金本作先答何因下.
108) 識은 金本作根誤. 窄 좁을 착.

이요, 전체로는 제8식이 모두 마음과 뜻과 식이란 명칭을 얻게 된다. '모든 생각의 근'이란 여덟 가지에 통하나니 유례하면 하나가 아닌 까닭이다. 전5식은 형색의 근을 의지하고 6식은 제7식을 의지하고, 7식과 8식은 서로 의지한다. 또한 제7식은 물들고 오염되는 근본이요, 제8식은 또한 모든 식이 모두 의지하므로 '모든 생각의 근'이라 하였다. '이런 것'이라 말한 것은 위의 제8식이 훈습하는 주체와 대상이 되어 전전히 원인이 되어 항상 유전하는 것이다. 나와 사람을 차별함이 없으므로 '유전하는 주체가 없다'라고 말하였다. 또한 식 밖에 없으므로 또한 없는 것이 된다.

[鈔] 一以八識下는 別釋第二因이라 次句心是本識者는 成唯識第五에 云, 云何應知此第七八識이 離眼等識하야 別有體耶아 述曰, 以小乘에 謂此但是第六이라하야 入過去故로 故爲此問이라하니라 論에 云, 聖敎正理로 爲定量故니 謂薄伽梵의 處處經中에 說心意識三種別義하니 集起名心이오 思量名意오 了別名識이니 是三別義니라 述曰, 此上總解는 謂小乘이 謂未來名心하고 過去名意하고 現在是識等하야 種種分別이나 然無別體라할새 今顯經證이라하니라 論에 如是三義가 雖通八識이나 而隨勝顯하야 第八名心하니 集諸法種하야 起諸法故오 第七名意하니 緣藏識等하야 恒審思量하야 爲我等故오 餘六은 名識이라하니 於六別境에 麤動間斷하야 了別轉故라하니 釋曰, 謂爲一切現行所熏이 是集諸法種이라 現法爲依하고 種子爲因하야 能生一切法일새 故云起諸法이니라 言緣藏識等者는 因中有漏는 唯緣我境하고 因中無漏는 緣於第八하며 及緣眞如하나니 果上에 許緣一切法일새 故로 論에 云等也니라 言麤動者는 易了名麤오 轉易名動이오

不續名間이오 各有所緣일새 故得別名이니라 論이라 如入楞伽第九伽陀中說하시되 藏識을 說名心이오 思量性은 名意오 能了諸境相을 是說名爲識이라하니라

- b) 一以八識 아래는 둘째 원인을 별도로 해석함이다. '다음 구절에 마음은 근본식'이란 『성유식론』제5권에 이르되, "어떻게 이런 제7, 8식이 안식 등을 여의고서 따로이 체성이 있다고 알아야 하는가? 진술하여 말하되 '소승에서 이르되, 이것은 단지 제6식뿐이다'라고 하여 과거에 들어간 연고로 짐짓 이렇게 질문하였다고 말하였다. 논하여 말하되, 성인 교법의 올바른 이치로 분량을 정하기 위한 까닭이니 이른바 박가범의 곳곳의 경문 중에 마음과 뜻과 식의 세 가지 차별한 뜻을 말하였으니 모아서 일으킴을 마음이라 하고, 사량함을 뜻이라 하고, 알고 분별함을 식이라 이름하나니, 세 가지 차별한 뜻이다." 진술하여 말하되, "이 위의 총합적인 풀이는 이른바 소승에서 이르되 '미래를 마음이라 하고 과거를 뜻이라 하고 현재를 식 따위라 하여 갖가지로 분별하였지만 그러나 분별하는 체성은 없다'라고 하였으므로 지금은 경문의 증거를 밝힌다"라고 말하였다. 논에서는 "이러한 세 가지 뜻이 비록 여덟 가지 식에 통하지만 뛰어난 것을 따라 드러내어 '제8식을 마음'이라 이름하였으니, 모든 법의 종자를 모아서 모든 법을 일으킨 까닭이요, '제7식을 뜻'이라 이름하였으니 장식(藏識, 제8식) 따위를 인연하여 항상 살피고 사량하여 〈나〉 따위를 삼기 때문이요, '나머지 여섯 식을 인식'이라 이름한다"라고 하였으니 '여섯으로 경계를 알 적에 육추(六麤)가 동요하여 사이가 끊어져 요지하고 차별함이 바뀌기 때문이다'라고 하였다. 해석하자면 이른바 온갖 현행으로 훈습한 것이 모든 법의 종자를 모으기 위함이다. 현재의 법을 의지

로 삼고 종자를 원인으로 삼아서 온갖 법이 능히 생겨나므로 '모든 법을 일으킨다'고 하였다. '장식 따위를 인연한다'고 말한 것은 원인 중의 유루는 오직 <나>의 경계만 반연하고, 원인 중의 무루는 제8식을 인연하며 나아가 진여를 반연하나니 결과 위에 온갖 법을 인연함을 허용하므로 논에서 등이라 말하였다. '육추(六麤)가 동요한다'고 말한 것은 쉽게 아는 것을 거칠다고 하고, 구르고 바뀜을 동요함이라 이름하며, 상속하지 않음을 사이함이라 하고, 각기 반연할 대상이 있으므로 차별된 이름을 얻는 것이다. 논한다.『입능가경』제9권의 가타 중에 설하시되, "장식(藏識)을 마음이라 이름하고, 사량하는 성품을 뜻이라 이름하고, 능히 모든 경계의 모습을 요별함을 인식이라 이름한다"라고 하였다.

此從別義下는 顯通別之義라 瑜伽六十三에 亦但有別名호대 大同唯識하고 已下에 更無別釋하니라 通則八識下는 通出八識이 皆得三名之相이라 說者應云호대 若以集起로 以解心인대 第八獨名心이오 若積集으로 以解心인대 八識을 皆名心이오 若思量으로 以解意인대 第七을 獨名意오 若以等無間으로 以解意인대 八識이 皆名意오 若以了別別境으로 以解識인대 前六을 獨名識이니 謂了差別六塵境故라 若以了別로 以解識인대 八識을 皆名識이라하니 卽別識之義가 其義善成이로다 唯識第一疏[109]에 云, 了別別境과 及麤顯境은 唯前六故니 對此六塵하야 說六識故라하니 卽斯義也라 通別之名을 居然易了로다
諸情根者는 通於八識者는 皆有根義하야 已成非一이온 況就八中하야 復有二類하니 前五는 依色하고 後三은 依心이라 三依心中에 復有

---

[109] 疏는『唯識述記』제1권을 말한다.

單雙互依之異니 若具說者인대 復有多少不同이니라 故로 唯識第四에 云, 諸心心所에 皆有三依하니 一, 因緣依니 謂自種子라 諸有爲法이 皆託此依하니 離自因緣하면 必不生故라 二, 增上緣依니 謂內六處라 諸心心所가 皆託此依하니 離俱有根하면 必不轉故라 三, 等無間依니 謂緣前滅意라 諸心心所가 皆託此依니 離開導根하면 必不起故라하니라 釋曰, 根識이 同時를 名俱有也오 前滅識等이 猶能開避하야 導引後生을 名開導也라 然此三依를 言生轉起라 別相云何오 生은 約依種辦體而生이오 轉은 約隨順與力令轉이오 起는 約由前開路令後得起라 然其八識에 說俱有依를 四師不同하니 今但用第四護法이라 護法은 廣破前義하니 故唯識에 結云호대 由此하야 五識의 俱有所依는 定有四種하니 謂五色根과 六七八識이라 隨闕一種하면 必不轉故니 同境과 分別과 染淨과 根本인 所依가 別故라하니라 釋曰, 同境은 卽五色根이니 根識이 共同緣一境故오 分別은 是第六이니 分別差別故오 染淨은 是第七이니 依此하야 能起染淨[110]識等故오 根本은 是第八이니 若離第八하면 餘不立故니라

● 此從別義 아래는 전체와 개별의 뜻을 밝힘이다. 『유가사지론』제63권에도 또한 단지 차별한 명칭만 있는데 크게는 유식론과 같고, 아래는 다시 별도의 해석이 없다. 通則八識 아래는 전체적으로 여덟 가지 식이 나온 것이 모두 세 가지 명칭의 모양을 얻는 것이다. 설명하는 이가 응당히 말하되, "만일 집기(集起)함으로 마음을 안다면 제8식만 마음이라 이름해야 할 것이요, 만일 쌓고 모으는 것으로 마음을 안다면 여덟 가지 식을 모두 마음이라 이름해야 할 것이요, 만일 생각으로 헤아림으로 뜻을 안다면 제7식만을 뜻이라 이름해야 할 것이

---

110) 淨은 南續金本作汚, '案述記釋云 第七與五識 爲染淨依-'.

요, 만일 평등하게 사이함 없음으로 뜻을 안다면 여덟 가지 식을 모두 뜻이라 이름해야 할 것이요, 만일 차별된 경계를 알고 분별함으로 식을 안다면 앞의 제6식만을 식이라 이름해야 할 것이다. 말하자면 육진(六塵) 경계를 알고 차별하기 때문이다."

'만일 알고 분별함으로 식을 안다면 여덟 가지 식을 모두 인식이라 이름한다'고 하였으니, 곧 식의 뜻을 분별함이 그 뜻이 잘 이루어졌다. 『성유식론』제1권 소(유식론술기 제1권)에 말하되, "차별된 경계를 알고 분별함과 및 거칠게 나타나는 경계는 오직 앞의 육식뿐인 까닭이니, 이런 육진 경계를 상대하여 육식을 설한 까닭이다"라고 하였으니 바로 이런 뜻이다. 전체와 개별의 명칭은 편안히 쉽게 알 수 있다. '모든 생각의 근이란 여덟 가지 식에 통한다'는 것은 모두에 근의 뜻이 있어서 이미 성취한 것이 하나가 아닐 텐데 하물며 여덟 가지 중에 나아가서 다시 두 종류가 있으니, 전5식은 물질을 의지하고 뒤의 셋[6, 7, 8식]은 마음을 의지한다. 세 가지가 마음을 의지한 중에 다시 단순함과 함께함, 번갈아 의지함이 차이가 있으니, 만일 갖추어 말한다면 다시 많고 적음의 같지 않음이 있다. 그러므로 『성유식론』제4권에 이르되, "모든 심왕과 심소에 모두 세 가지 의지함이 있으니 (1) 인과 연으로 의지함[因緣依]이니 자체 종자를 말한다. 모든 유위의 법이 모두 이 의지처를 의탁하나니 자체의 원인과 인연을 떠나면 반드시 생겨나지 못하기 때문이다. (2) 뛰어난 인연으로 의지함[增上緣依]이니 내부의 육처(眼耳鼻舌身意)를 말한다. 모든 심왕과 심소가 모두 이런 의지처를 의탁하나니 함께 있는 근을 떠나면 반드시 바뀌지 않기 때문이다. (3) 똑같이 사이함 없는 의지처[等無間依]이니 앞에서 멸한 뜻을 반연함을 말한다. 모든 심왕과 심소가 모두 이런 의지처를 의탁하나니,

육근을 열어서 인도함을 떠나면 반드시 일어나지 못하기 때문이다"라고 하였다. 해석하자면 육근과 육식이 동시인 것을 함께 있다고 이름함이요, 앞에 없어진 식 따위가 아직도 능히 열고 피하여 인도하여 뒤에 생김을 이끄는 것을 열어 인도함이라 이름하였다. 그런데 이런 세 가지 의지처를 '생기고 바뀌고 일어난다'고 말한다. 개별 모양은 어떠한가? 생김은 종자를 의지하여 체성을 힘써서 생김을 잡은 해석이요, 바꿈은 수순하여 힘을 주어서 하여금 바뀌게 함을 잡았고, 일어남은 앞에서 길을 열어 하여금 뒤에서 일어남을 얻음을 말미암음을 잡은 것이다. 그러나 이 8식에 구유의(俱有依)를 설명함이 네 법사가 같지 않나니, 지금은 단지 넷째 호법논사의 주장만을 사용한다. 호법논사는 앞의 뜻을 널리 타파하였으니 그러므로 『성유식론』에 결론하기를, "이에 의거해서 5식의 구유소의(俱有所依)는 반드시 네 가지가 있으니, 다섯 색근(色根)과 제6식·제7식·제8식을 말한다. 그것들에 수순하여 하나라도 없을 때에는 반드시 유전(流轉)하지 않기 때문이다. ① 같은 대상[전5식]·② 분별[제6식]·③ 잡염과 청정[제7식]·④ 근본[제8식]의 의지처가 다르기 때문이다"라고 하였다. 해석하자면 '같은 경계'는 곧 다섯 가지 물질의 감관이니 감관과 식이 함께한 경계를 반연하기 때문이요, '분별'은 제6식이니 분별하여 차별하는 까닭이요, '잡염과 청정함'은 제7식이니 이것을 의지하여 능히 잡염과 청정한 식 따위를 일으키기 때문이요, '근본'은 제8식이니 만일 제8식을 여의면 나머지는 성립하지 않기 때문이다.

論曰, 聖敎에 唯說依五根者는 以不共故오 又必同境이니 近相順故라하니라 釋曰, 此는 會違也니 謂對法第一에 但言眼識은 依色根이라

하니 會云호대 不共者는 眼根이 但爲眼識依故오 非餘識依라 餘四도 亦然이라 六七八識은 通餘識依니라 又必同境者는 根必與識으로 同緣境故라 又近相順者는 六七等識이 卽是遠故니 是故로 五識은 定有四依니라

論曰, 第六意識은 俱有所依는 唯有二種이니 謂七八識이라 隨闕一種하면 必不轉故라 雖五識이 俱取境明了나 而不定有일새 故非所依라 聖敎에 唯說[111]依第七者는 染淨依故며 同轉識攝이며 近相順故라 하니라 釋曰, 論中에 有三하니 初, 正明이오 次, 雖五識下는 通外問이니 謂有問云호대 意識이 得五하야 緣境明了어늘 何不亦用五識爲依오 故로 答云호대 不定有故니 意識이 不得五識之時에도 能獨緣故라 後, 聖敎唯說依第七下는 會通餘敎니 亦是對法이라 通亦有三하니 初, 明是彼染淨根故오 二者, 六七이 同是轉識故오 三, 多引意識하야 起染汚執일새 故名相順이니라 論第七意識의 俱有所依는 但有一種하니 謂第八識이라 藏識若無하면 定不轉故라 如伽陀說하시되 阿賴耶爲依하야 故有末那轉이오 依止心及意하야 餘轉識得生이라하니라 阿賴耶識의 俱有所依는 亦唯一種이니 謂第七識이라 彼識若無하면 定不轉故라 論說藏識이 恒與末那로 俱時轉故며 又說藏識이 恒依染汚라하니 此卽末那라하니라 釋曰, 上引伽陀는 卽楞伽經이오 上引論은 卽瑜伽論이라 然上所引唯識에 說識差別不同일새 故今疏에 云, 種類非一이라 而順諸聖敎하야 從多而說일새 故於五中에 取不共依하고 六取染汚하야 故各擧其一이오 餘義는 含在類非一中과 及次疏文의 重明七八二識中攝이니라 旣七爲染汚根하야 卽與前六으로 爲染淨依하며 八爲通依하야 卽與前七로 爲根本依矣니라

---

111) 說은 南金本作識.

● 논하여 말하되, " '성인의 교법에서 오직 다섯 가지 감관만을 의지한다'고만 말한 것은 함께하지 않기[不共] 때문이며, 또한 반드시 같은 대상이고, 가까우며 서로 수순하기 때문이다"라고 하였다. 해석하자면 이것은 위배됨을 아는 것이다. 말하자면 『대법론(對法論)』 제1권에 단언하기를, "안식은 물질을 의지한 감관이다" 하였으니 회통하여 말하되, "함께하지 않는 것은 눈의 감관은 단지 안식의 의지처만 되기 때문이요, 나머지 식의 의지처가 아닌 까닭이다." 나머지 넷도 마찬가지이다. 6식, 7식, 8식은 나머지 식의 의지처와 통한다. 또한 '반드시 경계가 같아야 함'은 육근이 반드시 식과 더불어 함께 경계를 반연하는 까닭이다. 또한 '가까이서 서로 수순함'이란 6식, 7식 따위가 곧 멀기 때문이니, 이런 연고로 전5식은 네 감관의 의지처가 정해져 있다.

논하여 말하되, "제6 의식은 함께해야 하는 의지할 대상[俱有所依]은 오직 두 종류가 있으니 이른바 제7식과 제8식이다. 그것들에 수순해서 하나라도 빠뜨리면 반드시 유전하지 않기 때문이다. 비록 전5식이 모두 경계를 취하여 명료하긴 하지만 반드시 존재하는 것은 아니므로 의지처는 아니다. '성인의 교법에서 오직 제7식만을 의지한다'고 말한 것은, 제7식이 잡염과 청정법의 의지처인 까닭이며, 마찬가지로 전식에 포함되고 가까우며 서로 수순하기 때문이다"라고 하였다. 해석하자면 유식론 중에 셋이 있으니 (1) 바로 설명함이요, (2) 雖五識 아래는 바깥의 질문을 해명함이다. "말하자면 어떤 이가 질문하여 말하되, 의식이 다섯 가지를 얻어서 경계를 반연하여 분명하게 요달하거늘 어찌하여 또한 전5식을 써서 의지처를 삼았는가? 그러므로 대답하되, 반드시 있는 것이 아닌 까닭이니 의식이 전5식을 얻지 못했을 때에도 능히 홀로 반연하기 때문이다."

(3) 聖教唯說依第七 아래는 나머지 교법과 회통함이니 또한 대법론인 것이다. 회통함도 셋이 있으니 (가) 저 잡염과 청정법의 근본임을 밝힌 연고요, (나) 6식과 7식이 함께 식을 유전하는 까닭이요, (다) 대부분 의식을 이끌어서 잡염법의 집착을 일으키므로 '서로 수순한다'고 이름하였다. 논하여 말하되, 제7식과 의식이 함께 의지처가 됨은 단지 한 종류뿐이니 이른바 제8식이다. 제8 장식이 만일 없었다면 결정코 유전하지 않는 까닭이다. 가타에서 설함과 같이 "아뢰야식은 의지처가 되어서 말나식이 유전함이 있고, 마음과 뜻을 의지하여 나머지 식을 유전하여 생겨난다"라고 하였다. "아뢰야식이 함께 의지할 대상이 됨은 또한 한 종류뿐이니 이른바 제7식이다. 제7식이 만일 없으면 반드시 유전하지 못하기 때문이다. 논하기를, '장식이 항상 말나와 함께 동시에 구른다'고 말하며, 또 말하되, '장식이 항상 잡염법을 의지한다'고 하였으니, 이것이 곧 말나식이다"라고 하였다. 해석하자면 위에서 인용한 가타(伽陀)는 곧 『능가경』이요, 위에 인용한 논서는 곧 『유가사지론』이다. 그러나 위에서 인용한 『성유식론』에서 '식의 차별이 같지 않다'고 말하였으므로 지금 소가가 말하되, "종류가 하나가 아니요, 그러나 여러 성인의 교법에 수순하여 많은 것을 따라서 말하였으므로 저 전5식 중에는 함께 의지하지 않음을 취하고, 6식은 잡염법을 취한 연고로 각기 그 하나를 거론한 것이요, 나머지 뜻은 종류가 하나가 아님과 다음 소문에서 거듭하여 제7식, 제8식 두 식을 설명한 속에 포함되어 있다. 이미 7식은 잡염법의 근본이 되어서 곧 앞의 6식과 함께 잡염과 청정법의 의지처가 되며, 제8식은 전체의 의지처가 되어서 곧 앞의 7식과 함께 근본인 의지처가 되나니라."

言染汚根者는 第四論에 云, 此意任運하야 恒緣藏識하야 與四根本 煩惱로 相應하니 其四者何오 謂我癡我見과 幷我慢我愛니 是名四種이라 我癡者는 謂卽無明이니 愚於我相하야 迷無我理일새 故名我癡오 我見者는 謂我執이니 於非我法에 妄計爲我일새 故名我見이오 我慢者는 謂倨傲니 恃所執我하야 令心高擧일새 故名我慢이오 我愛者는 謂我貪이니 於所執我에 深生耽着일새 故名我愛라 幷表慢愛에 有見慢俱하야 遮餘部師不相應義라하니라 彼疏에 釋云호대 餘部는 卽薩婆多니 見愛慢三이 不得俱起故라하니라 論에 云, 此四常起하야 擾濁內心하야 令外轉識으로 恒成雜染하나니 有情由此하야 生死輪廻하야 不能出離일새 故名煩惱라하니라 釋日, 卽由[112]四惑常俱等故로 名染汚根이니라 下論文中에 往往皆名爲染汚意니라 第八又爲諸識通依者는 卽根本依也라 言諸識者는 不唯第七識이라 心所等法이 皆依此故니라 直就第七하야는 名染汚根이라하고 若爲六依인댄 則通染淨일새 故云[113]爲染淨依니라

● '염오법의 근본'이라 말한 것은 제4권 논에 이르되, "이런 뜻이 마음대로 항상 장식을 반연하여 네 가지 근본번뇌와 상응하나니 그 넷은 무엇인가? 이른바 아치(我癡)와 아견(我見)과 아만(我慢)과 아애(我愛)이니 이것을 네 종류라 이름하였다. '〈나〉에 대한 어리석음'이란 곧 무명을 말하나니 〈나〉란 모양에 어리석어서 〈내〉가 없는 이치에 미혹한 연고로 〈나〉에 대한 어리석음이라 이름하였고, '〈나〉란 소견'이란 곧 나에 대한 집착이니 〈내〉가 아닌 법에 망녕되게 나라고 계탁하므로 〈나〉란 소견이라 이름하였고, '〈나〉에 대한 거만함'이란 이른바 오만한 삶이니 집착할 대상인 〈나〉를 믿어서 마음으로

---

112) 卽由는 甲南續金本作由此.
113) 云은 甲續金本作名.

하여금 높이 들게 하므로 아만이라 이름하였고, '〈나〉에 대한 사랑'이란 이른바 〈나〉에 대한 탐심이니 집착할 대상인 〈나〉에게 깊이 탐착을 일으키므로 '〈나〉에 대한 사랑'이라 이름하였다. 아울러 거만함과 사랑을 표할 적에 소견과 거만함이 함께함이 있어서 나머지 부파의 법사들이 상응하지 않는다는 뜻을 차단하였다"라고 하였다. 저 소에서 해석하되, "나머지 부파는 곧 살바다 종이니 아견과 아애와 아만의 셋이 함께 일어나지 않기 때문이다"라고 하였다.

논에 이르되, "이런 넷이 항상 일어나서 안의 마음을 혼탁하고 시끄럽게 외부의 전식으로 하여금 항상 잡염법을 이루나니 유정들이 이로 말미암아 생사에 윤회하여 능히 벗어나지 못하는 연고로 번뇌라 이름한다"라고 하였다. 해석하자면 곧 네 가지 번뇌가 항상 함께하는 따위로 인하여 '염오하는 근본'이라 이름한다. 아래 논문 중에 가끔 모두를 '염오하는 뜻'이라 이름한다. '제8식은 또한 모든 식의 전체가 의지처가 된다'는 것은 곧 근본 의지처라는 뜻이다. '모든 식'이라 말한 것은 오직 제7식뿐만 아니라 심소 따위의 법이 모두 이것을 의지하기 때문이니, 바로 제7식에 입각해서는 '잡염법의 근본'이라 하고, 만일 6식의 의지처가 되어서는 잡염과 청정법에 통하므로 '잡염과 청정법의 의지처가 된다'고 말한 것이다.

以上八識等者는 釋第三句니 前七은 爲能熏이오 第八은 爲所熏일새 故로 通云, 八識爲能所熏이라 七熏八種에 七是八因이오 八含七種에 八是七因일새 故云展轉이니라 又依種起現하며 現復熏種일새 故로 展轉無窮이라 然이나 此能熏所熏이 通性相宗하니 先依法相宗說호리라 唯識第二에 廣顯其義하니 論에 云, 依何等義하야 立熏習名고 問

也 所熏能熏에 各有四義하야 令種生長일새 故名熏習이니라 此總答也 何等이 名爲所熏四義오 別徵 一, 堅住性이니 若法始終一類相續하야 能持習氣하야사 乃是所熏이니 此遮轉識과 及風聲等은 性不堅住일새 故非所熏이라하니라 釋曰, 轉識은 謂七轉識이니 兼含心所라 若許七識이 能持種者인대 初地에 已破四惑하니 應失一切有漏種子오 已轉七識하야 成平等性이라도 猶有有漏種者니 明是八識이 能持로다 言風聲等者는 此揀根塵이니 以間斷相顯일새 故偏語之나 理實等字에 等取根塵과 及法處所攝色等하야 一切皆揀하야 至無色界와 卽無色故라 入滅定等에 心亦無故로 名不堅住니라 論云, 二, 無記性이니 若法平等하야 無所違逆하야 能容習氣하야사 乃是所熏이니 此遮善染勢力强盛하야 無所容納일새 故非所熏이라 由此如來의 第八淨識은 唯帶舊種하고 非新受熏이라하니라 釋曰, 善染은 如沈麝韮蒜等이니 故不受熏이오 無記는 如素帛이니 故能受熏이라 佛第八識은 以極善故로 亦非所熏이니 唯於因中에 曾所熏故로 帶彼舊種이니라

論曰, 三, 可熏性이니 若法自在가 性非堅密하야 能受習氣하야사 乃是所熏이니 此遮心所와 及無爲法이 依他堅密하면 故非所熏이니라 釋曰, 第八心王은 得自在故로 可是所熏이오 第八同時五種心所는 體非自在일새 故非所熏이오 無爲之法은 體又堅密이 如金石等일새 故非所熏이니라 論曰, 四, 與能熏으로 共和合性이니 若與能熏으로 同時同處하야 不卽不離하야사 乃是所熏이니 此遮他身은 刹那前後에 無和合義일새 故非所熏이니라 釋曰, 他身은 卽上同處니 無有以他身識으로 爲我所熏故라 刹那前後는 卽上同時니 揀於經部에 前念之識이 熏後念故니라 論曰, 唯異熟識은 具斯四義하야 可是所熏이니 非心所等이라하니라 釋曰, 此總結也라 非心所者는 卽第八同時心所라

等取所餘는 如上所揀이라

● '이상의 8식' 등이란 셋째 구절을 해석함이니, 앞의 일곱은 훈습하는 주체가 되고 제8식은 훈습할 대상이 되는 연고로 통틀어 "8식은 훈습의 주체와 대상이 된다. 7식이 8식의 종자를 훈습할 적에 7식은 8식의 원인이요, 8식이 일곱 종류를 포함할 적에 8식은 7식의 원인이므로 '전전히'라고 하였다. 또한 종자에 의지하여 현행 번뇌가 일어나며 현행이 다시 종자를 훈습하는 연고로 전전히 끝이 없다." 그러나 이런 훈습하는 주체와 훈습할 대상이 성종(性宗)과 상종(相宗)에 통하나니 먼저 법상종에 의지하여 말하겠다. 『성유식론』제2권에 그 뜻을 자세하게 밝혔으니, 논에 이르되, "어떤 등의 뜻에 의지하여 훈습한다는 명칭을 세웠는가?(질문) 훈습할 대상과 훈습하는 주체가 각기 네 가지 뜻이 있어서 종자로 하여금 생기고 자라게 하므로 훈습한다고 이름하였다.(이것은 총합한 대답이다.) 어떤 것을 '훈습할 대상의 네 가지 뜻'이라 이름하는가?(개별적 질문) (1) 굳건하게 머무르는 체성이니 만일 법이 처음부터 끝까지 한 부류로 상속해서 능히 습기를 가져야만 비로소 훈습할 대상일 것이니, 이것은 전식과 바람 소리 따위는 체성이 굳건하게 머무르지 못한 연고로 훈습할 대상이 아니라 한다"라고 하였다. 해석하자면 전식은 이른바 제7 전식이니 겸하여 심소를 포함한다. 만일 7식이 능히 종자를 간직함을 허용한다면 제1 환희지에 이미 네 가지 번뇌를 타파하나니, 응당히 온갖 유루 종자를 잃을 것이요, 이미 7식을 바꾸어서 평등성지를 이루더라도 아직 유루 종자가 남아 있으니 (따라서) 8식이 간직하는 주체임이 분명하다. '바람 소리 따위'라 말한 것은 여기서 육근(六根)과 육진(六塵)을 구분하나니, 모양으로 나타남이 사이에 끊어졌으므로 치우쳐 말하였지만 이치의 실법 등

이란 글자에 육근과 육진과 법처에 속한 형색 등을 똑같이 취하여 온 갖 것을 모두 구분해서 무색계와 곧 형색 없음에 이르기 때문이다. 멸진정 등에 들어갈 적에 마음이 또한 없는 연고로 '굳건하게 머무르지 않는다'고 말한다. 논하여 말하되, "(2) 무기(無記)의 체성이니 만일 법이 평등하여 위배되거나 거스름이 없어서 능히 습기를 용납해야만 비로소 훈습할 대상인 것이니, 이것은 선법에 물드는 세력이 강성하여 용납하는 대상이 없음을 차단하므로 훈습할 대상이 아닌 것이다. 이로 말미암아 여래의 제8 깨끗한 식은 오직 오래된 종자를 수반하고 새로 훈습을 받지는 않는다"라고 하였다. 해석하자면 선법에 물듦은 마치 사향노루가 마늘 밭 따위에 빠진 것과 같으므로 받아 훈습되지 않음이요, 기록할 수 없음은 흰색 비단과 같으므로 능히 훈습을 받는다. 부처님은 제8식이 지극히 선한 연고로 또한 훈습할 대상이 아님이니 오직 원인 중에 일찍이 훈습되었으므로 저 오래된 종자를 수반한다.

논하여 말하되, "(3) 훈습할 수 있는 체성이니, 저 법에 자재함이 체성이 견고하고 빽빽하지 않아서 능히 습기에 영향을 받아 비로소 훈습할 대상이 되나니, 이것은 심소법과 무위법이 의타성의 견고하고 빽빽함을 막는 연고로 훈습할 대상이 아닌 것이다." 해석하자면 제8식인 심왕은 자재함을 얻은 연고로 훈습할 대상이 될 수 있고, 제8식과 함께하는 다섯 가지 심소법은 체성이 자재하지 않으므로 훈습할 대상이 아니다. 무위의 법은 체성이 또한 견고하고 빽빽함이 마치 쇠나 돌 따위와 같으므로 훈습할 대상이 아니다. 논하여 말하되, "(4) 훈습하는 주체와 함께 화합하는 체성이다. 만일 훈습하는 주체와 동시이며, 처소가 같아서 합치하지도 여의지도 않아야 비로소 훈습할 대상인 것이니, 이것은 다른 몸이 찰나 사이인 앞과 뒤에 화합하는 뜻이 없으므로 훈습할 대상이 아닌 것이다." 해석하자면 다른 몸은 곧 위의 같은 장소이니 다른 몸의 식으로 내가 훈습받음이 되는 것이 없는 까닭이다. '찰나 사이의 앞과 뒤'는 곧 위의 동시이니 경량부(經量部)에서 앞 생각의 식이 뒤 생각을 훈습한다는 것과 구분하려는 까닭이다. 논하여 말하되, "오직 이숙식만은 이런 네 가지 뜻을 갖추어서 훈습할 대상이 될 수 있으니 심소법 따위가 아니다"라고 하였다. 해석하자면 이는 총합 결론이다. 심소법이 아닌 것은 곧 제8식과 동시인 심소법이니, 나머지를 똑같이 취한 것은 위에서 구분한 것과 같다.

論曰, 何等名爲能熏四義오 釋曰, 徵也라 論曰, 一, 有生滅이니 若法非常하야 能有作用하야 生長習氣하야사 乃是能熏이니 此遮無爲는 前後不變하야 無生長用일새 故非能熏이니라 二, 有勝用이니 若有生滅하야 勢力增盛하야 能引習氣하야사 乃是能熏이니 此遮異熟心心所等은 勢力羸劣일새 故非能熏이니라 釋曰, 勝用有二하니 一, 能緣勝用이니 卽揀諸色이 爲相分熏은 非能緣熏이라 二, 强盛勝用이니 謂不在運起라 卽揀別類異熟心等에 有緣慮用이나 無强盛用이 爲相分熏은 非能緣熏이라 由斯色等은 有强盛用호대 無能緣用이오 異熟心等은 有能緣用호대 無强盛用이니 諸不相應法이라 二用이 俱無皆非能熏이니라 論曰, 三, 有增減이니 若有勝用하야 可增加減하면 攝植習氣하면 乃是能熏이니 此遮佛果圓滿善法은 無增無減일새 故非能熏이니 彼若能熏하면 便非圓滿이니 前後佛果가 應有勝劣이라하니라 釋曰, 有增減者는 第七末那가 至無漏位에 亦有增減이오 唯除佛果니라 言有勝劣者는 前佛應勝이니 以熏無漏種子多故니라

論曰, 四, 與所熏으로 和合而轉이니 若與所熏으로 同時同處하야 不卽不離하야사 乃是能熏이니 此遮他身이 刹那前後에 無和合義일새 故非能熏이니라 釋曰, 此第四義는 大同所熏이라 上二에 皆云共和合者는 和合이 卽是相應異名이니라 論曰, 唯七轉識과 及彼心所가 有勝勢用하야 而有增減者가 具此四義하야 可是能熏이라하니라 釋曰, 上結能熏이니라 論에 云, 如是能熏이 與所熏識으로 俱生俱滅하야 熏習義成하야 令所熏中에 種子生長이 如熏苣蕂일새 容名熏習이라하니라 上來는 皆是法相宗意니라 下經에 數數有熏習義하니 莫厭文繁이어다

● 논하여 말하되, "어떤 것을 훈습하는 주체의 네 가지 뜻이라 이름하는가?" 해석하자면 질문이다. 논하여 말하되, "(1) 나고 없어짐이 있음이니, 만일 법이 항상하지 않아서 능히 작용함이 있어서 습기를 생하고 키워야만 비로소 훈습하는 주체인 것이니 여기서 무위법을 막은 것은 앞과 뒤가 변하지 않아서 생장하는 작용이 없으므로 훈습하는 주체가 아니다. (2) 뛰어난 작용이 있음이니 만일 나고 없어짐이 있어서 세력이 늘어나 왕성하여 능히 습기를 이끌어야만 비로소 훈습하는 주체인 것이다. 여기서 이숙식의 심왕과 심소 따위를 막은 것은 세력이 하열하므로 훈습하는 주체가 아닌 것이다." 해석하자면 뛰어난 작용에 둘이 있으니 첫째, 반연하는 주체의 뛰어난 작용이니 곧 모든 물질이 상분(相分)을 훈습함은 반연하는 주체를 훈습함이 아니라고 구분한 것이다. 둘째, 강성하고 뛰어난 작용이니 이른바 마음대로 일어남이 없음이란 뜻이다. 곧 이숙식의 심왕 따위와 유례할 적에 연려심(緣慮心)의 작용이 있지만 강성한 작용이 상분을 훈습함이 없는 것은 반연하는 주체를 훈습함이 아님과 구분한 것이다. 이러한 물질 따

위는 강성한 작용이 있지만 반연하는 주체의 작용이 없음으로 말미암은 것이요, 이숙식(異熟識)의 심왕 등은 반연하는 주체의 작용이 있되 강성한 작용은 없나니, 모두가 상응하지 않은 법인 까닭이다. 두 가지 작용(연려의 작용과 능연의 작용)이 모두 다 훈습하는 주체가 아님이 없다.

논하여 말하되, "(3) 늘거나 줄어듦이 있음이니 만일 뛰어난 작용이 있어서 늘어나거나 더욱 감소할 수 있다면 습기를 거두고 심으면 비로소 훈습하는 주체일 것이다. 여기서는 부처님의 과덕이 원만한 선법을 막은 것은 늘어남도 없고 줄어듦도 없으므로 훈습하는 주체가 아닌 까닭이니, 저가 만일 훈습하는 주체라면 문득 원만함이 아닐 것이니, 앞과 뒤의 부처님 과덕이 응당히 뛰어나고 하열함이 있을 것이다"라고 하였다. 해석하자면 '늘어나고 줄어듦이 있다'는 것은 제7 말나식이 무루의 지위에 이르면 또한 늘어나고 줄어듦이 있는 것이요, 오로지 부처님 과덕의 지위만 제외한다. '뛰어나고 하열함이 있다'고 말한 것은 앞의 부처님의 감응이 뛰어남이니 무루의 종자를 훈습함이 많기 때문이다. 논하여 말하되, "(4) 훈습할 대상과 화합하여 바뀜이다. 만일 훈습할 대상으로 더불어 동시에 같은 처소에서 합치하지도 여의지도 않아야 비로소 훈습하는 주체인 것이니, 여기서는 다른 몸이 찰나의 앞 뒤에 화합하는 뜻이 없음을 막았으므로 훈습하는 주체가 아닌 것이다." 해석하자면 이 넷째 뜻은 훈습할 대상과 거의 같다. 위의 둘[所熏四義의 넷째와 能熏四義의 넷째]에 모두 '함께 화합한다'고 말한 것은 화합함이 곧 상응함의 다른 이름이다. 논하여 말하되, "오직 제7 전식과 저 심소법만이 뛰어난 세력과 작용이 있어서 늘어나고 줄어듦이 있다는 것은 이런 네 가지 뜻을 갖추어야 훈습하는 주체가 될 수 있다"라고 하였다. 해석하자면 위에는 훈습하는 주체를 결론함이다. 논하여 말하되, "이러한 훈습하는 주체는 훈습할 대상인 식과 함께 모두 생겼다가 모두 멸하여 훈습하는 뜻을 성취하여 훈습할 대상 중의 종자가 생장하게 함이 마치 상추나 참깨[苣藤]를 훈습함과 같으므로 훈습이라는 명칭을 허용하였다"라고 하였다. 여기까지 모두 법상종의 주장이다. 아래 경문에서 자주자주 훈습의 뜻이 있으니 경문이 번거롭다고 싫어하지 말 것이다.

第二, 法性宗者는 上法相宗에 所熏第三과 能熏第一에 正揀眞如受熏之義어니와 今法性宗에도 亦七識等으로 而爲能熏하고 八爲所熏이라 其第八中에 以如來藏이 隨緣成立하니 含有生滅不生滅義일새 故熏第八이니 卽熏眞如라 故로 起信論에 云, 復次有四種法熏習義故로 染法淨法이 起不斷絶하나니 云何爲四오 一者, 淨法이니 名爲眞如오 二者, 一切染因이니 名爲無明이오 三者, 妄心이니 名爲業識이오 四者, 妄境界니 所謂六塵이라 熏習義者는 如世間衣服이 實無於香이로대 若人以香으로 而熏習故로 則有香氣인달하야 此亦如是하야 眞如淨法도 實無於染이언마는 但以無明으로 而熏習故로 則有染相이오 無明染法은 實無淨業이언마는 但以眞如로 而熏習故로 則有淨用이니라 云何熏習하야 起染法不斷고 所謂以依眞如法故로 有於無明이오 以有無明染法因故로 卽熏習眞如오 以熏習故로 則有妄心이오 以有妄心故로 卽熏習無明이니라 不了眞如法故로 不覺念起하야 現妄境界하며 以有妄境界染法緣故로 卽熏習妄心하야 令其念着하야 造種種業하야 受於一切身心等苦라하나니 廣如彼論하니라 是則眞如가 亦爲能熏이며 亦能受熏이라 故로 楞伽에 云, 不思議熏과 不思議變

은 是現識因이라하니 謂不可熏而熏일새 故名不思議熏이오 眞如不變이로대 而隨緣成立을 名不思議變이니 亦卽不染而染也니라 藏和尙[114])이 云, 妄心은 通業識과 及事識이로대 今據其本일새 言業識耳이라하니라

言熏習故有染相者는 眞如는 本無相이로대 隨熏現相이니라 又顯妄法無體일새 故但云相이니 此釋經中의 如來藏이 爲惡習所熏等이라 上卽生滅門中眞如니라 言有淨用者는 此是生滅門中의 本覺眞如일새 故有熏義라 眞如門中에는 則此義니 由此本覺이 內熏不覺하야 令成厭求하야 反流順眞일새 故云用也니 此釋經中의 由如來藏故로 能厭生死苦하며 樂求涅槃也니라 涅槃經에 云, 闡提之人이 佛性力故로 還生善根이라하니라 彼言佛性力者는 卽此本覺內熏之力耳니라 良以一識에 含此二義하야 更互相熏하야 徧生染淨也니라 此中佛者는 是覺이오 性者是本이니 故名本覺이라 餘如彼說하니라 無別我人下는 釋第四句라 然有二意하니 一, 破我執者가 卽人也라 二, 又識外下는 破於法執이라 卽以此者는 言[115])通一切法이니라

● 둘째, 법성종은 위의 법상종에서 훈습할 대상의 네 가지 뜻 가운데 셋째[可熏性]와 훈습하는 주체의 첫째[有生滅]에서 진여가 훈습을 받는 뜻과 구분하였거니와 지금의 법성종에서도 또한 제7식 등으로 훈습하는 주체를 삼고 8식을 훈습할 대상으로 삼았다. 그 제8식 중에 여래장이 인연 따라 성립하나니 생멸과 불생멸의 뜻을 포함하고 있으므로 제8식을 훈습하나니 곧 진여를 훈습하는 것이다. 그러므로 『기신론』에 이르되, "다시 네 종류의 법으로 훈습하는 뜻이 있으므로 잡염

---

114) 藏和尙은 甲南續金本作賢首.
115) 者言은 南金本作言者.

법과 청정법이 생겨나서 끊어지지 않나니, 어떤 것이 넷인가? (1) 청정법이니 이름하여 진여라 하고, (2) 온갖 잡염법의 원인이니 이름하여 무명(無明)이라 하고, (3) 망심(妄心)이니 업식(業識)이라 이름하고, (4) 망녕된 경계이니 이름하여 육진(六塵)경계라 한다. 훈습의 뜻은 마치 세간의 의복이 실제로 향기가 없지만 만일 사람이 향기로 훈습한 연고로 향기가 있는 것과 같이 이것도 또한 그러해서 진여 정법도 실제로 더러움이 없건마는 단지 무명으로 훈습한 연고로 잡염법의 모양이 있는 것이요, 무명으로 더러워진 법은 실제로 청정한 업이 없건마는 단지 진여로 훈습한 연고로 청정한 작용이 있게 되느니라. 어떻게 훈습하여 잡염법을 일으켜 끊어지지 않게 하는가? 이른바 진여법에 의지한 연고로 무명이 있는 것이요, 무명으로 더러워진 법의 원인이 있는 연고로 진여를 훈습하는 것이요, 훈습한 연고로 망심이 있는 것이요, 망심이 있는 연고로 곧 무명을 훈습하는 것이다. 진여법을 요달하지 않은 연고로 불각(不覺)의 생각이 일어나서 망경계를 나타내며, 망경계로 더러워진 법의 인연으로 인해 망심을 훈습하여 그 생각으로 하여금 집착하게 하여 갖가지 업을 지어서 온갖 몸과 마음 등의 괴로움을 받는다"라고 하였으니 자세한 내용은 저 논문과 같다. 이것은 진여가 또한 훈습하는 주체가 된 것이며, 또한 능히 훈습을 받기도 한다. 그러므로 『능가경』에 이르되, "불가사의한 훈습과 불가사의하게 변함은 현재 식의 원인이다"라고 하였다. 말하자면 훈습할 수 없음을 훈습하므로 불가사의한 훈습이라 이름함이요, 진여는 변하지 않지만 인연을 따라 성립함을 이름하여 '불가사의한 변화'라 하나니, 또한 물들지 않으면서 물드는 것이다. 법장(法藏)화상이 이르되, "망심은 업식과 분별사식에 통하지만 지금은 그 근본에 의거하므로 업식이라 말했을 뿐이다"라고 하였다.

'훈습한 연고로 잡염법의 모양이 있다'라고 말한 것은 진여는 본래로 모양이 없지만 훈습함을 따라 모양을 나타내는 것이다. 또한 망심도 체성이 없음을 밝혔으므로 단지 모양이라 한 것이니, 여기서 경문을 해석한 중에 여래장이 악한 습기로 훈습된 것인 등이다. 위는 생멸문 중의 진여이다. '청정한 작용이 있다'라고 말한 것은 이것은 생멸문 중의 본각진여(本覺眞如)인 연고로 훈습한다는 뜻이 있다. 진여문 중에는 이런 뜻이니 이런 본각이 안으로 불각을 훈습하여 하여금 구하기를 싫어함을 이루어 반대로 유행하여 진여를 수순했으므로 '작용'이라 말하나니, 이것은 경문 중에서 여래장을 말미암은 연고로 능히 생사의 괴로움을 싫어하며 열반을 즐겨 구하는 것이다. 『열반경』에 이르되, "천제의 사람이 불성의 힘 때문에 다시 선근이 생겨난다"라고 하였다. 저기서 '불성의 힘'이라 말한 것은 곧 본각 안의 훈습하는 힘일 뿐이다. 진실로 하나의 식에 이런 두 가지 뜻을 포함하여 다시 번갈아 서로 훈습하여 잡염법과 청정법이 두루 생겨난다. 이 가운데 부처는 깨달음이요, 성품은 근본이니 그래서 근본 깨달음이라 이름하였다. 나머지는 저 경문의 설명과 같다. 無別我人 아래는 넷째 구절에 대한 해석이다. 그런데 두 가지 의미가 있으니 (1) 〈나〉에 대한 고집을 타파하는 이가 곧 사람이다. (2) 又識外 아래는 법집을 타파함이다. 곧 이런 것은 온갖 법의 전체를 말한다.

㈢ 서로 알지 못함 때문이다[由不相知故] (二明 67上3)

[疏] 二, 明由不相知하야 方成種種이라 上半은 出種種이라 以此者는 以

前不相知故로 擧體性空하야 方成流轉이니 卽此八識이 各[116]無體性
일새 故無實我法이 而爲其主라 向若有性이면 不可熏變이 安得流轉
이리오

■ ㈡ 서로 알지 못함으로 말미암아 바야흐로 갖가지를 이룸을 설명하
였다. 위의 반의 게송은 갖가지를 내보임이다. '이런 것'이란 앞에서
서로 알지 못한 연고로 전체 성품이 공하여 비로소 유전함을 이루
니, 곧 이 제8식이 각기 체성이 없으므로 참된 〈나〉와 법이 없음이
그 주가 된 것이다. 예전에 만일 성품이 있었다면 불가사의한 훈습과
변화로 어찌 유전함을 얻겠는가?

[鈔] 二明不相知方成種種者는 卽第二段明前四因中의 第三因也라 但
由偈中에 以此二字로 取義不同일새 故一偈文이 通於二義라 取文全
別하니 前熏習義는 則以此二字가 全指上半이 爲流轉因이오 今顯無
性에는 則上半偈가 爲流轉果니라 故疏釋上半云出種種은 則以此二
字가 指前五偈의 法喩所明不相知義로 爲流轉因이니라
卽此八識下는 釋第四句라 旣所流無性인대 何有能轉者아 卽[117]其
主者는 通於人法이니라 向若有性下는 上來順釋이오 此下反釋이니
猶如金石이 各有堅性하야 不可令易이라 今此無性은 猶如於水가 遇
冷成氷하고 逢火便煖이라 故로 中論에 云, 集若有定性인대 先來所
不斷이어니 於今에 云何斷이며 道若有定性인대 先來所不修어니 於今
에 云何修等이어니 故知若有定性인대 一切諸法이 皆悉不成이오 若無
定性인대 一切皆成이로다 故로 中論에 云, 以有空義故로 一切法得
成이니 若無空義者인대 一切卽不成이라하니라 無性이 卽空義也니라

---

116) 覺은 金本作名誤.
117) 卽은 金本作耶.

- ㊂ '서로 알지 못함으로 말미암아 바야흐로 갖가지를 이룸을 설명함'이란 곧 둘째 문단에서 네 가지 원인을 설명한 가운데 셋째 원인이다. 단지 게송 중에 以此 두 글자로 인하여 뜻을 취함이 다른 연고로 한 게송 문장이 두 가지 뜻에 통하는 것이다. 문장의 전체와 개별을 취한 것이니 앞의 훈습한다는 뜻은 以此 두 글자가 전체로 위의 반의 게송이 유전하는 원인이 됨을 지적한 것이요, 지금에 체성 없음에는 위의 반의 게송이 유전한 결과가 됨을 밝힌 것이다. 그러므로 소가가 위의 반을 해석하여 '갖가지를 내보임'이라 말한 것은 以此 두 글자가 앞의 다섯 게송의 법과 비유로 밝힌 바가 서로 알지 못함의 뜻으로 유전하는 원인이 됨을 지적한 것이다. 卽此八識 아래는 넷째 구절을 해석함이다. 이미 유전할 대상이 체성이 없는데 무엇이 능히 바뀌게 하겠는가? 곧 그 주인은 〈나〉와 법에 통한다. 向若有性 아래는 여기까지 수순하여 해석함이요, 여기 아래는 반대로 해석함이니 마치 쇠나 돌이 각기 견고한 성질이 있어서 하여금 바꾸게 할 수가 없는 것과 같다. 지금 여기의 체성 없음은 마치 물이 추위를 만나면 얼음이 되고 불을 만나면 문득 따뜻해짐과 같다. 그러므로 『중론』에 이르되, "집제에 만일 정해진 성품이 있다면 선대로부터 단절하지 못할 것일 텐데 지금에 어떻게 끊을 것이며, 도에 만일 정해진 성품이 있다면 예전부터 닦을 수 없는 것일 텐데 지금에 어떻게 닦을 것인가?" 등이라 하였으니, 그러므로 알라. 만일 정해진 체성이 있다면 일체의 모든 법이 모두 다 이루지 못할 것이요, 만일 정해진 체성이 없다면 온갖 것을 다 이룰 것이다. 그러므로 『중론』에 이르되, "공의 이치가 있는 연고로 온갖 법을 성취하나니 만일 공한 뜻이 없다면 온갖 것을 얻을 수 없다"라고 하였다. 체성 없음이 곧 공의 뜻이다.

(b) 둘째 질문에 대답하다[答第二問] (次遣 67下10)

[疏] 次, 遣疑者는 以虛妄中에 有二義故니 一, 虛轉이오 二, 無轉이라 故 常種種이며 常一性也니라
- (b) '의심을 보낸다는 것'은 허망함 가운데 두 가지 뜻이 있기 때문이니, (1) 헛되게 바뀜이요, (2) 바뀜이 없음이다. 그러므로 항상 갖가지이며, 항상 한 가지 성품인 것이다.

[鈔] 次遣疑下는 卽釋第二番懷疑問也라 由前問에 云, 爲是一性가 爲是種種가할새 故今答云호대 常一常多라하니라 一虛轉者는 無性故로 有也요 二無轉者는 無性故로 空也라 虛轉故로 常種種이오 無轉故로 常一性이니 勿滯二途也니라
- (b) 遣疑 아래는 곧 두 번째 의심을 품은 질문에 대한 해석이다. 앞의 질문으로 인해 말하되, "한 가지 성품인가, 갖가지 성품인가?" 하였으므로 지금 대답하여 말하되, "항상 하나이면서 항상 여럿이다"라고 하였다. (1) 헛되게 바뀜이란 체성이 없으므로 유인 것이고, (2) 바뀜이 없음이란 체성이 없으므로 공인 것이다. 헛되게 바뀌는 연고로 항상 갖가지이고, 바뀜이 없는 연고로 항상 한 가지 성품이니 두 가지 길에서 지체하지 말라.

(c) 셋째 질문에 대답하다[答第三問] (次答 68上6)

[疏] 次, 答難者는 虛轉故로 俗不異眞하야 而俗相이 立이오 無轉故로 眞不異俗而眞體存이니 故互不相違也니라

■ (c) 힐난에 대답한 내용은 헛되게 바뀌는 연고로 속제는 진제와 다르지 않아서 속제의 모양이 성립하고, 바뀜이 없는 연고로 진제가 속제와 다르지 않아서 진제의 체성이 존재하나니 그러므로 번갈아 서로 위배되지 않는다.

[鈔] 次答難下는 卽答第三番設難也라 謂前難에 云, 一性이 隨於種種인대 則失眞諦오 種種이 隨於一性인대 則失俗諦라할새 故今意에 明不相違也니라 虛轉等者는 轉故로 是俗이오 虛故로 不異眞이라 旣言虛轉인대 則俗相이 立也니라

無轉等者는 無轉은 卽眞也니 以卽轉言無일새 故不異俗이라 卽轉이 是空일새 故眞體存이라 俗法은 離眞하면 而無別體일새 故云相立이오 眞不可見일새 但云體存이라 上句는 俗不違眞이오 下句는 眞不違俗이니 故로 疏에 結云互不相違也니라

● (c) 答難 아래는 세 번째 설정한 힐난에 대답함이다. 말하자면 앞에서 힐난하기를 "한 가지 성품이 갖가지를 따른다면 진제를 잃은 것이요, 갖가지가 한 가지 성품을 따른다면 속제를 잃은 것이다"라고 하였으므로 지금의 주장에서 서로 위배되지 않음을 밝힌 것이다. '헛되게 바뀜' 등은 바뀌는 연고로 속제이고, 헛되기 때문에 진제와 다르지 않다. 이미 헛되게 바뀐다고 말하였다면 속제의 모양이 성립한 것이다.

'바뀜이 없다'는 등에서 바뀜이 없는 것은 진제이니 바뀜과 합치함은 곧 공인 연고로 진제의 체성이 존재하는 것이다. 속제의 법은 진제를 여의면 따로 체성이 없으므로 모양이 성립한다고 말하고, 진제는 볼 수 없으므로 단지 체성이 존재함이라 말한 것이다. 위의 구절은 속제

가 진제와 위배되지 않는다는 뜻이요, 아래 구절은 진제가 속제와 위배되지 않는다는 뜻이므로 소가가 결론하여 말하되, '번갈아 서로 위배되지 않는다'라고 말하였다.

b) 둘째 게송을 해석하다[釋第二偈] 2.
(a) 한 게송을 전체로 해석하다[通釋一偈] 3.
㊀ 첫째 질문에 대답하다[答第一問] (第二 68下6)

法性本無生하되 　　　　示現而有生하니
是中無能現이며 　　　　亦無所現物이니라
법성은 본래 생이 없으나
생을 나타내 보이나니
이 가운데는 나타내는 이도 없고
또한 나타나는 사물도 없느니라.

[疏] 第二偈는 亦答三問이니 初, 明眞如隨緣일새 故成種種者는 答所以也라 初句는 印上心性是一은 是不變義라 次句는 答上云何見有種種은 是隨緣義라 唯心變現하야 全攬眞性이라 生非實生일새 故云示現이니라 下二句는 印上業不知心等者는 以是隨緣이 不失自性義故라 是以로 諸趣種種을 了不可得하야 生卽無生이라 無能現者는 性不動故오 無所現者는 妄法虛故니라

■ b) 둘째 게송은 또한 세 가지 질문에 대답함이니 (1) 진여가 인연을 따르는 연고로 갖가지를 이룸을 밝힌 것은 이유를 대답함이다. 첫 구절은 위의 심성은 하나는 변하지 않는 뜻을 인가함이다. 다음 구절

[示現而有生]은 위의 어찌하여 갖가지가 있음을 보나이까에 답한 것은 인연을 따르기 때문이다. 오직 마음이 변하여 나타남뿐이라서 전체가 진제의 체성을 잡은 해석이다. 태어남도 참으로 태어남이 아닌 연고로 '나타내 보인다'고 말한 것이다. 아래 두 구절은 위의 업이 마음을 알지 못한다는 등은 인연을 따름이 자체 성품을 잃지 않는 뜻임을 인가한 까닭이다. 이런 까닭에 모든 갈래가 갖가지인 것을 마침내 얻을 수 없어서 태어남이 곧 무생인 것이다. '나타내는 이도 없다'는 것은 체성은 움직이지 않는 까닭이요, '나타내는 사물도 없다'는 것은 망녕된 법이 허망한 까닭이다.

[鈔] 唯心變現者는 正釋眞如隨緣之義니 謂卽依前諸識熏習之緣으로 所熏眞如하야 隨緣成法일새 故云全攬眞性이니 以離如來藏하야는 無有實體가 爲能所熏일새 故云全攬眞性이니 正揀法相의 眞如之外에 有能所熏이라 眞性은 卽如來藏性이니 如來藏性은 卽生滅門中의 眞如라 生非實生은 正釋示現字며 亦仍上起니 謂旣攬眞生이라 生相卽虛일새 故云示現이니라 以是隨緣者는 如水遇風緣하야 而成波浪이라도 濕性不失하야 如來藏性이 雖成種種이나 而不失[118]自淸淨性이라 此中隨緣은 卽是前經의 見有種種이오 此中에 不失自性은 卽前의 業不知心等이라 對上問中일새 故云諸趣種種了不可得이오 對今經文일새 故云生卽無生이니 生卽諸趣오 無生은 卽不相知니 躡上示生之句니라 經에 云, 此中卽下八字는 是不失自性이니라
無能現者는 性不動也니 眞如隨緣하야 成一切法[119]이 卽能現也라 不失自性일새 名性不動이니 何有能現이리오 妄攬眞成일새 故自虛無體니라

---
118) 失下에 南續金本有於字.
119) 法下에 甲南續金本有如字.

● '오직 마음이 변하여 나타남'이란 진여가 인연을 따르는 뜻을 바로 해석함이니 이른바 앞의 모든 식이 훈습하는 인연으로 훈습할 대상인 진여를 의지하여 인연 따라 법을 이루는 연고로 전체가 진제의 체성을 잡은 해석이라 말한 것이다. 여래장을 떠나서는 진실한 체성이 없는 것이 훈습하는 주체와 대상이 되는 연고로 '전체가 진제의 체성을 잡는다'고 말하였으니 법의 모양이 진여 밖에는 훈습하는 주체와 대상이 있음과 바로 구분한 내용이다. 진제의 체성은 곧 여래장의 체성이니 여래장의 체성은 곧 생멸문 가운데 진여이다. '태어남이 참된 태어남이 아님'은 시현(示現)이란 글자를 바로 해석한 것이며, 또한 위로 인하여 시작함이니 이른바 이미 참된 태어남을 잡았으니, 태어난 모양이 곧 헛되므로 '나타내 보인다'고 말한 것이다. '인연을 따르기 때문'이란 마치 물이 바람 부는 인연을 만나서 물결을 이루더라도 젖는 성품은 잃지 않는 것과 같아서 여래장의 체성은 비록 갖가지를 이루지만 자체의 청정한 성품을 잃지 않는 것이다. 이 가운데 인연을 따름은 곧 앞의 경에서 '갖가지가 있음을 본다'는 부분이요, 이 가운데 자체 성품을 잃지 않음은 곧 앞의 '업이 마음을 알지 못한다'는 등이다. 위의 질문을 상대하므로 "모든 갈래가 갖가지로 마침내 얻을 수 없다"고 말한 것이요. 지금의 경문을 상대하는 연고로 '태어남이 곧 태어남이 없다'고 한 것이니 태어남은 곧 여러 갈래요, 태어남 없음은 곧 서로 알지 못함의 뜻이니 위의 생을 나타내 보인다는 구절을 토대로 한 내용이다. 경에 이르되, 이 가운데 아래 여덟 글자[無能現亦無所現物]는 바로 자성은 자체 성품을 잃지 않는다는 뜻이다.

'나타내는 이도 없다'는 것은 체성이 동요하지 않음의 뜻이니, 진여가 인연을 따라 온갖 법을 성취함이 곧 나타내는 주체인 것이다. 자체

성품을 잃지 않으므로 '체성이 동요하지 않는다'고 말하나니, 무엇을 능히 나타내리오. 망심은 진제를 잡아 성립하는 연고로 스스로 헛되어 체성이 없는 것이다.

㈢ 둘째 질문에 대답하다[答第二問] (次遣 69下6)

[疏] 次, 遣疑者는 常生常無生이라 上半은 卽無生之生이니 業果宛然이라 故로 勝鬘에 云, 不染而染을 難可了知라하니라 下半은 生卽無生이니 眞性湛然이라 故로 勝鬘에 云, 染而不染을 難可了知라하니라 又法性本無生은 不空如來藏也오 此中에 無能現은 空如來藏也니라

㈢ '의심을 보낸다'는 것은 항상 생이며 항상 생이 없음이다. 위의 반의 게송은 생이 없는 생이니 업과 결과가 완연함이다. 그러므로 『승만경』에 이르되, "물들여도 물들지 않음을 알기가 어렵다"라고 하였다. 또한 '법성은 본래 생이 없음'은 불공(不空)여래장이요, '이 가운데 나타내는 이도 없음'은 공(空)여래장이다.

[鈔] 上半, 卽無生之生者는 由上疑云호대 爲是種種가 爲是一性가할새 故今答云호대 無生之生일새 卽常種種이오 生卽無生일새 故云一性이라 本末染淨이 旣相交徹이어니 安可凡情으로 而了知耶아
又法性本無生者는 上約不變隨緣이오 今約二空이니 卽以能隨緣者로 爲不空藏이라 故有種種이니 卽上半也오 隨緣不失自性일새 名爲空藏이니 以妄法不染故라 卽是下半이니라 又約二藏體가 卽是一性이오 不礙隨緣일새 故有種種이라 不空은 卽是一性이오 空藏은 卽不相知니라

'위의 반의 게송은 곧 생이 없는 생'이라 한 것은 위의 의심으로 인해

말하되, "갖가지가 되는가, 한 가지 성품이 되는가?" 하였으므로 지금 대답하되, "생이 없는 생이니 항상 갖가지이며, 생이 곧 생이 없음이므로 한 가지 성품인 것이다. 근본과 지말이 잡염하고 청정함이 이미 서로 철저한데 어찌 범부의 생각으로 알 수 있겠는가?

또한 '법성이 본래 생이 없음'은 위는 변하지 않음과 인연 따름을 잡은 해석이요, 지금은 두 가지 공을 잡은 해석이니 곧 인연을 따르는 주체로 불공여래장을 삼은 까닭에 갖가지가 있나니, 곧 위의 반의 게송에 해당하고, 인연을 따르면서 자체 성품을 잃지 않음을 공(空)여래장이라 이름하나니 망녕된 법으로 물들이지 않은 까닭이니 곧 아래 반의 게송에 해당한다. 또한 두 가지 공의 체성이 곧 한 가지 성품임을 잡은 해석이요, 인연 따름을 장애하지 않는 연고로 갖가지가 있다. 불공(不空)여래장은 곧 한 가지 성품이요, 공여래장은 곧 서로 알지 못함의 뜻이다.

㊂ 셋째 질문에 대답하다[答第三問] (答第 70上8)

[疏] 答第三難者는 此中에 無能現은 性非性也오 亦無所現物은 相非相也니라 又示現而有生은 性不違相이오 亦無所現物은 相不違性이라 無二爲二며 二卽無二라 無礙圓融이어니 豈有乖耶아

■ ㊂ 셋째 힐난에 대답함이란 '이 가운데 나타내는 이도 없음'은 체성이 체성 아님이요, '또한 나타나는 사물도 없음'은 모양이 모양 아님이다. 또한 '생을 나타내 보임'은 체성이 모양을 위배하지 않음이요, '또한 나타나는 사물도 없음'은 모양이 체성을 위배하지 않음의 뜻이다. 둘이 없음이 둘이 되고 둘이 곧 둘이 없음의 뜻이다. 장애함이 없고 원

융한데 어찌 어그러짐이 있겠는가?

[鈔] 答第三難者는 謂上難에 云, 一性이 隨於種種인대 則失眞諦오 種種이 隨於一性인대 則失俗諦니 亦性相相違라할새 今答意에 明性相無違니라 然疏有二意하니 一, 明性相雙絶일새 故無可相違니 卽下半意니라 又示現下는 第二, 明性相相成일새 故不相違니 卽是上半이라 卽無生之性이 不違示生之相이니라 言亦無所現物者는 雖牒第四句나 連取第二句의 正示現生이나 卽無所現일새 故不違性이니라 無二爲二者는 結也니 一體에 而分能現所現일새 云無二而二라 性相無違가 爲二卽無二니 故云圓融이라 豈得種種이 乖於一心이며 心性이 乖於種種이리오

- '셋째 힐난에 대답함'이란 말하자면 위에서 힐난하여 말하되, "한 가지 성품이 갖가지를 따른다면 진제를 잃은 것이요, 갖가지가 한 가지 성품을 따른다면 속제를 잃은 것이니 또한 체성과 모양이 서로 위배한다"라고 하였으므로 지금 대답한 주장에는 체성과 모양이 위배하지 않음을 설명한 내용이다. 그러나 소가는 두 가지 주장이 있으니 (1) 체성과 모양이 함께 끊어짐을 설명하는 까닭에 서로 위배할 수 없음이니 곧 아래 반의 의미이다. (2) 又示現 아래는 체성과 모양이 서로 성립함을 설명하는 까닭에 서로 위배하지도 않나니 곧 아래 반의 의미이다. 곧 생이 없는 체성이 생을 보이는 모양과 위배되지 않는다는 뜻이다. '또한 나타나는 사물도 없다'고 말한 것은 비록 넷째 구절을 따왔지만 둘째 구절의 생을 나타내 보이지만 곧 나타날 것이 없음과 연이어 취한 연고로 체성과 위배되지 않는다는 뜻이다. '둘이 없음이 둘이 된다'는 것은 결론함이니, 하나의 체성에 나타내는 주체와

나타낼 대상으로 나누었으므로 '둘이 없으면서 둘이다'라고 말한 것이다. 둘이 됨이 곧 둘이 없음이니 그러므로 원융하다고 말하였으니 어찌 갖가지가 한 마음과 어긋날 것이며 마음의 체성이 갖가지와 어긋나겠는가?

(b) 힐난을 따라 개별로 해석하다[隨難別釋] 2.
㊀ 법의 성품을 해석하다[解法性] (言法 71上1)

[疏] 言法性者는 法은 謂差別依正等法이오 性은 謂彼法의 所依體性이니 卽法之性일새 故名爲法性이니라 又性은 以不變爲義니 卽此可軌을 亦名爲法이라 此則性卽法故로 名爲法性이니 此二義는 並約不變釋也니라 又卽一切法이 各無性故로 名爲法性이니 卽隨緣之性이라 法卽性也니라

■ '법의 성품'이라 말한 것은 법은 이른바 의보와 정보 등을 차별하는 법이요, 성품은 이른바 저 법의 의지할 대상인 체성이니 (1) 법과 합치한 체성이므로 법의 성품이라 이름한다. 또한 성품은 (2) 변하지 않음으로 뜻을 삼았으니 곧 이런 법도로 삼을 만한 것을 법이라 이름한다. 그렇다면 체성이 법과 합치한 연고로 법의 성품이라 이름하나니 이런 두 가지 뜻과 함께 변하지 않음을 잡아 해석하였다. 또한 온갖 법과 합치하여 각기 체성이 없는 연고로 법성이라 이름하나니, 인연을 따름과 합치한 체성이니 법이 곧 성품인 것이다.

[鈔] 言法性下는 隨難別釋이니 先解法性하고 後解本字라 今初有三하니 前之二義에 雖有依主持業不同이나 然皆與法으로 不得相卽이니 以

不變之性은 非妄法故라 第三, 隨緣은 與法不離니 不卽不離가 方爲 眞性이니라
- (b) 言法性 아래는 힐난을 따라 개별로 해석함이니 ㈠ 법의 성품을 해석함이요, ㈡ '본(本)' 자를 해석함이다. 지금은 ㈠에 셋이 있으니, 앞의 두 가지 뜻에 비록 의주석과 지업석이 다르지만 그러나 모두 법과 함께 서로 합치함은 아니다. 변하지 않는 성품은 망법이 아니기 때문이다. 셋째 인연을 따름은 법과 여읠 수 없으니 합치하지도 여의지도 않아야 비로소 참된 성품이 되는 것이다.

㈡ '본(本)' 자를 해석하다[解本字] (本有 71上10)

[疏] 本有二義하니 一, 約不變이라 本謂源本이니 本來不生이로대 隨緣故生이라 二, 約隨緣이니 有此法來로 本自不120)生이오 非待滅無니 卽是現生時에 本不生故라 故로 下에 云無能現也니라
- 근본에 두 가지 뜻이 있으니 (1) 변하지 않음을 잡은 해석이다. 근본은 근원적인 근본이니 본래로 생한 것이 아니로되 인연을 따르는 까닭에 생긴 것이다. (2) 인연 따름을 잡은 해석이니 이런 법이 있는 이래로 본래 스스로 생이 아님이요, 단멸의 무를 상대함이 아니니 곧 현재 생할 때에 본래로 생함이 아니기 때문이다. 그러므로 아래에 '나타내는 이도 없다'라고 말하였다.

[鈔] 本有二義者는 釋本無生이니 由於法性에 有其不變과 隨緣義故로 令121)本亦二라 本卽是性이오 末卽是相이라 前은 不變本이 與末로 不

---
120) 自不는 金本作不自誤.
121) 슈은 甲南續金本作今.

卽이오 後는 隨緣本이 與末로 不離니 不卽不離하야 融無障礙가 爲眞本也니라
- '근본에 두 가지 뜻이 있다'는 것은 본래 생이 없음을 해석함이니 법의 성품에서 그 변하지 않음과 인연을 따르는 뜻으로 인해 근본으로 하여금 또한 두 가지 뜻이 되게 하였으니, 근본은 곧 체성이요, 지말은 곧 모양이다. 앞은 변하지 않는 근본이 지말과 합치하지 못함이요, 뒤는 인연을 따르는 근본이 지말과 여의지 않나니, 합치하지도 않고 여의지도 않아서 융섭하여 장애함이 없는 것이 참된 근본이 된 것이다.

c) 셋째 게송을 해석하다[釋第三偈] 3.
(a) 첫째 질문에 대답하다[答第一問] 2.
㊀ 총합하여 설명하다[總明] (第三 71下8)

眼耳鼻舌身과　　　心意諸情根이
一切空無性이어늘　妄心分別有니라
눈과 귀와 코와 혀와 몸과
마음과 뜻과 모든 생각의 근이
모두 공하여 자성이 없지만
망심으로 분별하여 있게 되느니라.

[疏] 第三偈에 答三問者는 初, 答所以者는 上三句는 種種이 卽一心性이니 亦印前文殊의 不相知等이라 下句는 出因이니 由妄分別일새 故有種種이라 正答前問이니라
- c) 셋째 게송에서 세 가지 질문에 대답하였으니, (a) 이유를 대답한

것은 위의 세 구절은 갖가지가 곧 한 마음의 체성이니 또한 앞의 문수보살이 서로 알지 못함 따위를 인가한 내용이다. 아래 구절[妄心分別有]은 원인을 내보임이니 망심으로 분별함으로 말미암아 갖가지가 있다는 뜻이니, 앞의 질문에 바로 대답한 것이다.

㈡ 개별로 해석하다[別釋] 2.
① 성종과 상종으로 함께 회통하다[雙會性相宗] (此復 71下10)

[疏] 此復二意하니 一, 上二句는 依他起也오 次句는 圓成實也오 後句는 徧計性也니라 由徧計故로 能起依他니 依他無性이 卽圓成實이니라 故로 唯識에 云, 依他起自性은 分別緣所生이오 圓成實은 於彼에 常遠離前하는 性이니 故此與依他로 非異非不異라하니라

■ 여기에 다시 두 가지 의미가 있으니, ① 위의 두 구절은 의타성이요, 다음 구절[一切空無性]은 원성실성이요, 뒤의 구절은 변계소집성이다. 변계성으로 인하여 능히 의타성을 일으키나니, 의타성의 체성 없음이 곧 원성실성인 것이다. 그러므로 『성유식론』(제21송)에 이르되, "의타기자성은 분별이며 인연 등에서 생겨난다네. 원성실 자성은 그것이 앞의 것(변계성)을 항상 멀리 떠난 성품이니라. 그러므로 이것(원성실성)은 의타기성과 다른 것도 아니고 다르지 않은 것도 아니다"라고 하였다.

[鈔] 此復二意下는 上來는 總明이오 此下는 別釋하야 會性相宗이니 初三性釋은 通於二宗이니라 疏文有三하니 初, 直屬經文이 是法性意니 依他無性이 爲圓成故니라 二, 由徧計下는 正釋偈意라 由妄分別하야 有上眼等이라 旣從緣生일새 故體卽空이오 空卽圓成이니라 三, 故唯

識下는 引文證成이라 二宗三性은 已見玄文하니라 今此略引依圓二性호리니 初之二句는 是依他性이라 故彼釋에 云, 妄分別緣이 卽是徧計라 然妄分別은 是能徧計오 眼等依他는 是所徧計니 計爲實故로 成徧計性이니 由此하야 能生染分依他라 故此徧計가 能起依他니 是彼依[122]故니라

圓成實下는 釋圓成性이라 一偈를 分二하니 上半은 正釋이오 下半은 明與依他起性으로 非一異義라 彼論에 釋云호대 謂圓滿成就諸法實性일새 顯此常徧하야 體非虛謬며 揀自共相과 虛空我等이라 此卽於彼依他起上에 常遠離前徧計所執하고 二空所顯眞如로 爲性이라 說於彼言은 顯圓成實이 與依他起로 不卽不離오 常遠離言은 顯妄所執인 能所取性이 理恒非有오 前言은 爲顯不空依他오 性言은 顯二空이 非圓成實이니 眞如는 離有離無義故라하니라 釋曰, 玄文已釋이나 但釋論意는 分前性字하야 二義不同하니 遠離前言은 已空徧計일새 故是離有오 而言性者는 自屬眞如니 故能離無라 是以로 結云호대 眞如는 離有離無相故라하니라 若依此釋하면 卽空無性과 妄分別有는 皆是徧計오 前偈의 法性은 方是圓成이라 今順法性인대 依他無性이 卽是圓成이니 故로 一偈中에 三性具足이니라 設順彼宗의 離有離無하야 遠離前性이 離徧計有라도 又次偈에 云, 此諸法의 勝義며 亦卽是眞如라 常如其性故로 卽唯識實性하나니 此卽離無가 未失彼宗이어니 何須傷巧리오 離前性字로 若會二宗인대 依他起上에 無徧計性이 卽是圓成이오 此無性理가 是眞如故로 已離有無니라 故로 八地에 云, 無性爲性이라하니라

故此與依他下는 釋非一異니 謂由圓成하야 於依他起에 遠前性故로

---

122) 依는 甲南續金本作他..

成非一異니 故云故此라 彼論에 釋云호대 由前理故로 此圓成實이 與
彼依他로 非異不異라 異應眞如가 非彼所依오 不異인대 此性이 應
是無常이라 彼此가 俱應淨非淨境이니 則本後智가 用應無別이라하니
라 釋曰, 圓成은 唯淨智境依他니 通淨非淨이 豈得全同이리오

● ㈠ 此復二意 아래에서 이 위는 총합하여 설명함이요, 이 아래는 ㈡
개별로 해석하여 성종(性宗)과 상종(相宗)을 회통함이니 ① 세 가지 성
품에 대한 해석은 두 종파에 통하는 내용이다. 소문에 셋이 있으니
㉮ 바로 소속된 경문이 법성의 의미이니 의타성이 체성 없음이 원성성
이 되기 때문이다. ㉯ 由徧計 아래는 게송의 의미를 바로 해석함이
다. 망심으로 분별함으로 말미암아 위의 눈 따위가 있는 것이다. 이
미 인연에서 생겼으므로 체성이 공과 합치하였고, 공은 원성실성과 합
치하였다. ㉰ 故唯識 아래는 논문을 인용하여 증명함이다. 두 종파
의 세 가지 성품은 이미 현담의 소문에서 본 내용이다. 지금 여기서 의
타성과 원성성의 두 가지를 간략히 인용하리니 처음 두 구절[依他起自
性 分別緣所生]은 의타성이다. 그러므로 저 논의 해석에 이르되, "망심
으로 분별함과 인연이 곧 변계성이다. 그런데 망심으로 분별함은 바
로 변계성의 주체요, 눈 등과 의타성은 변계성의 대상이니 계탁하여
실법으로 삼은 연고로 변계성이 되었으니, 이로 말미암아 능히 염분
의 의타성이 생긴 것이다." 그러므로 이 변계성이 의타성의 주체이니
저 변계성이 의지하기 때문이다.
② 圓成實 아래는 원성실성에 대한 해석이다. 한 게송을 둘로 나누리
니 (1) 위의 반의 게송은 바로 해석함이요, 아래 반의 게송[故此與依他
非異非不異]은 의타기성과 하나도 다른 것도 아닌 뜻을 설명하였다.
저 논[성유식론 제8권]에 해석하되, "말하자면 모든 법의 참된 성품을 원

만히 성취하므로 이것이 항상 두루 하여 체성이 헛되거나 잘못됨이 아님을 밝혔으며, 자체와 함께하는 모양과 허공이나 〈나〉 등과 구분한 것이다. 이것은 곧 저기에서 의타성 위에 항상 앞의 변계소집성을 멀리 여의고 두 가지 공으로 밝힐 대상인 진여로 체성을 삼는다. 저 말씀은 원성실성이 의타기성과 합치하지도 여의지도 않음을 밝힌 말이요, '항상 멀리 여읜다'는 말씀은 망심으로 집착한 취하는 주체와 대상의 체성이 이치적으로 항상 있는 것이 아님을 밝힌 것이요, '앞의 것'이란 말씀은 공하지 않은 의타성을 밝히기 위함이요, '성품'이란 말은 두 가지 공함이 원성실성이 아님을 밝힌 것이다. 진여는 유도 떠나고 무도 떠난 이치인 까닭이다"라고 하였다. 만일 여기의 해석에 의지하면 공과 합치한 체성 없음과 망심으로 유와 분별함은 모두 변계성이요, 앞의 게송의 '법의 성품'은 비로소 원성실성인 것이다. 지금은 법의 성품에 수순한다면 의타성이 체성 없음이 곧 원성성이다. 그러므로 한 게송 중에 세 가지 성품이 갖추어진 것이다. 설사 저 종지의 유(有)를 떠나고 무(無)를 떠남에 수순하여 '앞의 것을 멀리 떠난 성품이 변계성을 떠난 유(有)'라 하더라도 또한 다음 게송(25번 게송)에 이르되, "이것은 모든 법의 승의이며, 또한 곧 진여이다. 항상 여여하게 그것의 자성이기 때문에 곧 유식의 참된 성품이로다"라고 하였으니 이것은 곧 무(無)를 떠난 것이 저 종지를 잃은 것이 아닐 텐데 어찌 모름지기 교묘함을 해치겠는가? 離前性의 글자로 만일 두 종파를 회통한다면 "의타기성 위에 변계성이 없는 것이 곧 원성성이요, 여기의 체성이 없는 이치가 진여인 연고로 이미 유와 무를 떠난 것이다." 그러므로 제8 부동지(不動地)에 이르되, "체성 없음으로 성품을 삼는다"라고 하였다.

故此與依他 아래는 하나도 다른 것도 아님을 해석하였으니 말하자면 원성성으로 인하여 의타기성에서 앞의 성품과 멀어진 까닭에 하나도 다른 것도 아님이 되었으니, '그러므로 이것은'이라 하였다. 저 논에 해석하기를 "앞의 이치를 말미암은 연고로 원성실성이 저 의타성과 더불어 다른 것도 다르지 않은 것도 아니다. 다름은 응당히 진여가 저것의 의지할 대상이 아닌 것이요, 다르지 않다면 이 성품이 응당히 무상함일 것이다. 저것과 이것이 모두 응당히 깨끗하거나 깨끗하지 않은 경계인 것이니 근본지와 후득지가 사용함에 응당히 차별이 없다"라고 하였다. 해석하자면 원성실성은 오직 깨끗한 지혜 경계인 의타성뿐이니 깨끗하고 깨끗하지 못함과 통함이 어찌 완전히 같음이 되겠는가?

② 성종의 삼관법을 개별로 회통하다[別會性宗三觀] (二者 73下6)

[疏] 二者, 上二句는 因緣所生法也오 次句는 我說卽是空也오 後句는 亦爲是假名이니 此二不二가 是中道義니라
- ② 위의 두 구절[眼耳鼻舌身 心意諸情根]은 인연으로 생긴 법이요, 다음 구절[一切空無性]은 나는 곧 공이라 설함이요, 뒤 구절[妄心分別有]은 또한 이것도 빌린 이름이니 이 둘이 둘이 아닌 것이 바로 중도의 뜻이다.

[鈔] 二者上二句下는 卽[123)]會法性宗中三觀義也[124)]라 欲顯包含일새 取文小異耳라 中論偈에 云, 因緣所生法을 我說卽是空이며 亦爲是假名이며 亦是中道義라하니 配經可知로다 然中道言은 經文所無나 但

---
123) 卽은 南續金本作別.
124) 上五字는 南續金本作三觀.

含下半空有하야 爲中이라 若取別顯인대 亦在前偈의 法性無生이라
卽前偈中에 亦具三觀하니 初句는 中道오 次句는 假名이오 下半은 卽
空이니 由前에 已配眞如隨緣일새 故不顯耳니라 又眞如隨緣이 亦不
殊三觀하니 思之可知니라 玄談抄中에 已廣三觀이어니와 賢首品等에
疏文更釋호리라 上別出二宗에 取文小異어니와 若以義會인대 二宗不
違니라 因緣所生法은 卽總擧三性所依之法이오 我說卽是空은 徧計
性也오 亦爲是假名은 依他起也오 亦是中道義는 圓成實也라 但三
性迢然은 卽法相宗이오 今皆言卽은 是法性宗이라 但卽不卽이 小有
不同하야 便成天隔이라 然法相宗은 亦非卽離나 多成不卽이오 法性
宗中에는 亦非卽離나 多成非異라 法相宗은 由不卽宗[125]하야 徧計是
空이 但是空無오 法性宗은 則明由無徧計하야 令依他空이 便成天隔
이라 後人隨計하야 二互相乖어니와 虛己而求하면 大旨無別일새 顯經
包攝하야 備擧二文이니라 又經旨와 無差일새 二宗隨取耳니라

● ② 二者上二句 아래는 성종의 삼관법(三觀法)의 뜻으로 회통함이다.
포함하여 밝히려 하므로 취한 소문이 조금 다를 뿐이다. 『중론』(관사
제품) 게송에 이르되, "뭇 인연에서 나는 법을 나는 그대로가 공이라
말하며 겸하여 거짓인 이름이라 하며 또한 중도의 이치라 부른다네"
라 하였으니, 경문과 배대하면 알 수 있으리라. 그런데 중도라 말함
은 경문에는 없지만 단지 아래 반의 게송에 공과 유를 포함하여 중도
가 되었다. 만일 별상을 취하여 밝힌다면 또한 앞의 게송의 법의 성
품이 생이 없음에 있는 것이다. 곧 앞의 게송 중에도 삼관법을 갖추었
으니, 첫 구절[法性本無生]은 중도요, 다음 구절[示現而有生]은 거짓 이
름이요, 아래의 반의 게송[是中無能現 亦無所現物]은 곧 공이니, 앞에서

---
125) 宗은 南續金本作空.

이미 진여의 인연 따름에 배대함으로 인하여 밝히지 못했을 뿐이다. 또한 진여가 인연을 따름이 또한 삼관법과 다르지 않나니, 생각해 보면 알 수 있으리라. 현담의 초문 중에 이미 삼관법에 대해 자세하게 밝혔거니와 현수품 등에 소문에서 다시 해석하겠다. 위에서 두 종파를 따로 보였는데 취한 경문은 조금 다르지만 만일 뜻으로 회통한다면 두 종파가 위배되지 않는다. '뭇 인연에서 나는 법'은 곧 총합하여 세 가지 성품이 의지한 법을 거론한 부분이고, '나는 그대로가 공이라 말함'은 변계성이고, '겸하여 거짓인 이름이라 함'은 의타기성이요, '또한 중도의 이치라 부름'은 원성실성이다. 단지 세 가지 성품이 확실함은 법상종이요, 지금 모두에 '곧'이라 말함은 바로 법성종이다. 단지 합치하고 합치하지 않음이 조금은 다른 점이 있어서 문득 하늘만큼 간격을 이루었다. 그런데 법상종은 또한 합치하거나 여읨은 아니지만 대부분 합치하지 않음이 되었고, 법성종에서는 또한 합치하지도 여의지도 않지만 대부분 다르지 않음이 되었다. 법상종은 종지와 합치하지 않음으로 말미암아 변계성이 곧 공함이 단지 공하여 없음이요, 법성종은 변계성이 없음으로 인하여 의타기성으로 하여금 공하게 함이 문득 하늘만큼 간격을 이룬 것이다. 뒷사람들은 계탁을 따라 둘이 번갈아 서로 어긋나지만 자신을 텅 비우고 구하면 큰 종지는 다름이 없으므로 경문의 포섭함을 밝히려 두 종파의 문장을 갖추어 거론한 것이다. 또한 경문의 뜻과 다름이 없으므로 두 종파를 따라 취했을 뿐이다.

(b) 둘째 질문에 대답하다[答第二問] (又妄 74下4)

[疏] 又妄心으로 分別有者인대 情計謂有나 然有卽不有일새 故云一切空無性이라 常有常空이 是卽萬物之自虛어니 豈待宰割하야 以求通哉아

■ 또한 '망심으로 분별하여 있는 것'이란 생각으로 계탁하여 유라 말하지만 그러나 유는 유 아님과 합치한 연고로 '모두 공하여 자성이 없다'고 말한 것이다. 항상 유이고 항상 공함이 바로 만물의 자체가 빈 것인데 어찌 재상의 분할을 기다려서 통함을 구하겠는가?

[鈔] 又妄心下는 二, 答懷疑問이라 謂上問言호대 爲是一性가 爲是種種가할새 故今答云호대 常空故로 常一性이오 常有故로 常種種也라하니라 是卽萬物下는 肇公不眞空論意也라 意云, 萬物自虛일새 則常一常多矣라 故로 彼論에 云, 尋夫不有不無者인대 豈謂[126]滌除萬物하고 杜塞視聽하야 寂寥虛豁然後에 爲眞諦者乎아 誠以卽物順通일새 故로 物莫之逆이오 卽僞卽[127]眞일새 故로 性莫之易라 性莫之易일새 故雖無而有오 物莫之逆일새 故雖有而無라 雖有而無일새 所謂非有오 雖無而有일새 所謂非無니라 如此則非無物也요 物非眞物也라 物非眞物故로 於何而可物이리오 故로 經에 云, 色性自空이오 非色則空이라하니라 以明夫聖人之於物也에 卽萬物之自虛라 豈待宰割以求通哉아 釋曰, 此明體法이 卽空이오 非析法明空也니라

● (b) 又妄心 아래는 의심을 품은 둘째 질문에 대답함이다. 말하자면 질문하되, "한 가지 성품이 되는가, 갖가지가 되는가?"라 하였으므로 지금 대답하되, "항상 공한 연고로 항상 한 가지 성품이요, 항상 있는 연고로 항상 갖가지이다"라고 하였다. 是卽萬物 아래는 승조법사의 『불진공론(不眞空論)』의 주장이다. 주장하여 말하되, "만물이 자

---
126) 謂는 甲南續金本作日.
127) 卽은 南續金本作而..

체가 비었으니 항상 하나요 항상 여럿이다." 그러므로 저 논에 이르되, "저 있지 않고 없지 않음을 찾는다면 어찌 만물을 씻어 없애고 보고 들음을 막아서 고요하고 텅 비어 확 트인 연후에 진제가 되었다고 말하겠는가? 진실로 만물에 나아가 수순하여 통하는 연고로 만물을 거역하지 않음이요, 거짓과 합치하고 진실과 합치한 연고로 성품을 바꾸지 않는 것이다. 성품을 바꾸지 않으므로 비록 없다가도 있고, 만물을 거역하지 않는 연고로 비록 있다가도 없는 것이다. 비록 있다가도 없음을 '있지 않음'이라 하고, 비록 없다가도 있음을 '없지 않음'이라 말한다. 이러하다면 물질이 없는 것이 아니요, 물질이 참된 물질이 아니다. 물질이 참된 물질이 아닌 연고로 어디에 만물일 수 있겠는가?" 그러므로 경문에 이르되, "물질의 체성이 자체가 공하고, 물질 아님은 곧 공하다"라고 하였다. 저 성인이 물질에 나아감을 밝힐 적에 곧 만물이 자체로 빈 것인데 어찌 재상의 분할을 기다려서 통함을 구하겠는가? 해석하자면 이것은 자체의 법이 공과 합치함을 설명한 것이요, 법을 분석하여 공함을 설명한 것이 아니다.

(c) 셋째 질문에 대답하다[答第三問] (又前 75上8)

[疏] 又前偈는 從本起末이라 末不異本이오 此偈는 攝末歸本이라 本不礙末이니 豈相乖耶아
- 또한 앞의 게송은 근본에서 지말이 생겨났으니 지말이 근본과 다르지 않으며, 이번 게송은 지말을 거두어 근본으로 돌아감이니, 근본이 지말을 장애하지 않나니 어찌 서로 어긋나겠는가?

[鈔] 又前偈下는 釋第三重하야 結成難也라 謂前偈는 法性爲本이오 示生爲末이라 此偈는 以空無性으로 爲本이오 眼等爲末이라 攝末歸本에 種種이 不乖一性이오 非本이면 無末이니 一性이 豈乖種種이리오 欲顯起末攝末에 逆順具足일새 故引前偈니 非獨此偈가 不能答難이니라 若獨此偈로 答者인대 謂眼耳等이 即無性故로 種種이 不乖一性이오 無性이 要依眼等故로 一性이 不乖種種이니라 又從本起末은 即不動眞際코 建立諸法이오 攝末歸本은 即不壞假名코 而說實相이니 義理無妨이니라

● (c) 又前偈 아래는 셋째 거듭된 (질문을) 해석하여 힐난을 결론함이다. 말하자면 앞의 게송은 법의 성품으로 근본을 삼았고, 생을 보임으로 지말을 삼았다. 이번 게송은 공하여 체성 없음으로 근본을 삼고 눈 따위로 지말을 삼은 것이다. 지말을 거두어 근본으로 돌아갈 적에 갖가지가 한 성품과 어긋나지 않으며, 근본이 아니면 지말이 없나니, 한 가지 성품이 어찌 갖가지와 어긋나겠는가? 지말에서 생겨나서 지말을 거둠을 밝히려 한다면 거역함과 순종함을 구족한 연고로 앞의 게송을 인용하였으니 유독 이 게송만이 아니라 능히 힐난에 대답하지 못하는 것이다. 만일 유독 이 게송만으로 대답한다면 이른바 눈과 귀 따위가 곧 체성이 없는 연고로 갖가지가 한 성품과 어긋나지 않으며, 체성 없음이 요컨대 눈 따위를 의지한 연고로 한 가지 성품이 갖가지와 어긋나지 않은 것이다. 또한 근본에서 지말이 생겨남은 곧 진제를 움직이지 않고 모든 법을 건립한다는 뜻이요, 지말을 거두어 근본으로 돌아감은 곧 거짓 이름을 무너뜨리지 않고 진실한 모양을 말함이니 뜻과 이치가 잘못이 없게 된다.

(ㄴ) 한 게송은 앞의 뜻을 해석하다[次一偈釋成前義] (第二 75下8)

如理而觀察하면   一切皆無性이니
法眼不思議라   此見非顚倒니라
이치대로 관찰해 보면
모두가 다 자성이 없나니
법안은 부사의함이라
이렇게 보는 것이 바로 보는 것이로다.

[疏] 第二, 一偈는 釋成前義라 然有二義하니 一者, 云何得知無性고 以法眼觀에 稱性非倒하야 成淨緣起니 當知此理가 甚爲決定이오 二者, 前偈에 訶其見有種種이 是妄分別이니 此不應依라 此偈에 印其[128]觀察無性하야 各不相知가 斯爲法眼이니 固應依止라 卽依智不依識也니라

■ (ㄴ) 한 게송은 앞의 뜻을 해석함이다. 그런데 두 가지 뜻이 있으니 (1) 어떻게 체성이 없는 줄 아는가? 법의 눈으로 관찰할 적에 성품과 칭합하고 뒤바뀜이 아니어야 청정한 연기법이 되나니, 마땅히 알라. 이런 이치가 무엇으로 결정되는가? (2) 앞의 게송에서 그 갖가지가 있음을 보는 것이 망심으로 분별한 것을 꾸짖음이니, 이것은 응당 의지하지 말 것이다. 이번 게송에서 그 체성 없음을 관찰하여 각기 서로 알지 못함이 법의 눈이 됨을 인가한 것이니, 진실로 응당히 의지할 것이니, 곧 지혜에 의지하고 인식에 의지하지 않는 것이다.

---

128) 其는 金本作前誤.

(ㄷ) 한 게송은 자취를 털고 현묘함에 들어가다[後一偈拂迹入玄] 2.
a. 이 게송을 바로 해석하다[正釋此偈] 3.
a) 총합하여 표방하다[總標] (第三 76上4)

若實若不實과
世間出世間이
진실과 진실치 아니함과
허망과 허망치 아니함과
세간과 출세간이
다만 거짓말이니라.

若妄若非妄과
但有假言說이니라

[疏] 第三, 一偈는 拂迹入玄者는 謂前法性無生하야 一切皆空은 實也오 示現有生하야 眼等差別은 非實也라 妄心分別有는 妄也오 如理觀察은 非妄也라 以妄爲緣生에 世間流轉이오 以如理觀에 成出世間非倒法眼이 皆是名言이오 而無眞實이니라 何者오 如言取故니라

■ (ㄷ) 한 게송은 자취를 털고 현묘함에 들어감이란 말하자면 앞의 법의 성품은 생이 없어서 모두가 다 공함은 실법이요, 생이 있음을 나타내 보여서 눈 따위로 차별됨은 실법이 아니다. '망심으로 분별하여 있음'은 망법이요, 이치대로 관찰함은 망법이 아니다. 망심으로 인연하여 태어날 적에 세간법으로 유전함이요, 이치대로 관찰할 적에 출세간의 뒤바뀜 아닌 법의 눈으로 모두가 이름뿐이요, 진실함이 없음을 이룬 것이다. 왜냐하면 말한 대로 취하는 까닭이다.

[鈔] 第三, 一偈拂迹入玄者는 疏文有二하니 先, 正釋偈오 後, 又後三偈

下는 躡疊收束하야 重釋諸偈라 前中又二니 一, 順釋偈文이오 二, 徵釋所以니 今初라 然實不實은 約事理說이오 妄非妄者는 約情智說이라 上卽如如와 及相이오 下卽妄想正智라 並屬於名이니 五法具矣로다 而其疏文에 雙牒前二偈文하니 細尋可知니라

何者如言取故下는 二, 徵釋이라 釋中에 有三하니 初句는 略標니 亦約智說이라 故로 曉公이 云, 如言而取하면 所說皆非오 得意而談하면 所說皆是라하니라 十地論에 云, 如言取義가 有五過失이어니와 若不取着實非實等하면 並皆契理라하며 故로 中論에 云, 一切法眞實이며 一切法非實이며 亦實亦非實이며 非實非非實이니 是名諸佛法이라하니 則眞妄等을 一一例然하면 無非當也니라

● (ㄷ) '한 게송은 자취를 털고 현묘함에 들어감'이란 소문에 둘이 있으니, a. 바로 게송을 해석함이오, b. 又後三偈 아래는 쌓임을 토대로 묶어서 모든 게송을 거듭하여 해석함이다. a. 중에 또한 둘이니 a) 게송을 순리로 해석함이오, b) 원인을 묻고 해석함이니 지금은 a)이다. 그런데 실법과 실법 아님은 현상과 이치를 잡아 설명함이요, 망법과 망법 아님은 생각과 지혜를 잡아 설명함이다. 위는 곧 여여함과 모양이고 아래는 곧 망상과 바른 지혜이다. 아울러 명칭에 속하니 다섯 가지 법이 갖추어졌도다. 그러나 그 소의 문장에 앞의 두 게송을 함께 따왔으니 자세히 살펴보면 알 수 있으리라.

b) 何者如言取故 아래는 묻고 해석함이다. 해석함 중에 셋이 있으니 첫 구절[若實若不實]은 간략히 표방함이니 또한 지혜를 잡아 말한 내용이다. 그러므로 원효법사가 이르되, "말한 대로 취하면 말한 것이 모두 잘못이요, 뜻을 얻고 이야기하면 말한 것이 모두 옳으리라"라고 하였다. 『십지경론』에 이르되, "말한 대로 뜻을 취한 것이 다섯 가지

허물이 있지만 만일 진실함과 진실치 아니함 따위를 취착하지 않으면 아울러 모든 것이 이치에 계합한다"라고 하였다. 그러므로『중론』(觀法品)에 이르되, "온갖 법이 진실이며 진실 아니며 또한 진실이며 또한 진실 아니며 진실 아니며 진실 아님도 아니니 이것이 부처님의 설법이라네"라고 하였으니 진법과 망법 따위를 낱낱이 그렇게 유례하면 해당하지 않는 것이 없다.

b) 별상 해석[別釋] (又欲 76下7)

[疏] 又欲言其實이나 而復示生이오 欲言不實이나 體性卽空이오 欲言是妄이나 妄不可得이오 欲言非妄이나 能令流轉이오 欲言世間이나 卽涅槃相이오 欲言出世나 無世可出이니 則染淨이 兩亡이라

■ 또한 그 진실함을 말하려고 하지만 다시 생을 보이고 진실치 않다고 말하려 하지만 체성이 곧 공하고, 망법이라 말하려 하지만 망법을 얻을 수가 없고, 망법이 아니라 말하려 하지만 능히 유전케 함이요, 세간법이라 말하려 하지만 곧 열반의 모습이요, 출세간이라 말하려 하지만 세간에서 나갈 수가 없나니 잡염과 청정이 둘 다 없는 것이다.

[鈔] 又欲言其實下는 二, 別釋이라 亦約理釋이니 以理圓言偏[129]하야 言不及故며 以實非實等이 相卽相奪하야 一一圓融하야 理致包含故니라

● b) 又欲言其實 아래는 별상 해석이다. 또한 이치를 잡아 해석하였으니 이치는 원만하지만 말은 치우쳐서 말로 미칠 수 없는 까닭이며 실법과 실법 아닌 따위가 서로 합치하고 서로 뺏어서 낱낱이 원융하여

---

129) 偏은 南本作徧誤.

이치로 포함하는 까닭이다.

c) 결론하다[結成] 2.
(a) 바로 결론하다[正結] (是以 76下9)
(b) 인용하여 증명하다[引證] (是以)

[疏] 是以로 物不卽名以就實이오 名不卽物而履眞이라 然則實理가 獨靜
於言敎之外어니 豈文言之能辯哉아 故但假說이니라 是以로 什公이
云, 唯忘言者라야 可與道合이오 虛懷者라야 可與二通이오 冥心者라
야 可與眞一이오 遺智者라야 可與聖同耳라하니라

■ 이런 까닭에 물질은 명칭과 합치하게 실법에 나아가지 못하고, 명칭
은 물질과 합치하게 실법을 밟지 못한다. 그렇다면 실법이 이치가 유
독 말씀한 교법의 밖에서 고요할 텐데 어찌 글과 말로 능히 말할 수
있겠는가? 그러므로 단지 거짓으로 말한 것이다. 이런 까닭에 나집
(羅什)법사가 말하되, "오직 말을 잊은 이라야 도와 합할 것이요, 마
음을 비운 자라야 가히 두 가지와 통할 것이요, 마음을 그윽히 한 이
라야 가히 진실과 하나가 될 것이요, 지혜를 남긴 자라야 가히 성인
과 같아질 것이다"라고 하였다.

[鈔] 是以物下는 三, 結成이라 於中又二하니 初, 正結이오 後, 引證이라 今
初니 此亦¹³⁰⁾肇公不眞空論意也라 在文可知니라 然此言은 因破汰
公本無論하야 後結成言也라 彼論에 具云호대 本無者는 情尙於無하
야 多觸言而實無일새 故非有인 有卽無也오 非無인 無卽無也라 尋

---
130) 此亦은 南續金本作卽.

夫立言之本旨커니 直以非有가 非眞有오 非無非眞無라 何必非有가 無此有며 非無가 無彼無아 此直好無之談이언정 豈謂順通事實하야 卽物之情哉아 夫以物物於物이면 則所物而可物이니 以物物이 非物일새 故로 雖物而非物이라 是以로 物不卽名而就實이오 名不卽物而履眞이라 然則眞諦가 獨靜於名敎[131]之外라 豈文言之能辯者哉아 今但引其結文兩對耳니라 言物不卽名以就實者는 物體虛無하야 無當名之實也오 名不卽物而履眞者는 名但假立하야 無得物之功也라 若名卽物인대 召火에 卽應燒口오 若物卽名인대 見物에 卽應知名이어늘 今不爾者하니 明俱非實이라 故不相得也로다

- c) 是以物 아래는 결론함이다. 그중에 또 둘이니 (a) 바로 결론함이요, (b) 인용하여 증명함이다. 지금은 (a)이니 이것도 또한 승조(僧肇)법사의 『불진공론(不眞空論)』의 주장이니 논문에 있으니 알 수 있으리라. 그런데 이 말씀은 법태(法汰)법사의 '본래 없다'는 논리를 타파함으로 인하여 뒤에 결론한 말이다. 저 논을 갖추어 말하면, "본래 없다는 것은 생각으로는 오히려 무에서 대부분 말이 닿은 곳이 진실한 무인 연고로 유가 아닌 유는 곧 무이고, 무가 아닌 무는 곧 무인 것이다. 저 말을 세운 본래 뜻을 찾았으니 바로 유 아님이 참된 유가 아니요, 무도 아니고 참된 무도 아니다. 어찌 반드시 유 아님이 이런 유가 없을 것이며, 무 아님이 저런 무가 없겠는가? 이것은 바로 무를 좋아하는 말씀인데 어찌 현상이 진실임을 순리로 통하여 물질과 합치한 생각을 말한 것이겠는가? 대저 물질과 물질이 물질이 되려면 물질의 대상을 물질이라 해야 할 것이니, 물질과 물질이 물질이 아닌 연고로 비록 물질이라도 물질이 아닐 것이다. 이런 까닭으로 물질은 명칭

---

131) 名敎는 金本作敎名誤.

과 합치하지 않고 실법에 나아가고 명칭은 물질과 합치하지 않고 참된 법을 거칠 것이다. 그렇다면 진제만이 유독 명칭과 교법의 바깥에서 고요해질 것이다. 어찌 글과 말로써 능히 말하는 사람이겠는가? 지금은 단지 그 결론한 문장의 두 대구만 인용했을 뿐이다. '물질은 명칭과 합치하지 않고 실법에 나아간다'고 말한 것은 물질의 체성이 텅 비고 없어서 해당하는 명칭의 실법이 없다는 뜻이요, '명칭은 물질과 합치하지 않고 참된 법을 거친다'는 것은 명칭은 단지 가짜로 세운 것뿐이라서 물질을 얻는 공이 없다는 뜻이다. 만일 명칭이 물질과 합치한다면 불이라 부르면 곧 응당히 입을 태워야 하고, 만일 물질이 명칭과 합치한다면 물질을 보면 곧 응당히 명칭을 알아야 할 텐데 지금은 그렇지 아니하니 모두 실법이 아님이 분명하다. 그래서 서로 얻지 못한다는 뜻이다.

是以什公下는 第二, 引證이니 卽悟玄序라 其前文에 云, 夫玄道는 不可以設功得이오 聖旨는 不可以有心知오 眞諦는 不可以存我會오 至功은 不可以營事爲라하니 今疏는 卽次下之言이니라 此上二對는 反顯難思니라 疏文所引은 卽順明難思라 忘言者는 捨筌蹄也오 虛懷者는 離取着也오 冥心者는 不己見也오 遺智者는 泯能證也니 道・理・眞・聖이 大同小異니라 然上三은 卽法이오 後一은 約人이라 道者虛通이니 卽前玄道오 理는 揀於事니 卽前至功所契오 眞揀於俗이니 卽前眞諦오 聖揀於凡이니 卽前聖智라 故로 有心에 不契오 遺智라야 方知라 若有契合하면 復應拂迹이니라 故로 彼次에 云, 雖云道合이나 無心於合이라 合者合焉이오 雖云聖同이나 不求於同이라 同者同焉이니라 無心於合則無合無散이오 不求於同則無同無異라 超非於

百非之外일새 非所不能非焉이오 忘是於萬是之內일새 是所不能是焉이라 非所不能非則無非矣오 是所不能是則無是矣라 無異無同일새 故로 怨親無二오 無是無非일새 即毀譽가 常一이라 夫然則幾於道矣라하니 今略引二對하야 足令得意니라

- (b) 是以什公 아래는 인용하여 증명함이니 곧 현담(玄談) 서문을 깨달으리라. 그 앞의 문장에 이르되, "대저 현묘한 도는 공을 베풀어서 얻을 수가 없고, 성인의 뜻은 있다는 마음으로 알 수가 없으며, 참된 진리는 〈나〉를 두고서 알 수가 없으며, 지극한 공은 일을 경영하여 이룰 수가 없다"라고 하였으니, 지금 소문은 곧 그 다음 아래의 말씀이다. 이 위의 두 대구는 생각하기 어려움을 반대로 밝힌 내용이다. 소문에서 인용한 것은 곧 생각하기 어려움을 순리로 설명한 부분이다. '말을 잊는다'는 것은 통발이나 올무를 버린다는 뜻이요, '마음을 비운다'는 것은 취하고 집착함을 여읜다는 뜻이다. '그윽한 마음'이란 자기의 소견이 아니요, '지혜를 남긴다'는 것은 증득하는 주체를 없앤다는 뜻이다. 도와 이치, 진리와 성인이 크게는 같고 조금 다른 것이다. 그러나 위의 셋은 곧 법이요, 뒤의 하나는 사람을 잡은 해석이다. 또한 비우고 통함이니 곧 앞의 현묘한 도이고 이치는 현상과 구분되나니 곧 앞에서 지극한 공을 들어 계합할 바요, 진제는 속제와 구분하나니 곧 앞이 진제요, 성인은 범부와 구분하나니 곧 앞이 성인의 지혜이다. 그러므로 마음이 있으면 계합하지 못하고, 남기는 지혜라야 비로소 알게 되는 것이다. 만일 어떤 이가 계합하면 다시 응당히 자취를 없애야 한다. 그러므로 저 논의 다음에 이르되, "비록 도와 합하였다 하지만 무심으로 합해야 하고, 합하는 자가 합하는 것이요, 비록 '성인과 같다'고 말하지만 같기를 구하는 것이 아니라 같은

사람이 같아지는 것이다. 합하는 것에 무심하면 합하는 것도 흩어짐도 없을 것이요, 같기를 구하지 않으면 같은 것도 다른 것도 없을 것이다. 백 가지로 부정하는 바깥이 아님을 초월하므로 부정하는 주체가 아닌 것은 아닐 것이요, 만물의 안에서 이것을 잊었으므로 긍정하는 주체가 아닌 것일 것이다. 부정하는 주체가 아닌 것이 아니면 부정함도 없을 것이요, 긍정하는 주체가 아닌 것이라면 긍정도 아닐 것이다. 다른 것도 같은 것도 없으므로 원수와 친한 이가 둘이 아니요, 긍정도 부정도 아니므로 비방하고 찬탄함이 항상 하나인 것이다. 대저 그렇다면 몇 가지가 도이겠는가?"라고 하였으니 지금은 두 가지 대구를 간략히 인용하여 뜻을 얻게 함이 만족하게 되었다.

b. 쌓은 것을 토대로 거듭 해석하다[躡疊重釋] 2.
a) 바로 거두어 해석하다[正收] 3.
(a) 뒤의 세 게송을 거두어 세 가지 무성으로 해석하다[收後三偈爲三無性]

(又後 78下5)

[疏] 又後三偈는 亦如次明三無性觀이라
■ 또한 뒤의 세 게송은 역시 순서대로 세 가지 체성 없는 관법을 설명하였다.

[鈔] 又後三偈下는 第二, 躡疊重釋上之十偈하야 從後漸收라 於中有二하니 先, 正收오 後, 結歎이라 前中132)에 自有三重하니 第一, 收後三偈하야 爲三無性觀者는 唯識論에 云, 卽依此三性하야 立彼三無性

---

132) 上七字는 甲南續金本作收中.

이어늘 初는 則相無性이오 次는 無自然性이오 後는 由遠離前의 所執我法性이라하니라 釋曰, 謂依徧計所執性하야 說相無自性性이니 由彼體相畢竟非有가 如空中[133]華와 繩上蛇故라 故로 今偈에 云, 一切空無性이어늘 妄心分別有라하니라 次, 依依他起性하야 立生無自性性이니 此如幻事가 託衆緣生에 無始妄執自然性故라 故로 今偈에 云, 如理而觀察에 一切皆無性이라하니라 後, 依圓成實性하야 立勝義無自性性이니 謂卽勝義는 由遠離前徧計所執我法性故라 故로 今偈에 云, 若實若非實과 若妄若非妄이 皆是假說이라하니라 實卽圓成이오 非妄은 卽契圓成之智오 圓成之智로 成於出世니 並是假名이라 實尙不存[134]이온 何況非實가 擧況總結일새 故云其非實하야 妄及世間을 一時總遣이니라

- b. 又後三偈 아래는 쌓은 것을 토대로 위의 열 게송을 거듭 해석하여 뒤에서부터 점차 거두어 해석하였다. 그중에 둘이 있으니 a) 바로 거두어 해석함이요, b) 결론하고 찬탄함이다. a) 중에 자연히 세 가지로 거듭 해석함이 있으니 (a) 뒤의 세 게송을 거두어 삼무성(三無性) 관법으로 해석함이란 『성유식론』(제9권 제23 게송)에 이르되, "곧 이 세 가지 자성에 의거해서 그 세 가지 무자성(無自性)을 건립한다. (제24 게송) 처음의 것[徧計所執性]에서는 곧 상무자성을 말하고, 다음의 것[의타기성]에서는 무자연성을 말한다. 나중의 것[원성실성]에서는 앞[변계소집성]에서의 집착된 자아와 법을 멀리 떠난 것에 의거하는 자성을 말하느니라"라고 하였다. 해석하자면 이른바 변계성에 의지하여 모양이 자성 없음의 자성을 말한 것이니 저 자체의 모양은 필경까지 유가 아님으로 말미암은 것이 마치 허공 중의 꽃이나 노끈 위의 뱀과 같기 때문

---

133) 上四字는 甲南續金本作如虛空.
134) 存은 甲南續金本作實.

이다. 그러므로 본경의 게송에 이르되, "모두 공하여 자성이 없지만 망심으로 분별하여 있게 된다"고 말하였다. 다음에 의타기성에 의지하여 생에 자성이 없음의 자성을 세우나니 이것은 환술과 같은 현상이 뭇 인연에 의탁하여 생길 적에 무시겁래의 망심으로 집착한 자연의 성품 때문이다. 그러므로 본경의 게송에 이르되, "이치대로 관찰해 보면 모두가 다 자성이 없다"라고 하였다. 뒤에는 원성실성에 의지하여 승의의 자성이 없는 자성을 세우나니 이른바 승의(勝義)는 앞의 변계소집의 〈나〉와 〈법〉의 자성을 멀리 여읨으로 말미암은 까닭이다. 그러므로 본경의 게송에 이르되, "진실과 진실치 아니함과 허망과 허망치 아니함이 모두 거짓말이다"라고 한 것이다. 진실은 원성성이요, 허망치 아니함은 원성성과 계합한 지혜요, 원성성의 지혜로 출세간법을 성립하나니, 함께 거짓 이름인 것이다. 진실도 오히려 두지 않는데 어찌 하물며 진실치 아니함이겠는가? 거론하여 비교하고 총합하여 결론한 연고로 이르되, "그 진실치 아니하여 망법과 세간법을 동시에 모두 버린다"라고 하였다.

(b) 여기의 다섯 게송을 거두어 앞의 네 가지 비유와 합하다

[收此五偈合前四喩] (又此 79上10)

[疏] 又此五偈는 合前四喩니 初, 以流轉으로 合水漂流오 次, 頌合火니 火本無生이오 隨緣生故라 次, 頌合風이니 風卽空無커늘 因見物動하야 妄謂有故라 次, 頌合地니 法眼見理에 無分別故라 後一은 總顯이니 令亡言故라

■ 또한 (b) 여기의 다섯 게송은 앞의 네 가지 비유[水流轉喩, 大火喩, 長風

喩, 地界喩]와 합하였으니, (1) 유전함을 물에 떠다님과 합하였고, (2) 게송으로 불과 합하였으니 불은 본래 생이 없고 인연 따라 생기는 까닭이다. (3) 게송으로 바람과 합하였으니 바람은 곧 공하여 없는데 물질이 움직임을 봄으로 인하여 망심으로 있다고 말하는 까닭이다. (4) 게송으로 땅과 합하였으니 법의 눈으로 이치를 볼 적에 분별함이 없기 때문이다. (ㄷ) 뒤의 한 게송은 총합하여 밝힘이니 하여금 말이 없게 하는 까닭이다.

[鈔] 又此五偈下는 二, 合前四喩라 由依此義하야 十偈正答이라 亦可分四니 初, 諸法無體性一偈는 法說宗因이오 次, 四偈는 擧四同喩오 三, 有四偈는 別合前喩오 四者, 末後一偈는 結成前義니 則五分具矣니라

- (b) 又此五偈 아래는 앞의 네 가지 비유와 합함이다. 이런 뜻에 의지함으로 인하여 열 게송으로 바로 대답한 것이다. 또한 넷으로 나눌 수 있으니 ① '모든 법이 체성이 없다'는 한 게송은 법으로 종과 원인을 말하였고, ② 네 게송은 넷이 같은 비유를 거론함이요, ③ 네 게송은 개별로 앞의 비유와 합하였고, ④ 마지막 한 게송[若實若不實-]은 앞의 뜻을 결론함이니 다섯으로 구분함이 구비된 것이다.

(c) 열 가지를 거두어 열 게송으로 묻고 답하다[收十十偈爲問答]

(又前 79下7)

[疏] 又前五偈는 是印成答이오 次四는 出所以答이오 後一은 奪令亡言이니라

■ 또한 앞의 다섯 게송[仁今問是義- 又如長風起-]은 인가하여 대답을 이룬 것이요, 다음의 네 게송[又如衆地界- 眼耳鼻舌身-]은 이유를 내보여 대답함이요, 뒤의 한 게송[若實若不實-]은 뺏어서 말을 없게 한다는 뜻이다.

b) 결론하고 찬탄하다[結歎] (文殊 79下9)

[疏] 文殊一問에 以含多意하며 覺首縱答에 體勢無方하야 逆順硏窮하야 以顯深致하니 幸諸學者는 不咎文繁이어다
■ 문수보살의 한 가지 질문에 여러 의미를 포함하고 있으며, 각수보살의 대답으로부터 자체 세력이 방소가 없어서 거역하고 순종하면서 끝까지 궁구하여 깊은 이치를 드러내었으니, 다행스럽게도 모든 배우는 이들은 소문(疏文)이 번거로움을 허물하지 말지니라.

[鈔] (c) 又前五偈下는 第三重은 總結十偈를 可知로다 文殊一問下는 第二, 結歎이니 以緣起深理가 幽玄該博일새 故로 問答包含이라 今釋에 竭愚하야 發揚玄旨하노니 勿以經少로 責疏文繁이어다
● (c) 又前五偈 아래 셋째로 거듭 밝힘은 총합하여 열 게송을 결론함이니 알 수 있으리라. b) 文殊一問 아래는 결론하고 찬탄함이니 연기법의 깊은 이치가 그윽히 현묘하고 넓으므로 질문과 대답으로 포함한 것이다. 지금 해석에 어리석은 나의 정성을 다하여 현묘한 종지를 드날렸으니, 경문은 적은데 소문이 많고 번거롭다고 허물하지 말라는 뜻이다.

2. 교화가 매우 깊다[敎化甚深] 2.

1) 문수보살이 재수보살에게 묻다[問] 2.
(1) 표방하며 고하다[標告] (第二. 80上4)
(2) 바로 질문하다[正問] 2.
가. 종지를 세우다[立宗] (二正)

爾時에 文殊師利菩薩이 問財首菩薩言하시되, 佛子여 一切衆生이 非衆生인댄
저 때에 문수사리보살이 재수보살에게 물으셨다. "불자여, 일체 중생이 중생이 아닐진대

[疏] 第二, 敎化甚深이라 先, 問中에 二니 初, 標告라 告財首者는 彼得此法財하야 益生門故라 二, 正問中에 二니 初, 立宗이라 衆生이 即非衆生은 彼此同許니 亦可躡前覺首의 八識皆空이라

■ 2. 교화가 매우 깊음이다. 1) 질문 중에 둘이니 (1) 표방하여 고함이다. 재수보살에게 고한 것은 저가 이 법의 재물을 얻어서 중생을 이익하는 문인 까닭이다. (2) 바로 질문함 중에 둘이니 가. 종지를 세움이다. 중생이 곧 중생이 아님은 저것과 이것을 함께 허용함이니 또한 앞의 각수보살이 여덟 가지 식이 모두 공함을 토대로 삼고 있다고 볼 수 있는 내용이다.

나. 힐난을 설정하다[設難] 2.
가) 힐난한 의미를 밝히다[總顯難意] (二云 80下1)
나) 경문을 개별로 해석하다[別釋經文] 2.
(가) 첫 구절은 총합하여 힐난하다[初一總難] (於中)

云何如來가 隨其時하시며 隨其命하시며 隨其身하시며 隨其行하시며 隨其解하시며 隨其言論하시며 隨其心樂하시며 隨其方便하시며 隨其思惟하시며 隨其觀察하사

어찌하여 여래께서 그 때를 따르고 그 명을 따르고 그 몸을 따르고 그 행을 따르고 그 알음알이를 따르고 그 언론을 따르고 그 마음에 좋아함을 따르고 그 방편을 따르고 그 생각함을 따르고 그 관찰함을 따라서

[疏] 二, 云何下는 設難이니 謂衆生旣空인대 佛云何化오 若佛이 不見生空하면 則無大智니 便成謗佛이오 若見空而化하면 豈不違空이리오 空有相違어니 進退何據리오 於中에 先, 明十隨하야 辨所化差別이오 後, 明三輪하야 顯能化不同이라 今初는 一, 隨根生熟時니 如是時中에 堪如是化라 又此句爲總이오 謂隨何壽命時等이라

■ 나. 云何 아래는 힐난을 설정함이다. 말하자면 중생이 이미 공한데 부처님은 무슨 까닭으로 교화하려 하시는가? 만일 부처님이 중생이 공함을 보지 못했다면 큰 지혜가 없는 것이니 문득 부처를 비방함이 될 것이요, 만일 공함을 보고도 교화하신다면 어찌 공함에 위배되지 않으리오. 공과 유가 서로 위배되는데 나아가고 물러남에 무엇을 의탁하리오! 그중에 ㄱ. 열 가지 따름을 밝혀서 교화할 중생이 차별함을 말함이요, ㄴ. 세 바퀴를 밝혀서 교화하는 부처님도 같지 않음을 설명함이다. 지금 ㄱ.은 첫째 근기가 설고 익숙한 때를 따름이니 이런 시절에 이런 교화를 감당한다는 뜻이다. 또한 이 구절은 총상이요, 이른바 어떤 수명과 시절을 따르는 등이다.

(나) 뒤의 아홉 구절은 별상으로 힐난하다[後九別難] 2.
ㄱ. 열 가지 따름으로 설명하다[明十隨] 2.
ㄱ) 앞의 다섯 구절은 발심하기 전[前五發心前] (下九 80下4)

[疏] 下九는 爲別이라 各有二義하니 謂隨其壽命의 修短而化오 又以無命者法으로 而敎化之라 身二義者는 謂隨其所受何等類身하야 而受化故오 又宜以觀身空寂等으로 而得度者는 以彼化故라 餘準此知라 故로 下答中에 多說後意하니라 行은 謂三業善惡이오 解는 謂識解差別이오 言論者는 國俗敎誨니 此六은 多約未發心前이오

■ (나) 아래 아홉 구절은 별상이다. 각기 두 가지 뜻이 있으니 이른바 그 수명의 길고 짧음을 따라 교화함이요, 또한 수명이 없는 법으로 교화한다는 뜻이기도 하다. 몸의 두 가지 뜻이란 말하자면 그 받을 대상인 어떤 등의 종류의 몸을 따라 교화를 받기 때문이요, 또한 의당 몸이 고요함을 관하는 등으로 제도를 받는 것은 저들의 교화 때문이다. 나머지는 여기에 준하여 알아야 한다. 그러므로 아래 대답 중에 대부분 뒤의 의미를 말하였다. '행'은 세 가지 업의 선업과 악업을 말하고, 알음알이는 인식하여 아는 것이 차별함이요, '언론'이란 나라의 풍속과 가르침이니 여기까지 여섯 구절은 대부분 발심하기 전을 잡은 것이다.

[鈔] 餘準此知者는 上三은 各顯二義오 下七은 不欲繁文일새 故令例知니라 若具說者인대 行二義者는 一, 隨修何行時오 二, 以何行化之라 其能化行이 與所行行으로 未必全同이니 如行施行時에 或以施行으로 化하며 或以禪慧行으로 化故라 解二義者는 一, 隨有深淺之解오 二,

說諸佛菩薩之解化故라 言論二者는 一, 隨何國俗言說이오 二, 宜用何等言辭化故라

● '나머지는 여기에 준하여 알라'는 것은 위의 세 구절[① 時 ② 命 ③ 身]은 각기 두 가지 뜻을 밝혔고, 아래 일곱 구절[④ 행 ⑤ 해 ⑥ 언론 ⑦ 심락 ⑧ 방편 ⑨ 사유 ⑩ 관찰]은 소문을 번다하지 않게 하려는 연고로 유례하여 알게 하였다. 만일 갖추어 설명한다면 행의 두 가지 뜻은 (1) 어떤 행을 따라 닦을 때이고, (2) 어떤 행으로 교화함이다. 그 교화하는 부처님의 행이 행할 대상의 행과 더불어 반드시 완전히 똑같지는 않나니, 마치 보시행을 행할 때에 혹은 보시행으로 교화하기도 하고, 혹은 선정과 지혜의 행으로 교화하기도 함과 같은 까닭이요, 알음알이의 두 가지 뜻은 (1) 깊고 얕은 알음알이가 있음을 따르는 것이요, (2) 모든 불보살의 알음알이를 말하여 교화하는 까닭이다. 언론의 두 가지 뜻은 (1) 어떤 나라의 풍속과 말씀을 따르는 것이요, (2) 의당 어떤 등의 언사를 사용하여 교화하는가 하는 것이다.

ㄴ) 뒤의 네 구절은 발심한 후[後四發趣後] (後四 81上8)

[疏] 後四는 多約發趣已去라 心樂者는 有所欣求오 方便者는 隨所進趣오 思惟者는 依法求義오 觀察者는 如說修學이니라

■ ㄴ) 뒤의 네 구절은 대부분 발심한 후를 잡은 해석이다. '마음에 좋아함'이란 기쁘게 구할 것이 있음이요, 방편이란 나아가 회향할 바를 따름이요, '사유함'이란 법에 의지해 구한다는 뜻이요, '관찰함'은 설한 대로 수행하고 배움을 뜻한다.

[鈔] 心樂二者는 一, 隨希求何法이오 二, 稱根爲說諸願樂[135]故라 方便二者는 一, 隨何進趣時오 二, 隨用何善巧等化故라 思惟二者는 一, 隨思求何義오 二, 宜說云何思化故라 觀察二者는 一, 如說修學時오 二, 稱宜爲說觀察相故니라

- '마음에 좋아함에 두 가지'는 (1) 어떤 법을 희망하고 구함을 따르는 것이요, (2) 근기에 맞게 모든 발원과 즐거움을 따르기 때문이다. '방편의 두 가지'는 (1) 무엇을 따라 정진하고 나아가는 때이고, (2) 어떤 선교방편 등을 써서 교화함을 따르기 때문이다. 사유함의 두 가지는 (1) 어떤 이치를 생각하고 구함을 따름이요, (2) 마땅히 어떤 사유를 설하여 교화하는 까닭이요, 관찰함의 두 가지는 (1) 설한 바와 같이 닦고 배우는 때이고, (2) 마땅함에 맞게 관찰하는 모습을 설해 주기 위한 까닭이다.

ㄴ. 세 바퀴를 설명하다[明三輪] (二於 81下5)

於如是諸衆生中에 爲現其身하여 敎化調伏이니잇고
이러한 모든 중생 가운데 그 몸을 나타내어 교화하고 조복하나이까?"

[疏] 二, 於如是下는 能化差別이니 先, 牒十隨오 後, 現三業이라 敎化調伏은 通於語意니 爲以十隨로 化故라 衆生非空耶아 爲以衆生空故로 十隨虛設耶아
- ㄴ. 於如是 아래는 (세 바퀴를 밝혀서) 교화하는 주체의 차별을 설명함

---

135) 願樂은 甲南續金本作業.

이니 ㄱ) 열 가지 따름을 따름이요, ㄴ) 세 가지 업을 밝힘이다. 교화하고 조복함은 어업과 의업에 통하나니 열 가지 따름으로 교화하기 위한 까닭이다. 중생은 공하지 않은 것인가? 중생이 공한 연고로 열 가지 따름이 헛되게 시설함이 되는 것인가?

2) 재수보살의 게송으로 대답하다[答] 2.
(1) 대의를 총합하여 밝히다[總明大意] 2.

가. 바로 설명하다[正明] 2.
가) 네 가지 뜻을 총합하여 해석하다[總釋四義] (第二 81下5)

時에 財首菩薩이 以頌答曰,
그때에 재수보살이 게송으로 답하였다.

[疏] 第二, 財首答中에 準諸深經과 及此偈文에 略有四意하니
- 2) 재수보살의 게송 대답 중에 모든 깊은 경문과 여기의 게송 문장을 준하면 대략 네 가지 의미가 있다.

나) 네 가지 의미를 해석하다[別釋四意] 4.
(가) 부처가 중생을 볼 적에 중생이 본래 자체로 공하지만 단멸의 공이 아니므로 따라 교화함에 장애되지 않는다 (一佛 81下10)

[疏] 一, 佛見衆生本來自空이오 非斷空故로 不礙隨化니 偈에 云, 諸法空無我어늘 衆報가 隨衆生故라하니라

- (가) 부처님이 중생을 볼 적에 본래 자체가 공하지만, 단멸의 공이 아니므로 따라 교화함에 장애되지 않나니, 게송으로 말하되, "모든 법이 공하고 내가 없는데 여러 과보가 중생을 따르기 때문이다"라고 하였다.

(나) 부처가 알기를 중생이 능히 스스로 참된 공인 줄 알지 못하는 연고로 대비심으로 따라 교화하다 (二佛 82上1)

[疏] 二, 佛知衆生이 不能自知眞空故로 悲以隨化니 偈에 云, 隨解取衆相하야 顚倒不如實故라하니라
- (나) 부처가 알기를 중생이 능히 스스로 참된 공(空)인 줄 알지 못하는 연고로 대비심으로 따라 교화하나니, 게송으로 말하되, "이해를 따라서 온갖 모양을 취할새 전도하여 실답지 못한 까닭이다"라고 하였다.

(다) 따라 교화함이 곧 공하여 중생이 공함과 다르지 않은 연고로 둘이 서로 어긋나지 않는다 (三隨 82上4)

[疏] 三, 隨化卽空하야 不異衆生空故로 二不相乖라 偈에 云, 此是樂寂滅하야 多聞者[136])의 境界故라하니라
- (다) 따라 교화함이 곧 공(空)하여 중생이 공함과 다르지 않은 연고로 둘이 서로 어긋나지 않는다. 게송으로 말하되, "이것은 적멸을 좋아하면서 많이 듣는 이들의 경계인 까닭이다"라고 하였다.

---

136) 者는 南續金本作之 甲本無.

(라) 위의 모든 이치를 융섭하다[融上諸義] 3.

ㄱ. 교화할 중생의 체성과 양상을 융섭하다[融所化性相] (四融 82上7)

ㄴ. 교화하는 부처님의 자비와 지혜와 융섭하다[融能化悲智] (以斯)

ㄷ. 총합하여 부처와 중생을 융섭하다[總融能所] (今以)

[疏] 四, 融上諸義니 良以攬空爲衆生에 生與非生이 唯一味故라 不增不減經에 云, 卽此法身이 流轉五道를 名曰衆生이라 法身이 卽衆生이오 衆生이 卽法身이라 法身衆生이 義一名異라하니라 以斯義故로 佛見衆生擧體自盡하야 本是法身이오 不須更化라 大智現前에 見於法身의 隨緣이 卽衆生故로 大悲攝化니라 今以寂滅非無之衆生이 恒不異眞而成立故로 是不動眞際코 無化而化오 以隨緣非有之法身이 恒不異事而顯現故로 不壞假名코 化卽無化라 所化에 旣空有不二오 能化에 亦悲智不殊니라

■ (라) 위의 모든 이치를 융섭함이니, 진실로 공함이 중생이 됨을 잡으면 중생과 중생 아님이 오직 한 맛뿐인 까닭이다. 『부증불감경(不增不減經)』에 이르되, "곧 이런 법신이 오도(五道)를 유전하는 것을 중생이라 이름한다. 법신이 곧 중생이요, 중생이 곧 법신이라, 법신과 중생이 뜻은 하나인데 명칭은 다르다"라고 하였다. 이런 뜻인 연고로 부처님이 볼 적에 중생 전체 자체가 모두 본래 법신이요, 다시 교화함을 필요로 하지 않는다. 큰 지혜가 현전할 적에 법신의 인연을 따름이 중생과 합치한다고 보는 연고로 대비심으로 섭수하고 교화하는 것이다. 지금은 고요함이 없지 않은 중생이 항상 진제와 다르지 않고 성립하는 연고로 진제를 움직이지 않고 교화함 없이 교화함이요, 인연을 따름이 있지 않은 중생이 항상 현상과 다르지 않으면서 나타나는

연고로 가짜 이름을 무너뜨리지 않고 교화함이 곧 교화하지 않음이다. 교화할 중생에게는 이미 공(空)과 유(有)가 둘이 아니요, 교화하는 부처님에게는 또한 자비와 지혜가 다르지 않은 것이다.

[鈔] 準諸深經及此偈文略有四意者는 標也라 下別釋四中에 前三은 別明이오 後一은 總攝이라 就前三中하야 一, 佛見下는 初一은 空不礙化答이오 二, 佛知下는 智不礙悲答이오 三, 隨化下는 化不違空答이라 四, 融上諸義等者는 卽總攝上三하야 共爲一致也라 然前三中에 初後는 卽性相交徹이오 中一은 乃悲智雙運이니 故今融成悲智性相하야 皆無障礙니라

就文更三이니 初, 明所化性相無礙니 卽前第一意오 二, 從以斯義下는 躡前初意하야 以辨能化니 卽前第二意悲智無礙니 悲對前事하고 智對前理라 三, 今以寂滅下는 更融前能所하고 兼具前第三意하야 方成一味라 於中에 二니 先, 正明이오 後, 結釋이라 前中에 亦三이니 初, 融所化性相無礙하야 以成能化無化而化니 卽前第一意오 二, 以隨緣下는 卽融其能化하야 以成前第三化不失空이오 三, 所化旣空下는 對於所化하야 成前第二能化悲智無礙之義니라

● '모든 깊은 경문과 여기의 게송 문장을 준하면 대략 네 가지 의미가 있다'는 것은 ㄱ) 총합하여 표방함이다. 아래 ㄴ) 개별로 해석한 네 가지 중에 앞의 셋[(ㄱ) (ㄴ) (ㄷ)]은 개별로 설명함이요, 뒤의 하나[(ㄹ)]는 총합하여 섭수함이다. 앞의 셋 중에 나아가서 (1) 佛見 아래 처음 하나는 공함이 교화함과 장애되지 않는다는 대답이요, (2) 佛知 아래는 지혜가 자비와 장애되지 않는다는 대답이요, (3) 隨化 아래는 교화함이 공함과 위배되지 않는다는 대답이다. (4) '위의 모든 이치

를 융섭함' 등은 곧 위의 셋을 총합으로 섭수하여 함께 일치되게 함이다. 그러나 앞의 셋 중에 (1)과 (3)은 곧 체성과 양상이 서로 사무침이요, 중간의 (2) 하나는 비로소 자비와 지혜가 함께 움직이게 된다. 그러므로 지금에 자비와 지혜, 체성과 양상을 융섭하여 모두 장애가 없는 것이다.

문장에 나아가 다시 셋이니 ㄱ. 교화할 중생의 체성과 양상은 장애가 없음을 설명함이니 곧 앞의 첫째 의미요, ㄴ. 以斯義 아래는 앞의 첫째 의미를 토대로 교화하는 부처님을 밝혔으니 곧 앞의 둘째 의미인 자비와 지혜가 무애함이다. 자비는 앞의 현상을 상대하고 지혜는 앞의 이치를 상대하였다. ㄷ. 今以寂滅 아래는 다시 앞의 부처와 중생을 융섭하고 앞의 셋째 의미를 겸하여 갖추어서 바야흐로 한 맛을 이룬 것이다. 그중에 둘이니 ㄱ) 바로 설명함이요, ㄴ) 결론하여 해석함이다. ㄱ. 중에 또한 셋이니 (ㄱ) 교화할 중생의 체성과 양상이 무애함을 융섭하여 교화할 부처님이 교화함 없이 교화함을 이루었으니, 곧 앞의 첫째 의미요, (ㄴ) 以隨緣 아래는 곧 그 교화하는 부처님을 융섭하여 앞의 셋째 교화함이 공함을 잃지 않음을 이룬 것이다. (ㄷ) 所化旣空 아래는 교화할 중생을 상대하여 앞의 둘째 교화하는 부처님의 자비와 지혜가 무애한 뜻을 이룬 것이다.

나. 결론하여 해석하다[結釋] (不碍 83上4)

[疏] 不礙有而觀空하야 方能入理오 不動眞而隨化하야 方能究竟化他라 衆生은 不知此理일새 故流轉無窮이어니와 今令衆生으로 悟如斯法케하니 是則眞實隨化라 非直十隨가 不違空理라 亦由此十하야 方契眞

空이라 故로 淨名에 云, 當爲衆生하야 說如斯法이니 是卽眞實慈也라 하니라

■ 유(有)를 장애하지 않고 공(空)함을 관찰하여 비로소 능히 이치에 들어감이요, 진제를 움직이지 않고 따라 교화하여 바야흐로 능히 끝까지 다른 이를 교화한다. 중생은 이런 이치를 알지 못하므로 생사에 유전함이 끝이 없거니와 지금 중생으로 하여금 이런 법을 깨닫게 하는 것이다. 이것은 진제의 실법으로 따라 교화함이다. 바로 열 가지 따름이 공한 이치를 위배하지 않을 뿐 아니라 또한 이런 열 가지를 말미암아 비로소 참된 공(空)에 계합하는 것이다. 그러므로 『유마경』에 이르되, " '나는 마땅히 중생을 위해서 이처럼 법을 설하리라' 하면 이것이 곧 진실한 사랑입니다"라고 하였다.

[鈔] 不礙有而觀空下는 第二, 結釋이라 於中에 有五하니 一, 旣云不礙有而觀空方能入理는 結成問意니 則前以空으로 難隨化가 非得意也라 二, 不動下는 旣云不動眞而隨化는 結成答意오 三, 衆生下는 結成化意오 四, 非直下는 正結無違니 非但無違라 兼能相成이니라 五, 故淨名下는 引證이니 但當爲衆生說如斯法은 卽觀衆生品이니 維摩詰이 問文殊師利菩薩云하시되 云何觀於衆生이닛고 文殊答言호대 我觀衆生을 如第五大하며 如第六陰하며 如第七情하며 如第十三入等이라 하니 意明畢竟空故니라 次, 淨名問云하시되 若爾인대 云何行慈오 答曰, 當爲衆生하야 說如斯法이니 是卽名爲眞實慈也라하니라 然上云寂滅非無之衆生者는 體雖寂滅이나 不無衆生之相이니 由寂滅故로 恒不異眞이오 由非無故로 而恒成立이라 是故不動眞際等者는 卽智論意니 謂不動眞際코 而建立諸法이오 不壞假名코 而說實相이라 細

尋可見이니라

- 나. 不礙有而觀空 아래는 결론하여 해석함이다. 그중에 다섯이 있으니 가) 이미 말하되 '유를 장애하지 않고 공함을 관찰하여 비로소 능히 이치에 들어감'은 질문한 뜻을 결론함이니, 앞의 (중생이) 공함으로 따라 교화함이 뜻을 얻음이 아니라고 힐난함이다. 나) 不動 아래는 이미 말하되 '진제를 움직이지 않고 따라 교화함'은 대답한 의미를 결론함이요, 다) 衆生 아래는 교화한 의미를 결론함이다. 라) 非直 아래는 위배되지 않음을 바로 결론함이니, 단지 위배함이 없을 뿐 아니라 겸하여 능히 서로 이루게 하였다. 마) 故淨名 아래는 인용하여 증명함이다. 다만 '마땅히 중생을 위해서 이처럼 법을 설하리라' 함은 곧 관중생품(觀衆生品)이다. "유마힐이 문수보살에게 묻되 '보살은 중생을 어떻게 관찰합니까?' 문수보살이 대답하되, '나는 중생 보기를 제5대(大)와 같이 여기며, 제6음(陰)과 같이 여기며, 제7정(情)과 같이 여기며, 13입(入)과 같이 여기며' "이라 하였으니, 의미는 필경까지 공함을 설명한 것이다. 다음에 "유마힐이 묻기를, '만약 그렇다면 (보살은) 어떻게 사랑을 행합니까?' 유마힐이 대답하되, '마땅히 중생을 위해서 이처럼 법을 설하리라' 하면 이것이 곧 진실한 사랑입니다"라고 하였다. 그러나 위에서 말하되, '고요함이 없지 않은 중생'이라 말한 것은 체성은 비록 적멸하지만 중생이라는 상이 없지 않나니 적멸로 말미암아 항상 진제와 다르지 않고, 없지 않음으로 인하여 항상 성립하는 것이다. 이런 까닭에 '진제를 움직이지 않는' 등이란 곧 『대지도론』의 주장이다. 말하자면 진제를 움직이지 않고 모든 법을 건립한 것이요, 가짜 이름을 무너뜨리지 않고 실상을 말한 것이다. 자세히 살펴보면 알 수 있으리라.

(2) 게송 문장을 해석하다[正釋偈文] 2.
가. 한 게송은 법을 거론하여 듣기를 권하다[初一擧法勸聽]

(十頌 84上3)

此是樂寂滅　　　　　多聞者境界라
我爲仁宣說호리니　　仁今應聽受하소서
이것은 적멸을 좋아하면서
많이 듣는 이들의 경계라
내가 인자를 위해 말하리니
인자시여, 이제 응당 들으소서.

[疏] 十頌分二니 初一은 擧法勸聽이니 上半은 以人顯法에 已含答意라 上句는 體深이오 下句는 用廣이라 卽聞之寂일새 則聞無所聞이오 故無衆生이라 大經에 亦云, 若知如來常不說法하면 是名具足多聞이라하니 卽寂多聞하면 則善解藥病이오 不礙隨化라 下二句는 許說勸聽이니라

■ 열 게송을 둘로 나누리니 가. 처음 한 게송은 법을 거론하여 듣기를 권함이다. 위의 반의 게송은 사람으로 법을 밝힐 적에 이미 대답한 의미를 포함하였고, 위 구절은 체성이 깊음이요, 아래 구절은 작용이 광대함이다. 들음과 합치한 고요함이므로 들어도 들음이 없음이니 그러므로 중생이 없는 것이다. 『대화엄경』에 또한 말하되, "만일 여래가 항상 법을 설하는 줄 안다면 이것이 다문을 구족함이라 이름한다"라고 하나니 곧 고요한 다문이면 곧 약과 병을 잘 아는 것이요, 따라 교화함과 장애되지 않는다. 아래 두 구절은 설법을 허용하고 듣기를 권함

이다.

[鈔] 大經亦云下는 卽二十六經이니 教體中에 已辨하니라
● 大經亦云 아래는 곧 제26권 경문이니 교법의 체성 중에 이미 밝힌 적이 있다.

나. 아홉 게송은 앞의 질문에 개별로 대답하다[後九別答前問] 2.
가) 두 가지 알음알이를 표방하고 나열하다[標列二解] (分別 84上10)

[疏] 後137)九頌은 別答前問이라 文勢多含을 略爲二釋이니 一者, 一一別答이니 謂初三은 答隨身이오 次一은 隨命이오 三, 一頌은 答隨觀察이오 四, 一頌은 答隨行과 及方便이오 五, 一頌은 答隨心樂及解요 六, 一頌은 答隨言論이오 七, 一頌은 答隨思惟라 時通此九니라 二, 謂依前五隨하야 答後四隨라 亦時通於九하니라

■ 나. 아홉 게송은 앞의 질문에 개별로 대답함이다. 경문의 세력에 많이 포함된 것을 간략히 두 가지로 해석하였으니 가) 낱낱이 개별로 대답함이니 말하자면 (1) 세 게송은 몸을 따름에 대답함이요, (2) 한 게송은 목숨을 따름에 대답함이요, (3) 한 게송은 관찰함에 따라 대답함이요, (4) 한 게송은 행과 방편을 따름에 대답함이요, (5) 한 게송은 마음에 좋아함과 알음알이를 따름에 대답함이요, (6) 한 게송은 언론을 따름에 대답함이요, (7) 한 게송은 사유를 따름에 대답함이다. 시절에 따름은 이 아홉 게송에 다 통한다. 나) 이른바 앞의 다섯 가지 따름에 의지하여 뒤의 네 가지 따름에 대답하였다. (여기도) 역시

---

137) 後는 甲南續金本作分別後.

시절에 따름은 아홉 게송에 통한다.

나) 뒤의 뜻에 의지하여 해석하다[依後義釋] 2.
(가) 총합하여 과목 나누다[總科] (今依 84下4)

[疏] 今依此消文에 文分爲六이니 初, 三頌은 敎依隨何身時니 隨其心樂하야 修其方便하고 思惟觀察이니 此四가 徧於五段이니라 二, 有一頌은 依命時오 三, 二頌은 依行時오 四, 一頌은 依解時오 五, 一頌은 依言論時오 六, 一頌은 敎離二取하야 通結上文이니라

■ 지금 여기에 의지해 경문을 풀이할 적에 경문을 여섯으로 나누리니, (1) 세 게송[分別-, 此身-, 於身-]은 교화하면서 어떤 몸과 시절을 따름에 의지함이니, 그 마음에 좋아함을 따라 방편을 닦고 사유하고 관찰함이니 이런 넷이 다섯 문단에 두루 한 것이다. (2) 한 게송[壽命-]은 그 수명과 시절에 의지함이요, (3) 두 게송[智者-, 衆報-]은 행과 시절에 의지함이요, (4) 한 게송[世間-]은 알음알이와 시절에 의지함이요, (5) 한 게송[世間所言論-]은 언론과 시절에 의지함이요, (6) 한 게송[能緣-]은 교화가 두 가지 취착을 떠나서 위의 경문을 모두 결론함이다.

(나) 개별로 해석하다[別釋] 6.
ㄱ. 세 게송은 몸과 시절에 의지하여 마음에 좋아함을 따라 그 방편을 닦고 사유하고 관찰하다 [初三頌依身時隨其心樂修其方便思惟觀察] 3.
ㄱ) 대의를 밝히다[顯大意] (今初 84下8)

[疏] 今初, 三頌은 若着我時에 作界分別觀하야 分別觀身호대 皆無我故며 若愛染身時에 作念處觀하야 觀於內身과 及心法故라 總相而言에 卽二空觀이니
■ 지금은 ㄱ. 세 게송은 만일 나에게 집착할 때에 계로 분별하는 관법을 지어서 몸을 분별하고 관찰하되 저 몸에 물들고 애착할 적에 사념처(四念處) 관법을 지어서 안의 몸과 마음과 법을 관찰하기 때문이다. 총상으로 말하면 두 가지가 공한 관법이다.

ㄴ) 경문 해석[釋經文] 2.
(ㄱ) 계(界)로 분별하는 관법을 잡아 해석하다[約界分別釋] 3.
a. 첫 게송은 〈내〉가 공한 관법[初偈我空觀] (初一 85上1)

分別觀內身컨댄   此中誰是我오
若能如是解하면   彼達我有無니라
분별하여 이 몸을 관찰하건대
이 가운데 무엇을 나라 하리오.
만일 능히 이와 같이 이해한다면
나의 있고 없음을 통달하리라.

[疏] 初一은 我空이오 次一은 法空이라 後一은 類通一切라 今初의 上半은 卽尋思觀이니 觀於內身과 四大五蘊이라 若卽若離하야 尋求主者에 不可得故오 下半은 觀益이니 如實知於假我는 則有하고 計實我無라
■ a. 처음 한 게송[分別-]은 〈내〉가 공함이요, b. 다음 한 게송[此身-]은 법이 공함이다. c. 뒤의 한 게송[於身-]은 모두와 유례하여 통함이

다. 지금은 a. (아공관법에서) a) 위의 반의 게송은 곧 심구(尋求)하고 사찰(伺察)하는 관법이니, 안의 몸과 사대종(四大種)과 오온(五蘊)을 관찰함이다. 합치하고 여의어서 주인을 심구하는 것은 얻을 수 없기 때문이요, b) 아래 반의 게송은 관법의 이익이니, 거짓〈나〉는 있고, 참된 나는 없다고 계탁하는 줄 여실하게 알게 될 것이다.

[鈔] 今初三頌若着我下는 疏文有二하니 先, 總標二觀이오 後, 總相而言下는 釋經文이라 於中에 先, 依二空觀釋이오 後, 依念處觀釋이라 今初는 卽二空觀者는 謂界分別과 及四念處니 皆明二空故로 故便以二空으로 科判經文이니라 初一, 我空下는 卽界分別觀이니 謂十八界等中에 求我不得故라 言上半, 尋思觀者는 斯爲方便이니 卽顯下半이 是如實觀이니라

- 今初三頌若着我 아래는 소문에 둘이 있으니 ㄱ) 두 가지 공한 관법을 총상으로 표방함이요, ㄴ) 總相而言 아래는 경문 해석이다. 그중에 (ㄱ) 두 가지 공관에 의지해 해석함이요, (ㄴ) 사념처관법에 의지해 해석함이다. 지금 (ㄱ)은 곧 두 가지 공한 관법이란 이른바 계로 분별하는 관법과 사념처의 관법이니 모두 두 가지가 공함을 밝힌 까닭이니 그러므로 문득 두 가지 공함으로 경문을 과목 나눈 것이다. (ㄱ) 初一我空 아래는 계(界)로 분별하는 관법이니 이른바 18계(十八界) 따위에서 나를 구하여 얻지 못하는 까닭이다. '위의 반의 게송은 곧 심구(尋求)하고 사찰(伺察)하는 관법'이라 말한 것은 이것이 방편이 됨이니, 곧 아래 반의 게송이 여실한 관법임을 밝혔다.

b. 다음 게송은 법이 공한 관법[次偈法空觀] (次偈 85上10)

此身假安立이라　　　住處無方所하니
諦了是身者는　　　　於中無所着이니라

이 몸은 거짓으로 되어 있고
머무는 곳도 처소가 없으니
이 몸을 참으로 아는 이는
여기에 집착하지 아니하리라.

[疏] 次偈는 觀身實相法無我觀이니 上半은 諦了身空이라 謂攬緣假立하야 來無所從일새 故本無住處오 緣盡謝滅일새 去無所至오 無停積處일새 虛假似立이나 實無所住라 下半은 觀益이오

- 다음 게송은 몸의 실상인 법에 내가 없는 관법으로 관찰함이니, 위의 반의 게송은 몸이 공함을 자세하게 요달함이다. 이른바 인연이 가정적으로 세워서 어디서 온 바 없이 옴을 잡았으므로 본래로 머무는 곳이 없으며, 인연이 다하면 없어지므로 갈 곳이 없이 가는 것이요, 머물거나 쌓을 곳이 없으므로 헛되고 가정적으로 세운 것 같지만 실제로 머물 곳이 없다는 뜻이다. 아래 반의 게송은 관법의 이익이다.

[鈔] 謂攬緣假立者는 此釋初句오 次에 來無所從下는 釋次句오 虛假似立下는 雙結二句니라

- '이른바 인연이 가정적으로 세운 것'이란 첫 구절을 해석함이요, 來無所從 아래는 다음 구절을 해석함이요, 虛假似立 아래는 두 구절을 함께 결론함이다.

c. 뒤 게송은 유례하여 통하다[後偈類通] (後偈 85下6)

於身善觀察하여　　　一切皆明見하면
知法皆虛妄하여　　　不起心分別이니라
이 몸을 잘 관찰해서
모든 것을 다 밝게 보면
법이 다 허망함을 알고
분별하는 마음을 일으키지 아니하리라.

[疏] 後偈는 類通이라 以身觀身에 旣明見自身二我皆空하야 則知萬法이 皆是虛妄이라 此觀도 亦寂일새 故不起心이니라

■ 뒤 게송은 유례하여 모두와 통함이다. 몸으로 몸을 관찰할 적에 이미 스스로의 몸의 두 가지 〈내〉가 모두 공함을 분명하게 보면 만 가지 법도 모두 허망한 줄 아는 것이다.

[鈔] 以身觀身者는 卽借老子之言이니 彼云, 以身觀身하고 以家觀家하며 以國觀國하고 以天下觀天下라하니 彼意에 令近取諸身하고 遠取諸物이라 如觀一葉落에 知天下秋니 雖不知空寂이나 例知同也니라 此觀亦寂者는 此釋不起心分別이라 然[138]此句에 有二意하니 一, 旣物我가 皆虛일새 故不分別物我之[139]異라 此意卽淺일새 故略不出이니라 今明知空之心이 卽是此觀이라 二我旣寂이어니 觀何由生이리오 若觀不忘하면 非見空矣라 則空病亦空하야 能所雙寂矣로다

● '몸으로 몸을 관찰함'이란 『노자(老子)』의 말씀을 빌려 쓴 것이다. 저 『노자』에 이르되, "자신으로 자신을 보고, 가정으로 가정을 보고, 마을로 마을을 보고, 나라로 나라를 보고, 세상으로 세상을 보시오!"

---

138) 然은 甲南續金本作言.
139) 之는 甲南續金本作皆.

라고 하였으니 저 노자(老子)의 의미에는 하여금 가까이는 모든 몸을 취하게 하고 멀리는 모든 사물을 취하게 한 것이다. 마치 한 개의 나무 잎사귀가 떨어짐을 보면 천하에 가을이 온 줄 아는 것과 같나니, 비록 공적함은 알지 못해도 유례하여 같은 줄 안다는 뜻이다. '이런 관법도 고요하다'는 것은 여기서 마음을 일으켜 분별하지 않음을 해석한 내용이다. 그러나 이 구절에 두 가지 의미가 있으니 (1) 이미 사물과 내가 모두 헛되기 때문에 사물과 내가 다른 것을 분별하지 않는 것이다. 이런 의미는 얕은 연고로 생략하고 내보이지 않았다. 지금은 공한 줄 아는 마음이 바로 이 관법임을 밝힌 것이다. 두 가지 〈내〉[假我, 眞我]가 이미 고요하니 무엇으로 인하여 생긴다고 관찰하겠는가? 만일 관법을 잊지 않으면 공함을 보지 못하는 것이다. 공하다는 병통도 또한 공하여 주체와 대상이 함께 공적하다는 뜻이다.

(ㄴ) 사념처 관법을 잡아서 해석하다[約四念處釋] 2.
a. 바로 해석하다[正釋] (若作 86上4)

[疏] 若作念處釋者인대 內身은 揀於外器와 及他身故라 念處有二하니 一, 通이오 二, 別이라 通則身等이 皆無我等이오 別則觀法無我니 今是通也라 復有二種하니 一, 小요 二, 大라 此中에 是大는 觀身性相이 同虛空故로 空無二我라 誰是我言은 已兼二我니라 次偈는 觀受不在內外中間일새 故無方所오 後偈는 觀心及法이 不得善法과 及不善法일새 故云知法虛妄이오 心如幻故로 不起分別이라

■ 만일 사념처(四念處) 관법을 지어 해석한다면 안의 몸은 외부의 기세간과 다른 이의 몸과 구분되기 때문이다. 사념처에 둘이 있으니 (1)

전체로 관찰함이요, (2) 개별로 관찰함이다. (1) 전체로 관찰함은 몸 등이 모두 내가 없다는 등이요, (2) 개별로 관찰함은 법이 무아(無我) 임을 관찰함이니 지금은 (1) 전체로 관찰함이다. 여기에 다시 두 가지가 있으니 ① 작은 관법이요, ② 큰 관법이다. 이 가운데서 ② 큰 관법은 몸의 체성과 양상이 허공과 같은 연고로 둘에 내가 공하여 없다는 뜻이다. '누가 나인가?'라는 말은 이미 두 가지 〈나〉를 겸한 말이다. 다음 게송은 느낌이 안과 밖이나 중간에 있지 않으므로 방소가 없음을 관찰함이요, 뒤 게송은 마음과 법이 선한 법과 악한 법을 얻지 못함을 관찰하므로 "법이 허망한 줄 아는 것이요, 마음이 환술과 같은 연고로 분별을 일으키지 않는다"고 말하였다.

[鈔] 內身揀於下는 釋初偈內身二字以念處140)라 然四地中에 有於三身하니 智論과 瑜伽에 各有解釋하니 今卽瑜伽意라 一, 以自身爲內身이오 二, 以器物141)인 甁衣車乘等으로 爲外身이오 三, 以外有情妻子男女等으로 爲內外身이니 故今揀於後二니라 念處有二下는 釋第二此中誰是我句니 謂有問言호대 準念處觀컨대 觀身不淨과 觀受是苦와 觀心無常과 觀法無我니 今何觀身爲無我耶아할새 故今答云호대 有通有別이라하니 上以別難이오 今約通說이라 故於觀身에 得作無我와 及苦無常不淨之觀이니 今但擧無我耳니라 復有二種下는 通釋一偈하야 以142)爲通妨이니 謂有問言호대 下旣別觀受及心法하면 法應無我라 何無不淨苦等觀耶아할새 故今答云호대 約大乘說故라하니라 然大乘中에 具有二觀하니 謂約世諦하야는 則觀身等이 爲不淨等

---

140) 上十三字는 南續金本作下.
141) 器物은 甲南續金本作外器.
142) 以는 南續金本作亦.

이오 約第一義하야는 則觀身等이 同虛空等이라 今約大小對辨하야 觀身[143]不淨等은 唯屬小乘이오 觀身性相同虛空等은 唯屬於大니라 誰是我下는 上約界分別觀하야 釋誰是我하야 但遣人我[144]오 次第二偈는 方遣法我라 今約大乘念處일새 故兼二我니 謂於四大五蘊에 求其主宰하야도 了不可得이라 但蘊等合에 即無人[145]我니 觀蘊等相이 緣成故空일새 即無法[146]我니라

- 內身揀於 아래는 첫 게송[分別-]의 내신(內身) 두 글자로 사념처를 해석함이다. 그런데 제4 염혜지 중에 세 가지 몸이 있으니 『대지도론』과 『유가사지론』에 각기 해석이 있으니 지금은 유가론의 주장이다. (1) 자신으로 '안의 몸'을 삼음이요, (2) 기세간의 사물인 병이나 옷, 수레 따위로 '바깥 몸'을 삼고, (3) 외부의 유정인 처자와 남자, 여자 따위로 '안팎의 몸'을 삼았으니 지금은 뒤의 둘과 구분한다는 뜻이다. 念處有二 아래는 둘째 '이 가운데 무엇을 나라 하리오'라는 구절을 해석함이다. 말하자면 어떤 이가 묻기를, "사념처 관법에 준한다면 (1) 몸이 깨끗하지 않음을 관찰함과 (2) 느낌은 괴로움인 줄 관찰함과 (3) 마음이 무상함을 관찰함과 (4) 법에 내가 없음을 관찰함이니, 지금은 어찌하여 몸이 무아임을 관찰하였는가?"라 하였으므로 지금에 대답하되, '전체도 있고 개별도 있다'고 하였으니 위는 개별로 힐난함이요, 지금은 전체로 힐난함을 잡아 말하였다. 그러므로 몸을 관찰할 적에 〈내〉가 없음과 괴로움과 무상함과 부정관을 지었으니 지금은 단지 〈내〉가 없음만 거론했을 뿐이다. 復有二種 아래는 한 게송을 전체로 해석하여 비방을 해명하였다. 말하자면 어떤 이가 묻

---

143) 觀身은 甲南續金本作則.
144) 我는 甲南續金本作空.
145) 即無人는 南續金本作則人無.
146) 無法은 甲南續金本作法無.

기를 '아래는 이미 개별로 느낌과 마음과 법을 관찰하면 법은 응당히 내가 없음이 될 텐데 어찌하여 부정함과 괴로움 따위를 관찰함은 없는가?'라고 하므로 지금 대답하되, '대승법을 잡아 설명하기 때문이다'라고 하였다. 그러나 대승법 중에 두 가지 관법을 갖추어 있으니, 말하자면 세제(世諦)를 잡으면 몸 등이 깨끗하지 않음 등으로 관찰함이요, 첫째 뜻을 잡으면 몸 따위가 허공과 같다는 등을 관찰함이다. 지금은 대승과 소승을 잡아 상대하여 분별해서 몸이 깨끗하지 못함 등으로 관찰함은 오직 소승만 속함이요, 몸의 체성과 양상이 허공과 같다는 등으로 관찰함은 오직 대승에만 속한다.

誰是我 아래는 위는 계로 분별하는 관법을 잡아서 '누가 〈나〉인가?'를 해석하여 단지 사람인 나를 보냄이요, 다음 둘째 게송[此身-]은 비로소 법인 〈나〉를 보냄이다. 지금은 대승법의 사념처를 잡은 연고로 두 가지 〈나〉를 겸하였다. 말하자면 사대종(四大種)과 오온(五蘊)에서 주재함을 구하여도 마침내 얻을 수가 없는 것이다. 단지 오온 등과 합할 적에는 곧 사람인 〈내〉가 없으니 5온 등의 양상이 인연으로 성립한 연고로 공함을 관찰함이니 곧 법인 〈내〉가 없음이다.

b. 비방을 해명하다[通妨] (又別 87上7)

[疏] 又別則身受不同이오 通則受等이 皆身이라 是故로 三偈에 皆致身言하나라

- 또한 개별 관법으로는 몸과 느낌은 같지 않음이요, 전체의 관법으로는 느낌 등이 모두 몸인 것이다. 이런 까닭에 세 게송에 모두 몸이란 말에 이르게 된다.

[鈔] 又別則身受不同下는 此亦通妨이니 謂有問言호대 大小二觀에 皆觀身受心法이어늘 今何三偈에 皆有身言고할새 故爲此通이니 以身受心法이 但合五蘊에 五蘊皆身故라 亦猶淨名方便品에 云, 是身은 如聚沫하야 不可撮摩오 是身如泡하야 不得久立이오 是身如燄하야 從渴愛生이오 是身如芭蕉하야 中無有堅이오 是身如幻하야 從顚倒起라하나니 此則如次喩於五蘊하야 皆名是[147]身이니라 若別說者인대 應言是色은 如聚沫하고 受如水上泡하고 想如熱時燄하고 諸行如芭蕉하고 諸識猶如幻이라 今皆言身하니 明知四處를 皆得稱身일새 故云通則受等皆身이라하니라

- b. 又別則身受不同 아래는 이것도 역시 비방을 해명함이다. 말하자면 어떤 이가 묻기를 "대승과 소승의 두 가지 관법에서 모두 몸과 느낌, 마음, 법을 관찰하였는데, 지금은 어찌하여 세 게송에 모두 몸이란 말이 있는가?"라고 하므로 여기서 해명하였으니, 몸과 느낌, 마음, 법이 단지 오온(五蘊)과 합할 적에 오온이 모두 몸인 까닭이다. 또한 『유마경』 제2 방편품에 이르되, "이 몸은 물방울이 모인 것과 같아서 만질 수가 없으며, 이 몸은 물거품과 같아서 오래 가지 못하며, 이 몸은 아지랑이와 같아서 갈애로부터 생긴 것이며, 이 몸은 파초와 같아서 속이 텅 비었다. 이 몸은 환영과 같아서 전도로부터 생긴 것이다"라고 하였으니 이것은 순서대로 오온에 비유하여 모두 몸이라 이름한 것이다. 만일 개별 관법으로 말한다면 "응당히 형색은 물방울이 모인 것과 같고 느낌은 물 위의 거품과 같고, 생각은 아지랑이와 같고 모든 지어감은 파초와 같고, 모든 식은 환영과 같다"고 말한 것이다. 지금은 모두 몸이라 말하였으니 분명히 알라. 네 곳을 모두 몸이

---

147) 是는 南續金本作爲.

라 불렀으므로 '전체로는 느낌 등도 모두 몸이다'라고 말하였다.

ㄷ) 질문과 상대하여 회통하다[對問會通] (前問 87下7)

[疏] 前問意에 云, 衆生旣空인대 云何如來가 隨其身化오할새 今釋意에
云, 以彼不知身本空寂일새 敎如是觀이니 故說如來가 隨衆生身하니
而敎化也라 下皆準之니라
- 앞에서 의미를 질문하여 말하되, "중생이 이미 공한데 어찌하여 여래가 그 몸을 따라 교화하겠는가?"라고 하므로 지금 의미를 해석하되, "저가 몸이 본래 고요함을 알지 못하므로 이런 관법을 가르치는 것이다. 그러므로 여래가 중생의 몸을 따라 교화한다"고 말하였다. 아래는 모두 준해 생각해 보라.

[鈔] 前問意下는 結成前問이니라
- 前問意 아래는 앞의 질문을 결론함이다.

ㄴ. 한 게송은 목숨과 시절에 의지하여 그 마음에 좋아함을 따라 방편을 닦고 사유하고 관찰하다[次一頌依命時隨其心樂修其方便思惟觀察] 2.
ㄱ) 위의 반의 게송을 해석하다[釋上半] 2.
(ㄱ) 소승을 잡아 해석하다[約小乘釋] (二一 88上1)

壽命因誰起며　　　　　　復因誰退滅고
猶如旋火輪이　　　　　　初後不可知니라

수명은 무엇을 인하여 생겼으며
또 무엇을 인하여 없어지는가.
마치 불을 돌리는 바퀴 같아서
처음과 끝을 알지 못하리라.

[疏] 二, 一頌은 令於壽命思惟觀察이라 命謂命根이니 能令色心連持일새 故名爲命이라 壽謂壽限이니 卽命根體라
- ㄴ. 한 게송은 수명에 대해 사유하고 관찰하게 한다는 뜻이다. 명(命)은 목숨의 근본을 말하나니, 능히 형색과 마음으로 하여금 연이어 지탱하게 한 연고로 목숨이라 이름하였다. 수(壽)는 수명의 한계를 말하나니, 곧 수명의 근본 체성이다.

[鈔] 命謂命根等者는 疏文有二하니 先, 釋上半이라 於中又二[148]니 先, 釋壽命二字오 後, 總釋兩句라 今初니 先, 依小乘이니 卽俱舍根品이라 偈에 云, 命根이 體卽壽니 能持煖及識이라하며 論引對法云호대 云何命根고 謂三界壽니 謂有別法하야 能持煖識을 說名命根이라하니 此有三法하야 壽爲能持일새 故名爲體니라 疏云色心은 色卽是煖이니 煖必依色故니라
- '명(命)은 목숨의 근본을 말한다'라 한 것은 소문에 둘이 있으니 ㄱ) 위의 반의 게송을 해석함이다. 그중에 또 둘이니 (ㄱ) 壽命 두 글자를 해석함이요, (ㄴ) 두 구절을 총상으로 해석함이다. 지금은 (ㄱ) 소승에 의지한 해석이니 곧 『구사론』근품(根品)이다. 게송에 이르되, "명근(命根)의 자체는 곧 목숨[壽]이니 따뜻함과 인식을 능히 지니고

---

148) 上鈔는 南金本作命謂下.

있네"라고 하였으며, 논에서 『대법론』을 인용하여 말하되, "어떤 것이 명근이냐 하면 삼계(三界)의 목숨을 말한다. 말하자면, 별다른 법이 있어서 능히 따뜻함과 인식을 지니고 있나니, 그를 목숨이라고 이름한다"라고 하였다. 여기에 세 가지 법이 있어서 목숨이 지니는 주체가 되는 연고로 자체라고 이름한다. 소가가 형색과 마음이라 말한 것에서 형색은 곧 따뜻함이니 따뜻함은 반드시 형색에 의지하기 때문이다.

(ㄴ) 대승을 잡아 해석하다[約大乘釋] (實謂 88上2)

[疏] 實謂由業種力하야 引一期報하야 衆同分體에 住時分限하야 假立壽命이라

■ 진실로 말하자면 업과 종자의 힘으로 말미암아 한 기간의 과보를 이끌어 중동분(衆同分)의 체성에서 시분의 한계에 머물러서 가정적으로 수명(壽命)을 세운 것이다.

[鈔] 實謂由下는 約大乘釋이니 即唯識第一에 廣破小乘의 離色心外에 別有命根竟하고 示正義云호대 然依親生此識種子하야 由業所引功能差別하야 住時決定하야 假立命根이라하니라 而疏云引一期報衆同分體者는 通大小乘이니 大乘是假오 小乘是[149]實이라 故로 俱舍에 云, 依同分及命하야 令心等相續이라하며 又云, 同分有情等이라하니 同은 謂身形等同하야 互相似故오 分者因義니 謂由此分하야 能令有情身形等同이라

---

149) 是는 甲南續金本作有.

言有情者는 同分所依니 揀非情也라 等者는 揀於不等이니 正顯能依 同分義也라 論에 云, 別有實物을 名爲同分이라하니 彼言衆同分者는 衆多同分故니 廣如彼說하니라 唯識에도 廣破竟하고 示正義云호대 然 依有情의 身心相似하야 分位差別하야 假立同分하니 卽大乘義라 具 如疏文하니라

- (ㄴ) 實謂由 아래는 대승을 잡아 해석함이다. 곧 『성유식론』제1권에 소승의 형색과 마음을 여읜 밖에 따로이 목숨의 근본이 있음을 널리 타파하고 나서, 바른 뜻을 보여서 말하되, "직접 이 식을 일으키는 종자에 의거해서, 업에 의해 이끌어진 특수한 정신적인 힘[功能差別: 종자]150) 이 머무는 기간을 결정하는 것을 명근이라고 가립(假立)한다"라고 하였다. 그러나 소가가 말한 '한 기간의 과보를 이끌어 중동분(衆同分) 의 체성'이라 말한 것은 대승과 소승에 통하나니, 대승은 빌린 것이요, 소승은 실제이다. 그러므로 『구사론』(제8권 분별세품)에 이르되, "동분(同分)과 그리고 명근(命根)에 의하여 마음 따위로 하여금 계속하게 하네"라고 하였고, 또 이르되, "동분(同分)이란, 중생들이 동등함이라" 라고 하였으니 동등함이란 이른바 몸의 형태 등이 같아서 서로 비슷한 까닭이요, 부분이란 원인의 뜻이니, 이른바 이런 부분으로 인하여 능히 중생으로 하여금 몸의 형상 등을 같게 한다.

유정(有情)이라 말한 것은 동분이 의지할 대상이니 중생 아닌 것과 구분한 것이다. 같음[等]이란 같지 않음과 구분한 말이니 의지하는 주체와 같은 부분이란 뜻을 바로 밝힌 말이다. 논에 이르되, "다른 실물 있는 것을 동분이다"라고 말하였으니, 저기서 중동분(衆同分)이라 말한 것은 '온갖 중생들이 이리저리 종류가 같은 부분'인 까닭이니, 자

---

150) 功能差別은 제8식에 저장되어 있는 種子를 가리킨다.

세한 것은 저 논의 설명과 같다. 성유식론에도 널리 타파하여 마치고 바른 뜻을 보이고 말하되, "유정의 신체와 정신이 서로 비슷한 분위의 차별에 의거해서 동분을 가립한다"고 하였으니 곧 대승의 뜻이다. 구체적인 것은 소문과 같다.

[疏] 從業緣起일새 起卽無起오 業盡便滅일새 滅無所滅이라 本無主者어든 況刹那生滅하야 實無自性가
- 업으로부터 연기하므로 일어남이 곧 일어남이 없고, 업이 다하면 문득 없어지므로 없어져도 없어질 것이 없다. 본래 주인이 없는데 하물며 어찌 찰나 간에 생기고 없어져서 진실로 자체 성품이 없는 것이겠는가?

[鈔] 從業緣起下는 二, 通顯上半이니 先, 以因緣門釋이오 後, 況刹那下는 以生滅門釋이니라
- (a) 從業緣起 아래는 통틀어 위의 반의 게송을 밝힘이니, ① 인연문으로 해석함이요, ② 況刹那 아래는 생멸문으로 해석함이다.

ㄴ) 아래 반의 게송을 해석하다[釋下半] (喩以 89上3)

[疏] 喩以火輪은 謂旋火速轉에 不見始終이오 生滅遄流에 寧知本際리오 又薪火不續과 識鈍謂輪이오 命實遷流어늘 妄謂相續이라 又輪資火有하고 命假心明이라 待他而成하야 固無自體로다
- '불바퀴로 비유함'은 이른바 불바퀴로 속히 돌릴 적에 처음과 끝을 보지 못함이요, 생기고 멸함이 빠르게 흐르는데 어찌 근본 시간[本際]을 알겠는가? 또한 장작의 불은 연속하지 않음과 인식이 암둔함을 바퀴

라 말하고, 목숨은 실로 빠르게 흐르는데 망녕되게 상속한다고 말하였다. 또한 바퀴는 불을 도움이 있고, 목숨은 마음을 빌려서 밝힌다. 다른 것을 기다려 이루었으니 진실로 자체가 없는 것이다.

[鈔] 喩以火輪下는 釋偈下半이라 疏有三意하니 初二는 皆喩上生滅門호대 而初就所知오 二, 就能知오 第三意는 喩上因緣門이라 然上法說에는 因果을 對明하고 今合喩中에는 能所對說이라 命爲能依오 心爲所依니 依心假立일새 故是因緣이라 故로 生公이 云, 如杖薪之火가 旋之成輪에 輪必資火而成照하야 情[151]亦如之하야 必資心而成用也라하니 以彼情依於心이 類此命依於心이니라

- ㄴ) 喩以火輪 아래는 아래 반의 게송을 해석함이다. 소문에 세 가지 의미가 있으니, 첫째와 둘째는 모두 위의 생멸문에 비유하되, 첫째는 알 대상에 나아간 의미요, 둘째는 아는 주체에 나아간 의미요, 셋째 의미는 위의 인연문에 비유한 의미이다. 그러나 위의 법을 설함에는 원인과 결과를 상대하여 밝혔고, 지금은 비유와 합한 중에는 주체와 대상을 상대하여 설명하였다. 목숨은 의지하는 주체가 되고, 마음은 의지할 대상이니 마음에 의지하여 가정적으로 세우는 연고로 인연인 것이다. 그러므로 도생(道生)법사가 말하되, "마치 장작불이 돌면서 불바퀴가 될 적에 바퀴가 반드시 불을 도와 비춤을 이룸과 같아서 중생도 그와 같아서 반드시 마음을 도와 작용을 성립하게 된다"라고 하였으니 저 중생이 마음을 의지한 것이 여기의 묵숨이 마음에 의지함과 유례하였다.

---

151) 情은 甲南續金本作有情.

ㄷ. 두 게송은 행과 시절에 의지하여 그 마음에 좋아함을 따라 방편을 닦고 사유하고 관찰하다[次二頌依行時隨其心樂修其方便思惟觀察] 2.
ㄱ) 한 게송은 네 가지 관법을 갖추어 밝히다[初一偈具顯四觀] 2.
(ㄱ) 네 가지 관법을 표방하고 나열하다[標列四觀] (三二 89下4)

智者能觀察　　　一切有無常하며
諸法空無我하여　永離一切相이니라

지혜로운 이는
모든 것이 무상하며
모든 법이 공하여 아가 없음을 관찰하고
모든 형상을 같이 떠나느니라.

[疏] 三, 二偈는 令依行時하야 思惟觀察하야 成四種觀이니 一, 無常觀이오 二, 空觀이오 三, 無我觀이오 四, 無相觀이라 於中初偈는 略標其四라 一切有者는 三有也며 亦一切有爲라 然無常等을 經論異說하니

■ ㄷ. 두 게송은 하여금 행과 시절을 의지하여 사유하고 관찰하여 네 가지 관법을 이루었으니, (1) 무상관(無常觀)이요, (2) 공관이요, (3) 무아관(無我觀)이요, (4) 무상관(無相觀)이다. 그중에 첫 게송은 간략히 그 넷을 표방하였다. '모든 것'이란 삼유(三有)이며 또한 온갖 유위법을 뜻한다. 그러나 무상관(無常觀) 등을 경전과 논서에서 다르게 말하였다.

(ㄴ) 네 가지 관법으로 해석하다[隨釋四觀] 2.
a. 논에 의지한 해석[依論釋] (今且 89下7)

[疏] 今且依辨中邊論하야 以三性으로 釋之호리라 初, 無常三者는 約徧計하야 名無性無常이니 以性常無故오 約依他起하야 名生滅無常이니 有起盡故오 約圓成實하야는 名垢淨無常이니 位轉變故라 空亦有三하니 一, 無性空이니 性非有故오 二, 異性空이니 與妄所執으로 自性異故오 三, 自性空이니 二空所顯으로 爲自性故라 無我亦三이니 一, 無相無我니 我相無故오 二, 異相無我니 與妄所執我相으로 異故오 三, 自相無我니 無我所顯으로 爲自相故라 無相亦三이니 一, 相都無故오 二, 相無實故오 三, 無妄相故라

■ 지금은 우선 『변중변론(辨中邊論)』에 의지하여 세 가지 성품으로 해석하겠다. (1) 무상함의 셋은 변계성을 잡아서 '체성 없는 무상함'이라 이름하나니, 성품이 항상 없기 때문이요, 의타성을 잡아 '생멸하는 무상함'이라 이름하나니 생겨나고 다함이 있기 때문이다. 원성성을 잡아서는 '번뇌가 깨끗해진 무상함'이라 이름하나니 지위가 전전히 변하기 때문이다. (2) 공함에도 또한 셋이 있으니 첫째, 체성 없는 공함이니 성품이 있지 않기 때문이요, 둘째, 다른 성품이 공함이니 망심으로 집착할 대상과 자체 성품이 다르기 때문이요, 셋째, 자체 성품이 공함이니 두 가지 공으로 밝힌 것으로 자체 성품을 삼기 때문이다. (3) 무아에도 또한 셋이니 첫째, 모양 없는 무아(無我)이니 〈나〉라는 모양이 없기 때문이요, 둘째, 다른 모양의 무아이니 망심으로 집착한 〈나〉라는 모양과 다르기 때문이요, 셋째, 자신의 모양의 무아이니 무아로 밝힐 대상으로 자체 모양을 삼기 때문이다. (4) 모양 없음에도 셋이니 첫째, 모양이 전혀 없기 때문이요, 둘째, 모양에 실법이 없기 때문이요, 셋째, 허망한 모양이 없기 때문이다.

[鈔] 然無常者는 淨名과 涅槃諸經에 皆說하시니 下第三住에 當廣示之리라 今依中邊은 蓋是一義耳니 卽第二論이라 彼論에 具有無常・苦・空・無我하니 論에 云, 無常三者는 一, 無性無常이니 謂徧計所執인 此常이 無故오 二, 生滅無常이니 謂依他起인 有起盡故오 三, 垢淨無常이니 謂圓成實인 位轉變故라 苦三種者는 一, 所取苦니 謂徧計所執은 是補特伽羅我執의 所取故오 二, 事相[152]苦니 謂依他起의 三苦相故오 三, 和合苦니 謂圓成實의 苦相合故라 空有三者는 一, 無性空이니 謂徧計所執이라 此無理趣可說爲有니 由此非有하야 說爲空故오 二, 異性空이니 謂依他起라 以妄所執으로 不如實有며 非一切種性이 全無故오 三, 自性空이니 謂圓成實이라 二空所顯으로 爲自性故라 無我三者는 一, 無相無我니 謂徧計所執이라 此相本無일새 故名無相이니 卽此無相을 說爲無我니라 二, 異相無我니 謂依他起라 此相雖有나 而不如彼徧計所執일새 故名異相이니 卽此異相을 說爲無我니라 三, 自相無我니 謂圓成實의 無我所顯으로 以爲自相이니 卽此自相을 說爲無我라 彼論에 結云호대 如是所說無常苦空無我四種을 如其次第하야 依根本眞實하야 各分三種이라하니라 釋曰, 根本眞實者는 上論에 云, 謂三自性을 所以名眞實者는 偈에 云, 許於三自性에 唯一은 常非有오 一, 有而非眞이오 一, 有無眞實이라하니라 釋曰, 彼論에 具釋호대 如其次第하니 一, 常非有는 卽是徧計오 一有非眞은 卽是依他오 一有無眞實은 卽是圓成이라 釋此句云호대 唯圓成實은 亦有非有며 唯有非有일새 於此性中에 許爲眞實이라하니라 釋曰, 論意에 云, 具有具無하야 有此非有일새 故爲眞實이라 其無字는 屬上이오 非是無眞實也니 意明二性이 皆依於此眞實上立이니라 今

---

152) 相은 南本作想誤.

經에는 無苦而有無相故니라

依三無我하야 開三無相이니 故로 彼論에 釋無我之中에 皆有無相하니라 又亦依此三種無相하야 對於三苦니 以論對疏하면 廣略可知니라

● 그러나 무상함이란『유마경』과『열반경』등 여러 경전에 모두 말씀하였으니 아래 제3 수행주(修行住)에서 자세히 보여 주리라. 지금은 중변론은 대개 한 가지 뜻에 의지할 뿐이니, 곧 제2권이다. 저 논에는 무상함, 괴로움, 공함, 무아(無我)가 갖추어 있으니 논에 이르되, "무상관의 셋은 (1) 체성 없는 무상함이니 이른바 변계소집성에는 이런 항상함이 없기 때문이요, (2) 생멸하는 무상함이니 이른바 의타기성에는 생겨났다 다함이 있기 때문이요, (3) 번뇌가 깨끗한 무상함이니 이른바 원성실성에는 지위가 바뀌고 변하기 때문이다. 괴로움의 셋이란 (1) 취할 대상인 괴로움이니 이른바 변계소집성은 보특가라인 〈나〉의 집착으로 잡을 대상으로 삼은 까닭이요, (2) 현상의 모양의 괴로움이니 이른바 의타기성인 세 가지 괴로움의 모양인 까닭이요, (3) 화합된 괴로움이니 이른바 원성실성의 괴로운 모양과 화합한 까닭이다. 공함의 세 가지란 (1) 체성 없는 공함이니 변계소집성을 말한다. 이것은 이취나 말할 수 없는 것을 유(有)로 삼았으니 이로 말미암아 유가 아니어서 공하다고 말한 까닭이요, (2) 달라진 성품이 공함이니 의타기성을 말한다. 망심으로 집착할 대상으로 실답게 있음이 아니며 온갖 종류의 성품이 전혀 없는 것이 아닌 까닭이요, (3) 자체 성품이 공함이니 원성실성을 말한다. 두 가지 공으로 드러낼 대상으로 자체 성품을 삼은 까닭이다. 내가 없음의 셋이란 (1) 모양 없는 무아(無我)이니 변계소집성을 말한다. 이런 모양은 본래 없으므로 모양 없음이라 이름하나니 곧 이런 모양 없음을 내가 없음이라 말한다.

(2) 다른 모양의 무아이니 의타기성을 말한다. 이 모양은 비록 있지만 저 변계소집성과는 같지 않으므로 '달라진 모양[異相]'이라 이름하였으니 곧 이런 달라진 모양을 무아(無我)라고 말한 것이다. (3) 자체 모양이 무아이니 원성실성의 내가 없음에서 드러날 대상으로 자체 모양을 삼은 것이니 곧 이런 자체 모양을 무아(無我)라고 말한 것이다."
저 논(중변론)에서 결론해 말하되, "이렇게 말한 바인 무상함과 괴로움, 공함, 무아의 네 가지를 그 순서와 같이 근본인 진실에 의지하여 각기 세 가지로 나눈 것이다"라고 하였다. 해석하자면 '근본이 진실함'이란 위의 논에 이르되, "이른바 세 가지 자체 성품을 진실함이라 이름한 이유는 게송으로 말하되, '세 가지 자체 성품에서 허용하기를 오직 하나는 항상 있지 않으며, 하나는 있어도 진실하지 않음이요, 하나는 진실하지 않음이 있다'"라고 하였다. 말하자면 저 논에서 구체적으로 해석하되, "그 순서와 같으니 하나는 항상 있지 않음은 바로 변계성이요, 하나는 있지만 진실하지 않음은 곧 의타기성이요, 하나는 유와 무에 진실함은 곧 원성실성이다." 이 구절을 해석하여 말하되, "오직 원성실성만은 있기도 하고 있지 않기도 하며, 오직 비유(非有)이기도 하므로 이런 원성실성 중에는 진실법이라 함을 용납한다"라고 하였다. 해석하자면 『중변론』의 주장에 이르되, "유(有)를 갖추고 무(無)를 갖추어 이런 비유도 있으므로 진실법이라 하였다. 그 무(無)라는 글자는 위에 속하는 것이요, 진실함이 없다는 것이 아니니, 의미로는 두 가지 성품이 모두 진실함을 의지하여 성립함을 밝힌 내용이다. 지금 본경에는 괴로움은 없고 모양 없음은 있기 때문이다. 세 가지 무아(無我)를 의지하여 세 가지 모양 없음을 열었으니 그러므로 저 논에서 무아를 해석하는 가운데 모두 모양 없음이 있는 것이

다. 또한 이런 세 가지 모양 없음을 의지하여 세 가지 괴로움을 상대
하였으니 논문으로 소문과 대조하면 자세하고 생략된 부분을 알 수
있으리라.

b. 원종과 회통하여 본경의 의미를 보이다[會圓宗示經意] (然皆 91下2)

[疏] 然皆融攝이 則此宗意나 而偈正意는 多約前二性辨하니라
- 그러나 모두 원융하게 섭수함이 이 원종(圓宗)의 종지이지만 게송의
  바른 의미는 대부분 앞의 두 가지 성품을 잡아서 밝혔다.

[鈔] 然皆融攝下는 通妨을 可知로다
- 然皆融攝 아래는 비방을 해명함이니 알 수 있으리라.

ㄴ) 한 게송은 두 가지 관법을 별도로 밝히다[後一偈別顯二觀]
(後一 91下4)

衆報隨業生이   如夢不眞實하니
念念常滅壞하여   如前後亦爾니라
온갖 과보가 업을 따라 나는 것이
꿈과 같아서 진실하지 않으며
순간순간 항상 소멸하여
앞과 같이 뒤도 역시 그러니라.

[疏] 後, 一偈는 略顯二觀이니 上半은 明空觀이오 報從業生이 如夢從思

起하야 不實故로 空이라 下半은 明無常觀이니 由上不實故로 念念無常이라 前即過去니 已滅事顯으로 例後現未에 當滅이 不殊니라

■ ㄴ) 한 게송은 두 가지 관법을 간략히 밝힘이니 (ㄱ) 위의 반의 게송은 공관을 설명함이요, 과보는 업보에서 생긴 것이 마치 꿈은 생각에서 일어남과 같아서 실다움이 아닌 연고로 공한 것이다. (ㄴ) 아래 반의 게송은 무상관을 설명함이니, 위가 진실하지 않음으로 말미암아 순간순간에 항상하지 않은 것이다. 앞은 곧 과거이니 과거에 현상이 없어짐을 밝힘으로 뒤와 유례하여 현재와 미래에도 장차 멸하는 것이 다르지 않다는 뜻이다.

ㄹ. 한 게송은 알음알이와 시절에 의지하여 그 마음에 좋아함을 따라 방편을 닦고 사유하고 관찰하다
[次一頌依解時隨其心樂修其方便思惟觀察] (四一 91下8)

世間所見法이　　　　　但以心爲主어늘
隨解取衆相일새　　　　顚倒不如實이니라
세간에서 보는 모든 법이
다만 마음으로 주인이 되거늘
이해를 따라서 온갖 모양을 취할새
전도하여 실답지 못하도다.

[疏] 四, 一偈는 依解令入唯識量觀이라 境卽心變일새 故心爲主라 然此唯識에 略有二分하니 一, 相이오 二, 見이라 今隨其見分之解하야 取其相分之相이니 心外取故로 爲顚倒也니라

■ ㄹ. 한 게송은 알음알이에 의지하여 하여금 유식으로 사량하는 관법에 들어가게 함이다. 경계는 곧 마음이 변함이므로 마음이 중심이 되는 것이다. 그러나 이런 유식에는 대략 두 부분이 있으니 (1) 상분(相分)이요, (2) 견분(見分)이다. 지금은 (2) 견분의 이해를 따라서 그 상분의 모양을 취하였으니 마음 밖에서 취한 연고로 뒤바뀜[顚倒]이 된 것이다.

[鈔] 然此唯識者는 以唯識第二에 四師不同하니 謂安慧는 唯立一自證分이오 二, 難陀立二라하니 謂相見二分이오 三, 陳那立三하니 加自證分이오 四, 護法立四하니 於前三上에 加證自證分이라 依彼論宗하면 卽以四分으로 而爲正義일새 故今疏에 云, 略有二分이라하니 以諸經論과 及彼論文에 多說二故니 謂離二取相等故[153]라 而論文이 有三하니 初, 明立二오 二, 明立三이오 三, 明立四라 而安慧一分은 於二分中에 破之傍出이라 初立二分이니 論에 云, 然有漏識이 自體生時에 皆似所緣과 能緣相이 現이라 彼相應法도 應知亦爾니 似所緣相을 說名相分이오 似能緣相을 說名見分이라하니라 釋曰, 謂依他二分이 似徧計所執二分이라 又以小乘相分으로 名行相이오 能取所緣故로 見分名事니 是心心所自體相故라 今似其心外之境을 名似所緣이니 是心外法은 此中無故로 所變相分이 爲所緣耳라

● '그러나 이런 유식'이란 『성유식론』 제2권에 네 분 법사의 견해가 다르다. 말하자면 (1) 안혜(安慧)논사는 오직 한 가지 자증분(自證分)만 세웠고, (2) 난타(難陀)논사는 둘을 세웠으니 이른바 상분과 견분이요, (3) 진나(陳那)논사는 셋을 세웠으니 이른바 (상분과 견분에) 자증분

---

153) 上三字는 甲南續金本作等.

(自證分)을 더하였고, (4) 호법(護法)논사는 넷을 세웠으니 앞의 셋에 증자증분(證自證分)을 더하였다. 저 유식론의 종지에 의지하면 네 부분으로 정의를 삼았으므로 지금 소가가 이르되, '간략히 두 부분이 있다'고 말하였으니 모든 경전과 논서와 저 논문에서 대부분 둘을 말한 까닭이니, 이른바 '두 가지 취한 모양[二取相]' 등을 여의었기 때문이다. 그런데 논문에 셋이 있으니 a) 둘을 세움에 대해 밝힘이요, b) 셋을 세움에 대해 밝힘이요, c) 넷을 세움에 대해 밝힘이다. 그런데 안혜논사의 한 가지 자증분은 둘을 세운 부분에서 타파되어 곁들여 내보였다. a) 두 부분을 세움이니 논에 이르되, "그런데 유루식(有漏識)의 자체가 일어날 때에 모두 인식할 대상과 인식하는 주관의 모습으로 사현(似現)한다.[154] 그것과 상응하는 법[心所]도 역시 그러함을 알아야 한다.[155] 인식할 대상으로 사현하는 양상을 상분(相分)이라고 하고, 인식하는 주관으로 사현하는 양상을 견분(見分)이라고 이름한다"라고 하였다. 해석하자면 이른바 의타성의 두 부분[견분, 상분]이 변계소집성의 두 부분과 같다는 뜻이다. 또 소승의 상분으로 행법의 모양이라 이름하고, 취하는 주체의 인식할 대상인 연고로 견분을 현상[事]이라 이름하나니, 이런 심왕과 심소의 자체 모양이기 때문이다. 지금은 마음 밖의 경계에 사현되는 것을 '인식할 대상으로 사현된다'고 이름하나니, 이런 마음 밖의 법은 이 가운데서는 없는 연고로 변할 대상인 상분이 인식할 대상이 되었을 뿐이다.

若明相分하면 未是顚倒오 向心外取하면 方爲倒耳니라 又言見者는

---

[154] 이하 四分義를 밝힘. 安慧와 正量部 등이 소연의 모습이 없다고 하는 것과 다르다. 또한 설일체유부 등이 行相은 있지만 心外의 대상을 취한다고 하는 것과도 다르다.
[155] 심왕의 상응법인 心所도 역시 能緣과 所緣의 心分이 있다.

是能緣境義니 通心心所오 非推求義라 推求義者는 唯慧能故니라 次
破安慧唯立自證分이니 論에 云, 若心心所가 無所緣相이면 應不能
緣自所緣境이라하니라 釋曰, 謂緣色之心이 應不能緣色이니라 論[156)]
에 或應一一이 能緣一切라하니 釋曰, 謂隨一識等이 能緣一切境이니
以眼識無所緣으로 而能緣於色인대 餘識이 無色緣에도 亦應能緣色
이리라 既餘不能緣一切인대 明知無所緣者는 是義不然이로다 此中正
義는 緣自境時에 心上에 必有帶境之相이 如鏡面上[157)]에 似面相生
이니라 次破無能緣이니 論에 云, 若心心所가 無能緣相인대 應不能緣
이 如虛空等이라하니라 釋曰, 同於虛空하야 不能緣故니라 論에 云, 或
虛空等이 亦是能緣이라하니라 釋曰, 此反難也니 謂心心所法이 無能
緣에도 而能緣所緣인대 此虛空等이 無能緣에도 亦應緣所緣이로다 論
에 云, 故心心所가 必有二相이니 如契經說하시되 一切가 唯有覺이오
所覺義皆無니 能覺所覺分이 各自然而轉이라하니라 釋曰, 此即厚嚴
經이니 上半은 明無畏境이오 下半은 明有見相二分이라 各各自從因
緣所生을 名自然而轉이니라

下結正義니 論에 云, 達無離識所緣境者는 則所變相分이 是所緣이
오 見分은 名自行相이오 相見所依自體는 名事니 即自證分이라하니라
釋曰, 此中에 雖是立二分家나 義已有三이라 故로 次論에 云, 若無
此者인대 應不自憶心心所法이 如不曾更境에 必不能憶故라하니라
釋曰, 此明有自證分이니 意云, 相離於見하면 無別自體오 但二功能
이니 故應別有一所依體라 若無自證이면 應不自憶心心所法이 如不
曾更境에 必不能憶이니 謂如見分이 不更相分之境에 則不能憶이라
要曾更之하야사 方能憶之니 若無自證하면 已滅心心所가 則不能憶

---

156) 論下에 金本有云字.
157) 面上은 甲南續金本作上面.

이리니 以曾不爲自證緣故라 則如見分이 不曾更境하면 則不能憶이어늘 今能憶之하니 明先有自證이 已曾緣故라 如於見分에 憶曾更境故니라

● 만일 상분을 밝힌다면 전도가 아니요, 마음 밖을 향해 취하면 비로소 전도가 될 뿐이다. 또한 견분이라 말한 것은 인식하는 주관의 경계라는 뜻이니 심왕과 심소에 통하며 추구하는 뜻이 아니다. '추구한다'는 뜻은 지혜로만이 가능한 까닭이다. 다음은 안혜(安慧)논사가 자증분만 세운 것을 타파하였으니, 논에 이르되, "만약 심왕과 심소가 소연(所緣)의 양상이 없다면, 자기의 소연인 대상[所緣境]을 능히 반연할 수 없어야 한다."158)라고 하였다. 해석하자면 이른바 물질을 반연한 마음은 응당히 물질을 반연할 수 없다는 뜻이다. 논에서는, "혹은 하나하나가 능히 모두를 반연해야 한다"라고 하였으니, 해석하자면 이른바 한 가지 식을 따르는 등이 능히 온갖 경계를 반연함이니 눈의 식으로 반연할 대상이 없음으로 물질을 능히 반연한다면 나머지 식이 물질의 반연이 없을 적에도 또한 물질에 응하여 반연해야 할 것이다. 이미 나머지 식이 온갖 것을 능히 반연하지 못한다면 '반연할 대상이 없다는 것'은 그렇지 않음을 분명히 알 것이다. 이 가운데 바른 뜻은 자체 경계를 반연할 때에 심왕에는 반드시 동반하는 경계의 상분이 있다는 것이 마치 거울의 표면 위에 사현되는 상분이 생기는 것과 같다. 다음에는 반연하는 주체가 없음을 타파하였다.

논에 이르되, "만약 심왕과 심소에 능연(能緣)의 양상이 없다면, 능히 반연할 수 없어야 한다. 비유하면 허공 등과 같다"라고 하였다. 해석하자면 허공과 같아서 능히 반연할 수 없기 때문에 논에 이르되, "혹

---

158) 안혜와 정량부의 주장을 논파한다.

은 허공 등도 역시 능연(能緣)이어야 한다"라고 하였다. 해석하자면 이것은 힐난에 반대함이니 이른바 심왕과 심소법이 능히 반연하지 못하는데도 인식하는 주체와 대상이라 한다면 이런 허공 따위가 반연하지 못하는데도 또한 인식할 대상을 반연하여야 할 것이다. 논에 이르되, "따라서 심왕과 심소는 반드시 두 가지 양상이 있다. 경전에서 다음과 같이 말한다. 일체의 오직 인식하는 것[覺]159)이 있을 뿐이다. 인식할 대상[所覺: 心外實境]은 모두 실재하지 않는다. 인식하는 주체[能覺分: 見分]와 인식할 대상[所覺分: 相分]이 각기 다르게 자연히 전전한다."160)라고 하였다. 해석하자면 이것은 곧 후엄경(厚嚴經) 게송이니, 위의 반의 게송은 바깥 경계가 없음을 밝힘이요, 아래 반의 게송은 견분과 상분의 두 부분이 있음을 설명한 내용이다. 각기 자체의 인연에서 생겨났다는 것을 '자체로 반연하여 뒤바뀐다'고 말하였다.

아래는 바른 뜻으로 결론함이니 논에 이르되, "식에서 떠나서 독립적으로 존재하는 대상이 없음을 통달한 사람은 상분(相分)을 소연(所緣)으로, 견분(見分)을 행상(行相)이라고 이름한다. 상분과 견분이 의지하는 자체분을 사(事)라고 이름하니, 곧 자증분이다"라고 하였다. 해석하자면 이 가운데는 비록 두 부분을 세운 가문이긴 하지만 뜻은 이미 셋이 있다. 그러므로 다음에 논에 이르되, "이것(자체분)이 만약 없다면, 스스로 심왕과 심소법을 기억하게 하지 말아야 한다. 예전에 인식하지 않았던 대상을 반드시 기억할 수 없는 것과 같기 때문이다"라고 하였다. 해석하자면 이것은 자증분이 있음을 설명한 내용이다. 의미로 말하면, "상분이 견분을 여의면 자체가 없는 것과 다르지 않

---

159) 여기서 覺은 心心所의 總名이다.
160) 이것은 『후엄경厚嚴經』에 설해져 있다고 한다. 견분과 상분이 각각 자연히 그 인연 화합에 따라 일어나므로, 마음과 독립적으로 외부에 존재하는 대상[心外實境]을 필요로 하지 않는다는 뜻이다.

으며, 단지 두 가지 공능일 뿐이니, 그러므로 응당히 별도로 한 가지 의지할 대상인 자체가 있는 것이다." 만일 자증분이 없다면 응당히 스스로 기억하지 못하는 심왕과 심소법이 마치 일찍이 경계를 바꾸지 못할 적에 반드시 기억하지 못할 것이다. 말하자면 마치 견분이 상분의 경계를 바꾸지 못할 적에 능히 기억하지도 못하는 것이다. 중요한 것은 일찍이 그것을 바꿀 수 있어야 비로소 능히 기억하는 것이니, 만일 자증분이 없다면 이미 없어진 심왕과 심소가 능히 기억할 수도 없을 것이니, 일찍이 자증분을 반연하지 못한 까닭이다. 이것은 곧 마치 견분이 일찍이 경계를 바꾸지 않으면 능히 기억하지도 못할 텐데 지금 능히 기억하였으니, 먼저 존재하는 자증분이 이미 일찍이 반연한 것임이 분명하기 때문이니, 마치 견분에서 일찍이 경계를 바꾼 것을 기억함과 같기 때문이다.

次下는 立三分이니 論에 云, 然心心所가 一一生時에 以理推徵컨대 各有三分하니 所量能量과 量果가 別故라 相見에 必有所依體故라하니라 釋曰, 所量은 是相分이오 能量은 是見分이오 量果는 是自證分이니 自證分이 與相見으로 爲所依故라 如集量論伽陀中說하시되 似境相所量이오一 能取相二 自證이오三 卽能量及果가 此三體無別이라하니라 釋曰, 所量은 如絹하고 能量은 如尺하고 量果는 如解數智라 果是何義오 成滿因義니라 言無別體者는 同一識故니 則離心하면 無境이니라

● 다음 아래는 b) 세 부분을 세운 (진나논사의) 주장이다. 논에 이르되, "그런데 심왕과 심소는 하나하나 일어날 때에 논리적으로 분석하면, 각기 세 가지 부분이 있다. 인식되는 것[所量]과 인식하는 것[能量]과 인식의 결과[量果]가 다르기 때문이다.161) 상분과 견분은 반드시 의지

처인 자체분이 있기 때문이다"라고 하였다. 해석하자면 인식되는 것
은 상분이요, 인식하는 것은 견분이요, 인식의 결과는 자증분이다.
자증분이 상분과 의지할 대상이 되기 때문이다. 마치『집량론(集量
論)』의 가타 중에 설한 내용과 같나니, "사현한 경계의 모양(상분)이
인식의 대상이요(1), 취하는 주체의 모양(견분)(2)과 자증분이요(3),
인식의 주체와 인식의 결과인 이 셋이 자체가 다르지 않다"라고 하였
다. 해석하자면 인식의 대상은 비단과 같고, 인식하는 주체는 자와
같고, 인식의 결과는 숫자를 아는 지혜와 같다. 결과는 무슨 뜻인가?
원인을 가득 채운 뜻이다. '별도의 자체가 없다'고 말한 것은 동일한
인식이기 때문이니 마음을 여의고 경계가 없다는 뜻이다.

次立四分이니 論에 云, 又心心所를 若細分別하면 應有四分하니 三
分如前이오 第四, 證自證分이라 若無[162]者면 誰證第三이리오 心分旣
同일새 應皆證故라하니라 釋曰, 見分은 是心分이니 須有自證分이오
自證은 是心分이니 應有第四證이니라 論에 云, 又自證分은 應無有果
니 諸能量者는 皆有果故라하니라 釋曰, 見分은 是能量이니 須有自證
果오 自證은 量見分이니 須有第四果라 恐彼救云호대 却用見分하야
爲第三果라할새 故로 次論에 云, 不應見分이 是第三果니 見分은 或
時非量攝故라 由此하야 見分이 不證第三이오 證自體者는 必現量故
라하니라 釋曰, 意明見分이 通於三量이니 三量者는 謂現量・比量量

---

[161] 陳那는 식의 三分說을 주창하였다. 이것은 어느 하나의 인식(pramān, 量)이 성립하는 데는 인식되는 것
(prameya, 所量)과 인식하는 것(pramān, 能量)과 인식의 결과(pramān-phala, 量果)의 3요소가 존재
해야 한다는 견해이다. 예를 들면 옷감의 길이를 자로 재는 경우에 옷감이라는 사물, 자[尺]라는 계량기, 치수
를 읽는 인간의 [認知力]이 필요하다. 이 세 차례로 말하면 所量・能量・量果이고, 四分에서 말하면 상분・견
분・자증분이다.
[162] 無下에 南續金本有此字.

・非量이라 卽明見緣相時에 或量非量이나 不可非量法이 爲現量果
라 或見緣相은 是於比量이오 及緣自證은 復是現量이라 故로 自證은
是心體일새 得與比量과 非量으로 而爲果오 見分은 非心體일새 不得
與自證으로 而爲其量果故로 不得見分이 證於第三이라

- c) 다음에 네 부분을 세운 주장이다. 논에 이르되, "또한 심왕과 심소를 상세하게 분석하면, 네 부분이 있어야 마땅하다.[163] 삼분은 앞에서 말한 것과 같고, 다시 네 번째는 증자증분(證自證分)이 있다. 만약 이것이 없다면 무엇이 셋째 자증분을 증명하겠는가? 마음의 부분[心分]이라는 것은 이미 같은 것으로써 모두 증명해야 하기 때문이다"라고 하였다. 해석하자면 견분은 곧 심왕의 부분이니, 모름지기 자증분이 있는 것이요, 자증분은 심왕의 부분이니, 응당히 넷째 증자증분이 있기 때문이다. 논에 이르되, "또한 자증분은 인식의 결과[量果]가 있지 않아야 한다. 모든 인식하는 것[能量]은 반드시 인식의 결과가 있기 때문이다"라고 하였다. 해석하자면 견분은 인식하는 주체이니 모름지기 자증분의 결과가 있으며, 자증분은 견분을 인식함이니 모름지기 넷째 증자증분의 결과가 있다. 저들을 염려하여 구제하여 말하되, "도리어 견분을 써서 셋째 자증분의 결과가 되었다"라 하므로 다음으로 논에 이르되, "견분이 제3 자증분의 인식의 결과[果]여서는 안 된다. 견분은 어느 때는 잘못된 인식[非量]에 포함되기 때문이다.[164] 따라서 견분은 제3분을 증명하지 못한다. 자체분을 증명하는 것은

---

163) 護法논사의 주장이다. 그는 陳那논사의 이론에서 量果, 즉 확인작용을 증명하는 제4의 心分인 證自證分을 설정하였고, 이 이론을 四分說이라고 한다. 호법은 인식을 상분·견분·자증분·증자증분의 네 부분으로 나누고 그들의 상호작용에 의해 하나의 인식이 성립한다고 한다. 상분과 견분은 식의 자체[自證分]에서 마치 달팽이가 자기 몸에서 두 뿔을 내밀 듯이 나타난다. 그리고 자증분과 증자증분이 서로 동시에 상응하여 증명하고 그 작용을 證知한다. 그리하여 확인작용이 무한히 소급되는 모순을 해결한다.
164) 제7식의 견분은 항상 非量이다. 제6식의 견분은 三量에 통하므로 非量일 때도 있다.

반드시 현량(現量)이기 때문이다"라고 하였다. 해석하자면 의미로는 견분이 세 가지 인식과 통함을 밝혔으니 (여기서) 세 가지 인식은 이른바 현량과 비량과 사현량(비량)이다. 곧 반연할 모양을 볼 때에 혹은 인식하기도 하고, 인식하지 못하기도 하지만 인식하지 못하는 법이 현량의 결과가 될 수는 없음이 분명하다. 혹은 반연할 모양을 보는 것은 비량일 것이요, 또한 자증분을 반연함은 다시 현량일 것이다. 그러므로 자증분은 마음의 자체이므로 비량과 사현량(비량)과 함께 결과가 될 것이요, 견분은 마음의 자체가 아니므로 자증분과 함께 그 인식의 결과가 될 수 없는 연고로 견분이 셋째 자증분을 증득할 수가 없는 것이다.

證自體者는 必現量故라 第三四分이 旣是現量일새 故得相證하야 無無窮失矣라 意云, 若以見分으로 爲能量인대 但用三分이 亦得足矣오 若以見分으로 爲所量인대 必須第四하야 爲165)量果오 若通作喩者인대 絹如所量하고 尺如能量하고 智爲量果니 卽自證分이라 若尺爲所使하고 智爲能使인대 何物用智리오 卽是於人이 如證自證分이니 人能用智하고 智能使人일새 故能更證이라 亦如明鏡에 鏡像爲相이오 鏡明爲見이오 鏡面은 如自證이오 鏡背는 如證自證이니 面依於背하고 背復依面일새 故得互證이니라 亦可以銅으로 爲證自證이니 鏡依於銅하고 銅依於鏡이라 此上四分은 卽護法之後에 方有此義니라 論에 如是四分이 或攝爲三하니 第四가 攝入自證分故니 果體一故니라 論에 或攝爲二하니 後三이 俱是能緣性故라 攝論에는 爲二하니 亦攝入見故라 論에 或攝爲一하니 體無別故라 如入楞伽伽陀中에 說하시되 由

---

165) 爲下에 南續金本有其字.

自心執着하야 心似外鏡轉이나 彼所見은 非有니 是故로 說唯心이라 하니 如是處處에 說唯一心이라 此一心言은 亦攝心所니 故識行相이 卽是了別이오 了別은 卽是識之見分이라하니라 釋曰, 此上論文이 釋偈了字라 雖開合不同이나 今但略擧相見二分이라 故로 彼論初에 便立二分하니 處處에 多說相及見故라 若了相分이 唯心所變하면 此非顚倒어니와 謂相爲外라하야 心外에 取故로 是名顚倒라 故로 上釋에 云, 依他二分이 似於徧計相見二分이라하니라 今約徧計일새 故成顚倒니라 上之四分이 文則似166)橫이나 法相之要일새 故略引耳니라

● '자체를 증득함'이란 반드시 현량이기 때문이다. 셋째와 넷째의 부분이 이미 현량이므로 모양으로 증득함을 얻었으므로 끝없이 잃는 것이 없을 것이다. 의미를 말하되, "만일 견분으로 인식하는 주체로 삼는다면 단지 세 부분을 쓰는 것이 또한 만족할 것이요, 만일 견분으로 인식할 대상으로 삼는다면 반드시 넷째 증자증분이 필요하여 인식의 결과가 되어야 할 것이다." 만일 통틀어 비유를 짓는다면 비단은 인식할 대상이요, 자는 인식하는 주체이고, 지혜는 인식의 결과이니 곧 자증분을 뜻한다. 만일 자로 부릴 대상을 삼고 지혜로 부리는 주체를 삼는다면 무슨 물건이 지혜를 쓰겠는가? 곧바로 사람이 자증분을 증득하는 부분이 됨과 같나니, 사람은 지혜를 쓸 수 있고, 지혜는 능히 사람을 부리는 연고로 능히 다시 증득하는 것이다. 마찬가지로 밝은 거울과 비유할 적에 거울에 비친 형상은 상분이 되고, 거울의 밝음은 견분이 되고, 거울의 표면은 자증분과 같고, 거울의 배경은 증자증분과 같나니, 표면은 배경을 의지하고 배경은 다시 표면을 의지하는 연고로 서로 증득함을 얻는 것이다. 또한 동경(銅鏡)으로 증

---

166) 似는 甲南續金本作是.

자증분을 삼을 수도 있나니, 거울은 동경을 의지하고 동경은 거울을 의지한다. 이 위의 네 부분은 호법논사의 주장 뒤에 비로소 이런 뜻이 있게 되었다. 논에서 이러한 네 부분이 혹은 세 부분에 섭수되기도 하나니, 넷째 증자증분이 자증분에 섭수되어 들어가는 까닭이니, 결과와 자체는 하나이기 때문이다." 논에서 혹은 두 부분으로 섭수하나니, 뒤의 세 부분이 모두 인식하는 주체의 체성인 까닭이다. 『섭대승론』에는 둘로 나누었으니 또한 견분에 섭수하여 들어간 까닭이다. 논에서 혹은 한 부분으로 섭수되기도 하였으니, 자체가 다름이 없기 때문이다. 마치 『입능가경』의 가타(伽陀) 중에 말하되, "자체 심왕의 집착으로 말미암아 마음이 바깥 경계를 사현하여 바뀌지만 저 볼 대상이 있는 것이 아니니 이런 연고로 오직 마음뿐이라 말한다"라고 하였다. 이처럼 곳곳에서 오직 한 마음뿐임을 말하였다. "이런 '한 마음[一心]'이란 말은 또한 심소법을 섭수하기도 하나니 그러므로 식의 행상이 바로 알고 분별함이요, 알고 분별함은 곧 식의 견분인 것이다"라고 하였다. 해석하자면 이 위의 논문이 게송의 '안다[了]'는 글자를 해석한 내용이니 비록 전개하고 합함이 같지 않지만 지금은 단지 생략하여 견분과 상분의 두 부분을 거론하였다. 그러므로 저 논문의 처음에 문득 두 부분을 세웠으니, 곳곳에서 대부분 상분과 견분을 말하기 때문이다. 만일 상분이 오직 마음이 변한 것으로 안다면 이것은 전도한 견해가 아니겠지만 상분을 바깥 경계라고 하여 마음 밖에서 취하는 까닭에 '전도한 견해'라 이름한 것이다. 그러므로 위에서 해석하되, "의타성의 두 부분이 변계성의 상분과 견분에서 사현된 것이다"라고 말한 것이다. 지금은 변계성을 잡았으므로 전도한 견해를 이룬 것이다. 위의 네 부분이 경문은 장황한 듯 하지만 법상종의 중요한 부분이므로 간략히 인용했을 뿐이다.

ㅁ. 한 게송은 언론과 시절에 의지하여 그 마음에 좋아함을 따라 그 방편을 닦고 사유하고 관찰하다
[次一頌依言論時隨其心樂修其方便思惟觀察] 2.
ㄱ) 과목의 명칭을 표방하여 거론하다[標擧科名] (五一 96上2)

世間所言論이　　　　　一切是分別이니
未曾有一法도　　　　　得入於法性이니라
세간의 말이란
모두가 분별이니
일찍이 한 법도
법성에 들어가지 못하도다.

[疏] 五, 一偈는 依言論時하야 令尋思名等하야 入如實觀이니
　ㅁ. 한 게송은 언론과 시절에 의지하여 하여금 명칭 따위를 찾고 사유하게 하여 실다운 관법에 들어가는 것이다.

ㄴ) 과목에 따라 경문을 해석하다[隨釋經文] 3.
(ㄱ) 위의 반의 게송은 심사관으로 해석하다[釋上半尋伺觀] 3.
a. 총합하여 해석하다[總釋] (謂了 96上2)
b. 인용하여 증명하다[引證] (意卽)
c. 논에서 해석한 경문과 회통하다[會論釋經] (名言)

[疏] 謂了名等이 唯意言分別이오 無別名等이라 意는 卽意識分別이오 言은 卽名言이니 名言이 旣唯意之分別이며 名下之義라 亦無別體일새 故所言論이 以兼名義라

■ 말하자면 명칭 따위를 아는 것이 오직 뜻으로 분별함이요, 명칭 따위와 다름이 없음을 말한 것이다. 뜻은 곧 뜻과 식으로 분별함이요, 말은 곧 이름으로 말함이다. 이름으로 말함은 이미 오직 뜻으로만 분별함이며, 이름 아래의 뜻이다. 또한 별도의 체성이 없는 연고로 말한 바 언론이 명칭과 뜻을 겸하였다.

[鈔] 令尋思名等者는 此借唯識加行位中의 四尋思觀과 四如實觀하야 以解經文이라 四尋思者는 一, 名이오 二, 義오 三, 自性이오 四, 差別이라 今云名等은 等取下三이니라 謂了名等下는 卽以意言으로 釋尋思觀相이라 於中有三하니 今初는 總釋이오 二, 意卽意識下는 卽引攝論第七하야 釋意言[167]相이니 論에 云, 意는 謂意識이오 覺觀思惟니 但緣名言分別하고 無別有義可緣이라 又必依名하야 分別諸法일새 故云意言分別이라하니라 三, 名言下는 會論釋經하야 顯四尋思相이니 名詮自性하고 句詮差別이라 名句皆名이오 自性과 差別은 皆義일새 故但云名義니라

● '하여금 명칭 따위를 찾고 사유하게 한다는 것'은 이것은 유식론의 가행위(加行位) 중에서 네 가지 심사관법과 네 가지 여실한 관법을 빌려와서 경문을 해석한 내용이다. '네 가지 심사관법'이란 (1) 명칭이요, (2) 뜻이요, (3) 자기 체성이요, (4) 차별함이다. 지금 말한 (1) 명칭 따위는 아래 세 가지도 똑같이 취한다는 뜻이다. (a) 謂了名等 아래

---

167) 言은 甲南續金本作之.

는 곧 뜻과 말로 심사관법의 양상을 해석함이다. 그중에 셋이 있으니 지금은 ㊀ 총합하여 해석함이요, ㊁ 意卽意識 아래는 곧 『섭대승론』 제7권을 인용하여 뜻과 말의 양상을 해석함이니, 논에 이르되, "뜻은 의식을 말함이요, 깨달음과 관법으로 사유함이니 단지 명칭과 말로만 인연하여 분별하였고, 뜻이 있으면 인연할 수 없는 것과 다르지 않다"라고 하였으니, 또한 반드시 명칭을 의지하여 모든 법을 분별한 연고로 '뜻과 말로 분별한다'고 말한 것이다. ㊂ 名言 아래는 논에서 해석한 경문과 회통하여 네 가지 심사관의 양상을 밝힘이니, 명칭은 자기 체성을 말한 내용이요, 구절은 차별을 말함이다. 명칭과 구절은 모두 명칭이요, 자기 체성과 차별은 모두 뜻이므로 단지 '명칭과 뜻'이라고만 말하였다.

(ㄴ) 아래 반의 게송은 찾고 엿보는 관법으로 해석하다[釋下半尋伺觀] 2.
a. 심사관으로 순리로 해석하다[順釋尋伺觀] (旣隨 96下4)

[疏] 旣隨分別하야 則妄計意流일새 尙未了唯心이어니 安入法性이리오
- 이미 분별을 따라 뜻의 부류를 망념으로 계탁하므로 오히려 오직 마음뿐임을 요달하지도 못하였는데, 어찌 법의 성품에 들어갈 수 있으리오!

[鈔] 旣隨分別下는 二, 別釋下半의 未曾有一法도 得入於法性이라 然此句는 牒上攝論과 及經一切是分別言일새 故云旣隨分別이라 則妄計意流者는 卽引楞伽하야 釋成이니 彼經第三에 因說破外道所說[168]이

---

168) 說은 甲南續金本作有.

皆是世論하야 末後에 波羅門이 問言호대 癡愛業因일새 故有三有耶
아 爲無因耶아 我時報言호대 此二者는 亦是世論이니라 彼復問言호대
一切法이 皆入自相共相耶아 我復報言호대 此二亦是世論이니라 波
羅門으로 乃至意流로 妄計外塵도 皆是世論이어니 故云妄計意流니라
尙未了唯心者는 上躡前分別之義하야 爲不入法性之由하고 此下에
擧況釋不入義라 然其要觀에 略有二種하니 一, 唯心識觀이오 二, 眞
如實觀이라 唯心觀은 淺호대 尙未能了어든 眞如觀妙커니 彼安能入이
리오 法性은 卽是眞如異名이니라

● (ㄴ) 旣隨分別 아래는 아래 반의 '일찍이 한 법도 법성에 들어가지 못
하도다.' 부분을 별도로 (찾고 엿보는 관법[尋伺觀]으로) 해석함이다. 그런
데 이 구절은 위의 『섭대승론』과 본경의 '온갖 것을 분별한다'는 말을
따왔으므로 '이미 분별을 따른다'고 말하였다. '뜻의 부류를 망녕되
게 계탁한다'는 것은 곧 『능가경』을 인용하여 해석함이니, 저 『능가
경』 제3권에서 외도가 설한 내용이 모두 세간 언론을 타파함으로 인
하여 마지막에 바라문이 묻기를 '어리석게 사랑하는 업의 원인으로 인
해 세 가지 유(有)가 있는가? 원인 없음이 되는가?' 하므로 내가 그때
알려서 말하되, '이 두 가지는 또한 세간 언론이다.' 저가 다시 묻기
를, '온갖 법이 모두 자체 양상과 함께하는 양상에 들어갔는가?' 내
가 다시 알려서 말하되, '이 두 가지[自相, 共相]도 역시 세간 언론이다.
바라문으로부터 나아가 뜻의 부류까지 망녕되게 외부의 티끌을 계탁
한 것도 모두 세간 언론일 것이니 그래서 망녕되게 '뜻의 부류'라 계탁
한다. 아직도 오직 마음뿐임을 요달하지 않은 것은 위에서 앞의 분별
이란 뜻을 토대로 법의 체성에 들어가지 못한 이유가 되고, 이 아래에
들어가지 못한다는 뜻으로 거론하여 해석하였다. 그러나 그 관찰을

요구할 적에 간략히 두 종류가 있으니 (1) 오직 심식(心識)뿐이란 관법이요, (2) 진여의 실법인 관법이다. (1) 오직 심식(心識)뿐이란 관법은 얕지만 오히려 능히 요달하지 못하거든 (2) 진여의 실법인 관법은 미묘한 것이니 저가 어찌 능히 들어가리오! 법의 성품은 곧 진여의 다른 이름이다.

b. 여실한 관법과 반대로 해석하다[反釋如實觀] (若能 97上7)

[疏] 若能如是自覺通達은 是入唯識之方便也라 卽復此心은 無相可得이며 妄想不生이면 便入法性이니라
■ 만일 능히 이렇게 자각하고 통달함은 곧 유식에 들어가는 방편이다. 곧 다시 이런 마음은 모양 없음으로 얻을 수 있으며 망녕된 생각에서 생겨나지 않으면 문득 법의 체성에 들어감이다.

[鈔] 若能如是下는 上來는 順釋經文不入之義오 今此는 反顯能入之義니 卽如實觀이라 於中에 先은 入唯心識觀이라 言自覺者는 對上楞伽니 楞伽에 云, 彼波羅門이 又問호대 頗有非世論不아 佛答云有니라 外道不能知하야 以於外性에 不實妄想으로 虛僞計着故로 謂妄想不生하야 覺了有無하며 自心現量하야 妄想不生하야 不受外塵하고 妄想永息하면 是名非世論이니 此是我法이오 非汝有也라하니 今言自覺하야 略其大意하야 令覺自心耳니라 其通達之言은 卽攝論意니 通達은 唯是意言分別이오 無有實法이니 卽爲入唯識方便하야 不取外相하면 卽入唯心이니라
卽復此心下는 引起信論하야 成眞如實觀이니 故로 彼論에 云, 心若

馳散하면 卽當攝來하야 令住正念이니 其正念者는 當知唯心이오 無外境界라하니라 釋曰, 此卽唯心識觀이니라 次云卽復此心은 亦無自相이니 念念不可得이라하니라 釋曰, 此卽眞如實觀이니라 言妄想不生은 亦楞伽經이니 已如前引하니라 便入法性은 結成上義니라

- 若能如是 아래는 여기까지는 경문에 들어가지 못하는 뜻을 순리로 해석함이요, 지금 여기서는 들어가는 주체의 뜻을 반대로 밝힘이니 곧 여실한 관법이다. 그중에 ㊀ 오직 마음과 식만으로 관법에 들어감이다. '자각(自覺)'이라 말한 것은 위의 『능가경』과 상대한 해석이니 『능가경』에 이르되, "저 세론(世論) 바라문이 또한 묻기를 '다못 세간 언론[世論]이 아닌 것이 있습니까?' 부처님이 대답하기를 '있느니라. 너희 외도들이 알 수 있는 바가 아니다. 바깥 경계의 성(性)에 부실(不實)한 망상으로 허위로 계탁하여 집착하는 까닭이다. 말하자면 망상이 생기지 않아서 있고 없는 것이 자심(自心)의 현량(現量)인 줄을 확실히 깨닫고, 망상이 생기지 않아서 바깥 경계[外塵]를 받아들이지 않으므로 망상이 영원히 그치는 것이니, 이를 '세론이 아닌 것'이라고 이름한다. 이것이 바로 내가 설하는 법이요, 너희에게는 없는 것이다' "라고 하였다. 지금은 자각을 말하여 그 큰 의미를 생략하여 하여금 자기 마음을 깨닫게 한 것일 뿐이다. 그 '통달한다'는 말은 곧 『섭대승론』의 주장이니, 통달함은 오직 생각과 말로만 분별한 것이요, 진실한 법이 있지 않나니 곧 유식에 들어가는 방편을 삼아서 바깥 모양을 취하지 않으면 곧 오직 마음뿐인 도리에 들어가는 것이다.

㊁ 卽復此心 아래는 『기신론』을 인용하여 진여의 실법인 관법을 이루는 것이다. 그러므로 저 『기신론』에 이르되, "마음이 만일 흩어지거든 곧 거두어 바른 생각에 머물게 해야 하느니라. 이 '바른 생각'은 오직

마음뿐이어서 바깥 경계가 없다"라고 하였다. 해석하자면 이것은 곧 오직 마음과 식뿐인 관법이다. 다음에 말하되, "이 마음마저도 자체 모양이 없어서 생각 생각에 얻을 수 없느니라"라고 하였다. 해석하자면 이것은 곧 진여의 실법인 관법이다. '망상이 생겨나지 않는다'는 말은 역시『능가경』의 내용이니 이미 앞에서 인용한 내용과 같다. '문득 법의 체성에 들어감'은 위의 뜻을 결론함이다.

(ㄷ) 힐난을 해명하고 거듭 해석하다[通難重釋] (上約 98上3)

[疏] 上約心乖에 體非不卽이라 又不入者는 妄想體虛하야 無可入故니라
■ 위에서 마음이 어긋남을 잡으면 체성이 합치하지 않음이 없다. 또한 들어가지 못함은 망상의 자체가 헛되어 들어갈 수가 없기 때문이다.

[鈔] 上約心乖等者는 通難重釋이니 謂有難言호대 如淨名等에는 一切皆如며 文字性離가 卽是解脫이라하고 下經에 亦云, 一切法皆如하야 諸佛境亦然일새 三毒四倒가 皆亦淸淨이어니 如何言說不入法性고 今通有二하니 一, 約修行人의 心不入理오 非約法體가 不卽法性이라 二, 約所觀亦無可入이니 故로 下文에 云, 如來深境界는 其量等虛空이라 一切衆生入호대 而實無所入이라하니라

● (ㄷ) '위에서 마음이 어긋남을 잡은 따위'는 힐난을 해명하고 거듭 해석함이다. 말하자면 어떤 이가 힐난하기를, 『유마경』 등에는 '온갖 것이 모두 진여이며, 문자의 체성을 여읜 것이 바로 해탈법이다'라고 하였고, 아래 경문[제23 도솔궁중게찬품]에도 또한 이르되, '온갖 법이 모두 진여(眞如)요 부처님 경계도 그러한 것'이라 하였으므로 삼독(三毒)

과 네 가지 전도(顚倒)가 모두 청정법인데 어찌하여 '법성에 들어가지 못한다'고 말하였는가?"라고 하였다. 지금은 둘로 해명하였으니 (1) 수행하는 사람을 잡으면 마음으로 이치에 들어가지 못함이요, 법의 체성을 잡지 않으면 법의 체성과 합치하지 못한다. (2) 관법의 대상도 들어갈 수 없음을 잡았으니 그러므로 아래 경문[제10 보살문명품]에 이르되, "여래의 깊은 경계여, 그 양(量)이 허공과 같으시니 모든 중생들이 다 들어가되 실은 들어간 것이 없도다"라고 말하였다.

ㅂ. 뒤의 한 게송은 교법이 두 가지 취함을 여읠 때에 그 마음에 좋아함을 따라 그 방편을 닦고 사유하고 관찰하다
[後一頌教離二取時隨其心樂修其方便思惟觀察] 3.
ㄱ) 멀고 가까움을 함께 표방하다[雙標遠近] (六一 98下2)

能緣所緣力으로　　　種種法出生이니
速滅不暫停하여　　　念念悉如是니라
반연과 반연할 바의 힘으로
갖가지 법이 출생하나니
빨리 소멸하고 잠깐도 머물지 아니해서
순간순간 모두 그러하니라.

[疏] 六, 一偈는 通結이오 亦近結次前二偈라
■ ㅂ. 뒤의 한 게송은 해명하고 결론함이요, 또한 가깝게는 다음의 앞 두 게송을 결론함이다.

ㄴ) 가까운 것을 잡아 결론하여 해석하다[約近結釋] 2.
(ㄱ) 게송 문장을 순리로 해석하다[順釋偈文] 3.
a. 첫 구절에 대한 해석[釋初句] (能緣 98下2)
b. 다음 구절에 대한 해석[釋次句] (種種)
c. 아래 반의 게송에 대한 해석[釋下半] (法性)

[疏] 能緣所緣은 卽見相也라 又觀一切法이 唯是意言호대 未能除遣此境이 亦爲能所也니 以此爲方便하야 得入唯心이라 種種法出生者는 此相見二分이 由無始數習하야 有種種法이 相似生이니 謂能緣心生則種種境生이오 所緣境起則種種心起라 起法必滅이니 安得暫停이리오

반연하는 주체와 반연할 대상은 곧 보는 양상이다. 또한 온갖 법이 오직 뜻으로만 말했는데 아직 능히 이런 경계가 또한 주체와 대상이 됨을 제거하여 보내지 못하는 것이니, 이것으로 방편을 삼아 오직 마음뿐인 도리에 들어가게 된 것이다. '갖가지 법이 출생한다'는 것은 여기서 상분(相分)과 견분(見分) 두 가지가 시작 없이 자주 익힘으로 말미암아 갖가지 법이 생겨남이 있는 것과 같다. 말하자면 반연하는 주체인 마음이 생겨나면 갖가지 경계가 생겨남이요, 반연할 대상인 경계가 일어나면 갖가지 마음이 일어난다는 뜻이다. 일어난 법은 반드시 없어지나니 어찌 잠시인들 머물겠는가?

[鈔] 六有一偈는 通結五段하야 令離能所라 言亦可近結前二偈者는 能所相顯故라 初, 明[169]前偈오 又觀一切下는 明後偈라 以意言觀에 縱成如實이라도 亦有能所일새 云未除遣이라 加行偈에 云, 現前立少

---

169) 明下에 甲南續金本有結字.

物하야 謂是唯識性이라하면 以有所得故로 非實住唯識이라하나니 故로 但爲唯識方便이오 得通達位라야 方入唯心이니라 此相見二分等者는 卽唯識意라 而言似者는 顯其無眞이니 但似二相이라 若執有實하면 便成徧計니라 起法必滅下는 釋下半이라 然躡上半起니 上旣心境이 相藉에 卽皆從緣生이오 生法必滅에 一向絶故라 刹那不住일새 故云安得暫停이니라

- ㅂ. 뒤의 한 게송은 다섯 문단을 해명하고 결론하여 주체와 대상을 여의게 하는 것이다. '또한 가깝게는 다음의 앞 두 게송을 결론함'이라 말한 것은 주체와 대상이 서로 밝히는 까닭이다. ㊀ 앞의 게송을 설명함이요, ㊁ 又觀一切 아래는 뒤 게송을 설명함이다. 뜻과 말로 관찰할 적에 비록 여실한 관법을 이루더라도 또한 주체와 대상이 있으므로 '제거하여 보내지 못하였다'고 말하였다. 유식론의 가행위(加行位)의 게송(제27 게송)에 이르되, "현전에 작은 사물170)을 건립하여 유식의 성품이라고 말하면 얻는 바가 있기 때문에 진실로 유식의 성품에 안주하는 것이 아니로다"라고 하였으니 그러므로 단지 유식은 방편이 된 것일 뿐이요, 통달위를 얻어야 비로소 마음뿐인 도리에 들어가는 것이다. '여기서 상분(相分)과 견분(見分) 두 가지 따위'란 곧 유식론의 주장이다. 그러나 같다고 말한 것은 그것이 진실이 아님을 밝힌 것이니 단지 두 가지 모양과 같다는 뜻이다. 만일 실법이 있다고 집착하면 문득 변계소집성을 이루는 것이다. ㊂ 起法必滅 아래는 아래 반의 게송에 대한 해석이다. 그런데 위의 반의 게송을 토대로 시작하였으니 위는 이미 마음 경계가 서로 도우면 곧 모두가 인연에서 생김일 것이요, 생겨난 법은 반드시 없어질 적에 한결같이 단절한 까닭

---

170) 여기서 작은 사물[少物]은 識이 변현된 진여를 말한다

이다. 찰나 사이도 머물지 않으므로 '어찌 잠시인들 머물겠는가?'라고 말한 것이다.

(ㄴ) 본경의 주장을 바로 밝히다[正顯經意] (若了 99上6)

[疏] 若了相無相하며 生無有生하면 名了種種이니 則了唯心이라 若了無性하야 心境兩亡하면 則住無分別自覺智境라 不動法界가 名入法性이라
■ 만일 모양과 모양 없음을 요달하며 생겨도 생김이 없으면 '갖가지를 안다'고 이름하였으니 오직 마음뿐임을 요달한 것이다. 만일 체성 없음을 요달하여 마음과 경계 둘 다 없어지면 분별 없는 자각한 지혜의 경계에 머무르는 것이다. 동요하지 않는 법계가 '법의 체성에 들어간다'고 이름하였다.

[鈔] 若了相下는 正顯偈意니 上에 順釋偈文하야 明二取之失이오 今令了之하야 則令離二取니 是經之意니 是則反釋經文이나 而順經意라 則了唯心하야 成唯心識觀이라 若了無性下는 成眞如實觀이오 心境兩亡은 則住無分別이니 如上所引通達位偈에 云, 若時於所緣에 智都無所得하면 爾時住唯識하나니 離二取相故라하니라 自覺智境은 即楞伽意오 不動法界는 即大般若意니 文殊室利分에 云, 繫緣法界하야 一念法界하야 不動法界하고 知眞法界하야 不應動搖라하나니 謂若言我入法界하면 已動法界니 能所兩亡하야 入相斯寂일새 故不動法界가 是入法性이니라
● (ㄴ) 若了相 아래는 게송의 의미를 바로 밝힘이니, 위에서는 (a) 게송 문장을 순리로 해석하여 두 가지 취함의 허물을 밝힘이요, 지금은 그

것을 요달하게 하여 하여금 두 가지 취하는 모습을 여의게 한 것이니 곧 본경의 주장이다. 이것은 경문을 반대로 해석함이니 경문의 의미를 따른 내용이다. 다시 말하면 오직 마음뿐임을 요달하여 '오직 마음과 식의 관법'을 이룬 내용이다. ㉢ 若了無性 아래는 '진여의 실법인 관법'을 이룸이요, '마음과 경계 둘 다 없어지면 분별 없이 자각한 지혜 경계에 머무르는 것이니, 위에서 인용한 통달위(通達位)의 게송(제28게송)과 같다. 논에 이르되, "어느 때에 인식 대상에 대해서 지혜가 전혀 얻는 바가 없게 된다. 그때에 유식의 성품에 안주하나니 두 가지 취하는 모습[二取相]을 떠났기 때문이다"라고 하였다. '자각의 지혜 경계'는 곧 『능가경』의 주장이요, '동요하지 않는 법계'는 곧 『대반야경』의 주장이니 문수실리분(文殊室利分)에 이르되, "법계를 반연하여 한 생각인 법계에 얽혀서 법계에 동요하지 않고 진여법계를 알아서 응당히 동요하지 않는다"라고 하였다. 말하자면 '만일 내가 법계에 들어가면 이미 법계를 움직이게 된다'고 말하나니, 주체와 대상 둘 다 없어져서 들어간 모양마저 여기서 고요하게 되므로 동요하지 않는 법계가 곧 '법의 체성에 들어감'이란 뜻이다.

ㄷ) 해명하고 결론함을 밝히다[結顯通結] 2.
(ㄱ) 해명하고 밝혀서 앞을 결론하다[通明結前] (故末 99下8)
(ㄴ) 대답한 의미를 총합하여 밝히다[總顯答意] (佛如)

[疏] 故末後偈는 結上諸觀하야 令亡觀相也라 佛如是化에 應如是知니 幻人化幻은 皆無化化也니라
■ 그러므로 마지막 게송은 위의 모든 관법을 결론하여 하여금 관법의

모양을 없게 하였다. 부처님이 이렇게 교화하시는 것을 응당 이렇게 알 것이니, 환술 같은 사람이 허깨비를 교화함은 모두 '교화함 없는 교화[無化化]'인 것이다.

[鈔] 故末後下는 總出此偈意하야 通明結前이니라 佛如是化下는 總顯答意니라

- ㄷ) 故末後 아래는 이 게송의 의미를 총합하여 내보여서 (ㄱ) 해명하고 밝혀서 앞을 결론하였다. (ㄴ) 佛如是化 아래는 대답한 의미를 총합하여 밝힘이다.

大方廣佛華嚴經 제13권
大方廣佛華嚴經疏鈔 제13권의 ④ 收字卷
제10 菩薩問明品 ②

3. 업과 과보가 매우 깊음에는 보수(寶首)보살이, 4. 설법이 매우 깊음에는 덕수(德首)보살이…. 9. 하나의 도가 매우 깊음에는 현수보살이 말한다.

문수여, 법이 항상 그러해서 법왕에서는 오직 한 법이시니 　　文殊法常爾하여 法王唯一法이니
모든 것에 걸림이 없는 사람이 한 길로 생사를 벗어나느니라.　一切無礙人이 一道出生死니라

10. 부처님 경계가 매우 깊음에는 여러 보살들의 질문을 받은 문수보살이 말한다.

여래의 깊은 경계여, 그 양(量)이 허공과 같으시니　　　　　如來深境界여 其量等虛空하시니
모든 중생들이 다 들어가되 실은 들어간 것이 없도다.　　　一切衆生入하되 而實無所入이니라

大方廣佛華嚴經疏鈔 제13권의 ④ 收字卷

제10. 보살들이 질문하고 대답하는 품[菩薩問明品] ②

3. 업과 과보가 매우 깊다[業果甚深] 2.

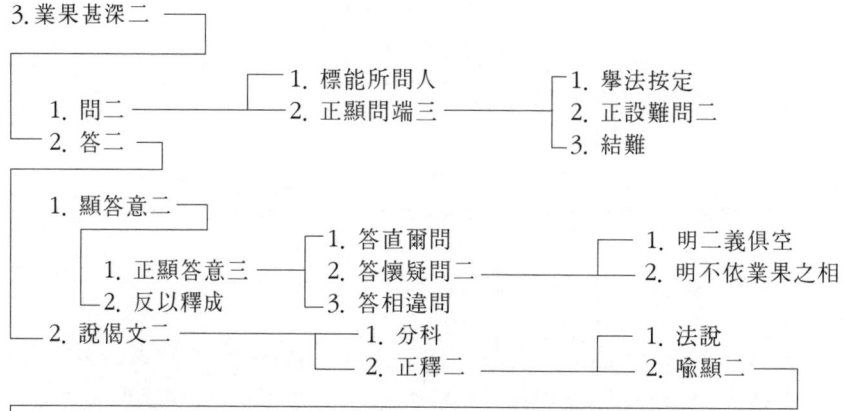

1) 문수보살이 보수(寶首)보살에게 질문하다[問] 2.
(1) 질문하는 주체와 대상인 사람을 표방하다[標能所問人] (第三 1上5)

爾時에 文殊師利菩薩이 問寶首菩薩言하시되,
저 때에 문수사리보살이 보수보살에게 물으셨다.

[疏] 第三, 業果甚深이라 問中에 亦二니 初, 標能所問人이니 以事中顯理가 是可貴일새 故問寶首也라
- 3. 업과 과보가 매우 깊음이다. 1) (문수보살이 보수寶首보살에게) 질문함 중에 또한 둘이니 (1) 질문하는 주체와 대상인 사람을 표방함이니 현상 속에서 이치를 드러냄이 귀하므로 보수보살에게 질문한 것이다.

(2) 질문의 단서를 밝히다[正顯問端] 3.
가. 법을 거론하여 참고하여 정하다[擧法按定] (二佛 1上8)

佛子여 一切衆生이 等有四大하되 無我無我所어늘
"불자여, 일체 중생이 한 가지로 사대가 있되 <나>도 없고 <내 것>도 없거늘

[疏] 二, 佛子一切下는 正顯問端이라 中에 三이니 初, 擧法按定이니 謂諸衆生身은 但四大假名이라 四大無主며 身亦無我어니 安有我所리오 彼此同許일새 以爲按定이라
- (2) 佛子一切 아래는 질문의 단서를 바로 밝힘이다. 그중에 셋이니 가. 법을 거론하여 참고하여 정함이니 이른바 모든 중생의 몸은 단지

사대로 빌려 온 이름일 뿐이다. 사대(四大)가 주인이 없으며 몸도 또한 내가 없으니 어찌 주체와 대상이 있겠는가? 저것과 이것을 함께 허용하였으므로 참고하여 정함이 된 것이다.

[鈔] 四大無主等者는 卽淨名第二에 云, 四大合故로 假名爲身이오 四大無主하니 身亦無我라 又此病起가 皆由着我니 是故로 於我에 不應生着일새 今取彼文하야 以釋今經이니라

● '사대(四大)가 주인이 없다'는 따위는 곧 『유마경』 제2권에 이르되, "4대로 화합한 연고로 이름을 빌려서 몸이라 하였고, 사대는 주인이 없으니 몸도 역시 내가 없다"는 뜻이다. 또한 이런 병이 일어남이 모두 〈나〉에게 집착한 때문이니, 이런 연고로 〈나〉에 대해 응당히 집착을 일으키지 않았으므로 지금은 저 경문을 취하여 본경을 해석한 것이다.

나. 힐난과 질문을 바로 설정하다[正設難問] 2.
가) 의미를 총합하여 밝히다[總顯意] (二云 1下6)
나) 경문을 바로 해석하다[正釋文] (十事)

云何而有受苦受樂과 端正醜陋와 內好外好와 少受多受와 或受現報와 或受後報이닛고
어찌하여 괴로움을 받고 즐거움을 받으며, 단정하고 누추하며, 안으로 좋아하고 밖으로 좋아하며, 적게 받고 많이 받으며, 혹은 현생의 보를 받고, 혹은 후생의 보를 받나이까?

[疏] 二, 云何下는 正設疑難이니 能造能受를 是謂爲我오 所造所受는 即是我所니 以無我故로 無能造受어니 誰令苦樂이리오 無我所故로 無所造受어늘 何以現見而有苦等고 十事五對니 一, 苦樂者는 約麤相說인대 三塗爲苦오 人天爲樂이오 二, 就苦中하면 各有姸孃오 三, 於其樂中에 有內身外境이오 四, 通於苦樂受中하야 若時若事가 皆有多少니 此上은 皆約生報니 前生作故라 五, 現作現受니 名現報라 隔一生去受를 名爲後報니라

■ 나. 云何 아래는 힐난과 질문을 바로 설정함이니 짓는 주체와 받는 주체를 말하여 〈나〉라고 하며, 지을 대상과 받을 대상은 〈내 것〉이라 하였으니, 내가 없는 연고로 짓고 받는 주체가 없으니 무엇이 괴롭고 즐겁게 하겠는가? 〈내 것〉이 없는 연고로 짓고 받을 대상도 없거늘 어찌하여 괴로움 따위가 있음을 나타내 보이겠는가? 열 가지 현상이 다섯 대구이니 (1) 괴롭고 즐거움이란 거친 양상을 잡아 말한다면 삼악도를 괴로움이라 하고 인간과 천상으로 즐거움이라 할 것이다. (2) 괴로움 중에 입각하면 각기 곱고 추함이 있을 것이요, (3) 그 즐거움 중에 안의 몸과 바깥 경계가 있을 것이요, (4) 괴로운 느낌과 즐거운 느낌에 통하여 시간과 일에 모두 많고 적음이 있나니, 이 위는 모두 생의 과보를 잡은 것이니 앞의 생에 지었기 때문이다. (5) 현재에 짓고 현재에 받는 것이니 이름하여 '현생(現生)의 과보'라 말하고, 한 생을 건너가서 받는 것을 이름하여 '후생(後生)의 과보'라 말한다.

[鈔] 能造能受者는 我在因中에 即爲能造하고 業爲所造며 我在果中에 即爲能受하고 報爲所受라 此中에 且順我我所言이라 故로 淨名에

云, 無我, 無造, 無受者라하니라 若僧佉師인대 能造는 但是冥性이오 我是受者나 而非造者라하며 若衛世師인대 我爲能造며 亦爲能受라 하니라

- '짓는 주체와 받는 주체'란 〈내〉가 원인 중에서는 곧 짓는 주체가 되고, 업은 지을 대상이 되며, 〈내〉가 결과 중에 있을 적에는 받는 주체가 되고, 과보는 받을 대상이 된다. 이런 가운데 우선 〈나〉와 〈내 것〉이란 말을 따르게 된다. 그러므로 『유마경』에 이르되, "〈나〉도 없고 짓는 이도 없고 받는 이도 없다"라고 하였다. 만일 상카학파의 스님이라면 '짓는 주체는 단지 명제(冥諦)의 체성일 뿐이오 나는 받는 자이지만 짓는 이는 아니다'라고 해야 할 것이며, 만일 위세학파의 스님이라면 '나는 짓는 주체가 되며 또는 받는 주체도 된다'라고 말할 것이다.

다. 힐난을 결론하다[結難] (三然 2上9)

然이나 法界中엔 無美無惡니이다
그러나 법계 가운데는 아름다운 것도 없고 미운 것도 없나이다."

[疏] 三, 然法界下는 結難이니 謂二無我理가 卽眞法界라 眞法界中에 定無善惡이니 未知苦樂이 從何而生고하니 此는 問所以也라 爲無我故로 無我所耶아 爲有所受하니 亦有我耶아 此는 致疑也니 以聖言量과 及正理量이 違於現量이어니 如何可通고하야 結成難也니라

- 다. 然法界 아래는 힐난을 결론함이니 이른바 두 가지 '내가 없는 도

리[無我理]'가 곧 진여법계이다. "진여법계 중에는 결정코 선과 악이 없 나니, 괴로움과 즐거움이 어디서부터 생겼는지 알 수 없다"라고 하였으니 이것은 질문한 이유이다. 아니면 '내가 없음'이 되기 때문에 '내 것'도 없는 것이 되는가? 아니면 받을 대상이 있으니 또한 내가 있음이 되는가? 이것은 의심에 이르는 것이니, "성언량(聖言量)과 정리량(正理量)이 현량(現量)과 위배될 것인데 어떻게 해명할 수 있을까?"라고 하여 힐난을 결론함이다.

[鈔] 此問所以者는 此中에 取前緣起甚深三重問意하야 以釋今文이니라
- '이것은 질문한 이유'란 이 가운데 앞의 '연기법이 매우 깊음[緣起甚深]'의 세 가지 거듭 질문한 의미를 취하여 지금 본경의 경문을 해석한 내용이다.

2) 보수보살이 게송으로 대답하다[答] 2.

(1) 대답한 의미를 밝히다[顯答意] 2.
가. 대답한 의미를 바로 밝히다[正顯答意] 3.
가) 바로 그렇게 질문함에 대해 대답하다[答直爾問] (第二 2下5)

時에 寶首菩薩이 以頌答曰,
그때에 보수보살이 게송으로 답하셨다.

[疏] 第二, 答意에 云, 達體하면 業亡이라 迷眞業起며
- 2) (보수보살이 게송으로) 대답한 의미를 말하면, 체성을 통달하면 업이

없는 것이다. 진여를 미혹하여 업이 일어난 것이다.

나) 의문을 가짐에 대해 대답하다[答懷疑問] 2.
(가) 두 가지 내가 모두 공함을 설명하다[明二我俱空] (報因 2下5)
(나) 업과 과보를 무너뜨리지 않는 양상을 설명하다[明不壞業果之相]
(由法)

[疏] 報因業起이니 何須我耶아 業報攬緣하야 虛無自體일새 故無我所라 由法無我나 非斷滅故로 業果不亡이니

- 과보는 업으로 인하여 일어나는데, 어찌하여 〈내〉가 필요하겠는가? 업과 과보는 인연을 잡아서 자기 체성을 텅 비웠으므로 〈내 것〉이 없는 것이다. 법이 내가 없음으로 말미암았지만 단멸이 아닌 연고로 업과 과보가 없어지지 않는 것이니라.

[鈔] 業報攬緣下는 上은 以業遣我오 此下는 以緣으로 遣於我所니라

- 業報攬緣 아래에서 이 위는 업이므로 〈나〉를 보냄이요, 이 아래는 인연이므로 〈내 것〉을 보낸 것이다.

다) 서로 위배된다는 질문에 대답하다[答相違問] (斯乃 2下8)

[疏] 斯乃正理며 聖教所明이오 不違現事라

- 이것은 비로소 바른 이치이며 성인의 교법으로 밝힌 것이요, 현재의 일과 위배되지 않는다.

[鈔] 由法無我下는 上明二我俱空이오 此下는 明不壞業果之相이라 空有無礙하야 二諦雙存이 是正理量이라 聖敎所明이 卽聖言量이라 故로 淨名에 云, 說法이 不有亦不無나 以因緣故로 諸法生이오 無我, 無造, 無受者나 善惡之業이 亦不亡이라하며 中論에 云, 雖空而不斷이오 雖有而不常이라 罪福亦不失이 是名佛所說이라하나라 言不違現事者는 卽是現量이니 以現見苦樂等報나 擧體卽空하야 不壞事故[171]니라

● 由法無我 아래에서 이 위는 ㄱ) 두 가지 내가 모두 공함을 설명함이요, 이 아래는 ㄴ) 업과 과보를 무너뜨리지 않는 양상을 설명함이다. 공과 유가 걸림 없어서 두 가지 진리가 함께 존재함이 바른 이치의 분량[正理量]이다. 성인의 교법으로 밝힌 내용이 곧 성언량(聖言量)이다. 그러므로『유마경』(제1 불국품 게송)에 이르되, "설법은 있지도 않고 또한 없지도 않으나 인연인 까닭에 모든 법이 생기며 〈나〉도 없고 지음도 없고 받는 자도 없으나 선과 악의 업은 또한 없지 않도다"라고 하였고,『중론』[172]에 이르되, "공하다 하여도 아주 없음 아니요, 있다 하여도 항상함이 아니니 업과 과보를 잃지 않는 것, 이것이 부처님의 설법이시다"라고 하였다. '현재의 일과 위배되지 않는다'고 말한 것은 곧 현량(現量)이니 현재에 괴롭고 즐거움 따위의 과보를 보지만 전체가 곧 공하여 현상을 무너뜨리지 않기 때문이다.

나. 반대로 해석하다[反以釋成] (法若 3上6)

[疏] 法若定有인대 不可造受이니 便違正理니라
■ 법이 만일 결정코 있다면 짓고 받을 수 없을 것이니, 문득 바른 이치

---

171) 故는 甲南續金本作也. 醜 추할 추. 陋 누추할 누.
172) 본래 논문은 "雖空亦不斷 雖有亦不常 業果報不失 是名佛所說"이니『중론』觀業品 제17의 게송이다.

와 위배되는 것이다.

[鈔] 法若定有下는 反以釋成이니 故로 中論에 云, 若無空義者인대 一切
則不成等이라하니라
- 나. 法若定有 아래는 반대로 해석함이니 그러므로『中論』(觀四諦品 제
24)에 이르되, "(〈공〉의 이치가 있기에 온갖 법이 이루어지지만) 〈공〉의 이치
가 없다면 온갖 법은 이루어지지 않는다" 따위로 말하였다.

(2) 게송 문장을 설명하다[說偈文] 2.
가. 법으로 설명하다[法說] (在文 3上10)

隨其所行業하여   如是果報生이나
作者無所有니   諸佛之所說이로다
그들의 행한 업을 따라서
이와 같은 과보가 생기지만
짓는 이가 없으니
모든 부처님이 말씀하신 바로다.

[疏] 在文分二니 初一은 法說이오 餘九는 喩況이라 今初라 上半은 約俗諦
緣生이라 卽業報相屬이니 答前現見이오 次句는 勝義卽空이니 印其
按定이라 此二不二일새 故不相違니라 無所有言은 該上業果니 則亦
無我所오 後句는 是聖敎量이라 智論第二에 云,[173] 有業亦有果나 無
作業果者니 此第一甚深은 是諸佛所說이라하니라

---
[173] 是諸佛所說은 대지도론에는 是法佛能見이라 하다.

■ 경문에 있는 것을 둘로 나누리니 가. 한 게송은 법으로 설명함이요, 나. 아홉 게송은 비유로 견주어 밝힘이다. 지금은 가.이다. 위의 반의 게송은 세속제가 인연으로 생김을 잡은 해석이다. 곧 업과 과보의 모양에 속하나니 앞의 현량으로 봄에 대한 대답이요, 다음 구절[作者無所有]은 승의제가 곧 공함이니 그 살펴서 정한 것을 인가함이다. 이런 둘[세속제와 승의제]이 둘이 아니므로 서로 위배되지 않는다는 뜻이다. '없다'는 말은 위의 업과 과보를 포괄한 뜻이니 또한 <내 것>도 없다는 뜻이요, 뒤 구절[諸佛之所說]은 성인의 교법으로 헤아림[聖言量]이다. 『대지도론』 제2권(初品如是我聞一時 釋論)에 이르되, "업도 있고 과도 있지만 업과 과를 짓는 이가 없나니 이것은 가장 높고 심히 깊으니 이 법은 부처님의 말씀이시다"라고 하였다.

[鈔] 無所有言者는 按文에 但云, 作者無所有하니 以偈文窄故라 實乃作者와 所作이 皆無所有니라

● '없다고 말한 것'은 경문을 살펴보면 단지 '짓는 이가 없다'고만 말하였으니 게송 문장을 천착했기 때문이다. 실제로는 짓는 자와 지을 대상이 모두 없다는 뜻이다.

나. 비유로 견주어 밝히다[喩顯] 2.
가) 전체 양상을 잡아서 해석하다[約通相釋] (下九 3下8)

譬如淨明鏡이 　　　隨其所對質하여
現像各不同인달하여 　業性亦如是니라
비유하건대 깨끗하고 밝은 거울이

그 앞에 상대할 사물을 따라서
나타나는 영상이 각각 다르듯이
업의 성품도 또한 이와 같도다.

[疏] 下九는 喩顯이라 通相而明에 喩於業果가 從緣無性하야 不壞事相이오
■ 아래 아홉 게송은 나. 비유로 견주어 밝힘이다. 가) 전체 양상을 잡아서 설명하면 업과 과보가 인연에 체성이 없음을 따라서 현상의 양상을 무너뜨리지 않음에 비유한 내용이다.

나) 개별 양상을 잡아서 해석하다[約別相釋] 4.
(가) 세 게송은 업과 과보가 체성이 없어서 텅 빈 모양을 무너뜨리지 않음에 비유하다[初三頌喩業報無性不壞虛相] 2.
ㄱ. 총상으로 밝히다[總顯] (別彰 3下9)

[疏] 別彰喩意컨대 喩各不同하니 初, 三頌은 喩業報無性하야 不壞虛相이오 次, 一偈는 喩無造受者오 三, 一偈는 喩性一相殊오 四, 喩體無來處라 初中에 初偈는 雙喩業果가 皆眞心現이니 雖無實體나 而相不同이오 次偈는 喩能生因緣相虛오 後偈는 喩所生業果無實이니라
■ 나) 개별 양상으로 비유한 의미를 밝힌다면 비유가 각기 다르나니, (가) 세 게송은 업과 과보가 체성이 없어서 텅 빈 모양을 무너뜨리지 않음에 비유한 것이요, (나) 한 게송은 짓는 자와 받는 자가 없음을 비유한 것이요, (다) 한 게송은 체성이 한 가지 모양과 다름에 비유한 것이요, (라) 체성은 온 곳이 없음을 비유한 내용이다. (가) 중에 ㊀ 첫 게송은 업과 과보가 모두 진실한 마음에서 나타남을 함께 비유하

였으니 비록 실체는 없지만 서로 다른 것이요, ㈂ 다음 게송은 생기는 주체의 인연의 모습이 텅빈 것을 비유하였고, ㈃ 생길 대상의 업과 과보가 실체가 없음에 비유하였다.

ㄴ. 별상으로 해석하다[別釋] 3.
ㄱ) 첫 게송은 업과 과보가 모두 진실한 마음에서 나타남을 함께 비유하다 [釋初偈雙喩業果皆眞心] 2.
(ㄱ) 법상종에서는 거울로 삼음을 지적하다[指法相爲境] (今初 4上4)

[疏] 今初라 若法相宗인대 唯以本識爲鏡이오
■ 지금은 ㄱ)이다. (ㄱ) 만일 법상종에 의하면 오직 근본식만 거울로 삼았으며,

(ㄴ) 법성종에 의지하여 바로 해석하다[依性宗正釋] 3.
a. 밝은 거울의 체성으로 정함을 밝히다[辨定鏡體] (今依 4上4)

[疏] 今依法性宗인대 亦以如來藏性으로 而爲明鏡이니라
■ 지금은 (ㄴ) 법성종에 의지한다면 또한 여래장의 체성으로 밝은 거울을 삼았다.

[鈔] 今依法性宗亦以藏性爲鏡者는 疏中分二니 第一, 釋文이오 第二, 顯義라 前中에 亦三이니 初, 辨定鏡體오 二, 顯喩相이오 三, 出業性이라 今初니 言亦以者는 非揀本識이오 識亦喩於鏡이라 故로 楞伽에 云, 譬如明鏡이 現衆色像하야 現識處現도 亦復如是라하니라 但法相

宗은 不用如來藏爲鏡이라 今雙用二義일새 故致亦言이니라 言如來藏爲鏡者는 起信論에 釋本覺內體相인 合明中에 云호대 復次覺體相者는 有四種大義하니 與虛空等하며 猶如淨鏡이라 云何爲四오 一者, 如實空鏡이니 遠離一切心境界相이라 無法可現이니 非覺照義故오 二者, 因熏習鏡이니 謂如實不空이라 一切世間境界가 悉於中現호대 不出不入하며 不失不壞하야 常住一心이니 以一切法이 卽眞實性故라 又一切染法의 所不能染이라 智體不動하야 具足無漏하야 熏衆生故오 三者, 法出離鏡이니 謂不空法이라 出煩惱礙智礙하야 離和合相하야 淳淨明故오 四者, 緣熏習鏡이니 謂依法出離故로 徧照衆生之心하야 令修善根하야 隨念示現故니라 釋曰, 四鏡之名者는 一, 空鏡이니 謂離一切外物之體오 二, 不空鏡이니 謂鏡體不無하야 能現萬像故오 三, 淨鏡이니 謂已磨治하야 離塵垢故오 四, 受用鏡이니 謂置之高臺에 須者受用이라 四中에 前二는 自性淨이오 後二는 離垢淨이라 又初二는 就因隱時說이오 後二는 就果顯時說이라 又前二는 約空不空하야 爲二오 後二는 約體用爲二니라 又前二는 體오 後二는 相이니라 故云覺體相者는 今約衆生이니 卽前二鏡을 合而用之호대 以第二로 爲能現하고 以第一로 顯本淨故라 後之二鏡은 旣在果位하니 約佛爲境故로 於福田甚深 中에 用이니라

- '지금은 (ㄴ) 법성종(法性宗)에 의지한다면 또한 여래장의 체성으로 밝은 거울을 삼는다'는 것은 소문에 둘로 나누었으니 a. 경문 해석이요, b. 뜻을 밝힘이다. a. 중에 또한 셋이니 a) 밝은 거울의 체성으로 정함을 밝힘이요, b) 비유한 양상을 밝힘이요, c) 업의 체성을 내보임이다. 지금은 a)이니 '또한 여래장성으로'라 말한 것은 근본식과 구분한 것이 아니요, 식도 역시 거울에 비유한 해석이다. 그러므로『능가

경』에 이르되, "비유컨대 밝은 거울이 여러 색과 형상을 나타냄과 같아서 현재 식의 처소에 나타남도 또한 마찬가지이다"라고 하였다. 단지 법상종(法相宗)에서는 여래장으로 거울을 삼는 것을 쓰지 않을 뿐이다. 지금은 두 종파의 뜻을 함께 사용한 연고로 '역시'라는 말에 이른 것이다. '여래장으로 거울을 삼는다'고 말한 것은 『기신론』에서 본각(本覺) 안의 체성과 양상을 해석하면서 (비유와) 합하여 설명한 가운데 말하되, "다시 각(覺) 자체의 모습에는 네 가지의 큰 뜻이 있어 허공과 같으며 마치 깨끗한 거울과 같으니, 무엇이 넷인가? (1) 여실히 공한 거울[如實空鏡]이니 일체의 마음의 모습과 경계의 모습을 멀리 여의어 어떤 법도 나타날 것이 없으니 각조(覺照)의 뜻이 아니기 때문이다. (2) 원인으로 훈습한 거울[因熏習鏡]이니 이르되 여실히 공하지 않는 것이다. 일체 세간의 경계가 모두 그 가운데 나타나되 나가거나 들어오지 아니하며 잃거나 부수지 않아서 항상 그대로 있는 한 마음일 뿐이니 일체 법이 곧 진실한 성품이기 때문이다. 또 일체의 염법(染法)이 물들이지 못하는 바이니 지혜 자체는 움직이지 않아 새지 않는 것을 갖추어서 중생을 씌우기 때문이다. (3) 법에서 벗어나 여읜 거울[法出離鏡]이니 이르되 공하지 않는 법이 번뇌의 장애[煩惱礙]와 지혜의 장애[智礙]를 벗어나고 화합상을 여의어 순수하고 깨끗하고 밝기 때문이다. (4) 인연으로 훈습한 거울[緣熏習鏡]이니 이르되 법출리에 의지하는 까닭에 중생의 마음을 두루 비추어서 그들로 하여금 선근(善根)을 닦아서 생각에 따라 보여 나타내기 때문이다"라고 하였다. 해석하자면 네 가지 거울의 이름은 (1) 공한 거울이니, 이르되 온갖 바깥 사물의 체성을 여의는 까닭이요, (2) 공하지 않은 거울이니, 이르되 거울의 자체가 없지 않아서 능히 온갖 형상을 나타내는 까닭이요,

(3) 깨끗한 거울이니, 이르되 이미 연마하고 다스려서 경계의 더러움을 여읜 까닭이요, (4) 받아 쓰는 거울이니, 이르되 높은 선반에 두고서 필요한 사람이 받아쓰기 때문이다. 네 가지 중에 앞의 둘은 자체 성품이 깨끗함이요, 뒤의 둘은 번뇌를 여읜 깨끗함이다. 또한 처음 둘은 원인이 숨었을 때에 입각하여 설명함이요, 뒤의 둘은 결과가 나타날 때에 입각하여 설명한 해석이다. 또한 앞의 둘은 공하고 공하지 않음을 잡아서 둘로 나누었고, 뒤의 둘은 체성과 작용을 잡아서 둘로 나눈 것이다. 또한 앞의 둘은 체성이요 뒤의 둘은 양상이다. 그러므로 '각의 자체 모습'이라 말한 것은 지금은 중생을 잡았으니 곧 앞의 두 가지 거울을 합쳐서 사용하되 둘째 것[因熏習鏡]으로 나타나는 주체를 삼고, 첫째 것[如實空鏡]으로 본래로 깨끗함을 밝힌 까닭이다. 뒤의 두 가지 거울은 이미 과덕의 지위에 있으니 부처님을 잡아서 경계로 삼은 연고로 (5) 복전이 매우 깊음 중에 사용한 것이다.

b. 비유한 양상을 밝히다[顯喩相] (然有 5上7)

[疏] 然有二義하니 一, 隨境界質하야 現業緣影이니 故合云, 業性亦如是오 二, 隨業緣質하야 現果影像이라 故로 前偈에 云, 隨其所行業하야 如是果報生이라하니 二文影略하야 共顯業果가 似有나 無體니라

■ 그런데 두 가지 뜻이 있으니 (1) 경계의 바탕을 따라 업과 인연의 영상을 나타내나니, 그러므로 (비유와) 합하여 말하되, '업의 성품도 또한 이와 같다'고 말하였다. (2) 업과 인연의 바탕을 따라 과덕의 영상을 나타낸다. 그러므로 앞의 게송에 이르되, "그들의 행한 업을 따라서 이와 같은 과보가 생긴다"라고 하였으니, 두 경문을 비추어 생략

하여 업과 과보가 있는 것 같지만 체성이 없음을 함께 밝힌 것이다.

[鈔] 然有二義下는 第二, 顯喩相이라 有三事하니 一, 鏡이오 二, 本質이오 三, 影像이라 以喩就法에 鏡則無二오 質影은 各二니 謂一은 是因影이니 境界로 爲質故로 合云業性이오 二는 是果影이니 業緣으로 爲質故로 法說에 云果報生也라 淨名에 云, 是身은 如影하니 從業緣現이라하니라 是故로 結云호대 二文影略이라 下에 引中論重化之義하야 正顯因果가 俱從緣空이니라

- b. 然有二義 아래는 비유한 양상을 밝힘이다. 세 가지 일이 있으니 (1) 거울이요, (2) 근본 바탕이요, (3) 영상이다. 비유로써 법에 나아갈 적에 거울은 둘이 없으며 바탕과 영상은 각기 둘이니 이른바 하나는 원인의 영상이니 경계로 바탕을 삼은 연고로 합하여 '업의 성품'이라 말하였고, 둘은 과덕의 영상이니 업의 인연으로 바탕을 삼은 연고로 ㄱ) 법으로 설명함에서 '과보가 생긴다'고 말한 것이다. 『유마경』에 이르되, "이 몸은 그림자와 같아서 업의 인연으로부터 나타난 것이다"라고 하였다. 이런 연고로 결론하여 말하되, '두 경문을 비추어 생략했다'고 말하였다. 아래에는 『중론』에서 거듭 교화하는 뜻을 인용하여 원인과 결과가 모두 인연이 공함에서 나왔음을 바로 밝혔다.

c. 업의 체성을 내보이다[出業體] 2.
a) 바로 내보이다[正出] (合云 5下6)

[疏] 合云業者는 謂善惡等三이라 性者는 通性及相이니 謂此業體가 以無性之法으로 而爲其性이나 不失業果之相으로 而爲其性이니라

■ 합하여 '업'이라 말한 것은 이른바 선업과 악업 따위의 셋을 말한다. '체성'이란 체성과 양상에 통하나니, 말하자면 이런 업의 체성이 체성 없는 법으로 그 성품을 삼았지만 업과 과보의 양상을 잃지 않은 것으로 그 체성을 삼은 것을 뜻한다.

[鈔] 合云業者下는 第三, 出業體니 等取無記와 及等不動하야 各成三類라 言不失業果者는 上是理性이오 此卽事性이니 如火熱性等이라
● c. 合云業者 아래는 업의 체성을 내보임이니 무기법과 평등하여 동요하지 않음을 똑같이 취하여 각기 세 종류를 이룬 것이다. '업과 과보를 잃지 않는다'고 말한 것은 위는 이치의 체성이요, 여기는 현상의 체성이니 마치 불의 뜨거운 성품 등과 같다.

b) 뜻을 밝히다[顯義] 3.
(a) 중도를 밝히다[顯中道] (由無 6上1)

[疏] 由無性故로 能成業果하고 由不壞相하야 方顯眞空이니 故로 中論에 云, 雖空이나 亦不斷이오 雖有나 而不常이라 業果亦不失이 是名佛所說이라하니 不失業果가 方顯中道니라
■ 체성 없음을 말미암은 연고로 능히 업과 과보를 이루고, 무너뜨리지 않는 양상을 말미암아야 비로소 참된 공을 드러내게 된다. 그러므로 『중론』(觀業品)에 이르되, "공하다 하여도 아주 없음 아니요, 있다 하여도 항상함이 아니니, 업과 과보를 잃지 않는 것 이것이 부처님의 설법이시다"라고 하였으니, 업과 과보를 잃지 않음이 비로소 중도를 드러내는 것이다.

(b) 염오와 청정의 문을 밝히다[顯染淨門] 2.
㈀ 간략히 설명하다[略明] (又如 6上3)

[疏] 又如鏡現穢像에 非直不汚鏡淨이라 亦乃由此하야 顯鏡踰¹⁷⁴⁾淨이라 如來藏이 現生死業果도 亦然이니 非直不損眞性平等이라 亦乃由此하야 知如來藏의 自性恒淨也니라

■ 또한 마치 거울이 더러운 형상을 나타낼 적에 바로 더럽던 거울이 깨끗해질 뿐만 아니라 더욱이 마침내 이로 인하여 거울이 더욱 깨끗해짐을 밝힌 것이다. 여래장이 나고 죽음과 업과 과보를 나타냄도 또한 그러하다. 바로 참된 성품이 평등함은 감소되지 않을 뿐만 아니라 더욱이 비로소 이로 인하여 여래장의 자체 성품이 항상 깨끗한 줄을 알게 되었다는 뜻이다.

㈁ 자세하게 해석하다[廣釋] 2.
① 염오와 청정에 대해 밝히다[正顯染淨] (此有 6上6)
② 위의 뜻을 결론하다[結成上義] (此約)

[疏] 此有四位하니 一, 能現位라 復有二義하니 一은 由眞淨故로 現染이오 二는 由眞淨故로 不爲汚오 二, 所現位에 亦有二義하니 一은 由相虛故로 不能汚요 二는 由相虛故로 虛相現이오 三, 相對位에 亦有二義하니 一은 由分明現染하야 方顯性淨이오 二는 由性本恒淨하야 令染妄現이라 四, 眞淨虛染하야 鎔融一味라 無礙圓融이니 思之어다 此約染淨門에 以但有所現에 卽爲染故라

---

174) 踰는 甲南續金本作喩誤.

■ 여기에 네 가지 지위가 있으니 (1) 나타내는 주체의 지위이다. 다시 두 가지 뜻이 있으니 첫째, 참된 청정으로 인하여 더러움을 나타냄이요, 둘째, 참된 청정으로 인하여 더러워지지 않음을 밝힘이다. (2) 나타낼 대상의 지위에도 두 가지 뜻이 있으니 첫째, 모양이 헛된 연고로 능히 더럽게 하지 못함이요, 둘째, 모양이 헛된 연고로 헛된 모양을 나타냄이다. (3) 서로 상대하는 지위에도 두 가지 뜻이 있으니 첫째, 분명하게 더러움을 나타냄으로 인하여 비로소 체성이 청정함을 드러냄이요, 둘째, 체성이 본래 항상 청정함으로 인하여 더럽고 허망함으로 하여금 나타나게 함이다. (4) 참된 청정과 허망한 더러움이 녹아서 융섭하여 한 맛이 된 것이다. 걸림 없고 원융함을 뜻하나니 생각해 보라. 이것은 염오와 청정한 문을 잡을 적에 단지 나타날 대상만이 곧 더러움이 되는 까닭이다.

[鈔] 由無性故下는 第二, 顯義라 於中에 有二하니 先, 顯中道오 後, 明染淨이라 今初는 卽融上理事二性이니 交徹無礙하야 以成中道라 又如鏡顯穢像下는 第二, 約染淨[175]이라 上及此段은 俱證由不壞相하야 方顯眞空이오 此段은 亦中道義相이라 於中二니 先, 略明이오 後, 此有四位下는 開章廣釋이라 於中亦二니 先, 正顯染淨이오 後, 兼明一異라 今初에 然但知以鏡으로 喩如來藏하고 影喩生死業果하니 則法喩가 昭然이라 一, 由眞淨故能現者는 卽四鏡中第二鏡義오 二, 由眞淨故不爲汚는 卽第一鏡義라 亦前은 卽不染而染이오 二, 卽染而不染이라 又前은 卽能隨緣이오 二는 卽體不變이라 然二는 皆是能現之德이 如玉之性이 雖染不汚오 若第三相對는 方顯正在泥中하야 染

---

175) 淨下에 甲南續金本有初略明三字.

而不染也니라

- b) 由無性故 아래는 뜻을 밝힘이다. 그중에 둘이 있으니 (a) 중도를 밝힘이요, (b) 염오와 청정을 밝힘이다. 지금은 (a)이니 위의 이치와 현상 두 가지의 체성을 융섭하였으니 서로 끝까지 걸림 없어서 중도를 이룬 것이다. ① 又如鏡顯穢像 아래는 염오와 청정에 대해 밝힘이다. 이 위와 이 문단은 모두 모양을 무너뜨리지 않음으로 인하여 비로소 참된 공을 밝힌 것을 증명함이요, 이 문단은 또한 중도의 뜻의 양상이기도 하다. 그중에 둘이니 ㉠ 간략히 설명함이요, ㉡ 此有四位 아래는 (가름을 열어) 자세하게 해석함이다. 그중에 또한 둘이니 ① 염오와 청정에 대해 밝힘이요, ② 하나와 다른 문을 겸하여 밝힘이다. 지금은 ①이니 그런데 거울로써 여래장에 비유하였고 나고 죽음과 업과 과보는 비추어 비유한 줄 알면 법과 비유가 더욱 밝아졌다. (1) '참된 청정으로 인하여 더러움를 나타냄'이란 네 가지 거울[176] 중의 둘째 거울[因熏習鏡]의 뜻이요, (2) '참된 청정으로 인해 더러워지지 않음'이란 첫째 거울[如實空鏡]의 뜻이다. 또한 앞은 더러워지지 않으면서 더러워짐이요, 다음은 더러워지는 것 같지만 더러워지지 않음이다. 또한 앞은 곧 능히 인연을 따름이요, 다음은 곧 체성이 변하지 않음이다. 그러나 둘은 모두 나타내는 주체의 덕이 마치 옥의 체성이 비록 더러운 곳에서도 더러워지지 않음과 같고, (3) '서로 상대하는 지위'에는 바로 진흙 속에 있으면서 더러워져도 (본성은) 더러워지지 않음을 바야흐로 밝힌 것이다.

二, 所現二義者는 一, 依他無性義요 二, 無性緣成義니라 三, 相對

---

176) 앞에서 인용한 기신론의 (1) 여실공경(如實空鏡) (2) 인훈습경(因熏習鏡) (3) 법출리경(法出離鏡) (4) 연훈습경(緣熏習鏡)을 말한다.

二義者는 一은 卽眞如隨緣하야 能成萬法이니 方是眞如오 二는 卽眞如不變하야 方能現染이라 若變性淨인대 不能現染이오 若不現染인대 無隨緣德이니라

四, 眞淨等者는 以如來藏擧體가 成生死니 如來藏外에 無生死故로 生死卽空이 是如來藏이니 離生死外에 無如來藏故라 如波與水가 一味無差니라 此約染淨下는 結成上義니 謂如眞如가 現依他時에 設有淨分이라도 亦名爲染이니 如鏡現像에 不揀淨穢코 皆非鏡體일새 故唯能現을 得名爲淨이오 所現皆染이니라

● ② '나타낼 대상의 지위에도 두 가지 뜻'이란 (1) 의타성이 체성이 없다는 뜻이요, (2) 체성이 없이 인연으로 성립한다는 뜻이다. (3) '서로 상대하는 지위에도 두 가지 뜻'이란 ① 진여가 인연을 따라 능히 온갖 법을 성립함이니 비로소 진여인 것이요, ② 진여가 변하지 않아서 바야흐로 능히 더러움을 나타냄이다. 만일 본성이 청정함이 변하였다면 능히 더러움을 나타내지 못해야 하고, 만일 더러움을 나타내지 못한다면 인연을 따르는 공덕이 없는 것이다.

(4) '참된 청정 따위'는 여래장의 전체가 나고 죽음을 이루나니, 여래장의 바깥에 나고 죽음이 없는 연고로 나고 죽음이 공과 합치함이 바로 여래장인 것이니, 나고 죽음을 여읜 것 밖에 여래장이 없는 까닭이다. 마치 파도와 물이 한 맛으로 다름이 없는 것과 같다. ⓕ 此約染淨 아래는 위의 뜻을 결론함이다. 말하자면 진여가 의타성으로 나타날 때에 설사 청정한 부분이 있더라도 또한 염오라 이름하나니, 마치 거울에 영상이 나타날 적에 더럽고 깨끗함을 가리지 않음과 같이 모두 거울 자체가 아닌 연고로 오직 나타내는 주체만을 청정함이라 이름할 뿐이요, 나타낼 대상은 모두 염오(染汚)라 말한다.

(c) 하나와 다른 문을 잡아 해석하다[約一異門釋] 2.
㈠ 하나와 다름에 대해 해석하다[正釋一異] (更約 7上10)

[疏] 更約喩中하야 以一異門釋이니 謂一은 鏡是定一門이오 二는 所現染淨姸媸等殊는 是定異門이라
■ 다시 비유함 중에 하나와 다른 문을 잡아서 해석한다. 이르되 하나는 거울이 하나로 정해진 문이요, 둘은 나타낼 대상인 염오와 청정, 예쁘고 추함 따위가 다른 것은 다름으로 정해진 문이다.

㈡ 힐난을 해명하다[通難釋成] 2.
① 다르다고 힐난함을 해명하다[通異難] (染淨 7下1)
② 하나라는 힐난을 해명하다[通一難] (鏡現)

[疏] 染淨雖虛나 不能相攝일새 故是異也오 鏡現染處에 不異現淨일새 故是一也라 三은 像不異鏡이 是非異義니 鏡外無像故라 鏡不異像이 是非一義니 正現像時에 去像에 亦失鏡故라 上二는 即非一非異門이라 四는 像雖即鏡이나 而不壞像이오 鏡雖即像이나 而不礙鏡이니 是亦一亦異門也니라
■ 염오와 청정함이 비록 헛되지만 능히 서로 섭수하지 못하므로 다른 문이다. 거울이 더러움을 나타내는 곳에는 청정함을 나타냄과 다르지 않으므로 하나가 된다. 셋은 영상이 거울과 다르지 않은 것이 다르지 않음의 뜻이니, 거울 밖에 영상이 없기 때문이다. 거울이 영상과 다르지 않음이 바로 한결같지 않음의 뜻이니, 바로 영상을 나타낼 때에 영상을 버리면 거울도 잃기 때문이다. 위의 둘은 하나도 아니요 다

른 것도 아닌 문의 뜻이다. 네 번째 영상이 비록 거울과 합치하지만 영상을 무너뜨리지 않음이요, 거울이 비록 영상과 합치하지만 거울을 장애하지 않나니, 이것은 하나이기도 하고 다르기도 한 문의 뜻이다.

[鈔] 更約喩中下는 二, 約一異門[177]이라 言鏡是定一者는 謂如來藏은 唯一味故오 所現定異者는 生死緣差故니라 染淨雖虛下는 通難釋成이니 先, 通異難이라 謂有問言호대 染淨皆虛인대 豈非一耶아 此約喩難이오 生死涅槃이 二俱虛寂인대 豈非一耶는 此約法難이라 故로 此釋에 云, 不相攝故라하니 此通法喩라 如所現像에 男不攝女인달하야 故生死가 不能攝涅槃故라 以相就性일새 故說生死와 及與涅槃이 二俱空寂하야 一際無差오 以性就相일새 有染有淨이오 以有諍故로 說於生死오 以無諍故로 說於涅槃이라 有煩惱時에 非無煩惱일새 故就虛相而說異耳니라 欲令一者인대 要如來藏而以統之니 是第三義니라 鏡現染處下는 二, 通一難이니 謂有問言호대 鏡[178]能現染하고 復能現淨하니 豈非異耶아 如來藏이 能成生死하고 復能成涅槃하니 豈非異耶아할새 故今答云호대 現染淨處가 無異體故오 生死涅槃이 一性現故라하니라

● (c) 更約喩中 아래는 하나와 다른 문을 잡아 해석함이다. ㊀ '거울이 하나로 정해진 문'이라 말한 것은 이른바 여래장은 오직 한 맛일 뿐인 까닭이요, '나타낼 대상이 다르다고 정해진 것'은 나고 죽음의 인연이 차별되기 때문이다. ㊁ 染淨雖虛 아래는 힐난을 해명하고 해석함이니 ① 다르다고 힐난함을 해명함이다. 말하자면 어떤 이가 묻기를, "어찌 하나가 아닌가? 이것은 비유를 잡아서 힐난함이요, 나고 죽음

---
177) 門下에 南續金本有釋字.
178) 鏡下에 南續金本有中旣二字.

과 열반의 둘이 모두 헛되고 고요하다면 어찌 하나가 아닌가?" 이것은 법을 잡아서 힐난함이다. 그러므로 여기서 해석하여 말하되, '서로 섭수하지 못하는 까닭이다'라고 하였으니, 여기서는 법과 비유를 통함이다. 마치 나타낼 대상의 영상에서 남자는 여자를 섭수하지 못함과 같아서 나고 죽음이 능히 열반을 섭수하지 못하기 때문이다. 모양으로 체성에 나아가는 연고로 나고 죽음과 열반의 둘이 모두 공적하여 일제히 차별이 없으며, 체성으로 모양에 나아가므로 염오도 있고 청정도 있는 것이요, 다툼이 있는 연고로 나고 죽음을 말하고, 다툼이 없는 연고로 열반을 말하는 것이다. 번뇌가 있을 때에 번뇌가 없음이 아니므로 헛된 모양에 입각하여 다르다고 말했을 뿐이다. 하여금 하나가 되려고 한다면 여래장으로 거느리기를 요구하나니 셋째 뜻이 된다. ② 鏡現染處 아래는 하나라는 힐난을 해명함이다. 말하자면 어떤 이가 묻기를, "거울이 능히 염오를 나타내고 다시 능히 청정을 나타내었으니 어찌 다름이 아니겠는가? 여래장이 능히 나고 죽음을 이루고 다시 능히 열반을 이루었으니 어찌 다름이 아니겠는가?"라고 하므로 지금 대답하여 말하되, "염오와 청정을 나타내는 곳이 체성은 다르지 않은 연고로 나고 죽음과 열반이 하나의 체성을 나타낸 까닭이다"라고 하였다.

三, 像不異鏡者는 謂像本是異나 鏡本是一이니 今像同鏡일새 故非異也라 故**179)**釋에 云, 鏡外에 無像일새 故同鏡一하야 異相便無오 生死本異로대 如來藏本一이나 今生死가 卽如來藏일새 故生死非異니 以如來藏外에 無生死故니라

---

179) 故下에 甲南續金本有次字.

鏡不爾像者는 鏡本是一이오 像本非一이라 今鏡同像故로 非一也니라 正現像時去像亦失鏡者는 釋成上義니 謂去像이 失鏡에 明鏡이 同像이라 言同像者는 同像非一이오 非是約鏡與像一也니 思之어다 如來藏은 本[180]是一이오 生死非一이라 今에는 如來藏全體가 爲生死일새 故同生死之萬差라 正成生死時에 若去生死가 卽無如來藏이니 此明如來藏이 同生死之差언정 非約與生死로 一故니 是非一義也라 四, 亦一亦異門者는 但約不壞性相에 則一異歷然耳언정 四門一揆에 則一異無礙오 染淨相融이니 方爲事事無礙之鏡像也니라

- '셋은 영상이 거울과 다르지 않다'는 것은 이르되, 영상의 근본은 다르지만 거울의 근본이 하나이니 지금은 영상이 거울과 같으므로 다른 것이 아니다. 그러므로 해석하여 말하되, "거울 밖에 영상이 없으므로 거울이 하나임과 같아서 다른 모양은 문득 없어졌고, 나고 죽음의 근본이 다르지만 여래장의 근본이 하나이므로 지금은 나고 죽음이 곧 여래장인 연고로 나고 죽음이 다른 것이 아닌 것이니, (왜냐하면) 여래장 바깥에 나고 죽음이 없기 때문이다." '거울이 영상과 다르지 않다'는 것은 거울의 근본은 하나요 영상의 근본은 하나가 아니라는 뜻이다. 지금은 거울이 영상과 같은 연고로 하나도 아닌 것이다. 바로 영상을 나타낼 때에 영상을 버리고 또한 거울도 잃는 것은 위의 뜻을 해석한 부분이다. 말하자면 영상을 버리고 거울을 잃을 적에 거울이 영상과 같음이 분명하다. '영상과 같다'고 말한 것은 영상과 같음이 하나가 아니요, 거울과 영상이 하나인 것을 잡은 것은 아님이니 생각하여 보라. 여래장의 근본은 하나이고 나고 죽음은 하나가 아닌 것이다. 지금에는 여래장의 전체가 나고 죽음이 되는 연고로 나고 죽

---

[180] 本은 南續金本作性本來.

음이 만 가지로 차이남과 같은 것이다. 바로 나고 죽음을 이룰 적에 만일 나고 죽음을 버리면 곧 여래장이 없는 것이니, 이것은 여래장이 나고 죽음의 차이와 같음을 밝힌 것일 텐데 나고 죽음과 하나임을 잡은 것이 아닌 까닭이니 하나가 아니라는 뜻이다. '넷은 하나이기도 하고 다르기도 한 문'이란 단지 체성과 모양을 무너뜨리지 않음을 잡는다면 하나와 다른 것이 뚜렷해질 뿐인데 네 가지 문이 하나의 법칙이라면 하나와 다름이 걸림이 없음이요, 염오와 청정이 서로 융섭할 것이니 바야흐로 현상과 현상이 장애 없는 차원의 거울과 영상이 될 것이다.

ㄴ) 다음 게송은 생기는 주체의 인과 연의 모습이 헛됨을 별도로 비유하다
[釋次偈別喩能生因緣相虛] (二田 9上3)

亦如田種子가
自然能出生인달하여
또 밭에 심을 종자가
각각 서로 알지 못하나
자연히 능히 출세하듯이
업의 성품도 또한 이와 같도다.

各各不相知하되
業性亦如是니라

[疏] 二, 田種生芽喩니 能生者는 田喩業緣也오 種子는 喩於識種因也니 此二가 相待無性일새 故不相知라 由不相知하야 方能生於後有苦芽일새 故云自然能出生也라 亦本識爲田이오 名言爲種이니라

■ ㄴ) 밭에 뿌린 종자에서 싹이 나오는 비유이니, 생기는 주체에서 밭은 업의 인연에 비유함이요, 종자는 식이 종자인 원인에 비유하였으

니, 이런 둘이 서로 체성 없음을 기다리는 연고로 서로 알지 못하는 것이다. 서로 알지 못함을 말미암아서 비로소 능히 후생의 존재에서 괴로움의 새싹이 생겨나므로 '자연히 능히 출생하듯이'라고 말한 것이다. 또한 근본식은 밭이 되고 이름과 말씀은 종자가 된 것이다.

[鈔] 田喩業緣者는 卽六地經에 云, 業爲田이며 識爲種이니 無明所覆로 愛水爲潤하고 見網增長하며 我慢漑灌하야 生名色芽라하나니 謂若不造業하면 識不成種이 如穀不入田하면 終不生故니라 亦本識爲田者는 上約因緣合辨일새 故以業爲田이어니와 今但約本識이 含於種子하야 能起現行일새 故以本識으로 爲田이라 若初地中에 亦云, 於三界田中에 復生苦芽라하나니 則約當果生處하야 亦得名田이니 顯義無妨也라 成不相知는 類前可解니라

● '밭은 업의 인연에 비유한다'는 것은 곧 제6 현전지(現前地)의 경문에 이르되, "이른바 업은 밭이 되고, 식(識)은 종자가 되는데, 무명이 덮이고, 애정의 물이 축여 주고 <나>라는 교만이 물을 대어 주므로 소견이 증장하여 이름과 물질[名色]이란 싹이 나느니라"라고 하였으니 말하자면 만일 업을 짓지 아니하면 식이 종자를 이루지 못하는 것이 마치 곡식이 밭에 들어가지 않으면 마침내 자라지 않는 까닭이다. '또한 근본식이 밭이 된다'는 것은 위는 인연으로 화합함을 잡아서 밝힌 연고로 업이 밭이 되었지만 여기는 단지 근본식이 종자를 포함하고 있어서 능히 현행번뇌를 일으킴을 잡았으므로 근본식이 밭이 된 것이다. 저 초지(初地) 중에도 또한 말하되, "삼계(三界)란 밭에 다시 고통의 싹을 틔우나니"라고 하였으니 해당하는 결과가 생겨난 곳을 잡아서 또한 밭이라 이름하였으니, 뜻을 드러냄에 방해됨이 없다. 서로 알

지 못함을 이룬 것은 앞과 유례하면 이해할 수 있으리라.

ㄷ) 뒤의 게송은 생겨날 대상의 업과 과보가 실다움이 없음을 별도로 비유하다[釋後偈別喩所生業果無實] (三幻 9下5)

又如巧幻師가　　　　　　在彼四衢道하여
示現衆色相인달하여　　　業性亦如是니라
또 마치 공교로운 요술쟁이가
사방으로 통하는 길거리에서
여러 가지 빛과 모양 나타내나니
모든 업의 성품도 그러하니라.

[疏] 三, 幻師現幻喩라 喩所生者는 若幻色으로 喩報하면 則幻師는 喩業이오 若幻色으로 喩業이오 則幻師는 喩業因이니 以業亦緣生하야 同報無體나 而幻相不亡라 故로 中論內에 以化復現化로 喩業果俱空하니라 若幻唯喩報하면 業則不空이라 四衢로 以喩四識住는 造業處故라

■ ㄷ) 요술쟁이가 요술을 나타내는 비유이다. 생겨날 대상에 비유함이란 만일 환술 같은 형색으로 과보에 비유하면 요술쟁이는 업에 비유함이요, 환술 같은 형색으로 업에 비유하면 요술쟁이는 업의 원인에 비유하는 것이니, 업도 또한 인연으로 생겨나서 과보가 체성이 없음과 같지만 환술 같은 모양은 없어지지 않는다. 그러므로 『중론』안에는 교화하고 다시 나타나 교화함으로 업과 과보가 모두 공함을 비유하였다. 만일 요술로써 오직 과보만을 비유한다면 업은 공하지 않은 것이다. '네 길거리로써 네 가지 인식에 머무름에 비유한 것'은 업

을 짓는 곳이기 때문이다.

[鈔] 幻師現幻者는 所生은 通因果라 若幻色喩報下는 別釋이니 先, 明果 爲所生이오 後, 若幻色喩業下는 辨業爲所生이라 業亦緣生者는 如 人受五戒에 爲人業이니 必假戒師言教와 三業之具하야사 方成業故 라 業亦緣生이라 故中論下는 義引論文하야 證業果俱空이니 彼論偈 에 云, 譬如幻化人이 復作幻化人이라 是則名爲業이오 幻化人所作을 則名爲業果라하니라 旣業果가 皆幻하니 故知並空이로다

若幻唯喩報下는 反成上義니라 四衢喩四識住者는 瑜伽八十四에 云, 謂色受想行인 此之四蘊은 是識蘊所住라하니라

● (ㄱ) '요술쟁이가 요술을 나타낸다'는 것은 생겨날 대상은 원인과 결과에 통한다. (ㄴ) 若幻色喩報 아래는 개별로 해석함이니 a. 결과로 생겨날 대상을 삼은 것을 설명함이요, b. 若幻色喩業 아래는 업으로 생겨날 대상을 삼는 것을 밝힘이다. '업도 또한 인연으로 생긴다'는 것은 마치 사람이 오계(五戒)를 받을 적에 사람의 업을 삼는 것과 같아서 반드시 계를 준 스승의 말씀이나 가르침과 세 가지 업으로 구비함을 빌려야만 비로소 업을 이루기 때문이다. c. 故中論 아래는 뜻으로 논문을 인용하여 업과 과보가 모두 공함을 증명함이다. 저 논의 게송에 이르되, "비유컨대 마치 요술 속의 사람이 다시 요술 속의 사람을 만드는 것과 같나니 이것을 이름하여 업이라 하고, 요술 속의 사람이 지은 것을 이름하여 업과 과보라 말한다"라고 하였다. 이미 업과 과보가 모두 요술이니 그러므로 함께 공함을 알아야 한다.

d. 若幻唯喩報 아래는 위의 뜻을 반대로 성립함이다. '네 길거리로써 네 가지 인식에 머무름에 비유한 것'이란 『유가사지론』 제84권에 이

르되, "이른바 물질과 느낌과 생각과 지어 감인 이런 네 가지 온(蘊)은 인식의 온으로 머무를 대상이다"라고 하였다.

(나) 한 게송은 짓고 닦는 자가 없음을 비유하다[次一頌喩無造修者]

(二機 10上9)

如機關木人이　　　　　能出種種聲하되
彼無我非我인달하여　　業性亦如是니라
마치 기관으로 만든 허수아비가
가지가지 소리를 능히 내지만
그것은 나와 나 아님이 없듯이
업의 성품도 또한 이와 같도다.

[疏] 二, 機關出聲으로 喩無造受者는 機關緣造라 體虛無人이니 喩業從緣일새 故無造者오 從機出聲일새 尤更非實이라 喩報因業起어니 安有受人이리오 夫無我者는 因對我無라 既無有我어니 何有非我리오 着無我者도 亦是倒故니라

■ (나) '기관으로 만든 허수아비가 소리를 내는 것으로 짓고 닦는 자가 없음을 비유한 것'은 기관(機關)은 인연으로 지었다는 뜻이다. 자체가 헛되어 사람이 없음이니 업이 인연을 따름에 비유하였으므로 지은 자가 없다는 뜻이오, 기관에서 소리를 내었으므로 더욱이 다시 실다움이 아닌 것이다. 과보는 업으로 인하여 일어남에 비유하였는데 어찌 사람에게 받을 수 있겠는가? 대저 '내가 없다'는 것은 원인으로 내가 없음을 상대한 것이니, 이미 내가 없는데 어찌 내가 아님이 있겠는가?

'내가 없음[無我]'을 집착한 것도 역시 뒤바뀐 까닭이다.

(다) 한 게송은 체성이 한 가지 모양과 다름에 비유하다
[次一頌喩性一相殊] (三出 10下4)

亦如衆鳥類가　　　　從殼而得出하되
音聲各不同인달하여　業性亦如是니라
또한 온갖 새들이
모두 알에서 나왔으나
그 소리들이 각각 다르듯이
업의 성품도 또한 이와 같도다.

[疏] 三, 出殼音別로 喩性一相殊者는 如鳥在殼에 含聲未吐로 喩業同一性이라 出殼聲別은 猶感報無差라 然雞子之中에 終無鳳響이오 業雖無性이나 善惡冥熏이니라

■ (다) '알에서 나온 소리가 다름으로써 성품이 한 가지 모양과 다름에 비유한다'는 것은 마치 새가 알 속에 있을 적에 품고 있는 소리를 내지 않은 것으로 업이 체성과 동일함과 같음에 비유하였다. 알에서 나온 소리가 다름은 과보를 느낌과 차이가 없음과 같다. 그러나 병아리 속에는 끝내 봉황의 메아리가 없는 것이요, 업이 비록 체성은 없지만 선과 악으로 그윽히 훈습한다는 뜻이다.

[鈔] 如鳥在殼者는 殼爲鳥卵이니 爲母所附者라 言含聲未吐者는 庾信이 云, 團團竹上禽이 白玉으로 裹黃金이라 裹有司晨鳥하야 含聲未吐音

이라하니 借其言用이니라

● '마치 새가 알 속에 있을 적에'란 껍질[殼]은 새의 알이 되나니, 어머니에게서 부여받은 것이다. '품고 있는 소리를 내지 않았다'는 것은 김유신(金庾信)의 시(詩)에 이르되, "덩이 덩이마다 대나무에 앉은 새가 백옥 빛인데 황금으로 감쌌으니, 보자기 속에 있는 새벽 새가 품고 있던 소리를 음성으로 토하지는 않는다"라고 하였으니 그 말씀을 빌려서 사용한 것이다.

(라) 네 게송은 체성이 오고 감이 없음을 비유하다[後四頌喩體無去來]

(四有 11上1)

譬如胎藏中에　　　　　諸根悉成就나
體相無來處인달하여　　業性亦如是니라
또 비유하건대 태 속에서
육근이 이루어지지만
그 형체는 오는 곳이 없듯이
업의 성품도 또한 이와 같도다.

又如在地獄에　　　　　種種諸苦事여
彼悉無所從인달하여　　業性亦如是니라
또 저 지옥의
갖가지 고통스러운 일들이
모두 온 곳이 없듯이
업의 성품도 또한 이와 같도다.

譬如轉輪王이　　　成就勝七寶나
來處不可得인달하여　業性亦如是니라
비유하건대 전륜왕이
아름다운 칠보를 가지지만
그 온 곳을 찾지 못하듯이
업의 성품도 또한 이와 같도다.

又如諸世界가　　　大火所燒然이나
此火無來處인달하여　業性亦如是니라
또 모든 세계가
큰 불에 다 타 버리지만
그 불이 온 곳이 없듯이
업의 성품도 또한 이와 같도다.

[疏] 四, 有四偈는 喩體無來處오 皆從緣來일새 卽無來故라 然亦不同하니 初一喩는 因含於果일새 故無來處오 次偈는 果酬於因일새 故無所從이니 此二喩는 內異熟業果也라 次偈는 轉輪王七寶로 喩外增上業果也오 後偈는 喩無漏業果니 無漏智火로 焚蕩有漏에 智因漏發일새 故亦無來라 業果寂然일새 方依幻住니라

■ (라) 네 게송은 체성이 오고 감이 없음을 비유한 것이요, 모두 인연에서 왔으니 곧 온 것이 없는 까닭이다. 불에 타는 것도 또한 같지 않나니, ㄱ. 처음 한 게송[譬如胎藏中-]의 한 가지 비유는 원인이 결과를 포함하고 있으므로 온 곳이 없다는 뜻이요, ㄴ. 다음 게송[又如在地獄-]에서 결과는 원인에 대한 대답이므로 부터 온 곳이 없나니, 이런 두

가지 비유는 안으로는 이숙식의 업과 과보이다. ㄷ. 다음 게송[譬如轉輪王-]은 전륜왕의 칠보(七寶)로 외부의 증상하는 업과 과보에 비유한 것이요, ㄹ. 뒤의 게송[又如諸世界-]은 무루업의 결과에 비유하였으니, 무루(無漏)의 지혜의 불로 유루법(有漏法)을 태우거나 끓일 적에 지혜는 유루법으로 인하여 생겨나는 연고로 또한 온 곳이 없는 것이다. 업과 과보가 고요해져야 비로소 요술에 의지해 머무는 것이다.

[鈔] 輪王七寶者는 非在身內故라 言無來處者는 輪王登位에 從空忽來라 言七寶者는 一, 輪寶니 大如一由旬이오 或云四俱盧舍라 三輪이 各減一俱盧舍니라 二, 珠寶니 其狀八楞이오 大如人䏶니라 三, 象寶니 即金脇山中의 八千象中之最下者니라 四, 馬寶니 即帝釋廄中者니라 五, 兵寶니 即是夜叉니라 六, 主藏臣寶니 即[181]地神이니라 七, 女寶니 上即[182]帝釋賜[183]오 下者는 人間의 或乾闥婆女니라 輪은 即北方天王이 令四夜叉로 持之니 歸則在門之上一由旬住니 帝釋所賜니라 若依此說인댄 則有來處하니 多是約教有殊라 故로 小乘中에 說輪王沒後에 收在鐵圍山間이라하니라 又有相似七寶하니 謂一은 劍寶요 二는 皮寶요 三은 殿寶요 四는 牀寶요 五는 林寶요 六은 衣寶요 七은 履寶니 如智論과 及薩遮尼乾經第三에 說하니라

● '전륜왕의 일곱 가지 보배'란 몸 안에 있는 것이 아니다. '온 곳이 없다'고 말한 것은 전륜왕이 지위에 오르면 공(空)함에서 홀연히 온 것이다. '일곱 가지 보배'라 말한 것은 (1) 바퀴의 보배이니 크기는 1유순과 같으며, 혹은 4구로사(俱盧舍)라 말한다. 세 바퀴가 각기 1구로사

---

181) 即下에 南續金本有是字. 廄 곳집유. 殼 껍질 각. 盧 밥그릇 노. 廄 마구간 구. 脇 옆구리 협
182) 即은 甲南續金本作者.
183) 賜는 甲本作四, 續本作匹.

씩 감소한다. (2) 구슬의 보배이니 그 모양이 여덟 모퉁이가 있고, 크기는 사람의 넓적다리만 하다. (3) 코끼리 보배이니 곧 금협산(金脇山)에 사는 8천 마리 코끼리 중의 가장 낮은 코끼리이다. (4) 말의 보배이니 곧 제석천의 마구간에 있는 말이다. (5) 병사인 보배이니 바로 야차(夜叉)를 말한다. (6) 창고를 맡은 신하의 보배이니 곧 땅의 신이다. (7) 여자인 보배이니 위는 제석천왕이 하사한 것이다. (1) 바퀴는 곧 북방천왕이 네 가지 야차로 하여금 간직하게 한 것이다. 돌아가면 문 위의 1유순 동안 머무름이 있으니 제석천이 하사한 것이다. 아래는 인간 중에 혹은 건달바의 부인이다. 바퀴는 곧 북방천왕이 네 가지 야차로 하여금 간직하게 한 것이다. 만일 여기에 의지하여 말한다면 온 곳이 있나니 대부분 교법에는 다름이 있음을 잡은 해석이다. 그러므로 소승(小乘) 중에 말하되, "전륜왕이 죽은 뒤에 철위산 중간에 거두어 있다"라고 하였다. 또한 칠보(七寶)와 비슷한 것이 있으니 이른바 ① 칼의 보배 ② 가죽의 보배 ③ 전각의 보배 ④ 평상인 보배 ⑤ 숲의 보배 ⑥ 옷의 보배 ⑦ 신발의 보배이니, 『대지도론』과 『살자니건자경(薩遮尼乾子經)』 제3권에 설한 내용과 같다.

4. 설법이 매우 깊다[說法甚深] 2.

1) 문수보살이 덕수(德首)보살에게 묻다[問] 3.
(1) 총합하여 고함을 표방하다[總標告] (第四 12上4)

爾時에 文殊師利菩薩이 問德首菩薩言하시되,
저 때에 문수사리보살이 덕수보살에게 물으셨다.

[疏] 第四, 說法甚深이니 亦可名應現甚深이라 問及答中에 通三業故며 以說法化勝故로 從此立名이라 先은 問中에 初, 總標告라 問德首者 는 顯佛德故니라

- 4. 설법이 매우 깊음이니 또한 응하여 나타남이 매우 깊음이라 이름 할 수도 있다. 1) 질문과 2) 대답 중에 세 가지 업을 통하는 까닭이 며, 법을 설하여 교화함이 뛰어난 연고로 이것부터 명칭을 세운 것이 다. 1) 문수보살이 덕수(德首)보살에게 질문함 중에 (1) 총합하여 고 함을 표방함이다. 덕수보살에게 질문한 것은 부처님의 공덕을 밝히 려는 까닭이다.

(2) 질문의 단서를 밝히다[正顯問端] 3.
가. 법을 거론하여 찾아서 정하다[擧法按定] (二正 12上8)

佛子여 如來所悟는 唯是一法이어늘
"불자여, 여래께서 깨달은 것은 오직 이 한 가지 법이거늘

[疏] 二, 正顯問端中에 三이니 初, 擧法按定이니 謂佛證一味法界를 彼此 共許니라

- (2) 질문의 단서를 밝힘 중에 셋이니 가. 법을 거론하여 찾아서 정함 이니, 이른바 부처님이 증득한 한 맛의 법의 세계를 이곳과 저곳에서 함께 허용한다는 뜻이다.

나. 의심과 힐난을 바로 설정하다[正設疑難] 2.
가) 질문한 의미를 밝히다[顯問意] 3.

(가) 바로 질문한 이유[直爾問] (二何 12下3)
(나) 의심을 수반한 질문[帶疑問] (偏取)
(다) 서로 위배된다고 힐난하다[相違難] (竝立)

云何乃說無量諸法하시며 現無量刹하시며 化無量衆하시며 演無量音하시며 示無量身하시며 知無量心하시며 現無量神通하시며 普能震動無量世界하시며 示現無量殊勝莊嚴하시며 顯示無邊種種境界이닛고
어찌하여 이에 한량없는 모든 법을 설하시며, 한량없는 세계를 나타내시며, 한량없는 중생을 교화하시며, 한량없는 음성을 연설하시며, 한량없는 몸을 보이시며, 한량없는 마음을 아시며, 한량없는 신통을 나타내시며, 한량없는 세계를 두루 능히 진동하시며, 한량없이 훌륭한 장엄을 나타내 보이시며, 끝없는 가지가지 경계를 나타내 보이시나이까?

[疏] 二, 云何下는 正設疑難이니 謂證悟가 旣一이어늘 說現乃多하니 爲一耶아 多耶아 偏[184]取互妨이오 竝立相違라 就法에 卽體用相違오 約佛에 是證敎相違라

■ 나. 云何 아래는 의심과 힐난을 바로 설정함이니 이른바 증득하여 깨달음이 이미 하나이거늘 설법하여 나타냄이 더욱 많으니 하나인가, 많은 것인가? 치우쳐 다섯 가지 비방을 취한 것이요, 아울러 서로 위배됨을 세운 부분이다. 법에 입각하면 곧 체성과 작용이 서로 위배되고, 부처님에 입각하면 증득함과 가르침이 서로 위배된다는 뜻이다.

---

184) 偏은 金本作徧誤.

[鈔] 爲定一耶下는 有三重問意하니 此上에 卽[185]直問所以오 二는 云偏取互妨者는 是第二, 帶疑問이라 由滯一多二途하야 不知何據라 三은 云並立相違者는 卽第三, 成難問也니 證一에 乖於說多오 說多에 違於證一故라

● 爲定一耶 아래는 세 번 거듭 질문한 의미가 있으니 이 위에는 (가) 바로 질문한 이유이다. 둘째에 이르되, '치우쳐 다섯 가지 비방을 취한다'는 것은 (나) 의심을 수반한 질문이다. 하나와 여럿이란 두 가지 길에 지체함으로 말미암아 어떤 근거를 알지 못한 것이다. 셋째에 이르되, '아울러 서로 위배된다'고 말한 것은 (다) 힐난하여 질문함을 이룸이니 하나를 증득했으면 여러 가지로 설법함과 어긋남이요, 여러 가지로 설법하였으면 하나를 증득함과 어긋나기 때문이다.

나) 바로 경문을 해석하다[正釋文] (下辨 13上1)

[疏] 下辨十種相違니 前九는 是別이오 後一은 總結이니라

■ 아래에 열 가지 서로 위배됨을 밝혔으니 (가) 앞의 아홉 가지는 개별 해석이요, (나) 뒤의 한 가지는 총합 결론이다.

다. 앞에서 힐난한 것을 해석하다[釋成前難] (三而 13上3)

而法性中엔 此差別相을 皆不可得이니이다
그러나 법의 성품 가운데는 이 차별한 모습을 두루 찾을 수 없나이다."

---

185) 卽은 南續金本作亦.

[疏] 三, 而法性下는 釋成前難이니 謂非唯佛悟於一이라 我觀法界호니 亦不有多라 能證所證이 旣並不殊어늘 以何因緣으로 而現多種고 將無如來가 乖法界耶아

■ 다. 而法性 아래는 앞에서 힐난한 것을 해석함이다. 말하자면 부처님이 오직 하나만을 깨달았을 뿐 아니라 내가 법계를 관찰해 보니 또한 여럿이 있음도 아니다. 증득하는 주체(부처님)와 증득할 대상(법)이 이미 함께 다르지 않은데, 무슨 인연으로 여러 종류로 나타내었는가? 장차 여래가 법계와 어긋남이 없겠는가?

[鈔] 能證所證等者는 能證은 卽前按定이오 所證은 卽釋成中法性이니라

● '증득하는 주체와 증득할 대상' 따위에서 증득하는 주체는 앞에서 정한 것이요, 증득할 대상은 곧 해석함 중의 법의 성품을 뜻한다.

(3) 대답한 뜻을 밝혀 보이다[顯示答義] 2.
가. 셋째 힐난한 뜻에 대해 대답하다[答三難義] (答有 13上7)

時에 德首菩薩이 以頌答曰,
그때에 덕수보살이 게송으로 답하셨다.

[疏] 答有二意하니 一은 云, 所證雖一이나 隨機現多는 多在物情이오 佛常無念이라 二者, 所悟一法이 卽無礙法界니 卽事之理가 全在多中이오 所現은 乃卽理之事가 全居一內니 以卽多之一은 是所悟오 卽一之多는 是所現이라 旣無障礙어니 何有相違리오

■ (3) 대답한 뜻에 두 가지 의미가 있으니 (1)은 이르되, "증득할 대상

은 비록 하나이지만 근기를 따라 여럿으로 나타냄은 대부분 중생의 생각에 맞춘 것이요, 부처님은 항상 망념이 없다는 뜻이다. (2) 깨달은 바 하나의 법이 곧 '장애 없는 법계[無礙法界]'이니 현상과 합치한 이치가 완전히 여럿 가운데 있으며, 나타낸 바도 바야흐로 이치와 합치한 현상이 완전히 하나 속에 있는 것이다. (그러므로) 여럿과 합치한 하나는 깨달을 바 법이요, 하나와 합치한 여럿은 설할 바 법이다. 이미 장애가 없는데 어찌 서로 위배됨이 있겠는가?

[鈔] 二者所悟等者는 上之一意는 以法就機니 許其有一有多하야 出多所以니 是答直爾問意也라 此下는 唯就法體의 常一常多하야 遣其第二懷疑와 及第三難이라 上疑意에 云, 爲是一耶아 爲是多耶아하고 今云亦一亦多하며 上第三難에 云, 並立相違라하고 今云, 相卽故로 不相違라 故有一多라

● (2) 깨달은 바 따위는 위의 첫째 의미는 법으로 근기에 나아감이니 그 하나가 있음과 여럿이 있음을 허용하여 여럿이 나오게 된 이유이니, (ㄱ) 바로 질문한 이유에 대하여 대답함이다. 이 아래는 오직 법의 체성이 항상 하나이면서 항상 여럿임에 나아가서 그 (ㄴ) 의심을 수반함과 (ㄷ) 셋째 (서로 위배된다고) 힐난함을 버린 것이다. 위에서 의심한 의미를 말하되, "하나가 되는가, 여럿이 되는가?"라고 하였고, 지금은 "하나이기도 하고 여럿이기도 하다"고 하였으며, 위의 셋째 (서로 위배된다는) 힐난에 대답해 말하되, "아울러 서로 위배됨을 세운다"라고 하였고, 지금은 말하되, "서로 합치한 연고로 서로 위배되지 않는다"라고 하였으니, 그래서 하나와 여럿이 있는 것이다.

나. 거듭하여 셋째 힐난에 대한 대답[重成第三難答] (豈惟 13下2)

[疏] 豈唯不違라 亦由得一하야 方能廣現이니 由多現故로 方令悟一이니라
■ 어찌하여 오직 위배되지 않을 뿐만 아니라 또한 하나를 얻음으로 인하여 비로소 능히 널리 나타날 것이며, 여럿으로 나타남으로 인해 바야흐로 하나를 깨닫게 한다는 뜻이다.

[鈔] 豈唯不違下는 重成第三, 答難之意니 尚能相成이어니 豈相違耶아
● 나. 豈唯不違 아래는 거듭 셋째 힐난한 뜻에 대해 대답함을 이루었으니, 오히려 능히 서로 성립하는데 어찌 서로 위배되겠는가?

2) 덕수보살이 게송으로 대답하다[答] 2.

(1) 한 게송은 힐난한 질문의 이익[初一歎問利益] (偈中 14上2)

佛子所問義가　　　甚深難可了하니
智者能知此하여　　常樂佛功德이니라

불자가 물은 뜻
매우 깊어 알기 어려우니
지혜 있는 이가 이것을 알아서
부처님의 공덕을 항상 즐기네.

[疏] 偈中에 分二니 初一은 歎問利益이니 上半은 歎深이라 但言一理는 深
而非甚이어니와 今卽多是一일새 故曰甚深이오 卽一之多는 尤更難了

라 不可但以一多知故라 下半은 知益이니 知此甚深이라야 方知愛樂이라

- 2) 게송을 둘로 나누리니 (1) 한 게송은 힐난한 질문에 대한 이익이니 가. 위의 반의 게송은 깊은 뜻을 찬탄함이다. 단지 한 가지 이치를 말함은 깊지만 매우 (깊은 것이) 아니거니와 지금은 여럿이 곧 하나인 연고로 '매우 깊다'고 하였고, 하나와 합치한 여럿은 더욱더 알기 어려운 것이다. 단지 하나와 여럿으로만 알 수 없기 때문이다. 나. 아래 반의 게송은 알게 된 이익이니, 이런 매우 깊음을 알아야만 비로소 좋아하고 즐김을 알게 되는 것이다.

(2) 아홉 게송은 비유로 대답하다[後九喩答] 2.
가. 비유한 뜻을 총합하여 밝히다[總顯喩義] (後九 14上6)

[疏] 後九는 喩答이니 皆三句는 喩況이오 下句는 法合이라 喩中에 皆上二句는 卽體之用이오 二三兩句는 卽用之寂이라 又初二句는 以一成多오 次句는 不礙常一일새 故不相違라 然此九喩가 別答九種無量하야 總顯境界無量이니 初地一持多喩로 答現無量이라

- (2) 아홉 게송은 가. 비유로 대답함이니 모두 세 구절은 비유로 견줌이요, 아래 구절은 법과 합함이다. 가) 비유 중에 모두 위의 두 구절은 체성과 합치한 작용이요, 둘째와 셋째 두 구절은 작용과 합치한 고요함이다. 또한 처음 두 구절은 하나로써 여럿을 이룸이요, 다음 구절은 항상 하나임과 장애되지 않으므로 서로 위배되지 않는 것이다. 그런데 여기의 아홉 가지 비유가 아홉 종류의 한량없음을 개별로 대답하여 경계가 한량없음을 총합하여 밝혔으니 처음의 땅은 하나인데

여러 가지를 간직하는 비유로 나타냄이 한량없음이라 대답하였다.

[鈔] 然此九喩等下는 上은 總顯偈意오 此下는 別釋偈文이라 古但直釋이나 今將配問이라 言總答境界者는 下之九事가 皆佛分齊之境故니 境界가 爲總句故라
● 然此九喩 아래에서 위는 가. 게송의 의미를 총합하여 밝힘이요, 여기부터 아래는 나. 게송 문장을 개별로 해석함이다. 예전에는 단지 바로 해석만 하였지만 지금은 장차 배대하여 질문한 것이다. '총합하여 경계가 한량없음에 대해 대답하였다'고 말한 것은 아래의 아홉 가지 일이 모두 부처님 수준의 경계인 까닭이니, 경계가 총상 구절로 삼았기 때문이다.

나. 아홉 게송을 개별로 해석하다[別釋九偈] 9.
가) 국토는 의지하여 사는 곳이 뛰어나고 하열하다[刹依住勝劣]

(刹依 14下4)

譬如地性一에　　　　衆生各別住하되
地無一異念인달하여　諸佛法如是니라
비유하건대 땅의 성품은 하나로서
중생들이 각각 달리 살지만
땅은 하나다 다르다 하는 생각이 없듯이
모든 부처님의 법도 이와 같도다.

[疏] 刹은 依住勝劣이나 地無異故오

■ 국토는 의지하여 사는 곳이 뛰어나고 하열함이지만 땅은 다름이 없는 까닭이요,

나) 불은 하나인데 태움은 여럿이다[火一燒多] (二火 14下6)

亦如火性一이　　　　　能燒一切物하되
火焰無分別인달하여　　諸佛法如是니라
또 불의 성품은 하나로서
능히 온갖 사물을 태우지만
불꽃은 그런 분별 없듯이
모든 부처님의 법도 이와 같도다.

[疏] 二, 火一燒多로 答化無量衆이니 物從火化에 不擇薪故오
■ 나) 불은 하나인데 태움은 여럿이므로 한량없는 중생을 교화함에 대해 대답하였으니 사물은 불에서 변화할 적에 땔나무를 가리지 않기 때문이다.

다) 바다는 하나인데 파도는 다르다[海一波異] (三海 14下8)

亦如大海一에　　　　　波濤千萬異나
水無種種殊인달하여　　諸佛法如是니라
또 큰 바다는 하나로서
파도는 천만 가지가 다르지만
물은 가지가지의 다름이 없듯이

모든 부처님의 법도 이와 같도다.

[疏] 三, 海一波異로 答說無量法이니 義海波濤가 無窮盡故오
- 다) 바다는 하나인데 파도는 다른 것으로 한량없는 법을 설함에 대해 대답함이니 뜻의 바다에 있는 파도는 다함이 없기 때문이요,

라) 바람은 하나인데 부는 것은 다르다[風一吹異] (四風 14下10)

亦如風性一이　　　　能吹一切物하되
風無一異念인달하여　諸佛法如是니라
또 바람의 성품은 하나로서
온갖 사물에 능히 불지만
바람은 하나다 다르다 하는 생각이 없듯이
모든 부처님의 법도 이와 같도다.

[疏] 四, 風一吹異로 答震無量界니 隨物輕重하야 動有異故오
- 라) 바람은 하나인데 부는 것은 다름으로 한량없는 세계를 진동함에 대해 대답함이니 사물이 가볍고 무거움을 따라 움직임이 다른 것이 있기 때문이다.

마) 구름과 뇌성 뒤에 널리 비 내리다[雲雷普雨] (五雲 15上2)

亦如大雲雷가　　　　普雨一切地하되
雨滴無差別인달하여　諸佛法如是니라

또한 큰 구름이
온갖 땅에 널리 비를 내리되
빗방울은 차별이 없듯이
모든 부처님의 법도 이와 같도다.

[疏] 五, 雲雷普雨로 答無量音이니 圓音普震에 法雨無差故오
- 마) 구름과 뇌성 뒤에 널리 비 내림으로 한량없는 음성에 대해 대답함이니, 원만한 음성이 널리 진동할 적에 법의 비가 차별이 없기 때문이요.

바) 땅은 하나인데 싹은 다르다[地一芽異] (六地 15上4)

亦如地界一이　　　　能生種種芽하되
非地有殊異인달하여　諸佛法如是니라
또 땅덩이는 하나로서
능히 가지가지 싹을 내되
땅은 다름이 없듯이
모든 부처님의 법도 이와 같도다.

[疏] 六, 地一芽異로 答無量莊嚴이니 芽莖華實로 爲藻飾故오
- 바) 땅은 하나인데 싹은 다른 것으로 한량없는 장엄에 대해 대답함이니 싹과 줄기, 꽃과 과실로 아름답게 장식을 한 까닭이요.

사) 둥근 달빛으로 널리 비추다[廓月普照] (七廓 15上6)

如日無雲瞖에　　　　普照於十方이나
光明無異性인달하야　諸佛法如是니라
마치 해에 구름이 가리지 않아
시방을 널리 비추나
광명은 다른 성품이 없듯이
모든 부처님의 법도 이와 같도다.

[疏] 七, 廓日普照로 答知無量心이니 無私普照하야 窮皁白故오
- 사) 둥근 달빛으로 널리 비춤으로 한량없는 마음을 아는 것에 대해 대답함이니 사사로움 없이 널리 비추어 검고 흰 것을 궁구한 까닭이요,

아) 깨끗한 달빛을 모두가 보다[淨月徧見] (八淨 15上8)

亦如空中月을　　　　世間靡不見이나
非月往其處인달하야　諸佛法如是니라
또한 하늘에 있는 달을
세간에서 모두 보지만
달은 그곳에 간 것이 아니듯이
모든 부처님의 법도 이와 같도다.

[疏] 八, 淨月徧見으로 答無量神通이니 不往而至하야 隨器現故오
- 아) 깨끗한 달빛을 모두가 보는 것으로 한량없는 신통에 대해 대답함이니, 가지 않고 이르러서 그릇에 맞게 나타나는 까닭이요,

자) 범천왕처럼 널리 응하다[梵王普應] (九梵 15上10)

譬如大梵王이　　　　　應現滿三千하되
其身無別異인달하여　　諸佛法如是니라

비유하건대 대범천왕이
삼천세계에 가득 차게 나타나지만
그의 몸은 다르지 않듯이
모든 부처님의 법도 이와 같도다.

[疏] 九, 梵王普應으로 答現無量身이니 不分而徧하야 彌法界故니라
■ 자) 범천왕처럼 널리 응함으로 한량없는 몸을 나투심에 대해 대답함이니, 분별 없이 두루 하여 법계에 가득한 까닭이다.

[鈔] 不分而徧等者는 卽出現品意니 彼身業中에 云,[186] 譬如梵王이 住自宮하야 普現三千諸梵處에 一切人天이 咸得見이나 實不分身向於彼인달하야 諸佛現身도 亦如是하야 一切十方에 無不徧하야 其身이 無數不可稱이나 亦不分身不分別라하나니 略引一文하야 餘可例取라 故將頌文하야 別對前問하면 文理分明이니라

● '분별 없이 두루함' 따위는 곧 제37 여래출현품의 주장이니, 저 (여래출현의) 신업(身業) 가운데에 이르되, "범천왕이 제 궁전에 머물러 있어 삼천의 여러 범천 나타내거든 모든 인간·하늘들 모두 보지만 몸을 나눠 저들을 향하지 않아 / 부처님들 나투는 몸 그와 같아서 시방에 두루 하지 않는 데 없어 그 몸이 수가 없어 말 못하지만 몸 나누는 일

---

186) 이는 如來出現品 제37의 '如來身業의 열 가지 비유'를 말한 게송이다. (교재 권3 p.259-)

없고 분별도 없어"라고 하였다. 간략히 한 경문을 인용하여 나머지는 유례하여 취할 수 있을 것이다. 그러므로 게송 문장을 가져서 앞의 질문과 별도로 대조하면 경문의 이치가 분명해질 것이다.

5. 복전이 매우 깊다[福田甚深] 2.

1) 문수보살이 목수(目首)보살에게 묻다[問] 2.
(1) 고함을 표방하다[標告] (第五 15下7)
(2) 질문한 단서를 밝히다[顯問端] 3.
가. 법을 거론하여 살펴 정하다[擧法按定] (二顯)

爾時에 文殊師利菩薩이 問目首菩薩言하시되, 佛子여 如來福田이 等一無異어늘

저 때에 문수사리보살이 목수보살에게 물으셨다. "불자여, 여래의 복밭이 평등하게 하나라 다름이 없거늘

[疏] 第五, 福田甚深이라 問中에 初, 標告니 以福田이 是照導引生이라 又 施爲諸度之前導일새 故問目首也니라 二, 顯問端이라 分三이니 初, 擧法按定이니 佛爲生福之田일새 名爲福田이오 田德無二일새 名爲等一이니 此理共許니라

■ 5. 복전이 매우 깊음이다. 1) (문수보살의) 질문 중에 (1) 고함을 표방함이니, 복전으로 비추고 인도하여 생겨나는 것이다. 또한 보시는 모든 바라밀을 앞에서 인도하는 연고로 목수보살에게 질문한 것이다. (2) 질문한 단서를 밝힘이다. 셋으로 나누리니 가. 법을 거론하여 살

펴 정함이니, 부처님은 복을 생겨나게 하는 밭이므로 복전(福田)이라 이름한 것이요, 밭과 덕은 둘이 없으므로 '평등하게 하나'라고 이름한 것이니 이런 이치를 함께 허용한 것이다.

나. 의심과 힐난을 바로 밝히다[正顯疑難] (云何 16上5)
다. 앞의 힐난을 해석하다[釋成前難] (三釋)

云何而見衆生이 布施에 果報不同이니잇고 所謂種種色과 種種形과 種種家와 種種根과 種種財와 種種主와 種種眷屬과 種種官位와 種種功德과 種種智慧니 而佛於彼에 其心平等하여 無異思惟니이다
어찌하여 중생이 보시함에 과보가 같지 않음을 보나이까? 이른바 가지가지 빛과 가지가지 형상과 가지가지 집과 가지가지 근과 가지가지 재물과 가지가지 주인과 가지가지 권속과 가지가지 벼슬 지위와 가지가지 공덕과 가지가지 지혜이니 그러나 부처님은 거기에 그 마음이 평등하여 다른 생각이 없나이다."

[疏] 二, 云何下는 正顯疑難이니 謂田旣是一인대 植福應齊어늘 施報有差는 由何而起오 前等此異는 卽緣果相違라 別顯十事는 文並可知로다 三, 釋成前難이니 云田雖齊等이나 心有高下일새 容可有殊라 旣心無異思어니 報云何異리오
■ 나. 云何 아래는 의심과 힐난을 바로 밝힘이다. 말하자면 밭이 이미 하나라면 심은 복이 응당히 같을 것인데 보시에 대한 과보가 차이가

있는 것은 무엇으로 인해 일어났는가? 앞은 같고 여기는 차이남은 인연과 과보가 서로 위배됨이다. 열 가지 일을 개별로 밝힘은 경문과 함께하면 알 수 있으리라. 다. 앞의 힐난을 해석함이니 말하되, "밭이 비록 똑같이 평등하지만 마음이 높고 낮음이 있으므로 다른 것이 있을 수 있음을 허용한다. 이미 마음에 다른 생각이 없는데 과보가 어떻게 달라지리오."

2) 목수보살이 게송으로 대답하다[答] 2.

(1) 대답한 뜻을 드러내어 보이다[顯示答義] (答有 16下1)

時에 目首菩薩이 以頌答曰,
그때에 목수보살이 게송으로 답하셨다.

[疏] 答有數意하니 一, 約衆生由器有大小며 心有輕重故로 得報有差오 非如來咎라 二, 約佛에 徧稱差別之機하야사 方稱平等이니 卽一之多일새 差不乖等이오 卽多之一일새 等不礙差라 由心平等無私하야사 方能隨現多果니 終令解脫一味로 曾何異哉아

■ 2) (목수보살이 게송으로) 대답함에 숫자의 의미가 있으니 (1) 중생에게 근기가 크고 작음이 있음을 잡았으며, 마음에는 가볍고 무거움이 있는 연고로 과보 받음에 차이가 있음이요, 여래의 허물이 아니다. (2) 부처님을 잡으면 차별된 근기에 두루 맞추어야만 비로소 평등하다고 칭할 것이니, 하나와 합치한 여럿이므로 차별이 평등과 어긋나지 않음이요, 여럿과 합치한 하나이므로 평등이 차별을 장애하지 않는다.

마음이 평등하고 사사로움이 없음으로 인하여야 비로소 능히 여러 과보로 따라서 나타나게 함이니, 마침내 해탈의 한 맛으로 하여금 일찍이 어찌 다르게 하겠는가?

[鈔] 一約衆生等者[187]는 俱舍等에 說호대 由主財田異일새 故施果差別이라하니라 前難은 約田이오 今答은 約財主라 然第一意는 正約主異[188]며 含於財異니 謂多財重心과 少財輕心等故라 然器約觀解淺深이오 心之輕重은 復通深淺이라 約佛은 可知로다

● (1) 중생에게 (근기가 크고 작음이 있음) 따위를 잡은 것은『구사론』등에 설하되, "재물과 복전을 주재함이 다름으로 말미암은 연고로 보시의 과보가 차별하다"라고 하였다. 앞의 힐난은 밭을 잡은 것이요, 지금의 대답은 재물을 주재함을 잡은 것이다. 그러나 첫째 의미는 바로 주재함이 다름을 잡은 것이며 재물이 다름을 포함하고 있다. 말하자면 많은 재물에 무거운 마음과 적은 재물에 가벼운 마음이 평등한 까닭이다. 그러나 그릇은 관찰하는 이해가 얕고 깊음을 잡았고, 마음의 가볍고 무거움은 다시 깊고 얕음에 통한다. 부처님을 잡은 것은 알 수 있으리라.

(2) 대답한 경문을 바로 해석하다[正釋答文] 2.
가. 한 게송은 도장 찍음을 총합하여 비유하다[初一偈總喩印成]
(十頌 15上3)

譬如大地一이　　　　隨種各生芽하되

---
187) 者下에 甲南續金本有然字.
188) 異는 金本作意誤.

於彼無怨親인달하여　　佛福田亦然이니라
비유하건대 대지는 하나인데
씨앗을 따라서 각각 싹을 내되
거기에는 원수와 친함이 없듯이
부처님의 복전도 또한 그러하느니라.

[疏] 十頌이 擧十喩하야 喩上諸義니 初一은 總喩印成이오 後九는 別顯所以라 前中에 初句는 印等是緣等이니 彼此共許오 次句는 印異乃因異니 答別之由라 次句는 無異思惟니 誠如所見이라 下句는 總合이라

■ 열 게송은 열 가지 비유를 거론하여 위의 모든 뜻을 비유하였으니 가. 한 게송은 인가하여 성취함을 총합하여 비유함이요, 나. 아홉 게송은 그 이유를 개별로 밝힘이다. 가. 중에 가) 첫 구절은 평등하게 이런 인연 따위를 인가하나니 저것과 이것을 함께 허용함이요, 나) 다음 구절은 다른 것은 비로소 원인이 다름을 인가함이니 다르게 된 이유를 대답하였다. 다) 다음 구절은 다르게 사유함이 없나니 실제로 본 것과 같다는 뜻이다. 라) 아래 구절은 총합하여 합함이다.

나. 아홉 게송은 이유를 개별로 밝히다[後九偈別顯所以] 9.
가) 물로 비유하다[水喩] (後九 17上8)

又如水一味가　　　　因器有差別인달하여
佛福田亦然하여　　　衆生心故異니라
또 물은 한 맛이지만

그릇을 인해서 차별이 있듯이
부처님의 복전도 또한 그러해서
중생들의 마음 따라 다르느니라.

[疏] 後九別中에 皆上半은 喩요 下半은 合이라 一, 水喩는 器有大小하야 方圓任器故오
- 나. 아홉 게송은 (그 이유를) 개별로 밝힘 중에 모두 위의 반의 게송은 비유요, 아래 반의 게송은 법과 합함이다. 가) 물로 비유함은 그릇에 크고 작음이 있어서 네모나고 둥근 것이 그릇에 달렸기 때문이요,

나) 요술쟁이의 비유[幻喩] (二幻 17下1)

亦如巧幻師가　　　　能令衆歡喜인달하여
佛福田如是하여　　　令衆生敬悅이니라
또 재주 있는 요술쟁이가
능히 여러 사람을 기쁘게 하듯이
부처님의 복전도 이와 같아서
중생을 기쁘게 하느니라.

[疏] 二, 幻喩는 體外方便으로 貴且悅心이오
- 나) 요술쟁이의 비유는 체성 밖의 방편으로 귀하고 더욱 마음을 기쁘게 한다는 뜻이다.

[鈔] 體外方便者는 無而假設이니 如無三에 說三等이오

- '체성 밖의 방편'이란 없으면서 가짜로 설정함이니 마치 셋이 없으면서 셋을 말함과 같은 따위이다.

다) 왕의 비유[王喩] (三王 17下4)

如有才智王이　　　　　能令大衆喜인달하여
佛福田如是하여　　　　令衆悉安樂이니라
마치 지혜 있는 왕이
능히 대중들을 기쁘게 하듯이
부처님의 복전도 이와 같아서
대중들을 모두 안락케 하느니라.

[疏] 三, 王喩는 體內方便으로 終得實樂이오 上二는 喩佛巧稱物機라
- 다) 왕의 비유는 체성 안의 방편으로 마침내 진실한 즐거움을 얻는 것이요, 위의 두 게송은 부처님은 중생 근기에 잘 맞춤에 비유하였다.

[鈔] 體內方便者는 卽佛權智로 鑒事差別이니 卽體上大用이 爲體內方便이니라
- '체성 안의 방편'이란 곧 부처님의 방편 지혜로 현상이 차별됨을 보는 것이니, 곧 체성 위의 큰 작용이 체성 안의 방편이 된다는 뜻이다.

라) 거울의 비유[鏡喩] (四鏡 17下8)

譬如淨明鏡이　　　　　隨色而現像인달하여

```
佛福田如是하여         隨心獲衆報니라
```
비유하건대 깨끗한 거울이
사물을 따라서 형상을 나타내듯이
부처님의 복전도 이와 같아서
마음을 따라서 온갖 과보를 얻느니라.

[疏] 四, 鏡喩는 約衆生이니 謂隨姸媸而影殊하고 心高下而報別이니 與前鏡喩로 因緣不同하고 餘義無異라 後五는 皆約佛明이니

■ 라) 거울의 비유는 중생을 잡은 것이다. 말하자면 곱고 추함을 따라 영상이 다르고 마음이 높고 낮아서 과보가 다르나니 앞의 거울의 비유와 함께 인연이 같지 않고 나머지 뜻은 다름이 없다. 뒤의 다섯 게송은 모두 부처님을 잡아 설명한 내용이다.

[鈔] 與前鏡喩者는 前業果中에 喩如來藏은 約其自心일새 故是因也오 今將喩佛은 是喩緣故라 起信論에 云, 眞如內熏으로 爲因하고 善友外熏으로 爲緣이라하니라 約四鏡中에 卽後二鏡은 已出纏故니 正取緣熏習鏡이오 義兼法出離鏡이니 以法出離는 是緣熏習鏡之體故라 義如前引하니라 言餘義無別者는 亦有一異染淨等義하니 則以佛爲淨하고 以生爲染이라 自他相望하야 而論一異니 謂心佛衆生이 三無差別等이니라

● '앞의 거울의 비유와 함께'란 앞의 3. 업과 결과가 매우 깊음 중에서 여래장에 비유함은 그 자체의 마음을 잡은 연고로 원인인 것이요, 지금은 가져서 부처님에 비유함은 인연에 비유한 까닭이다. 『기신론』에 이르되, "진여가 안으로 훈습함으로 원인을 삼고 선지식이 바깥에서

훈습함으로 인연을 삼는다"라고 하였다. 네 가지 거울을 잡은 중에 곧 뒤의 두 가지 거울은 이미 번뇌에서 벗어난 까닭이다. 바로 '인연으로 훈습한 거울[緣熏習鏡]'을 취한 것이요, 뜻으로 '법에서 벗어나 여읜 거울[法出離鏡]'을 겸하였으니, 법출리경은 연훈습경의 체성인 까닭이다. 뜻은 앞에서 인용한 내용과 같다. '나머지 뜻은 다름이 없다'는 것은 또한 하나와 다름, 염오와 청정 따위의 뜻이 있나니 부처님은 청정이요, 중생은 염오로 삼은 것이다. 자신과 남을 서로 바라보고 하나와 다름을 논하였으니, 이른바 마음과 부처와 중생 이 셋이 차별이 없다는 따위이다.

마) 아게타 약의 비유[藥喩] (五藥 18上8)

如阿揭陀藥이　　　　　能療一切毒인달하여
佛福田如是하여　　　　滅諸煩惱患이니라

마치 아게타 약이
능히 모든 독을 치료하듯이
부처님의 복전도 이와 같아서
모든 번뇌를 소멸하느니라.

[疏] 五, 藥喩는 卽多之一이 具百味故로 普去一切煩惱毒故오
■ 마) 아게타 약의 비유는 여럿과 합치한 하나가 백 가지 맛을 구족한 연고로 널리 온갖 번뇌의 독을 제거하기 때문이요,

[鈔] 普去一切者는 阿伽陀는 此云普去故니라

- '널리 온갖 번뇌를 제거한다'는 것에서 아게타[阿伽陀]는 번역하면 '널리 제거한다'라 하기 때문이다.

바) 태양의 비유[日喩] (六日 18下1)

亦如日出時에　　　　照耀於世間인달하여
佛福田如是하여　　　滅除諸黑暗이니라
또 해가 뜰 때에
세상을 밝게 비추듯이
부처님의 복전도 이와 같아서
모든 어두움을 소멸하느니라.

[疏] 六, 日喩는 即一之多가 無幽不燭하야 大小之暗을 並除오
- 바) 태양의 비유는 하나와 합치한 여럿이 어두운 곳은 촛불 켜지 않음이 없어서 크고 작은 어두움을 모두 제거하기 때문이다.

사) 보름달의 비유[月喩] (七月 18下3)

亦如淨滿月이　　　　普照於大地인달하여
佛福田亦然하여　　　一切處平等이니라
또 밝은 보름달이
대지를 널리 비추듯이
부처님의 복전도 또한 그러해서
모든 곳에서 다 평등하느니라.

[疏] 七, 月光普照는 喩佛平等하야 拂上諸迹이니 雖隨機現이나 要且無
私라
- 사) 달빛이 널리 비추는 것은 부처님은 평등하여 위의 모든 자취를 털어 냄에 비유함이니, 비록 근기를 따라 나타나지만 우선 사사로움이 없음을 요구한다.

아) 태풍의 비유[風喩] (八大 18下6)

譬如毘藍風이　　　　普震於大地인달하여
佛福田如是하여　　　動三有眾生이니라
비유하건대 태풍이
대지를 두루 진동시키듯이
부처님의 복전도 이와 같아서
삼유의 중생들을 움직이느니라.

[疏] 八, 大風普震으로 喩徧動群機라
- 아) 태풍이 널리 진동함으로 (부처님이) 많은 무리의 근기를 널리 움직임에 비유하였다.

자) 큰 불길의 비유[火喩] (九大 18下8)

譬如大火起에　　　　能燒一切物인달하여
佛福田如是하여　　　燒一切有爲니라
비유하건대 큰 불길이 일어나서

일체 물건들을 다 태우듯이
부처님의 복전도 이와 같아서
일체 유위법을 다 태우느니라.

[疏] 九, 大火普燒로 喩終歸寂滅이라 又此五喩가 喩滅惑智二障하고 至平等智地하야 普動諸有하야 皆證無爲라 前四는 卽善巧隨機오 此五는 則終令造極이라 豈不等耶아
- 자) 큰 불길이 널리 태움으로 마침내 열반으로 돌아감을 비유하였다. 또한 여기의 다섯 가지 비유[藥喩, 日喩, 月喩, 風喩, 火喩]는 번뇌의 장애와 지혜의 장애 두 가지를 없애고 평등한 지혜의 땅에 이르러서 모든 존재를 널리 움직여서 다 무위법을 증득하게 함이다. 앞의 넷은 곧 뛰어나게 근기를 잘 따름이요, 여기의 다섯 번째는 마침내 하여금 끝까지 나아가게 함이니 어찌 평등하지 않겠는가?

[鈔] 又此五喩下는 覆疏189)重釋이라 於中有二하니 先, 正釋五偈오 後, 前四下는 總彰答意라 今初에 阿伽陀喩는 喩滅惑障이오 日破闇喩는 喩滅智障이오 月光普照喩는 喩至平等智地라 平等智地는 卽法華意니 故로 彼經에 云, 究竟至於一切智地라하니라 風喩普動諸有오 火喩皆證無爲라 至190)智地는 卽是菩提니 是滅智障果오 證無爲는 是證涅槃이니 是滅惑障果라 二因無礙며 二果亦融191)이니라 動諸有者는 卽所化生이니 普令衆生으로 滅二障之病하고 證菩提涅槃之果가 是此意也라 前四已下는 總彰答意니라

---

189) 疏는 纂金本作躡.
190) 至下에 南續金本有於字.
191) 融下에 南金本有普字, 甲續本作普誤.

● 又此五喩 아래는 소문을 전체적으로 거듭 해석함이다. 그중에 둘이 있으니 (가) 다섯 게송을 바로 해석함이요, (나) 前四 아래는 대답한 의미를 총합하여 밝힘이다. 지금은 (가)에서 마) 아게타 약의 비유는 번뇌의 장애를 쳐부숨을 비유함이요, 바) 태양이 어둠을 없애는 비유는 지혜의 장애를 없앰에 비유함이요, 사) 달빛이 널리 비추는 비유는 평등한 지혜의 땅에 도착함에 비유함이다. '평등한 지혜의 땅'은 곧 법화경의 주장이니, 저『법화경』에 이르되, "궁극에는 온갖 지혜의 땅에 이른다"라고 하였다. 아) 태풍은 온갖 존재를 널리 움직임에 비유함이요, 자) 불길은 모든 무위법을 증득함에 비유하였다. '지혜의 땅에 이른 것'은 바로 보리이니, 지혜의 장애를 쳐부순 결과요, '무위법을 증득함'은 열반을 증득함이니 번뇌의 장애를 극복한 결과이다. 두 가지 원인에 장애가 없으며, 두 가지 결과도 역시 융섭함이다. '모든 존재를 널리 움직인다'는 것은 곧 교화할 대상인 중생이니, 널리 중생으로 하여금 두 가지 장애의 병통을 없애고 보리와 열반의 결과를 증득함이 곧 이런 의미이다.

6. 교법이 매우 깊다[正教甚深] 2.

1) 문수보살이 근수(勤首)보살에게 묻다[問] 2.
(1) 질문하는 주체와 대상인 사람을 표방하다[標能所問人]
(第六 17上10)
(2) 질문의 단서를 밝히다[正顯問端] 4.
가. 법을 거론하여 살펴서 정하다[擧法按定] (二正)

爾時에 文殊師利菩薩이 問勤首菩薩言하시되, 佛子여 佛
教가 是一이어늘

저 때에 문수사리보살이 근수보살에게 물으셨다. "불자여,
부처님의 가르침이 이 하나이거늘

[疏] 第六, 正教甚深이라 問中에 初는 標問人하야 以破懈怠일새 故問勤
首니라 二, 正顯問端中에 四니 初, 佛教是一者는 擧法按定이라 一에
有二義하니 一은 謂斷煩惱集하고 證出離滅이니 此義不殊를 彼此共
許라 二는 謂多人同見이 所見不異라

- 6. 교법이 매우 깊음이다. 1) (문수보살이 근수보살에게) 질문함 중에 (1)
질문하는 주체인 사람을 표방하여 게으름을 타파하므로 근수보살에
게 질문한 것이다. (2) 질문의 단서를 밝힘 중에 넷이니 가. '부처님의
가르침은 하나이다'란 것은 법을 거론하여 살펴서 정함이다. '하나'에
두 가지 뜻이 있으니 ① 이른바 번뇌의 모임을 끊고 벗어나 열반을 증
득함이니 이런 뜻이 다르지 않음을 이곳과 저곳에서 함께 허용함이
다. ② 이른바 많은 사람이 똑같이 보는 것은 소견이 다르지 않다는
뜻이다.

나. 의심과 힐난을 바로 설정하다[正設疑難] 2.
가) 첫째 뜻과 상대하다[對初義] (二衆 19下7)
나) 뒤의 뜻과 상대하다[對後義] (二對)

衆生이 得見에 云何不卽悉斷一切諸煩惱縛하고 而得出
離이닛고

중생이 보게 됨에 어찌하여 즉시 일체 모든 번뇌의 속박을 끊어 벗어나지 못하나이까?

[疏] 二, 衆生下는 正設疑難이라 難亦有二하니 一, 對初義니 見敎之後에 何以久而不脫고 故云, 云何不卽斷惑出離라 二, 對後義니 多人同見이어늘 何以有脫不脫고 故言云何不悉斷惑而出이니라

■ 나. 衆生 아래는 의심과 힐난을 바로 설정함이다. 힐난에도 또한 둘이 있으니 가) 첫째 뜻과 상대함이니 가르침을 보인 뒤에 어찌하여 오래도록 벗어나지 못하는가? 그러므로 "어찌하여 번뇌의 속박을 끊어 벗어나지 못합니까?"라고 말한 것이다. 나) 뒤의 뜻과 상대함이니 많은 사람이 똑같이 보거늘 어찌하여 벗어남도 있고 벗어나지 못함도 있는가? 그러므로 어찌하여 번뇌를 모두 끊어 벗어나지 못합니까라고 말한 것이다.

[鈔] 一對初義者는 謂約一人豎論인대 敎能斷惑이라 亦[192] 見卽合斷惑이어늘 何以久而不斷고 二對後義니 後義는 約多人橫說인대 同見斷惑이라 佛敎是一[193]이어늘 何以一斷一不斷耶아 悉者는 俱合斷故니라

● 가) '첫째 뜻과 상대함'이란 이른바 한 사람을 잡아서 세워서 논의한다면 교법은 능히 번뇌를 끊게 하는 것이다. 또한 견해는 곧 번뇌를 끊음과 합하거늘 어찌하여 오래도록 끊지 못하는가의 뜻이다. 나) '뒤의 뜻과 상대함'에서 뒤의 뜻은 많은 사람이 옆으로 말함을 잡는다면 번뇌 끊음을 똑같이 보는 것이다. 부처님의 가르침이 하나인데, 어찌하여 하나는 끊고 하나는 끊지 못하였는가? '다함'이란 모두 끊음

---

192) 亦은 金本作一.
193) 上四字는 甲南續金本作之敎.

과 합하기 때문이다.

다. 앞의 힐난을 해석하여 이루다[釋成前難] (三然 20上6)

然其色蘊受蘊想蘊行蘊識蘊과 欲界色界無色界와 無明貪愛는 無有差別하니
그러나 그 색온 수온 상온 행온 식온과 욕계 색계 무색계와 무명 탐 애는 차별이 없으니

[疏] 三, 然其下는 釋成前難하야 正釋後義니 多人苦集이 皆不殊故라 五蘊是正이오 三界는 通依니 此苦果也오 癡愛發潤은 爲集因也라 兼顯初義며 前後苦集이 亦不殊故라

■ 다. 然其 아래는 앞의 힐난을 해석하여 뒤의 뜻을 바로 해석함이다. 많은 사람의 괴로움과 모임이 모두 다르지 않기 때문이다. 오온(五蘊)은 정보(正報)요 삼계(三界)는 통틀어 의보(依報)이니, 여기서는 고제(苦諦)의 결과요, 어리석은 사랑으로 적셔 주기 시작함은 집제(集諦)의 원인이다. 겸하여 첫째 뜻을 밝혔으며, 앞과 뒤의 괴로움과 모임이 또한 다르지 않기 때문이다.

라. 앞의 힐난을 결론하여 이루다[結成前難] (四是 20上10)

是則佛敎가 於諸衆生에 或有利益이며 或無利益이니이다
이것이 곧 부처님의 가르침이 모든 중생에게 혹은 이익이 있고 없는 것입니다."

[疏] 四, 是則下는 結成相違니 出者有益이오 不出에 無益이라 佛教是一이 其義安在아
- 라. 是則 아래는 앞의 서로 위배된다는 (힐난을) 결론하여 이룸이니 벗어난 이는 이익이 있고, 벗어나지 못한 이는 이익이 없다는 뜻이다. '부처님의 가르침이 하나인 것'에 그런 뜻이 어찌 있겠는가?

2) 근수보살이 게송으로 대답하다[답] 2.

(1) 대답한 의미를 드러내 보이다[顯示答意] (答意 20下1)

時에 勤首菩薩이 以頌答曰,
그때에 근수보살이 게송으로 답하셨다.

[疏] 答意에 云, 修有勤惰하고 障有深淺[194]하고 機有生熟하고 緣有具闕하고 智有明昧하고 功有厚薄일새 故成有遲速이니 答初難也라 修與不修일새 故見同益異는 答後難也니 上之別義는 不出勤惰二門故니라
- (1) 대답한 의미에 말하되, "수행할 적에 부지런함과 나태함이 있고, 장애는 깊고 얕음이 있으며, 근기는 설음과 익음이 있고, 인연에는 갖춤과 빠짐이 있으며, 지혜는 밝고 어두움이 있고, 공덕은 두텁고 얇음이 있으므로 성취함에 더디고 빠름이 있나니, 첫째 힐난에 대답함이다." 수행함과 수행하지 않음 때문에 보는 것은 같지만 이익이 다름은 뒤의 힐난에 대답함이다. 위의 별다른 뜻은 부지런하고 나태함의 두 문을 벗어나지 않기 때문이다.

---

194) 深淺은 金本作淺深.

[鈔] 修有勤惰等者는 先, 答初意니 總有六對하야 略收下喩라 勤惰는 是 總意오 障有淺深은 是樵濕喩오 機有生熟은 亦是上喩와 及鑽火喩 라 未熟에 數息은 是機生故오 緣有具闕은 卽闕緣求火下三喩오 功 有厚薄은 卽毛滴下三喩니라 修與不修下는 對後難意니 雖多人同 見이나 不修면 不益이오 修則有益이니라

- '수행할 적에 부지런함과 나태함이 있다'는 따위는 ㄱ. 첫째 의미에 대 답함이니 총합하여 여섯 대구가 있어서 아래 비유로 간략히 섭수하였 다. 부지런함과 나태함은 총합한 의미요, 장애가 깊고 얕음이 있음은 땔나무가 젖은 비유이고, 근기에 설음과 익음이 있음은 또한 위의 비 유와 구멍 뚫어 불 붙이는 비유이다. 익지 않을 적에 자주 쉬는 것은 근기가 선 까닭이요, 인연에 갖춤과 빠짐이 있음은 곧 인연을 빠뜨리 고 불을 구함 아래의 세 가지 비유이고, 공덕에 두텁고 얇음이 있음은 곧 터럭 물방울 아래의 세 가지 비유가 해당한다. ㄴ. 修與不修 아 래는 뒤의 힐난과 상대한 의미이니 비록 많은 사람이 함께 보았지만 수행하지 않으면 이익되지 않음이요, 수행하면 이익이 있는 것이다.

(2) 대답한 경문을 바로 해석하다[正釋答文] 2.
가. 한 게송은 가름을 열고 설법을 허락하다[初一偈開章許說] (十頌 21上2)

佛子善諦聽하소서　　　我今如實答하리니
或有速解脫이며　　　或有難出離니라
불자여, 잘 들으소서!
내 이제 사실대로 답하리니
어떤 이는 빨리 해탈하고

어떤 이는 벗어나기 어려움이니라.

[疏] 十頌을 分二니 初一은 開章許說이니 謂上半은 許稱實而說이오 下半은 開二章門이라
- 열 게송을 둘로 나누리니, 가. 한 게송은 가름을 열고 설법을 허락함이다. 이른바 위의 반의 게송은 사실과 맞게 설할 것을 허락함이요, 아래 반의 게송은 두 가름의 문을 전개함이다.

나. 나머지 아홉 게송은 개별로 해석하다[餘九偈別釋] 2.
가) 한 게송은 신속히 해탈함에 대한 해석[初一釋速解脫] (餘九 21上5)

若欲求除滅　　　　無量諸過惡인댄
當於佛法中에　　　勇猛常精進이니라
만약 한량없는 모든 허물을
소멸하고자 하거든
마땅히 부처님의 법 가운데서
항상 용맹하게 정진할지니라.

[疏] 餘九는 別釋이라 初一은 釋速解脫이오 後八은 釋難出離라 今初라 上半은 牒疑오 下半은 爲釋이니 勤則通策萬行하야 離身心相일새 故能速出이라 然有五相하니 一, 有勢力이니 由被甲精進故로 謂於佛法中에 發大誓願이오 二, 勇捍이니 謂於廣大法中에 無怯劣精進故오 三, 堅猛이니 由寒熱蚊虻等의 所不能動精進故오 四, 常不捨善軛이니 由於無下劣無喜足精進故오 五, 精進이니 由加行精進故라 由斯五相

하야 發勤精進하야 速證通慧하야 滅障解脫이니라 下八은 以喩釋難出章195)이니 總相翻前에 皆名懈怠라

■ 나머지 아홉 게송은 개별 해석이다. 가) 한 게송은 신속히 해탈함에 대한 해석요, 나) 여덟 게송은 (번뇌에서) 벗어나기 어려움을 해석함이다. 지금은 가)이다. (가) 위의 반의 게송은 의심을 따름이요, (나) 아래 반의 게송은 해석함이다. 부지런하면 통틀어 만 가지 행법을 경책하여 몸과 마음의 양상을 여의었으므로 능히 신속히 벗어난 것이다. 그런데 다섯 가지 양상이 있으니 (1) 세력이 있음이니, 갑옷 입은 정진으로 인해 불법 가운데 큰 서원을 발원함이요, (2) 용맹하게 막음이니 이르되 광대한 불법 속에서 겁내거나 하열함 없이 정진하는 까닭이요, (3) 굳건하고 용맹함이니 추위와 더위, 독충 등에 동요되지 않음으로 말미암아 정진하는 까닭이요, (4) 항상 착한 모범을 버리지 않음이니 열등감도 없고 기뻐하고 만족함 없는 정진이기 때문이요, (5) 정진함이니 가행정진이기 때문이다. 이런 다섯 가지 양상으로 말미암아 부지런히 정진을 시작하여 신속히 통달하는 지혜를 증득하여 장애를 없애고 해탈함이다. 아래 여덟 게송은 비유로 벗어나기 어려움을 해석한 가름이니 총상으로 앞과 뒤바꿀 적에 모두 게으름이라 이름한다.

[鈔] 然有五相等者는 卽瑜伽論八十五에 說이니 彼云호대 又有196)五相하야 發勤精進하야 速證通慧하니 謂有勢力者는 由被甲精進故오 有精進者는 由加行精進故오 有勇捍者는 由廣大法中에 無怯劣精進故오 有堅猛者는 由寒熱蚊虻等의 所不能動精進故오 有不捨善軛者는

---

195) 章은 續金本作障.
196) 有는 瑜伽論 제85권에는 由라 하다. 樵 땔나무 초. 濕 축축할 습. 懈 게으를 해. 怠 게으름 태. 蚊 모기문. 虻 등에 맹.

由於無下劣無喜足精進故라하니 今但次不同耳니라

● '그런데 다섯 양상이 있다'는 등은 곧『유가사지론』제85권에 설한 내용이다. 저 논에 이르되, "또 다섯 가지 모양으로 말미암아 부지런히 정진하여 빨리 통혜(通慧)를 증득하나니, 이른바 (1) 세력이 있는 이는 갑옷 입은 정진으로 말미암아서이며, (2) 힘써 나아감이 있는 이는 행을 더하는 정진(加行정진)으로 말미암아서이며, (3) 용감함이 있는 이는 넓고 큰 법 안에서 겁냄이 없는 정진(無怯劣정진)으로 말미암아서이며, (4) 견고함이 있는 이는 추위·더위·모기·등에 따위에 동요될 수 없는 바의 정진으로 말미암아서이며, (5) 착한 멍에를 버리지 않는 이는 하열함에서 기뻐하거나 만족해 함이 없는 정진(無下劣無喜足정진)으로 말미암아서이다"라고 하였으니, 지금 본경은 단지 순서가 같지 않을 뿐이다.

나) 여덟 게송은 벗어나기 어려움을 해석하다[餘八釋難出離] 8.
(가) 불이 적고 젖은 땔감에 불 붙이는 비유[火微樵濕喻] (一火 21下10)

譬如微少火에　　　　樵濕速令滅인달하여
於佛敎法中에　　　　懈怠者亦然이니라
비유하건대 조그마한 불에
땔감이 젖어 있으면 빨리 꺼지듯이
부처님의 교법 가운데서
게으른 이도 또한 그러하니라.

[疏] 一, 火微樵濕喻는 喻善根生과 及三障重이니 暫一聞敎하고 纔少修

行이라가 而業惑이 內侵하야 令所聞으로 速失하고 所行速廢일새 故成懈怠하야 難出離也니라
- (가) 불이 적고 젖은 땔감에 불 붙이는 비유는 선근이 생겨나고 세 가지 장애가 무거움에 비유하였으니, 잠시 한 번 교법을 듣고 겨우 수행함은 적고 업과 번뇌가 안으로 침범하여 들을 대상으로 하여금 신속히 잃게 하고, 수행할 대상이 신속히 폐하는 연고로 게으름을 이루면 벗어나기는 어렵다는 뜻이다.

(나) 나무를 비벼 불을 구할 적에 자주 쉬는 비유[鑽火數息喩] 2.
ㄱ. 아래와 연결하여 총합하여 설명하다[連下總明] (二鑽 22上4)

如鑽燧求火에　　　　　未出而數息이면
火勢隨止滅인달하여　　懈怠者亦然이니라
또 나무를 비벼서 불을 구할 때
불이 나기도 전에 자주 쉬면
불 기운도 따라서 소멸하듯이
게으른 사람도 또한 그러하니라.

[疏] 二, 鑽火數息喩니 喩修有懈退라 然此下喩는 多通三慧하야 以辨懈怠오
- (나) 나무를 비벼 불을 구할 적에 자주 쉬는 비유이니 수행하다가 게으르거나 물러남이 있음에 비유한 것이다. 그런데 이 아래 비유는 대부분 세 가지 지혜와 통하여 게으름에 대해 밝혔다.

ㄴ. 이런 비유를 개별로 해석하다[別釋此喩] 4.
ㄱ) 세 가지 지혜를 아는 것을 통틀어 설명하다[通明三慧解] (此喩 22上5)
ㄴ) 수행을 잡아서 경문을 풀이하다[約修消經] (聖道)

[疏] 此喩는 約聞이니 卽聽習數息에 明解不生이오 約思에 卽決擇數息에 眞智不生이오 約修인대 卽定慧數息에 聖道不生이라 聖道如火하야 能燒惑薪이니 煖頂已前을 皆名未熟이라 已熱而息에 火尙不生이언마는 未熱數息에 雖經年劫이라도 終無得理라 故로 遺教에 對此하야 明小水長流에 則能穿石이라하니라

■ 이런 비유는 들음을 잡은 해석이니 곧 익힘을 듣고 자주 쉴 적에 이해가 생겨나지 않음을 설명함이요, 사유함을 잡을 적에 곧 자주 쉴 적에 진실한 지혜가 생겨나지 않음을 결택함이요, 수행을 잡을 적에 곧 선정과 지혜는 자주 쉴 적에 성인의 도가 생겨나지 않음이다. 성인의 도는 불과 같아서 능히 번뇌의 땔나무를 태우나니, 난위(煖位)와 정위(頂位) 이전을 모두 미숙함이라 이름하였다. 이미 뜨거워지고 쉬더라도 불은 오히려 생겨나지 않을 텐데, 뜨거워지지 않고도 자주 쉰다면 비록 해와 겁을 지나더라도 마침내 (불을) 얻을 이치가 없다. 그러므로 『유교경』에는 이것과 상대하여 '작은 물방울이라도 오랫동안 떨어지면 능히 돌을 뚫는다'고 밝힌 것이다.

[鈔] 此喩約聞下는 別釋此喩라 於中에 四니 一, 通明三慧釋이오 二, 約修消經이오 三, 結勸이오 四, 示不息相이라 聖道如火者는 二, 約修消經이니 卽俱舍論文이라 謂聖道如火하야 能燒惑薪이라 道火前相일새 故名爲煖이라하니라

煖頂已前者는 謂七方便中에 前三方便이니 卽五停心觀과 別相念觀과 總相念觀也라 以暖法으로 爲熱故로 煖과 頂과 忍과 世第一法인 此四方便이 爲四善根이니 是加行位라 然大小乘釋에 小有不同하니 大乘之義는 至初地하야 廣釋호리라 言已熱而息者는 謂暖必至涅槃이오 頂終[197])不斷善이오 忍不墮惡趣오 第一은 入離生이라 至於暖位하야도 猶尙斷善일새 故云已熱而息이라 未入見道에 爲火尙不生이라 未熱數息은 卽前三方便이니 更加懈怠하면 何由造證이리오

故遺敎等者는 卽是彼經八大人覺中에 釋精進相이니 經에 云, 汝等比丘가 若勤精進하면 則事無難者라 是故汝等은 當勤精進이니 譬如小水가 常[198])流하면 則能穿石이라 若行者之心이 數數懈廢하면 譬如鑽火에 未熱而息하면 雖欲得火나 火難可得이니 是名精進이라하니라 釋曰, 彼以鑽火數息으로 以況懈怠하고 小水長[199])流로 以比精進일새 故云對此明小水長流니라

- ㄴ. 此喩約聞 아래는 이런 비유를 개별로 해석함이다. 그중에 넷이니 ㄱ) 세 가지 지혜를 아는 것을 통틀어 설명함이요, ㄴ) 수행을 잡아서 경문을 풀이함이요, ㄷ) 결론하여 권함이요, ㄹ) 쉬지 않는 양상을 보임이다. '거룩한 도는 불과 같다'는 것은 ㄴ) 수행을 잡아서 경문을 풀이함이니, 곧 『구사론』의 문장이다. "거룩한 도[聖道]의 불이 생기는 조짐과 같은 모양이라 이것이 능히 번뇌의 섶을 불태우고 불이 곧 생길 앞 모양과 같기 때문에 난(煖), 즉 따뜻함이라고 이름한 것이다"라고 하였다.

'난위(煖位)와 정위(頂位) 이전'이란 이른바 일곱 가지 방편 중에 앞의

---

197) 終은 甲續金本作中誤. 鑽 끌 찬. 燧 부싯돌 수. 薪 섶나무 신.
198) 常은 甲南續金本作長, 下同.
199) 長은 甲南續本作常. 蠻 오랑캐 만. 貊 종족이름 맥. 篤 두타울 독. 紳 큰띠 신.

세 가지 방편을 말하나니 곧 ① 오정심관(五停心觀)과 ② 별상념관(別相念觀)과 ③ 총상념관(總相念觀)이다. 난법(煖法)으로 성숙함을 삼는 연고로 난위(煖位)와 정위(頂位), 인위(忍位), 세제일위(世第一位)인 이런 '네 가지 방편'이 '네 가지 선근'이 되나니 이를 가행위(加行位)라 한다. 그런데 대승과 소승의 해석에 조금은 같지 않음이 있나니, 대승의 뜻은 초지(初地)에 가서 자세하게 해석하겠다. '이미 뜨거워지고 쉬더라도'라고 말한 것은 이른바 난위는 반드시 열반에 이를 것이요, 정위는 마침내 선근을 끊지 않을 것이요, 인위는 나쁜 갈래에 떨어지지 않을 것이요, 세제일위는 생을 여읨에 들어간 것이다. 난위에 이르더라도 아직도 오히려 선근을 끊은 연고로 '이미 뜨거워져도 쉰다'고 말한 것이다. 아직 견도위(見道位)에 들어가기 전에는 불이 오히려 생겨나지 않음이 된다. '아직 뜨거워지지 않고도 자주 쉼'은 곧 앞의 세 가지 방편이니, 다시 게으름을 더한다면 무엇으로 인해 증득함에 나아가겠는가? '그러므로 유교경에 따위'는 곧 저 유교경의 '여덟 가지 대인각[八大人覺]' 중에 정진하는 양상을 해석한 내용이니,『유교경』에 이르되, "너희 비구들이여, 만일 부지런히 정진한다면 어려운 일이 없을 것이다. 그러므로 너희들은 마땅히 부지런히 정진해야 한다. 비유컨대 작은 물방울도 쉬지 않고 떨어지면 능히 돌을 뚫는 것과 같다. 만일 수행인의 마음이 게을러 정진을 쉬게 되면, 마치 나무를 비벼 불씨를 얻으려 할 때 나무가 뜨거워지기도 전에 그만두는 것과 같다. 비록 아무리 불씨를 얻으려고 하더라도 얻지 못할 것이다. 이것을 '정진(精進)'이라 한다"라고 말하였다. 해석하자면 저것은 나무를 비벼서 불을 구하는 데 자주 쉬는 것으로 게으름을 비교하였고, '작은 물방울도 오랫동안 떨어지는 것'으로 정진과 비교하는 연고로 '이것과 상대하여 작은 물방울도 오래 떨어짐'을 설명하였다.

ㄷ) 결론하여 권하다[結勸] (禪宗 23上5)

[疏] 禪宗六祖가 共傳斯喩하나니 願諸學者는 銘心書紳이니라
- 선종의 6조(六祖, 혜능선사)가 함께 이런 비유를 전하였으니, 원컨대 모든 학자는 명심하여 큰 띠에 쓰기를 바란다.

[鈔] 禪宗六祖下는 三, 結勸이니 初, 引內敎結勸이라 自達摩敎可로 卽用此喩하며 展轉相承이라 但云六者는 後分南北에 多紛競故라 願諸學者銘心書紳者는 二, 引外典結勸이니 言銘心者는 猶如刻銘이니 長記不滅이오 言書紳者는 卽論語第七²⁰⁰⁾에 子張이 問行한대 子曰, 言忠信하며 行篤敬하면 雖蠻貊之邦이라가 行矣어니와 言不忠信하며 行不篤敬하면 雖州里나 行乎哉아 立則見其參於前也오 在輿則見其倚於衡也라 夫然後行이니라 子張이 書諸紳하니라 注에 孔曰, 紳은 大帶也하니라
- ㄷ) 禪宗六祖 아래는 결론하여 권함이니 (ㄱ) 내적인 교법을 인용하여 결론하고 권함이다. 달마대사가 혜가스님에게 가르침으로부터 이런 비유를 사용하며 전전히 서로 계승하였다. 단지 '여섯'이라 말한 것은 뒤에 남과 북으로 나눠짐은 대부분 다툼과 경쟁 때문이었다. (ㄴ) '원컨대 모든 학자는 명심하여 큰 띠에 쓰기를 바란다'는 것은 외전(外典)을 인용하여 결론하여 권함이다. '명심한다'고 말한 것은 새기고 명심함과 같나니 오래 기억하여도 없어지지 않을 것이요,

---

200) 七은 金本作十七, 案下引論語 衛靈公第十五. 篤 두터울 독. 紳 큰띠 신. 蠻 오랑캐 만. 貊 종족이름 맥. 衡 저울대 형.

'띠에 쓰기'라 말한 것은 곧 『논어』제7권(제15 위령공편衛靈公篇)에 이르되, "자장(子張)이 행함을 여쭈었는데, 공자 가라사대 '말이 충성스럽고 미더우며 행실이 돈독하고 공경스러우면 비록 만맥(蠻貊)의 나라라도 가려니와, 말이 충성스럽고 미덥지 못하며 행실이 돈독하고 공경스럽지 못하면 비록 이웃마을이라도 갈 수 있겠는가?' 서 있으면 그 앞에 참여한 것을 보고, 수레에 있으면 그 (충신독경忠信篤敬이라는) 멍에에 의지했음을 볼지니, 무릇 그런 뒤에 행하니라. 자장이 저 큰 띠에 기록하니라"라고 하였고, 주에서는, "신(紳)은 큰 띠를 말한다"라고 하였다.

ㄹ) 쉬지 않는 양상을 보이다[示不息相] (若直 23下4)

[疏] 若直就修行하야 以釋인대 當以智慧鑽하야 注於一境하고 以方便繩으로 善巧廻轉이라 心智無住하고 四儀無間하면 則聖道可生이어니와 瞥爾起心하야 暫時亡照하면 皆名息也니라
■ 만일 바로 수행에 입각하여 해석한다면 마땅히 지혜의 끝으로 한 경계에 집중하고 방편의 노끈으로 교묘하게 돌려서 구르는 것이다. 마음과 지혜는 머물지 않고 네 가지 위의가 사이함 없으면 거룩한 도는 생겨날 수 있거니와, 별안간 마음을 일으켜서 잠시라도 비추지 않으면 모두 '쉰다'고 이름한다.

[鈔] 若直就下는 四는 示不息相이니 以智慧鑽으로 注於一境等者는 心一境性을 名之爲定이라 一境之言은 通於事理니 故로 遺教經에 云, 制之一處하면 無事不辦이라하며 下經에 云,[201] 禪定持心常一緣等이라

하니 如了法無生하면 名爲般若라 無生卽境이오 此理一境이니 了卽
智慧라 無住住故로 名注一境에 則能入理니라 言方便繩者는 帶空
涉有와 照事照理를 喩之以繩이니 有動用故라

善巧廻轉者는 若了無生而入理者는 或觀生法이 求生不得하며 或
忘能了하야 入無念門하며 或起大悲하야 方能入理하나니 如是種種인
若事若理를 名巧廻轉이니라 言心智無住者는 亦通事理니 且約理者
인대 若以心知如하면 是心住境이오 若以智了心하면 是智住心이라 若
內若外를 皆名爲住니 若住無住하면 亦名爲住라 故로 經에 云, 若心
有住면 則爲非住라 應無所住而生其心이라하시니 謂生無所住心하면
則非有無住可生이오 不生於心하면 則無住心生이니 卽此契理를 亦
名方便이라 故로 大品에 云, 以無所得으로 而爲方便이니 若不住事
理生死涅槃하면 則事理無礙之方便也라하니라 四儀無間者는 設爾
有斷이라도 亦須知斷이오 若不斷時에도 亦知無斷이라 常無念知에 則
無間矣니라 瞥然起心은 卽失止也니 又違北宗이오 暫時忘照는 卽失
觀也니 亦違南宗이라 寂照雙流하야사 卽無斯過니라

● ㄹ) 若直就 아래는 쉬지 않는 양상을 보임이니 '지혜의 끝으로 한 경계
에 집중한다' 따위는 '마음이 한 경계에 집중함'을 선정이라 이름한다.
'한 경계'라는 말은 현상과 이치에 통하나니 그러므로『유교경』에 이
르되, "마음을 한 곳에 제어하면 갖추지 못할 일이 없다"라고 하였으
며, 아래 경문(제25 십회향품 게송)에 이르되, "선정을 닦는 마음 한 곳에
있고"라고 하였고, 마치 법이 태어남 없음을 깨닫는 것을 반야라고
이름함과 같다. '태어남 없음[無生]'은 곧 경계요, 이런 이치가 '한 경계'

---

201) 이는 十廻向品 제25의 總結廻向하는 게송이다. 經云, "如其廻向行布施하고 亦復堅持於禁戒하며 精進長
時無退怯하고 忍辱柔和心不動하며 禪定持心常一緣하고 智慧了境同三昧하야 去來現在皆通達하니 世
間無有得其邊이로다."(교재 권2 p.372-)

이며, 깨달음은 곧 지혜이다. 머무름 없이 머무는 연고로 '한 경계에 집중함[注一境]'이라 이름할 적에 능히 이치에 들어가게 된다. '방편의 노끈'이라 말한 것은 '공을 수반하고 유를 건넘[帶空涉有]'과 '현상을 비추고 이치를 비춤[照事照理]'을 노끈에 비유하였으니, 움직임과 쓰임이 있는 까닭이다.

'교묘하게 회전한다'는 것에서 '만일 태어남 없음을 깨달아 이치에 들어간 것'은 혹은 생겨난 법이 생을 구하여도 얻지 못함이며, 혹은 요달하는 주체를 잊어서 무념의 문에 들어가며, 혹은 대비심을 일으켜서야 비로소 능히 이치에 들어가나니 이러한 갖가지인 '현상과 이치를 교묘하게 회전함'이라 이름하였다. '마음과 지혜는 머물지 않고'라고 말한 것은 또한 현상과 이치에 통하나니 우선 이치를 잡으면 만일 마음으로 진여를 안다면 마음이 경계에 머무는 것이요, 만일 지혜로 마음을 요달하면 지혜가 마음에 머무는 것이다. 안과 밖을 모두 '머문다'고 이름하나니, 만일 머무름 없음에 머무는 것도 또한 머문다고 이름한다. 그러므로 『금강경』에 이르되, "만일 마음이 머무는 데가 있으면 머무는 것이 아니니, 응당히 머무는 바 없이 그 마음을 낸다"고 하였으니, 이른바 머무는 바 없는 마음을 낸다면 머무름 없음이 아닌 것이 생겨날 수 있는 것이요, 마음이 생겨나지 않으면 머무름 없는 마음이 생겨난 것이니 곧 이런 이치에 계합함을 또한 '방편'이라 이름한다. 그러므로 『대품반야경』에 이르되, "얻을 것 없음으로 방편을 삼나니 만일 현상과 이치, 생사와 열반에 머무르지 않으면 '현상과 이치에 걸림 없는 방편[이사무애 방편]'이라 한다"라고 하였다. '네 가지 위의가 사이함 없다'는 것은 설사 그렇게 끊음이 있더라도 또한 모름지기 끊을 것을 알 것이요, 만일 시간을 끊지 않더라도 또한 끊을 것 없음을 안 것이다. 항상 생각 없이 알 적에 사이함이 없는 것이다. 별안간 마음을 일으킴은 곧 그침을 잃는 것이니, 또한 북종(北宗)의 종지를 위배한 것이요, '잠시라도 비추지 않음'은 관법을 잃는 것이니, 또한 남종(南宗)의 종지를 위배한 것이다. 고요함과 비춤이 함께 유행해야만 곧 이런 허물이 없는 것이다.

(다) 인연을 빠뜨리고 불을 구하려는 비유[闕緣求火喩] (三闕 24下7)

如人持日珠하되　　不以物承影이면
火終不可得인달하여　懈怠者亦然이니라
마치 사람이 화경을 가졌으나
솜털로써 햇빛을 받지 아니하면
마침내 불을 얻을 수 없듯이
게으른 사람도 또한 그러하니라.

[疏] 三, 闕緣求火喩라 物者는 艾等也라 敎詮聖道이 等彼火珠니 要持向智日하야 以行承之하면 則聖道火生이어니와 空持文字하야 不能決擇하고 心行乖越하면 道何由生이리오

■ (다) 인연을 빠뜨리고 불을 구하려는 비유이다. 솜털[物]이란 쑥 따위이다. 교법으로 말한 거룩한 도가 저 화경과 같나니, (그것을) 가지고 지혜의 태양을 향하여 수행으로 받으면 곧 거룩한 도의 불이 생기거니와 공연히 문자를 가져서 능히 결택하지 못하고 마음의 행이 어긋나고 넘으면 도가 무슨 연유로 생겨나리오!

(라) 눈을 가리고 보기를 구하는 비유[閉目求見喩] (四閉 25上1)

譬如赫日照에　　　　　孩稚閉其目하고
怪言何不覩인달하여　　懈怠者亦然이니라
비유하건대 밝은 햇빛 아래서
어린아이가 그 눈을 가리고서
왜 보이지 않느냐고 말하듯이
게으른 사람도 또한 그러하니라.

[疏] 四, 閉目求見喩라 智微識劣을 喩彼孩稚라 約聞慧者인대 雖對明師
라도 不肯諮決이라 約思修者인대 雖對敎日하야도 心眼不開하야 責聖
道之不生이니 何其惑矣오

■ (라) 눈을 가리고 보기를 구하는 비유이다. 지혜가 적고 의식이 하열
함을 저 어린아이에 비유하였다. 듣는 지혜를 잡는다면 비록 밝은 스
승을 대하더라도 기꺼이 물어서 해결하지 못한다. 사혜와 수혜를 잡
는다면 비록 교법의 태양을 대하더라도 마음의 눈이 열리지 않아서
거룩한 도가 생겨나지 않음을 꾸짖을 것이니 어찌 그것이 미혹이겠는
가?

(마) 인연을 빠뜨리고 마음을 넓히려는 비유[闕緣心廣喩] (五闕 25上5)

如人無手足하고　　　　欲以芒草箭으로
偏射破大地인달하여　　懈怠者亦然이니라
어떤 사람이 손발도 없으면서

억새풀로 만든 화살을 쏘아
대지를 깨뜨리려 하듯이
게으른 사람도 또한 그러하니라.

[疏] 五, 闊緣心廣喩로 喩愚人이 無淨信手하고 以持定弓이며 復無戒足하고 以拒惑地라 以劣聞慧箭으로 欲徧射破業惑厚地는 空欲難遂니라

■ (마) 인연을 빠뜨리고 마음을 넓히려는 비유로 어리석은 사람이 청정한 믿음의 손이 없고 선정의 활을 잡은 것이며, 다시 계법을 만족함이 없고 번뇌의 땅을 제거하려 함이며, 하열한 들음의 지혜 화살로 두루 쏘아서 번뇌의 두터운 땅을 파괴하려는 것은 공연한 욕심으로 완수하기 어려움을 비유하였다.

(바) 터럭 끝으로 큰 바닷물을 떠내려는 비유[毛滴大海喩] (六毛 25上9)

如以一毛端으로　　　而取大海水하여
欲令盡乾竭인달하여　懈怠者亦然이니라
또 한 터럭 끝으로
큰 바다의 물을 떠내어
모두 다 말리려 하듯이
게으른 사람도 또한 그러하니라.

[疏] 六, 毛滴大海喩니 謂以少聞思로 欲測法海하야 妄生希欲하니 懈怠尤深이니라

■ (바) 터럭 끝으로 큰 바닷물을 떠내려는 비유이다. 이른바 적은 문혜로 법의 바다를 측량하려고 하여 망녕되게 희망과 욕심을 일으킴이니 게으름이 더욱 깊은 것에 비유하였다.

(사) 적은 물로 겁의 불을 끄려는 비유[水少滅火喩] (七水 25下2)

又如劫火起에   欲以少水滅인달하여
於佛敎法中에   懈怠者亦然이니라
또 겁화가 일어날 때에
적은 물로 끄려고 하듯이
부처님의 교법 가운데
게으른 사람도 또한 그러하니라.

[疏] 七, 少水滅火喩라 劫火徧熾는 喩觸境惑增이니 少分三慧로 安能都滅이리오
■ (사) 적은 물로 겁의 불을 끄려는 비유이다. 겁의 불이 두루 치성함은 경계를 만나 번뇌가 증성함을 비유하였으니, 적은 분량의 세 가지 지혜로 어찌 능히 모두 없앨 수 있겠는가?

(아) 움직이지 않으면서 허공에 오르려는 비유[不動徧空喩] (八不 25下5)

如有見虛空에   端居不搖動하고
而言普騰躒인달하여   懈怠者亦然이니라
어떤 이가 허공을 보고

단정히 앉아서 움직이지 않고
말로만 허공에 올랐다고 하듯이
게으른 사람도 또한 그러하니라.

[疏] 八, 不動徧空喩니 喩雖知性空이나 智未游履하고 而言徧證은 亦增
上慢人 也라

■ (아) 움직이지 않으면서 허공에 오르려는 비유이니, 비록 성품이 공함
은 알았지만 지혜는 아직 자유롭지 않고 모두 증득했다 말하는 것은
역시 증상만(增上慢)의 사람에 비유한 내용이다.

7. 바른 행법이 매우 깊다[正行甚深] 2.

1) 문수보살이 법수(法首)보살에게 묻다[問] 2.
(1) 질문하는 주체와 대상인 사람을 표방하여 거론하다[標擧能所問人]

(第七 25下8)

(2) 질문의 단서를 밝히다[正顯問端] 3.
가. 거룩한 가르침을 내보이다[出聖敎] (二正)

爾時에 文殊師利菩薩이 問法首菩薩言하시되, 佛子여 如
佛所說하여 若有衆生이 受持正法하면 悉能除斷一切煩
惱어늘

저 때에 문수사리보살이 법수보살에게 물으셨다. "불자
여, 부처님께서 말씀하신 바와 같이 만일 어떤 중생이 바른
법을 받아 지니면 다 능히 일체 번뇌를 끊어 제거한다 하셨

거늘

[疏] 第七, 正行甚深이라 問法首者는 以行法故라 二, 正顯問端中에 三이니 初, 出聖敎라 受는 謂心領義理오 持는 謂憶而不忘이라
- 7. 바른 행법이 매우 깊음이다. 법수보살에게 질문한 것은 수행으로 법을 삼기 때문이다. (2) 질문의 단서를 밝힘 중에 셋이니 (가) 거룩한 가르침을 내보임이다. '받음'은 마음이 뜻과 이치를 알게 함이요, '지님'은 기억하여 잊지 않음을 뜻한다.

나. 그 의심할 바를 펼치다[申其所疑] 2.
가) 질문한 의미를 밝히다[顯問意] (二何 26上5)

何故로 復有受持正法하되 而不斷者니잇고 隨貪瞋癡와 隨慢과 隨覆와 隨忿과 隨恨과 隨嫉과 隨慳과 隨誑과 隨諂이 勢力所轉으로 無有離心하니
무슨 연고로 다시 바른 법을 받아 지니고도 끊지 못하는 자가 있나이까? ① 탐욕과 ② 성냄과 ③ 어리석음을 따르고 ④ 아만을 따르고 ⑤ 감춤을 따르고 ⑥ 분심을 따르고 ⑦ 한을 따르고 ⑧ 질투를 따르고 ⑨ 아낌을 따르고 ⑩ 속임을 따르고 ⑪ 아첨을 따르는 세력의 구르는 바로 마음에 여읨이 없으니

[疏] 二, 何故下는 申其所疑라 佛言能斷하나 今有不斷하니 即敎行相違라
- 나. 何故 아래는 그 의심할 바를 펼침이다. 부처님은 능히 끊을 수 있

다고 말씀하시지만 지금은 끊지 못함이 있으니 곧 교법과 수행이 서
로 위배함이다.

나) 경문을 해석하다[釋經文] 2.
(가) 경문을 전체적으로 해석하다[通釋經文] (先標 26上8)

[疏] 先, 標相違오 隨貪已下는 出所不斷이오 勢力已下는 結成不斷이니
謂有持法호대 非唯不滅舊惑이라 亦乃隨解하야 新增十一種惑하야
勢力所轉이라
- ㄱ. 서로 위배함을 표방함이요, ㄴ. 隨貪 아래는 끊지 못할 것을 내
보임이요, ㄷ. 勢力 아래는 끊지 못할 것을 결론함이다. 이른바 어떤
이가 법을 가지되 오직 오랜 번뇌를 없애지 못할 뿐만 아니라 또한 비
로소 알음알이를 따라서 새로이 열한 가지 번뇌를 늘어나게 하여 세
력으로 바뀌는 대상이 되게 한 것이다.

(나) 끊지 못할 것을 개별로 해석하다[別釋所不斷] 2.
ㄱ. 비방을 해명하다[通妨] (前四 26上8)
ㄴ. 바로 해석하다[正釋] (今約)

[疏] 前四는 根本이오 後七은 隨惑이라 皆言隨者는 雜集第七에 說諸煩惱
가 皆隨煩惱오 有隨煩惱는 而非煩惱하니 由此하야 卽顯根本煩惱를
亦得名隨니 隨他生故라 通釋貪等은 如九地中이어니와 今約依法新
起者인대 說卽貪求名利며 瞋所不解며 迷其自行이며 恃法自高며 覆
藏己短이며 論難生忿이며 結恨擬酬며 嫉彼勝己며 慳自所知며 不解

言解며 廢法逐情이니라

■ 앞의 네 구절은 '근본 번뇌'요, 뒤의 일곱 구절은 '따르는 번뇌[隨煩惱]'이다. '모두 따른다'고 말한 것은 『아비달마잡집론』 제7권에 "(수번뇌란 그 과보를 이루는) 여러 가지 번뇌가 모두 수번뇌이다. 수번뇌는 번뇌는 아니니 이로 말미암아 근본번뇌를 또한 수번뇌라 이름함을 밝혔으니, 저 근본번뇌를 따라서 생기는 까닭이다"라고 하였으니 탐냄 등은 제9 선혜지(善慧地)에 전체적으로 해석하겠지만 지금은 법을 의지해서 새롭게 일으킴을 잡는다면, 곧 (1) 명예와 이양을 탐내고 구하며, (2) 성냄으로 알지 못할 바이며, (3) 그 자신의 행법에 어두웠으며, (4) 법이 스스로 높음을 믿으며, (5) 자신의 단점을 덮어 감추며, (6) 분노가 생기기 어려움을 논하며, (7) 한으로 헤아려 갚음을 결론하며, (8) 저가 나를 이김을 질투하며, (9) 자신이 아는 것에 인색하며, (10) 말로 아는 것을 알지 못하며, (11) 법이 생각을 내쫓음을 그만두는 것을 말한다.

[鈔] 二, 何故下는 疏文有二하니 先, 總彰大意오 二, 前四下는 別釋經文이라 雜集第七等者는 解妨이라 問旣分根本隨惑인대 云何皆名隨오할새 故爲此通이라 故로 彼論에 云, 隨煩惱者는 謂所有諸煩惱이니 皆是隨煩惱오 有隨煩惱는 非是煩惱라하니라 釋曰, 非煩惱者는 所謂忿等이 但隨本²⁰²⁾惑일새 名隨煩惱니 而非根本을 名非煩惱라 而 貪瞋癡를 名隨煩惱者는 心法이 由此하야 隨煩惱故로 隨惱於心하야 令不離染하야 令不解脫하며 令不斷障일새 故名隨煩惱라 如世尊說하시되 汝等長夜에 爲貪瞋癡하야 隨所惱亂하야 心恒染汚라하니라 釋

---

202) 本은 甲南續金本作大.

曰, 論意에 云, 一切煩惱根本隨惑이 隨逐衆生하야 令心心所로 隨順染汚일새 故皆名隨니 是以로 疏云隨他生故라하니 他는 卽衆生이니 由惑隨生일새 故生隨惑203)이 正是經意니 謂諸行人이 心隨貪等이니라

- 나. 何故 아래는 소문에 둘이 있으니 가) 총합하여 큰 의미를 밝힘이요, 나) 前四 아래는 경문을 개별로 해석함이다. '잡집론 제7권' 등이란 ㄱ. 비방을 해명함이다. 질문하되, '이미 근본번뇌와 수번뇌를 나눈다면 어찌하여 모두를 수번뇌라 합니까?' 그러므로 여기서 해명한 것이다. 그러므로 저 논에 이르되, "수번뇌란 그 과보를 이루는 여러 가지 번뇌가 모두 수번뇌이다. 수번뇌는 번뇌는 아니다"라고 하였다. 해석하자면 '번뇌가 아니라는 것'은 이른바 분노 등이 단지 근본번뇌를 따르는 번뇌이므로 수번뇌라 이름하나니, 근본번뇌가 아닌 것은 번뇌가 아니라 이름하였다. 그러나 '탐냄·성냄·어리석음을 수번뇌라 이름한 것'은 마음과 법이 이로 말미암아 번뇌를 따르는 연고로 마음을 따라 번뇌하여 하여금 염오를 여의지 않게 하고, 하여금 해탈도 하지 않게 하며, 하여금 장애를 끊지 못하게 하는 연고로 수번뇌라 이름한다. 마치 세존께서 설하시기를 "너희들은 긴 밤에 탐진치로 인하여 뇌란하는 바를 따라서 마음이 항상 더러워진다"라고 말함과 같다. 해석하자면 논의 의미를 말하되, '온갖 번뇌의 근본과 수번뇌가 중생을 따라 좇아서 심왕과 심소로 하여금 염오를 따르는 연고로 모두 수번뇌라 이름하였다.' 이로 인해 소가가 말하되, '저를 따라 생기는 까닭이다'라 하였으니, 저[他]는 곧 중생이니 '번뇌로 말미암아 따라 생기는 연고로 수번뇌가 생긴다'는 것이 바로 본경의 의미

---

203) 隨惑은 續金本作惑隨誤.

이니, 이른바 모든 수행인이 마음은 탐냄을 따르는 따위이다.

通釋貪者는 指廣在餘라 然九地中에 釋其別相이오 若隨名釋인댄 如唯識第六에 云, 云何爲貪고 於有有具에 染着爲性이오 能障無貪하야 生苦爲業이니 謂由愛力하야 取蘊生故라하니라 釋曰, 有는 謂後有니 三有異熟之果오 有具는 謂彼惑業中有와 及器世間이니라 論에 云, 云何爲瞋고 於苦苦具에 增恚爲性이오 能障無瞋하야 不安隱性惡行所依爲業이니 謂瞋必令身心熱惱하야 起諸惡業이라 不善性故라하니라 釋曰, 苦謂三苦오 苦具는 謂一切有漏無漏가 但能生苦者니 謂邪見等으로 謗無漏故며 亦能生苦니라

● '탐냄 등을 전체적으로 해석함'은 자세한 것을 지적한 것은 나머지 구절에 있다. 그러나 제9 선혜지 중에는 그 개별 양상을 해석함이요, 만일 이름을 따라 해석한다면 저 『성유식론』 제6권에 이르되, "무엇을 탐욕의 심소라고 하는가? 윤회하는 삶[有]과 그 원인[有具]에 대해서 탐착하는 것을 체성으로 삼는다. 능히 무탐(無貪)의 심소를 장애하여 고통을 일으키는 것을 업으로 삼는다. 애착의 세력에 의해 오취온(五取蘊)이 생겨나기 때문이다"라고 하였다. 해석하자면 유(有)는 다음 생의 존재를 말하나니 삼유(三有)는 이숙의 결과요, 그 원인[有具]은 이른바 저 번뇌와 업, 중간 존재[中有]와 기세간(器世間)을 말한다. 논에 이르되, "무엇을 성냄의 심소라고 하는가? 고통[苦]과 그 원인[苦俱]에 대해서 미워하고 성내는 것을 체성으로 삼는다. 능히 무진(無瞋)의 심소를 장애하여 불안(不安)과 악행(惡行)의 의지처가 되는 것을 업으로 삼는다. 성냄의 심소는 반드시 몸과 마음을 매우 괴롭혀서 모든 악업을 일으키게 하는 불선(不善)의 성품이기 때문이다"라고 하였다. 해

석하자면 괴로움은 세 가지 괴로움을 말하고, 괴로움의 원인[苦具]은 이른바 온갖 유루와 무루의 번뇌가 단지 능히 괴로움을 생기게 하는 주체이니, 이른바 삿된 소견[邪見] 따위로 무루번뇌를 비방하는 연고며, 또한 능히 괴로움을 생기게 하는 것이다.

論에 云, 云何爲癡오 於諸理事에 迷闇爲性이오 能障無癡하야 一切雜染所依로 爲業이니 謂由無明하야 起疑邪定하야 貪等煩惱가 隨煩惱業하야 能招後生雜染法故라하나라 釋曰, 獨頭無明은 多迷諦理하고 相應無明은 亦迷事相이니 謂於諦等에 生猶豫故니라 論에 云, 云何爲慢고 恃己於他하야 高擧爲性이오 能障不慢하야 生苦爲業이니 謂若有慢하면 於彼有德에 心不謙下라 由此하야 生死輪轉이 無窮하야 受諸苦故라 然根本이 有六하니 疑及惡見이라 此中에 不說者는 以解敎人이 多無於疑와 及惡見故니라 後七은 隨惑中이라 然唯識에는 隨惑이 總有二十하니 頌에 云, 隨煩惱는 謂忿과 恨, 覆, 惱, 嫉, 慳과 誑, 諂, 與害憍와 無慚과 及無愧와 掉擧와 與昏沈과 不信과 幷懈怠와 放逸과 及失念과 散亂, 不正知라하니라 此二十中에 有其三品하니 謂初忿等十은 各別起故로 名爲小隨煩惱오 無慚等二는 徧不善故로 名爲中隨煩惱오 掉擧等八은 徧染心故로 名大隨煩惱라 今唯小隨가 爲成十故라 但擧其七은 略無惱害와 及憍三事하니 亦憍는 屬慢攝이오 惱害는 瞋收故라

● 논에 이르되, "무엇을 어리석음의 심소라고 하는가? 모든 이치와 현상에 대해서 미혹하고 어두운 것을 체성으로 삼는다. 능히 무치(無癡)의 심소를 장애하고 모든 잡염법의 의지처가 되는 것을 업으로 삼는다. 무명에 의해서 의심 · 삿된 선정 · 탐욕 등의 번뇌와 수번뇌의 업을 일

으켜서 능히 다음 생의 잡염법을 초래하기 때문이다"라고 하였다. 해석하자면 '홀로 대두하는 무명[獨頭無明]'은 대부분 진리와 이치를 미혹하고 무명과 상응함은 또한 현상의 양상을 미혹하는 것이니, 이른바 진리 따위에 우물쭈물함을 생기게 하는 까닭이다. 논에 이르되, "무엇을 거만의 심소라고 하는가? 자기를 믿어 남에 대해서 높이는 것을 체성으로 삼고, 능히 불만(不慢)을 장애하여 고통을 일으키는 것을 업으로 삼는다. 거만의 심소가 있는 사람은 덕과 덕이 있는 사람에 대해서 마음이 겸손하지 않다. 그리하여 생사에 윤회하는 일이 끝이 없고, 모든 고통을 받게 되기 때문이다"라고 하였다. 그러나 근본번뇌가 여섯이 있으니 의심과 악견(惡見)이다. 이 가운데 말하지 않은 것은 가르침을 아는 사람이 대부분 의심과 악견이 없기 때문이다. 뒤의 일곱 구절은 수번뇌 중에 있다. 그러나 『성유식론』에는 수번뇌가 총합하여 스무 가지가 있으니 (제13, 제14) 게송에 이르되, "수번뇌심소는 ① 분노[忿] ② 원한[恨] ③ 덮음[覆] ④ 고뇌[惱] ⑤ 질투[嫉] ⑥ 인색함[慳]과 ⑦ 속임[誑] ⑧ 아첨[諂]과 ⑨ 해침[害] ⑩ 방자함[憍]・⑪ 무참(無慚) 및 ⑫ 무괴(無愧) ⑬ 들뜸[掉擧]과 ⑭ 혼침(惛沈) ⑮ 불신(不信)과 아울러 ⑯ 게으름[懈怠] ⑰ 방일 및 ⑱ 실념(失念) ⑲ 산란 ⑳ 부정지(不正知)이다"라고 하였다. "이런 스무 가지 중에 삼품이 있으니 이른바 (1) 분노 등 열 가지는 각기 따로 일으키는 연고로 이름하여 작은 수번뇌라 함이요, (2) 무참(無慚) 등의 둘은 두루 선하지 않은 연고로 중간 수번뇌라 이름하고, (3) 도거(掉擧) 따위 여덟 가지는 두루 마음을 물들게 하는 연고로 큰 수번뇌라 이름한다." 지금은 오직 작은 수번뇌가 열 가지만 이룰 뿐이기 때문이다. 단지 그 일곱 구절을 거론함은 무뇌해(無惱害)와 교만의 세 가지 일은 생략하였으니 또한 교만은 거만함에 속하여 거두며, 뇌해(惱害)는 성냄에 속하기 때문이다.

而言覆者는 謂於自作罪에 恐失利譽하야 隱藏爲性이오 能障不覆하야 悔惱爲業이니 謂覆罪者는 後必悔惱하야 不安隱故라 忿은 謂依對現前不饒益境하야 憤發爲性이오 能障不忿하야 執杖[204]爲業이니 謂懷忿者는 多發暴惡인 身表業故라 恨은 謂由忿爲先하야 懷惡不捨하야 結怨爲性이오 能障不恨하야 熱惱爲業이니 謂結恨者는 不能含忍하고 恒熱惱故니라 嫉은 謂徇自名利하야 不耐他榮하야 妬忌爲性이오 能障不嫉하야 憂慼爲業이니 謂嫉妬者는 聞見他榮에 深懷憂慼하야 不安隱故라 慳은 謂耽着財法하야 不能惠捨하야 秘悋爲性이오 能障不慳하야 鄙畜爲業이니 謂慳吝者는 心多鄙澁하고 畜積財法하야 不能捨故라 誑은 謂爲獲利譽하야 矯現有德하야 詭詐爲性이오 能障不誑하야 邪命爲業이니 謂矯誑者는 心懷異謀하야 多現不實邪命事故라 諂은 謂爲罔冒他故로 矯設異儀하야 險曲爲性이오 能障不諂하야 敎誨爲業이니 謂諂曲者는 爲[205]罔冒他하야 曲順時宜하야 矯設方便하야 爲取他意하며 或藏己失하야 不任師友의 正敎誨故라 然諂誑은 並以貪癡一分으로 爲體오 慳은 唯貪一分이오 嫉悍忿三은 以瞋一分이오 覆은 以貪癡一分으로 爲體라 恐失利譽가 是貪이오 不懼當苦가 是癡라 餘可例知니라

- 그러나 '덮는다'고 말한 것은 이른바 스스로 지은 죄에 이양과 명예를 잃을까 염려하여 숨기고 저장함을 체성으로 삼음이요, 능히 장애하고 덮지 않아서 후회하고 괴로워 함을 업으로 삼나니, '죄를 덮는다'고 말한 것은 뒤에 반드시 후회하고 뉘우쳐서 안온하지 못하기 때문

---

204) 杖은 原南金本作取, 論甲續本作杖.
205) 爲는 原本作謂, 甲續金本作或 論南本作爲.

이다. "① 분노[忿]의 심소는 현전의 이롭지 않은 대상을 대함으로써 분발하는 것을 체성으로 삼는다. 분노하지 않음[不忿]을 능히 장애하고 몽둥이를 잡는 것을 업으로 삼는다.[206] 분노를 품는 사람은 대부분 포악한 신표업(身表業)을 많이 일으키기 때문이다"라고 하였다. "② 원한[恨]의 심소는 앞에 분노가 있음으로써 악을 품고 버리지 않아서 원한을 맺는 것을 체성으로 삼는다. 원한을 품지 않음[不恨]을 능히 장애하고 매우 괴롭게 함을 업으로 삼는다. 원한을 맺는 사람은 참을 수 없어서 항상 매우 괴롭기 때문이다. ⑤ 질투[嫉]의 심소는 자신의 명예와 이익을 지나치게 구하여, 남의 영화를 참지 못하고 시기하는 것을 체성으로 삼는다. 질투하지 않음[不嫉]을 능히 장애하여 근심하는 것을 업으로 삼는다. 질투하는 사람은 남의 영화를 보고 듣고서 깊이 근심을 품어 안온하지 못하기 때문이다. ⑥ 인색[慳]의 심소는 재물과 법에 탐착해서 베풀지 못하고 감추고 아끼는 것을 체성으로 삼는다. 인색하지 않음[不慳]을 능히 장애하여 비루하게 비축하는 것을 업으로 삼는다. 인색한 사람은 마음에 많이 비루하게 머뭇거리고, 재물과 법을 축적해서 능히 주지 못하기 때문이다. ⑦ 속임[誑]의 심소는 이익과 명예를 얻기 위하여 교묘하게 덕이 있는 것처럼 보여서 속이는 것을 체성으로 삼는다. 속이지 않음[不誑]을 능히 장애하여 삿되게 살아가는 것을 업으로 삼는다. 교묘하게 속이는 사람은 마음에 다른 음모를 품고서, 대부분 진실치 못한 삿된 생계수단의 일을 나타내기 때문이다. ⑧ 아첨[諂]의 심소는 남을 끌어들이기 위해서 교묘하게 다른 행동을 보여서 진실치 못하게 굽히는 것을 체성으로 삼는다. 아첨하지 않음[不諂]과 가르침[教誨]을 능히 장애하는 것을 업

---

[206] 분노하기 때문에 몽둥이를 잡아 마음에 거슬리는 사람을 때린다. 이것은 악한 身表業이다. 이외에 욕과 악담을 하는 악한 語表業이 있다.

으로 삼는다. 아첨해서 굽히는 사람은 남을 끌어들이기 위해 굽혀서 적절한 시기에 따라 교묘하게 방편을 시설해서 남의 마음을 잡거나, 혹은 자기의 과실을 감추기 위해 스승과 친구의 바른 가르침에 따르지 않기 때문이다. 그런데 아첨과 속임은 함께 탐냄과 어리석음의 일부분으로 체성을 삼고, 인색함은 오직 탐냄 한 부분뿐이요, ⑤ 질투와 굳셈과 ① 분노 등 셋은 진심(嗔心)의 일부분이요, 덮음은 탐냄과 어리석음의 일부분으로 체성을 삼은 것이다. 이양과 명예를 잃을까 두려워함이 탐냄이요, 미래의 괴로움을 두려워하지 않는 것이 어리석음이다. 나머지는 유례하면 알 수 있으리라.

다. 힐난함에 대해 결론하다[結成難] (三能 29上6)

能受持法인댄 **何故**로 **復於心行之內**에 **起諸煩惱**나잇고
능히 바른 법을 받아 지닐진댄 무슨 연고로 다시 심행의 안에 모든 번뇌를 일으키나이까?"

[疏] 三, 能受持下는 結成難也라 佛言受法에 能斷煩惱어늘 今受還起하니 其故何耶아
■ 다. 能受持 아래는 힐난함에 대해 결론함이다. 부처님이 말씀을 법으로 받으면 능히 번뇌를 끊게 되거늘 지금은 받고서 도리어 (번뇌를) 일으키나니 그 까닭이 무엇인가?

2) 법수보살이 게송으로 대답하다[答] 2.
(1) 대답한 의미를 드러내 보이다[顯示答意] (答意 29上7)

時에 法首菩薩이 以頌答曰,
그때에 법수보살이 게송으로 답하셨다.

[疏] 答意에 云, 法是法藥이니 要在服行이라 服與不服에 有斷不斷은 非醫咎也라 故로 十行品에 云, 如說能行하며 如行能說이라하며 智論에 云, 能行에 說爲正이오 不行하면 何所說가 若說不能行하면 不名爲智者라하니라 故로 如說行하야사 方得佛法이니 不以口言으로 而可淸淨이니라

- (1) 대답한 의미에 이르되, "법은 법의 약이니 중요한 것은 먹고 행함에 있다. 먹고 먹지 않는 것에 끊음과 끊지 못함이 있음은 의사의 허물이 아니다." 그러므로 십행품(十行品)에 말하되, "말한 대로 능히 행하며 행함과 같이 능히 말해야 한다"라고 하였고, 『대지도론』에 이르되, "잘 행할 적에 말한 것이 바르게 되고, 행하지 않으면 어찌하여 말할 것인가? 만일 능히 행하지 못할 것을 말하면 지혜로운 이라 이름하지 못한다"라고 하였다. 그러므로 말함과 같이 행하여야 비로소 불법을 얻는 것이니, 입으로 말함만으로 청정할 수가 없는 것이다.

[鈔] 法是法藥等者는 淨名에 云, 應病與藥하야 令得服行이라하며 服與不服等者는 卽遺敎經八大人覺이니 復云, 汝等比丘가 於諸功德에 常當一心으로 捨諸放逸을 如離怨賊하면 大悲世尊의 所欲[207]利益을 皆已究竟이니 汝等은 但當勤而行之니라 若於山間과 若空澤中과 若在樹下커나 閑處靜[208]室하야 念所受法하야 勿令忘失하고 常當自勉

---
207) 欲은 甲南續金本作說.
208) 靜은 甲南續金本作淨.

하야 精進修之오 無爲空死하야 後致有悔니라 我如良醫하야 知病說藥하노니 服與不服은 非醫咎也라 又如善導하야 導人善道호대 聞之不行은 非導過也라하나니 此皆勸行이니라 十行品云如說能行等은 即第十眞實行이니라 智論에 云, 能行說爲正等者는 即第六論文이니라 故如說修行等者는 即第三地經이니라

● '법은 법의 약' 따위는 『유마경』(불국품)에 이르되, "병에 맞추어 약을 주어 잘 복용하도록 한다"라 하였으며, '먹고 먹지 않는 것' 따위는 곧 『유교경』의 여덟 가지 대인각[八大人覺]이니 다시 말하면, "너희들 비구여! 모든 공덕에 항상 한 마음으로 모든 방일(放逸)을 버리되 마치 원수인 도적을 여의듯 해야 한다. 크게 자비로운 세존이 설하신 이익은 모두 이미 극진(極盡)한 것이니, 너희들은 오로지 부지런히 그것을 행하라. 혹 산간(山間)이나, 혹은 비어 있는 습하고 풀이 무성한 곳이나, 혹은 나무 밑에서나, 한가하고 고요한 방일지라도 받은 바의 법(法)을 생각하여 잊어버리거나 잃어버리지 않아야 하며, 항상 스스로 부지런히 정진하여 닦아야 한다. 한 일도 없이 헛되이 죽으면 뒤에 후회함이 있을 것이다. 나는 마치 훌륭한 의사와 같이 병을 알아 약을 베푸나니, 복용하고 복용하지 않는 것은 의사의 허물이 아니다. 또 나는 잘 인도(引導)하는 길잡이와 같아서 사람들을 좋은 길로 인도하는 것과 같다. 그것을 듣고 행하지 않는 것은 인도하는 사람의 허물이 아니다"라고 하였으니 이것은 모두 수행하기를 권유함이요, 십행품(十行品)에 '말한 대로 능히 행한다'고 말한 등은 곧 제10 진실행이다. 『대지도론』에서 말한 '잘 행할 적에 말한 것이 바르게 된다'는 따위는 제6권 논문이다. '그러므로 말한 대로 행하는' 따위는 곧 제3 발광지의 경문이다.

(2) 바로 경문을 해석하다[正釋經文] 2.
가. 한 게송은 간략히 설하라고 찬탄하여 권유하다[初一偈勸讚略說] 2.
가) 위의 반을 해석하다[釋上半] (十頌 30上3)

佛子善諦聽하소서　　所問如實義니
非但以多聞으로　　能入如來法이니라
불자여, 잘 들으소서!
물은 것이 사실과 같으니
다만 많이 들은 것만으로는
능히 여래의 법에 들어가지 못하리.

[疏] 十頌을 分二니 初一은 勸讚略說이니 初句는 勸聽이니 遠離貢高, 輕慢, 怯弱인 三種雜染을 方名善聽이오 求悟解故로 專一趣心하야 聆音屬耳하야 掃滌其心하고 攝一切心을 方名諦聽이라 次句는 讚問이라 顯行稱理일새 故名如實이라

- 열 게송을 둘로 나누었으니, 한 게송은 간략히 설하라고 찬탄하여 권함이니, 첫 구절은 듣기를 권함이니 높은 체함과 경솔하고 거만함, 겁내고 약함인 세 가지 잡염법을 비로소 '잘 들음'이라 이름하고, 깨달아 알기를 구하는 연고로 전일하게 마음을 내어서 음성을 들음은 귀에 속하여, 그 마음을 청소하고 온갖 마음을 거둠을 비로소 '잘 들음'이라 말한다. 다음 구절은 물음을 찬탄함이다. 수행이 이치와 칭합함을 밝혔으므로 '사실대로'라 하였다.

나) 아래 반을 해석하다[釋下半] 2.

(가) 간략히 표방하다[略標] (下半 30上6)

[疏] 下半은 略說이라
■ 아래 반의 게송은 간략히 설함이다.

[鈔] 遠離貢高等者는 卽瑜伽論三十八에 云, 聽法은 由六種相하야 遠離貢高雜染이오 由四種相하야 遠離輕慢雜染이오 由一相하야 遠離怯弱雜染이라 言六相者는 一, 應時聽이오 二, 殷重聽이오 三, 恭敬聽이오 四, 不爲損害오 五, 不爲隨順이오 六, 不求過失이라
言四相者는 一, 恭敬正法이오 二, 恭敬說人이오 三, 不輕正法이오 四, 不輕說人이라 言一相者는 不自輕蔑하고 具上諸義를 方名善聽이니라 求悟解者는 論에 云, 由五相故로 無散亂心이니 一, 求悟解心이오 二, 專一趣心이오 三, 聆音屬耳오 四, 掃滌其心이오 五, 攝一切心이라하니라 疏文具足하니 具此五心하야사 方²⁰⁹⁾名審諦니라

● '높은 체함 따위와 멀리 여읨'이란『유가사지론』제38권에 이르되, "(어떻게 보살은 여러 가지 물듦의 마음이 없이 바른 법을 듣느냐 하면,) 법을 들을 때에 (그 마음에 높은 체하는 여러 가지 물듦을 멀리 여의고, 그의 마음에 가벼이 여기는 여러 가지 물듦을 여의며, 그 마음에 겁을 내는 여러 가지 물듦을 멀리 여읜다.) 여섯 가지 모양으로 말미암아 그의 마음에 높은 체하는 여러 가지 물듦을 멀리 여의며, 네 가지 모양으로 말미암아 그의 마음에 가벼이 여기는 여러 가지 물듦을 멀리 여의며, 한 가지 모양으로 말미암아 그의 마음에 겁내는 여러 가지 물듦을 멀리 여읜다." '여섯 가지 모양'이라 말하는 것은 (1) 때에 맞추어서 들음이요, (2) 정성스럽고 정중하게 들

---

209) 方은 甲南續金本作得.

음이요, (3) 공경하면서 들음이요, (4) 손해를 끼치지 아니함이며, (5) 겉만 따르게 되지 아니함이며, (6) 허물을 구하지 아니함이다. '네 가지 모양'이라 말한 것은 (1) 바른 법을 공경함이며, (2) 설법하는 사람을 공경함이며, (3) 바른 법을 가벼이 여기지 아니함이며, (4) 설법하는 사람을 가벼이 여기지 아니함이다. '한 가지 모양'이라 말한 것은 자신을 경멸하지 아니함이니, 이러한 여러 가지 뜻을 갖추어야 비로소 '잘 들음[善聽]'이라 이름한다. '깨달아 앎을 구한다[求悟解]'는 것은 논에 이르되, "다섯 가지 모양으로 말미암아 산란한 마음이 없이 (바른 법을 들나니,) (1) 깨달아 앎을 구하는 마음이요, (2) 오로지 하나로 나아가는 마음이요, (3) 소리를 듣되 귀를 기울이고서 들음이요, (4) 그 마음을 깨끗이 씻고서 들음이요, (5) 온갖 마음을 섭수하고서 들음이다"라고 하였다. 소의 문장에 갖추었으니 이런 다섯 가지 마음을 갖추어야만 비로소 '살피는 것이 자세하다[審諦]'고 이름한다.

(나) 경문을 따와서 자세하게 해석하다[牒經廣釋] 2.
ㄱ. 바로 해석하다[正釋] 3.
ㄱ) 바른 의미를 밝히다[顯正意] (言非 30下6)

[疏] 言非但者는 要兼修行이니 獨用多聞하면 不能證入이라 故로 下諸偈에 皆云於法에 不修行하면 多聞亦如是라하나니

■ '다만 ~만'이라 말한 것은 수행을 겸하기를 요구함이니 유독 많이 들음만 쓰면 능히 증득해 들어가지 못한다. 그러므로 아래 모든 게송에 모두 말하되, "법에 수행하지 아니하면 많이 듣는 것도 또한 이와 같도다"라고 하였다.

ㄴ) 잘못 아는 것을 배척하다[斥謬解] 3.
(ㄱ) 바로 구분하다[正揀] (此明 30下7)
(ㄴ) 반대로 성립하다[反立] (若無)

[疏] 此明不行之失이오 非毁多聞이라 若無多聞하면 行無依故니
- 이것은 수행하지 않는 허물을 밝힌 것이요, 다문(多聞)을 훼방함이 아니다. 만일 많이 들음이 없다면 수행은 의지처가 없는 까닭이다.

(ㄷ) 위의 뜻을 결론하다[結成上義] 2.
a. 얻고 잃음을 함께 해석하다[雙釋得失] (是以 30下8)
b. 다문이 중요함을 결론하다[結要多聞] (故自)

[疏] 是以로 不行爲失은 如調達善星이오 行之爲得은 如阿難身子라 故로 自利利他之行을 並須明達하며 誓窮法海하야 爲種智因하야
- 이런 까닭으로 수행하지 않음으로 허물을 삼은 것은 마치 제바달다나 선성(善星)비구와 같은 경우이고, 수행하여 얻음이 되는 것은 아난이나 사리불과 같은 경우이다. 그러므로 자리행과 이타행을 아울러 모름지기 분명히 통달하고 법의 바다를 끝까지 궁구하여 일체 종지를 얻는 원인이 되도록 맹서하여,

ㄷ) 숨은 힐난을 해명하다[通伏難] (但應 30下10)

[疏] 但應善義하고 勿着言說이니라
- 단지 좋은 뜻에 맞출 것이요, 말로 설한 법에 집착하지 말지니라.

[鈔] 言非但等下는 要兼修行이라 此下는 牒經하야 廣釋一句하야 顯一章大意라 於中에 二니 先, 立理요 後, 引證이라 前中亦二니 先, 正釋이오 後, 此明不行等下는 揀濫이라 以人이 多言此章이 毁於多聞이라하야 令人守愚하야 不習敎理일새 故爲此揀이라 於中有三하니 初, 正揀이니 非毁多聞이라 但責聞而不行이니 不令行而不聞이니라 次, 若無多聞者는 反立이니 無聞無解하면 依何而行이리오 後, 是以不行爲失下는 結成上義라 多聞不行은 調達等是니 是經所訶오 多聞而行은 身子等是니 經所不責이라 善星은 是佛之子요 調達은 是佛之弟니 並解十二部經이로대 不依修行하야 生身이 陷入阿鼻地獄하며 阿難身子는 多聞行故로 親得授記하니라 故自利下는 結要多聞이라 但應下는 通伏難이니 謂有難言호대 一切經論에 皆說無言하며 商主天子經에 云, 無有不毁語言而得道者라하며 涅槃二十六에 云, 若知如來常不說法하면 是名具足多聞者라하며 又涅槃二十八[210])에 云, 寧願少聞하고 多解義理언정 不願多聞하고 於義不了라할새 故爲此通이니라 涅槃에 但令解義하고 不毁多聞하며 商主等經은 但令莫着이언정 豈當不許衆生聞敎리오

- (가) 言非但等 아래는 (바른 의미를 밝힘에서) 수행을 겸하기를 요구함이다. 이 아래는 (나) 경문을 따와서 한 구절을 자세하게 해석하여 한 가름의 큰 의미를 밝힌 내용이다. 그중에 둘이니, ㄱ. 이치를 세워 (바로 해석함이요,) ㄴ. 인용하여 증명함이다. ㄱ. 중에도 둘이니 ① 바로 해석함이요, ② 此明不行 아래는 잘못을 가려냄이다. 사람들이 대부분 가름이 다문(多聞)을 훼손한다고 말하여 사람으로 하여금 어리석음을 고집하여 교법의 이치를 익히지 않게 하는 연고로 이렇게 가려내었다.

---

210) 八은 南續金本作六 與南經合 文見師子吼品 玆依北經 案上皆引北經.

그중에 셋이 있으니 (ㄱ) 바로 구분함이니 다문을 훼손함이 아니다. 단지 듣고도 행하지 않음을 꾸짖음이니 하여금 행하면서 듣지 않게 함이 아니다. (ㄴ) '다문이 없음과 같지 않다'는 것은 반대로 성립함이니 들음이 없고 이해도 없으면 무엇을 의지해 행하리오. (ㄷ) 是以 不行爲失 아래는 위의 뜻을 결론함이다. 많이 듣고도 행하지 않음은 제바달다가 그 사람이니 본경에서 꾸짖음이요, 많이 듣고 행함은 사리불이 그 사람이니 경에서 꾸짖지 않는 일이다. 선성(善星)비구는 부처님 아들이요, 제바달다는 부처님 동생이니 아울러 십이부경을 알면서 수행을 의지하지 않고 산 몸으로 아비지옥에 빠져 들어가는 것이며, 아난이나 사리불은 다문을 수행한 연고로 부처님께 직접 수기를 받은 것이다.

② 故自利 아래는 다문이 중요함을 결론함이다. ③ 但應 아래는 숨은 힐난을 해명함이니 이르되, 어떤 이가 힐난하여 '온갖 경과 논에서 모두 말 없음'을 말하였고, 『상주천자경(商主天子經)』에 이르되, "말씀으로 한 법문을 비방하지 않고서 도를 얻은 자가 없다"고 하였으며, 『열반경』제26권에 이르되, "만일 여래께서 항상 법을 설하지 않은 줄 알았다면 이것을 '구족다문(具足多聞)'이라 한다"라고 하였고, 또 『열반경』제28권에 이르되, "차라리 적게 듣고 뜻과 이치를 많이 알기를 원할지언정 많이 듣고도 뜻을 요달하지 못함을 원하지 않노라"라고 하였으므로 여기서 해명하였다. 열반경에는 단지 뜻만 알게 하면서도 다문을 훼방하지 않았으며, 『상주천자경』등은 단지 집착하지 말라고만 했을지언정, 어찌 당연히 중생이 가르침 듣기를 허용하지 않았겠는가?

ㄴ. 인용하여 증명하다[引證] 2.
ㄱ) 논서 하나와 경전 둘을 인용하다[一論二經] (婆沙 31下6)

[疏] 婆沙四十二[211]에 云, 多聞은 能知法이오 多聞은 能離罪며 多聞은 捨無義하고 多聞은 得涅槃이라하니라 淨名에 云, 多聞增智慧하야 以爲自覺音이라하며 下經에 推度生之方便에 乃至不離善巧多聞이라하니라

■ 『대비바사론』제142권에 이르되, "많이 들음[多聞]은 능히 법을 알게 하고 다문은 능히 죄를 여의게 하며, 다문은 뜻 없음을 버리고 다문은 열반을 얻게 한다"라고 하였고, 『유마경』에 이르되, "많이 들음은 지혜를 쌓아 스스로 깨닫는 음성으로 삼는다"라고 하였으며, 아래 경문(제3 발광지)에서, "중생을 제도하는 방편을 추천하고 나아가 선교 다문(善巧多聞)을 여의지 않는다"라고 하였다.

[鈔] 婆沙四十二下는 第二, 引證이니 總引二論三經이라 而文分二니 先, 引一論二經하야 證須多聞이라 淨名은 即第二에 答普現色身菩薩之偈오 下經은 即第三地經이니 前文에 已引하니라

● ㄴ. 婆沙四十二 아래는 인용하여 증명함이니, 총합하여 논서 두 가지와 경전 세 가지를 인용하였다. 그런데 소문을 둘로 나누리니, ㄱ) 논서 하나와 경전 둘을 인용하여 다문이 필요함을 증명하였다. 『유마경』은 곧 제2권에 보현색신(普現色身)보살이 게송으로 대답한 내용이고, 아래 경문은 곧 제3 발광지(發光地)의 경문이니 앞의 소문에 이미 인용했던 내용이다.

---

211) 婆沙四十二는 확인해 보니『아비달마대비바사론』제142권이다. (譯註者注)

ㄴ) 논서 하나, 경전 하나를 인용하다[一論一經] (上單 32上2)

[疏] 上單顯聞이오 涅槃四事는 爲近因緣이니 卽雙美聞行이라 故로 智論에 云, 多聞廣智美言語로 巧說諸法轉人心하며 行法心正無所依호대 如大雲雷霆洪雨라하나니 如是敎理가 無量無邊이라 恐繁且止로다

■ 위는 단순히 들음만 밝혔고, 열반의 네 가지 일은 가까운 인연이니 곧 듣고 수행함에 대해 함께 찬미함이다. 그러므로 『대지도론』(제5권 菩薩功德釋論 제10)에 이르되, "많은 지식, 넓은 지혜, 능한 말투로 모든 법을 교묘히 말하여 사람들의 마음을 움직여 주고 법답게 행하고, 마음 바르고, 두려움 없으면 큰 구름, 우레 속에 단비가 쏟아지는 것과 같다"라고 하였으니 이러한 교리가 한량없고 끝없나니, 번거로울까 염려하여 우선 그치리라.

[鈔] 上單顯聞下는 二, 雙引聞行이니 先引涅槃이니 卽第二十五高貴德王菩薩品이라 第七功德에 云, 善男子야 菩薩摩訶薩이 修大涅槃微妙經典하야 作是思惟호대 何法이 能爲大涅槃而作近因고 菩薩이 卽知有四種法하야 爲大涅槃하야 而作近因이니 若言勤修一切苦行이 是大涅槃近因緣者라하면 是義不然이라 所以者何오 若離四法코 得涅槃者인대 無有是處니라 何等爲四오 一者는 親近善友요 二者는 專心聽法이오 三者는 繫念思惟오 四者는 如法修行이니라 善男子야 譬如有人이 身遇衆病하야 若熱若冷커나 虛勞下瘧커나 衆邪鬼毒커든 到良醫所하면 良醫가 卽爲隨病說藥하나니 是人이 至心善受醫敎하고 隨敎合藥하야 如法服之코 身得安樂하나라 有病之人은 喩諸菩薩이오 大良醫者는 喩善知識이오 良醫所說은 喩方等經이오 善受醫敎

는 喩善思惟方等經義오 隨敎合藥은 喩如法修行三十七助道之法이오 病除愈者는 喩滅煩惱오 得安樂者는 喩得涅槃常樂我淨이라하니 故云涅槃四事雙美聞行故라하니라

- ㄴ) 上單顯聞 아래는 (논서 하나와 경전 하나로) 들음과 수행에 대해 함께 인용함이니 먼저『열반경』을 인용하였으니, 곧 제25권 고귀덕왕보살품이다. 제7 공덕에 이르되, "또 다음에 선남자야, 보살마하살은 대열반의 미묘한 경전을 수행하여 생각하기를, '어떠한 법이 능히 대반열반을 위하여 가까운 인연이 되는가?'라고 하나니, 보살은 곧 네 가지의 법이 대열반을 위하여 가까운 인연이 되는 것을 아느니라. 만약 일체의 고행(苦行)을 부지런히 수행하는 것이 대열반의 가까운 인연이라고 말한다면, 그 의미는 옳지 않으니라. 어찌하여 그러한가? 만약 네 가지 법을 여의고 열반을 얻는다면, 그런 일은 있지 않으니라. 어떤 것들이 그 넷인가? (1) 선우(善友)를 친근하는 것이요, (2) 마음을 기울여 법을 듣는 것이요, (3) 생각을 모아서 사유하는 것이요, (4) 법대로 수행하는 것이니라. 선남자야, 비유하면 어떤 사람이 몸이 여러 병에 걸렸는데, 혹은 열병이거나 냉병이거나, 몸과 마음이 쇠약하거나, 학질이거나, 뭇 사악한 귀신의 독소거나 간에 훌륭한 의원에게 갔더니 의원은 곧 질병에 따라 약을 말해 주었는데, 그 사람은 지극한 마음으로 의원의 지시를 잘 받아들여 지시한 대로 약을 지어서 법대로 복용하였고, 복용하고 나자 병이 치유되어 몸이 안락하게 된 것과 같으니라. 질병에 걸린 사람은 모든 보살을 비유하고, 매우 훌륭한 의원은 선지식을 비유하고, 훌륭한 의원이 말한 것은 방등경을 비유하고, 의원의 지시를 잘 받아들인 것은 방등경의 의미를 잘 사유하는 것을 비유하고, 지시한 대로 약을 지은 것은 법대로 '서른일

곱 가지 도를 돕는 법[三十七助道法]'을 수행하는 것을 비유하고, 병이
치유되는 것은 번뇌를 소멸하는 것을 비유하고, 안락하게 되는 것은
열반의 항상하고 즐겁고 자아이고 깨끗함을 얻은 것을 비유한 것이
니라"라고 하였다. 그러므로 "열반의 네 가지 일을 듣고 수행함을 함
께 찬미하는 까닭이다"라고 하였다.

智論云者는 然彼論第六에 總有四偈하니 此第一偈라 次偈에 云, 多
聞辯慧巧言語로 美說諸法轉人心하며 自不如法行不正하면 譬如雲
雷而不雨니라 博學多聞有智慧호대 訥口拙言無巧便하야 不能顯發
法寶藏하면 譬如有雲無雷雨니라 不廣學問無智慧하고 不能說法無
好行하면 是弊法師無慚愧니 譬如不雲無雷雨라하시니 此上은 以行
爲雨하고 以辯爲雲하고 以聞智爲雲212)이라 初偈에 總具일새 故今引
之니라 次一은 闕行이오 次偈는 闕辯行이오 後偈는 三俱闕일새 故云
弊法師니라 恐繁且止者는 卽智論이니 次前에 云, 有智無多聞하면 是
不知實相이니 譬如闇夜中에 有目無所見이오 多聞無智慧하야 亦不
知實相하면 譬如213)大明中에 有燈而無目이오 多聞利智慧하면 是所
說應受오 無聞無智慧하면 是名人中牛라하니라 及餘諸經과 其文甚
廣하니라

● '대지도론에 이르되'란 그런데 저 논의 제6권에는 총합하여 네 게송이
있으니 이것[多聞廣智--]은 첫째 게송이다. 다음 게송에 이르되, "많은
지식, 밝은 지혜, 능한 말투로 모든 법을 잘 말하여 사람의 맘 돌려도
스스로가 여법하게 수행하지 않으면 헛구름, 헛천둥에 비는 오지 않
는 것 같다. / 널리 배워 아는 것 많고 지혜 있어도 어눌한 말솜씨에

---

212) 雲은 甲南續金本作雷, 此下에 南續金本有合是以辯爲雷六字.
213) 如는 甲南續金本作猶. 懼두려워 할 구. 溺 빠질 익. 饍 반찬 선. 餓 주릴 아.

능한 방편 없어서 법보의 깊은 뜻 드러내지 못하면 우레 없이 가랑비가 내리는 것과 같도다. / 널리 배우지 못하고 지혜 없어서 설법도 못하고 좋은 행도 없으면 이는 '거치른 법사[弊法師]'라 부끄러움도 없나니 작은 구름에 우레도 비도 없는 것 같다"라고 하였다. 이 위는 '수행'을 비로 삼고 '말솜씨'는 구름을 삼고 '듣는 지혜'는 우레를 삼는다. 첫 게송에 모두 갖추었으므로 지금 인용한 것이다. 다음 하나는 수행을 빠뜨렸고, 다음 게송은 변재와 수행을 빠뜨렸고, 뒤의 게송[不廣學問--]은 셋을 모두 빠뜨렸으므로 '거치른 법사'라고 말하였다.

'번거로울까 염려하여 우선 그치리라'는 것은 『대지도론』의 내용이니, 다음 앞에 말하되, "지혜만 있고 지식이 없으면 이는 실상을 알지 못하나니 마치 캄캄한 어둠 속에서 눈은 있으되 보지 못함과 같도다. / 지식만 있고 지혜 없어도 실상의 이치를 알지 못하니 마치 매우 밝은 가운데 등불까지 있으되 눈이 없음과 같다. / 지식도 많고 지혜도 날카로우면 그의 말은 받아들여야 되지만 지혜도 없고 밝음도 없으면 그는 사람 중의 소라 부른다"라고 하였다. 나머지 경전과 그 경문은 너무 많다.

나. 아홉 게송은 첫째 뜻을 비유로 밝히다[餘九偈喩明初義] 2.
가) 큰 의미를 총합하여 밝히다[總顯大意] (九頌 33下4)

[疏] 九頌은 喩明이라 皆上半은 喩況이오 下半은 法合이라
■ 나. 아홉 게송은 (첫째 뜻을) 비유로 밝힘이다. 모두 위의 반은 비유로 비교함이요, 아래 반의 게송은 법과 합함이다.

나) 아홉 가지 비유로 뜻을 따라 해석하다[隨釋九義] 9.
(가) 빠질까 봐 목말라 죽는 비유[懼溺渴死喩] (初懼 33下4)

如人水所漂에　　　　懼溺而渴死인달하여
於法不修行이면　　　多聞亦如是니라
어떤 사람이 물에 떠내려 가면서
빠질까 두려워 목말라 죽듯이
법에 수행하지 아니하면
많이 듣는 것도 또한 이와 같도다.

[疏] 初, 懼溺渴死喩니 喩貪隨文義失이라 謂義門波濤가 漂蕩其心하야 慮溺溺他하야 無暇修行하야 自絶慧命일새 故名渴死라

■ (가) 빠질까 봐 목말라 죽는 비유이니 경문을 따라 탐내는 뜻의 허물을 비유함이다. 이른바 '이치의 문의 파도[義門波濤]'가 그 마음을 비워서 (스스로) 빠질까 걱정하고 다른 이를 빠뜨려서 수행할 겨를이 없어서 스스로 지혜의 목숨을 끊었으므로 '목말라 죽는다[渴死]'라고 하였다.

(나) 음식을 늘어놓고 스스로 굶어 죽는 비유[設食自餓喩] (二設 33下8)

如人設美饍하되　　　自餓而不食인달하여
於法不修行이면　　　多聞亦如是니라
어떤 사람이 좋은 음식을 늘어놓고도
스스로 주리면서 먹지 않듯이

법에 수행하지 아니하면
많이 듣는 것도 또한 이와 같도다.

[疏] 二, 設食自餓喩니 喩隨說廢思失이라 說法施人에 多求名利하고 不思法味하야 損減法身이라
- (나) 음식을 늘어놓고 스스로 굶어 죽는 비유이니 설법을 따라 생각을 폐하는 허물을 비유함이다. 법을 설하여 사람들에게 베풀 적에 대부분 명예와 이양을 구하고 법의 맛을 생각하지 않아서 법의 몸을 손해나고 감소하게 한다.

(다) 의사가 자신은 구제하지 못하는 비유[醫不自救喩] (三醫 34上1)

如人善方藥하되 　　　自疾不能救인달하여
於法不修行이면 　　　多聞亦如是니라
어떤 사람이 약방문을 잘 알면서
자신의 병은 고치지 못하듯이
법에 수행하지 아니하면
많이 듣는 것도 또한 이와 같도다.

[疏] 三, 醫不自救喩니 喩善知對治호대 而不自治라
- (다) 의사가 자신은 구제하지 못하는 비유이니, (남을) 상대하여 다스림은 잘 알지만 자신의 병은 치료하지 못함을 비유한 내용이다.

(라) 가난뱅이가 남의 보물 세는 비유[貧數他寶喩] (四貧 34上3)

如人數他寶하되　　　　　自無半錢分인달하여
於法不修行이면　　　　　多聞亦如是니라
어떤 사람이 남의 보물만 세면서
자기에게는 한 푼도 없듯이
법에 수행하지 아니하면
많이 듣는 것도 또한 이와 같도다.

[疏] 四, 貧數他寶喩니 喩說佛菩薩功德하고 不能求諸身心일새 故無分
也라

■ (라) 가난뱅이가 남의 보물 세는 비유이니 부처님과 보살의 공덕을
말하지만 능히 모두의 몸과 마음을 구하지 못함에 비유한 연고로 '분
한이 없다'는 뜻이다.

(마) 왕자가 춥고 배고픈 비유[王子饑寒喩] (五王 34上6)

如有生王宮하되　　　　　而受餧與寒인달하여
於法不修行이면　　　　　多聞亦如是니라
마치 왕궁에 태어난 사람이
배고프고 추위에 떨듯이
법에 수행하지 아니하면
많이 듣는 것도 또한 이와 같도다.

[疏] 五, 王子飢寒喩니 謂王子가 違王法教하야 於內起過일새 故受飢寒
이라 學人亦爾하야 生在法王教法宮中이나 行違佛教하고 起惡惑業

이라 故無慚愧忍辱之衣커니 寧餐法喜禪悅之味리오 故飢寒也니라
- (마) 왕자가 춥고 배고픈 비유이니 이른바 왕자가 왕의 법과 가르침을 위배하여 안으로 잘못을 저질렀으므로 배고픔과 추위에 떠는 것이다. 배우는 사람도 역시 그러하여 법왕의 교법 궁전에 태어났지만 행동거지가 부처님의 가르침을 위배하고 나쁜 번뇌와 업을 일으키므로 부끄럼과 인욕의 옷이 없나니, 어찌 법의 기쁨과 선정의 기쁜 맛을 볼 수 있겠는가? 그러므로 배고프고 춥다는 뜻이다.

(바) 귀머거리가 음악으로 남을 기쁘게 하는 비유[聾樂悅彼喩]

(六聾 34下1)

如聾奏音樂에　　　　悅彼不自聞인달하여
於法不修行이면　　　多聞亦如是니라
마치 귀머거리가 음악을 연주하되
남은 기쁘게 하나 자신은 못 듣듯이
법에 수행하지 아니하면
많이 듣는 것도 또한 이와 같도다.

[疏] 六, 聾樂悅彼喩니 喩不解自說失이라 謂夫眞說聞者는 必忘說聞이니 逐語而說은 爲自不聞이니라
- (바) 귀머거리가 음악으로 남을 기쁘게 하는 비유이니, 자신의 말을 알지 못하는 허물에 비유하였다. 이른바 대저 진실한 말과 들음은 반드시 말하고 들음을 잊어야 하나니, 말을 좇아 설하는 것은 스스로 듣지 못한 것이 된다는 뜻이다.

(사) 눈먼 이가 그린 그림을 남에게 보여 주는 비유[盲畵示彼喩]

(七盲 34下4)

如盲繢衆像에   示彼不自見인달하여
於法不修行이면   多聞亦如是[214]니라

마치 눈먼 이가 온갖 형상을 만들되
남에게는 보이면서 자신은 못 보듯이
법에 수행하지 아니하면
많이 듣는 것도 또한 이와 같도다.

[疏] 七, 盲畵示彼喩니 喩不見自義失이라

■ (사) 눈먼 이가 그린 그림을 남에게 보여 주는 비유이니, 자신의 뜻을 보지 못함에 비유하였다.

(아) 뱃사공이 바다에 빠져 죽는 비유[船師溺海喩] (八船 34下6)

譬如海船師가   而於海中死인달하여
於法不修行이면   多聞亦如是니라

비유하건대 바다의 뱃사공이
바다에서 죽는 것과 같이
법에 수행하지 아니하면
많이 듣는 것도 또한 이와 같도다.

---

214) 聾 귀먹을 농. 奏 연주할 주. 餓 굶주릴 뇌. 餐 밥 먹을 찬. 繢 수놓을 궤. 倚 의지할 의. 衢 네거리 구.

[疏] 八, 船師溺海喩니 謂將導衆人하야 游佛法海호대 倚自所解하야 不愼身行하야 爲法所淪이라

- (아) 뱃사공이 바다에 빠져 죽는 비유이니, 이른바 여러 사람을 장차 인도하여 불법의 바다에 노닐게 하지만 자신이 아는 것을 믿고서 몸과 행동을 삼가지 않아서 법에 빠진 결과가 된다는 뜻이다.

(자) 말은 잘하지만 참된 덕은 없는 비유[巧言無德喩] (九巧 34下9)

如在四衢道하여　　　廣說衆好事하되
內自無實德인달하여　不行亦如是니라
마치 네거리 길에서
온갖 좋은 일을 널리 말하되
자신에게는 실다운 덕이 없듯이
행하지 아니하면 또한 이와 같도다.

[疏] 九, 巧言無德喩니 謂亦說修行하며 或談己德이나 內無實德하고 但有虛言이라 獨此一偈에 三句是喩오 合文에는 但云不行亦如是하나니 彌顯不毁多聞이로다 又此九偈가 亦可別對隨貪等義니 如理應思니라

- (자) 말은 잘하지만 참된 덕은 없는 비유이다. 말하자면 또한 수행을 말하기도 하고 혹은 자신의 덕을 말하기도 하지만 안으로 실다운 덕은 없고 단지 헛된 말뿐이다. 유독 이 한 게송에서 세 구절은 비유이고, 법과 합한 경문에는 단지 '행하지 아니하면 또한 이와 같도다'라고 하였으니 다문을 훼방하지 않음이 더욱 뚜렷해졌다. 또한 여기의 아홉 게송이 또한 개별로 탐욕 등에 수반되는 뜻을 상대할 수 있

으니 이치대로 응당히 생각해 보라.

[鈔] 又此九偈者는 一, 溺水로 喩隨貪愛水故오 二, 喩隨慳하야 不自食故오 三, 喩隨嫉이니 是內病故오 四, 喩隨諂이니 數他德故오 五, 喩隨瞋及忿이니 違王之法하야 受飢寒故오 六, 喩隨覆니 若掩耳盜鈴하야 欲人不聞故오 七, 喩隨癡니 盲無見故오 八, 喩隨慢이니 恃已慣故오 九, 喩隨誑이니 無德說德故니라

- '또한 여기의 아홉 게송'이란 (1) 물에 빠짐으로 탐욕과 애정의 물에 따름을 비유한 까닭이요, (2) 인색함을 따라 스스로 먹지 않음을 비유한 까닭이요, (3) 질투함을 따름은 내부의 병에 비유한 까닭이요, (4) 아첨을 따름에 비유하였으니 다른 이의 덕을 헤아리는 까닭이요, (5) 성냄과 분노를 따름에 비유하였으니 왕의 법을 위배하여 배고픔과 추위를 받는 까닭이요, (6) 엎드림을 따름에 비유하였으니 만일 귀를 막고 방울을 훔쳐서 사람들이 듣지 못하게 하려는 까닭이요, (7) 어리석음을 따름에 비유하였으니 눈먼 이가 보지 못하기 때문이요, (8) 거만함을 따름에 비유하였으니 자신에게 믿고 관대한 까닭이요, (9) 속임을 따름에 비유하였으니 덕이 없이 덕을 말하기 때문이다.

8. 바른 조도법이 매우 깊다[正助甚深] 2.

1) 문수보살이 지수(智首)보살에게 묻다[問] 2.
(1) 질문하는 주체와 대상의 사람을 표방하여 거론하다[標擧能所問人]

(第八 35上9)

(2) 질문의 단서를 밝히다[正顯問端] 3.

가. 법을 거론하여 살펴서 정하다[擧法按定] (二正)

時에 文殊師利菩薩이 問智首菩薩言하시되, 佛子여 於佛法中에 智爲上首어늘

저 때에 문수사리보살이 지수보살에게 물으셨다. "불자여, 불법 가운데 지혜가 으뜸이거늘

[疏] 第八, 助道甚深이라 問智首者는 以顯智爲正道之體하야 統其助故니라 二, 正顯問端中에 三이니 初, 擧法按定이니 謂斷惑證理와 導行得果가 唯是大智를 彼此同許니라

■ 8. 바른 조도법이 매우 깊음이다. (1) 지수(智首)보살에게 물은 이유는 지혜가 바른 도의 체성임을 밝혀서 그 조도법을 거느리기 때문이다. (2) 질문의 단서를 밝힘 중에 셋이니 가. 법을 거론하여 살펴서 정함이니, 이른바 번뇌를 끊고 이치를 증득함과 수행을 인도하여 결과를 얻음은 오직 큰 지혜뿐임을 저와 내가 함께 허용한 것이다.

[鈔] 謂斷惑等者는 謂以智慧劍으로 殺煩惱賊故니 無分別智로 方證如故라 言導行者는 智論에 云, 五度如盲人이오 般若爲有目일새 故能明見夷途하야 開導萬行하며 御心中道하야 至一切智城故로 餘行得智에 皆成彼岸般若하야 究竟成菩提果라하니라

● '이른바 번뇌를 끊음' 따위는 말하자면 지혜의 검으로 번뇌의 도적을 죽이는 까닭이니, 분별 없는 지혜로 비로소 진여를 증득하기 때문이다. '수행을 이끈다'고 말한 것은 『대지도론』(제72권)에 이르되, "다섯

바라밀은 눈먼 이와 같고, 반야로 눈 있는 이를 삼기 때문에 능히 평탄한 길을 분명히 보고서 만 가지 행을 열고 인도하며 마음을 중도로 제어하여 일체 지혜의 성에 도달하는 연고로 나머지 수행으로 지혜를 얻을 적에 모두 저 언덕의 반야를 이루어서 마지막에 보리의 과덕을 성취한다"라고 하였다.

나. 의심과 힐난을 설정하다[正設疑難] (二如 35下10)

如來가 何故로 或爲衆生하사 讚歎布施하시며 或讚持戒하시며 或讚堪忍하시며 或讚精進하시며 或讚禪定하시며 或讚智慧하시며 或復讚歎慈悲喜捨니잇고
여래께서 무슨 연고로 혹은 중생을 위하여 보시를 찬탄하시고 혹은 지계를 찬탄하시며 혹은 감인을 찬탄하시며 혹은 정진을 찬탄하시며 혹은 선정을 찬탄하시며 혹은 지혜를 찬탄하시며 혹은 자, 비, 희, 사를 찬탄하시나이까?

[疏] 二, 如來下는 正設疑難이니 謂旣智爲上首인대 應唯讚智어늘 那亦讚餘오 此是正助相違難이니라
- 나. 如來 아래는 의심과 힐난을 설정함이니 이른바 이미 지혜로 우두머리를 삼았다면 응당히 지혜만 찬탄해야 하거늘 어찌하여 나머지도 찬탄하였는가? 이것은 바른 조도법과 서로 위배된다는 힐난이다.

다. 앞의 힐난을 결론하다[結成前難] (三而 36上4)

而終無有唯以一法으로 而得出離하여 成阿耨多羅三藐
三菩提者니이다
그러나 마침내 오직 한 법으로써 벗어남을 얻어 아뇩다라
삼먁삼보디를 이루는 자가 없나이다."

[疏] 三, 而終下는 結成前難이니 前難에 云, 智爲上首인대 已應不合讚餘
온 況非以一法成佛하니 固當不合偏讚가 爲要假多아 爲唯用智아
爲隨一行하야 皆得佛耶아 若隨一得成인대 亦違智爲上首니 進退皆
妨이로다

■ 다. 而終 아래는 앞의 힐난을 결론함이니 앞의 힐난에 이르되, "지혜
가 상수이거늘 이미 나머지도 합쳐서 찬탄하지 않아야 할 텐데, 하물
며 한 법으로 부처 이룬 것이 아니라 하였으니, (1) 진실로 치우쳐 칭
찬함이 합당하지 않은 것인가? (2) 여럿을 빌려 옴이 중요한 것인가?
(3) 오직 지혜만 써야 하는가? (4) 한 가지 행법을 따라 모두 부처를
얻은 것인가? 만일 하나를 따라 성불을 한다면 또한 지혜가 상수가
됨에 위배되나니 나아가고 물러남이 모두 방해된다는 뜻이다.

[鈔] 結成前難者는 此下에 亦有三重問意하니 初言前難에 云, 智爲上首
라하고 及今에는 非唯一法으로 成佛하니 不合偏讚이어늘 今有偏讚은
其故何耶아 此는 直問所以也오 二, 爲要假多下는 帶疑問也오 三,
若隨一得成者는 結成相違難也니라

● '앞의 힐난을 결론함'이란 이 아래에 역시 세 번의 거듭 질문한 의미가
있으니 (1) 앞의 힐난에 말하되, " '지혜가 우두머리이다'라 하였고,
지금에는 '오직 한 법만으로 성불하는 것이 아니다'라 하였으니 치우

쳐 칭찬함이 합당하지 않은데, 지금에 치우쳐 칭찬한 것은 무슨 까닭인가?"라고 하였다. 여기는 그 이유를 바로 질문함이요, (2) 爲要假多 아래는 의심을 수반한 질문이요, (3) '만일 하나를 따라 성불을 한다'는 것은 서로 위배된다는 힐난을 결론한 내용이다.

2) 지수보살이 게송으로 대답하다[答] 2.

(1) 대답한 의미를 드러내 보이다[顯示答意] (下答 36下3)

時에 智首菩薩이 以頌答曰,
그때에 지수보살이 게송으로 답하셨다.

[疏] 下, 答意中에 印其初後하고 釋其中間이니 謂智爲上首는 誠如所言이니 智如明王하야 爲衆之御라 故로 大品에 云, 般若如目하고 五度如盲故라하니라 印後義云호대 終無唯以一法을 實如來歎하며 三世諸佛이 皆具說故며 以餘萬行으로 資於智故라 釋其中間別讚에 乃有多意하니 謂隨心令喜故며 隨時生善故며 所治蔽殊故며 入門不同故며 衆生이 不能盡受故라 下當屬文호리라 又智論에 云, 般若는 必具一切行하니 是故로 讚一이 卽是讚餘라하니 讚餘가 卽是讚智니라

■ 2) (지수보살이 게송으로) (1) 대답한 의미 중에서 처음과 뒤를 인정하고 그 중간을 해석하였다. 말하자면 지혜를 우두머리로 삼음은 성실함이 말한 바와 같나니 지혜는 현명한 왕과 같아서 대중의 통솔자가 되는 까닭이다. 『대품반야경』에 이르되, "반야바라밀은 눈과 같고 다섯 바라밀은 맹인과 같기 때문이다"라고 하였다. 나중의 뜻을 인가

하여 말하되, "마침내 오직 한 법으로는 여래의 실다운 찬탄이 없으며, 삼세의 모든 부처님이 모두 갖추어 설하는 까닭이며, 나머지 만 가지 행법으로 지혜를 돕기 때문이다"라고 하였으며, 그 중간의 개별로 찬탄함을 해석하면 비로소 여러 의미가 있게 된다. 말하자면 마음을 따라 하여금 기쁘게 하는 까닭이며, 때를 따라 선근이 생겨나는 까닭이며, 다스려 없앨 대상이 각기 다르기 때문이며, 들어가는 문이 다르기 때문이며, 중생들이 능히 다 받지 못하기 때문이다. 아래에 마땅히 경문과 연결하리라. 또한 『대지도론』에 이르되, "반야바라밀은 반드시 온갖 행법을 갖추나니 이런 연고로 하나를 칭찬함이 곧 나머지를 모두 칭찬한 것이다"라고 하였으니, 나머지 바라밀을 칭찬함이 곧 지혜바라밀을 칭찬한 뜻이 된다.

[鈔] 謂智爲上首下는 標答意요 此下는 委釋이라 初, 釋印初요 二, 終無唯以下는 釋印後요 三, 釋其中間下는 釋中間이라 總有五意하니 前四는 卽四隨요 後一은 統攝이라 今初, 隨心令喜는 卽下隨樂이요 亦世界悉檀이라 二, 隨時生善은 卽下隨宜니 亦爲人悉檀이라 三, 所治蔽殊故는 卽下隨治니 亦名對治悉檀이라 四, 入門不同은 卽下隨義니 亦名第一義悉檀이라 悉檀은 此云義宗이니 卽智論中意니 諸佛說法이 不離此四故니라 又智論下는 卽第五意니 般若가 統攝諸行이라 今讚一般若가 卽是讚餘니 餘是般若中餘일새 故但讚餘가 已讚般若니라

- (1) 謂智爲上首 아래는 대답한 의미를 표방함이요, (2) 이 아래는 자세한 해석이다. 가. 첫째 게송은 인정함을 해석함이요, 나. 終無唯以 아래는 뒤 게송을 인가한 해석이요, 다. 釋其中間 아래는 중간 게송

을 해석함이다. 총합하여 다섯 가지 의미가 있으니 ㄱ. 앞의 넷은 곧 네 가지를 따름이요, ㄴ. 뒤의 하나는 거느려 섭수함이다. 지금은 ㄱ) 마음을 따라 기쁘게 함은 곧 아래의 즐거움을 따름이요, 또한 세계실담분[世界悉壇分]이다. ㄴ) 때를 따라 선근이 생겨남은 곧 아래의 마땅함을 따름이니 또한 위인실담분[爲人悉壇分]이다. ㄷ) 다스려 없앨 대상이 다른 까닭이란 곧 아래의 다스림을 다름이니 또한 대치실담분[對治悉壇分]이라 한다. ㄹ) 들어가는 문이 다름은 곧 아래의 뜻을 따름이니 또한 제일의실담분[第一義悉壇分]이라 말한다. 실단은 번역하면 뜻의 종지라 하나니, 곧『대지도론』의 주장이니, 모든 부처님의 설법이 이 넷을 벗어나지 않기 때문이다.

ㄴ. 又智論 아래는 곧 다섯째 의미이니 반야가 모든 행법을 거느려 섭수한다는 의미이다. 지금은 한 가지 반야를 칭찬함이 곧 나머지를 칭찬함이니, 나머지는 바로 반야바라밀의 나머지인 연고로 다만 나머지를 칭찬함은 이미 반야바라밀을 칭찬함이 된다는 뜻이다.

(2) 질문할 대상에 바로 대답하다[正答所問] 2.
가. 한 게송은 질문을 칭찬하고 설법을 허락하다[初一偈歎問許說]
(十頌 37上10)

佛子甚希有하여　　　能知衆生心하시니
如仁所問義라　　　　諦聽我今說하리이다
불자여, 매우 희유해서
능히 중생의 마음을 아시니

어지신 이의 물으신 뜻과 같나니
내 이제 설함을 자세히 들으소서.

[疏] 十頌을 分二니 初一은 歎問許說이라
- 열 게송을 둘로 나누리니 가. 한 게송은 질문을 칭찬하고 설법을 허락함이다.

나. 아홉 게송은 힐난한 바에 바로 대답하다[餘九偈正答所難] 2.
가) 두 게송은 두 가름의 문을 전개하다[初二偈開二章門] 2.
(가) 여러 행법으로 과덕을 성취하는 가름을 표방하다[標衆行成果章]

(餘九 37下2)

過去未來世와　　　　現在諸導師가
無有說一法하여　　　而得於道者니라
과거와 미래와
현재의 모든 도사께서
한 법만을 설하여
도를 얻은 이는 없느니라.

[疏] 餘九는 正答所難이라 略分爲二니 先, 二頌은 開二章門이오 後, 七은 雙釋二章이라 今初라 初偈는 標衆行成果章이니 謂正助相假하야 必萬行齊修일새 故諸佛同說이라 言無有說一者는 必具說也라
- 나. 아홉 게송은 힐난한 바에 바로 대답함이다. 간략히 둘로 나누었으니 가) 두 게송은 두 가름의 문을 전개함이요, 나) 일곱 게송은 두

가름을 함께 해석함이다. 지금은 가)이다. (가) 첫 게송은 여러 행법으로 과덕을 성취하는 가름을 표방함이다. 이른바 바른 조도법을 서로 빌려서 반드시 만행을 똑같이 수행하는 연고로 모든 부처님이 똑같이 설하심이다. '한 법만을 설함이 없다'라고 말한 것은 반드시 갖추어 설한다는 뜻이다.

(나) 근기를 따라 개별로 칭찬하는 가름을 표방하다[標隨機別讚章]

(後偈 37下7)

佛知衆生心의　　　性分各不同하사
隨其所應度하여　　如是而說法하시되
부처님은 중생들의 마음과 성품이
각각 같지 않음을 아시사
그 마땅함을 따라 제도하여
이와 같이 법을 설하시도다.

[疏] 後偈는 標隨機別讚章이라 文具禪經四隨하니 謂初句는 卽隨樂也니 將護彼意하야 稱悅其心故라 性不同者는 卽隨宜也니 附先世習하야 令易受行하야 習以成性故라 分不同者는 卽隨治也니 觀病輕重하야 設藥多少니 謂貪分多者는 敎不淨等이라 隨其所應度者는 卽隨義也니 道機時熟하야 聞卽悟故라

■ (나) 뒤 게송은 근기를 따라 개별로 칭찬하는 가름을 표방함이다. 경문에 선경(禪經)의 네 가지 따름을 갖추었으니 이른바 첫 구절은 즐거움을 따름이니 저들의 생각을 장차 보호하여 그 마음에 맞추고 기쁘

게 하는 까닭이다. '성품이 같지 않음'은 마땅함을 따름이니 전생의 습기에 붙어서 하여금 행동을 쉽게 받아 익혀서 성품이 이루어진 까닭이다. '부분이 같지 않음'은 다스림을 따름이니, 병의 가볍고 무거움을 관하여 약을 베풂이 많고 적은 것이다. 말하자면 탐심의 부분이 많은 이는 부정관(不淨觀)을 가르치는 따위이다. '그 마땅함을 따라 제도함'이란 뜻을 따름이니 도와 근기가 시절이 성숙하여 들으면 바로 깨닫기 때문이다.

[鈔] 稱悅其心者는 謂前人이 樂行布施하면 卽勸布施하고 樂行持戒하면 卽勸持戒等이니 隨順世界하야 順意樂故라 言附先世習者는 心未必樂이로대 但夙²¹⁵⁾世曾作이면 勸則易成이니 如昔曾坐禪이어든 今勸坐²¹⁶⁾禪에 卽易得定이라 樂은 約現欲이오 宜는 約有根이니 亦猶鍛金之子는 宜令數息等이라 隨治는 可知로다 隨義는 謂隨以何法으로 得入第一義故니 有人은 因禪悟道하며 有人은 因慧悟道하니 六度萬行이 皆爲入理之門戶故니라

● '그 마음에 맞추고 기쁘게 함'이란 이른바 앞의 사람이 보시를 즐겨 행한다면 곧 보시를 권하고, 계 지키기를 즐겨 행하면 곧 계 지키는 것을 권하는 따위이니, 세계를 따라 생각으로 즐거워함을 따르기 때문이다. '전생의 습기에 붙어서'라고 말한 것은 마음으로 반드시 즐겁지 않지만 단지 숙세에 일찍이 지은 것은 권유하면 쉽게 성취하나니 마치 예전에 일찍이 좌선하였다면 지금에 좌선하기를 권하여 쉽게 선정을 얻는 것과 같다. (1) '즐거움'은 현재의 욕구를 잡은 해석이요, (2) '마땅함'은 근본이 있음을 잡은 해석이니 또한 금을 담금질하던 아들

---

215) 夙은 甲南續金本作宿.
216) 坐는 甲南續金本作修.

은 마땅히 수식관을 하게 함과 같은 따위이다. (3) '다스림을 따름'
은 알 수 있으리라. (4) '뜻을 따름'은 어떤 법을 따름으로 제일의에
들어가기 때문이니 어떤 사람은 선정으로 도를 깨달으며, 어떤 사람
은 지혜로 도를 깨닫나니, 여섯 바라밀과 만 가지 수행이 모두 이치
에 들어가는 문이 되기 때문이다.

나) 일곱 게송은 두 가름을 함께 해석하다[後七偈雙釋二章] 2.
(가) 세 게송은 근기를 따라 개별로 칭찬하는 가름을 해석하다
   [初三釋隨機別讚章] 2.
ㄱ. 두 게송 반은 다스림을 따름에 대해 개별로 해석하다
   [初兩偈半別釋隨治] (下別 38下2)

    慳者爲讚施하고   毀禁者讚戒하며
    多瞋爲讚忍하고   好懈讚精進하며
    아끼는 사람에겐 보시를 찬탄하고
    지계를 파하면 계행을 찬탄하며
    진심이 많으면 인욕을 찬탄하고
    게으른 사람에겐 정진을 찬탄하도다.

    亂意讚禪定하고   愚癡讚智慧하며
    不仁讚慈愍하고   怒害讚大悲하며
    생각이 어지러우면 선정을 찬탄하고
    어리석은 사람에겐 지혜를 찬탄하며
    어질지 못하면 자비를 찬탄하고

남을 괴롭히면 대비를 찬탄하도다.

憂感爲讚喜하고　　　曲心讚歎捨하시니
근심이 많으면 환희를 찬탄하고
마음이 굽으면 버릴 것을 찬탄하시니

[疏] 下, 別釋中에 二니 初三은 釋隨器別讚章이라 後, 四는 釋衆行成果章이라 前中에 二니 初, 兩偈半은 別釋隨治요 後, 兩句는 結前生後라 今初라 然六度로 成其行하고 四等으로 曠其心하니 四等은 多約利他요 六道는 多明自利라 六度는 如初會요 四等은 如下說이라 然이나 並通四隨나 略擧一治耳니라 涅槃에 云, 慳者之前에 不得讚布施者는 卽隨樂意也라하니라

- 나) 개별로 칭찬하는 가름을 해석함 중에 둘이니 (가) 세 게송은 근기를 따라 개별로 칭찬하는 가름을 해석함이다. (나) 네 게송은 여러 행법으로 과덕을 성취하는 가름을 해석함이다. (가) 중에 둘이니, ㄱ. 두 게송 반은 다스림을 따름을 개별로 해석함이요, ㄴ. 두 구절은 앞을 결론하고 뒤를 시작함이다. 지금은 ㄱ.이다. 그런데 육바라밀로 그 행법을 완성하고, 사무량심은 대부분 이타행을 잡은 해석이요, 육바라밀은 대부분 자리행을 잡은 해석이다. 또 육바라밀은 제1 적멸도량법회와 같고, 사무량심은 아래에서 설한 내용과 같다. 그러나 아울러 네 가지 따름을 해명했지만 간략히 한 가지 다스림을 거론했을 뿐이다.『열반경』에 이르되, "인색한 사람 앞에서 보시를 찬탄하지 않은 것은 즐거움을 따른다"는 의미이다.

[鈔] 然並通四隨者는 會經文也라 標章에 具四나 釋但有一者는 蓋是略耳라 故引涅槃하야 以證有四之義니 謂如一布施를 有樂施者에 勸之는 卽隨樂也오 昔曾修行에 能生度善은 卽隨宜也오 因施見理하야 解財如夢하야 心事俱捨는 卽隨義也라 涅槃에 云, 慳者等은 卽三十四經迦葉菩薩品이니 佛告迦葉하시되 我於餘經中에 說, 五種衆生에 不應還爲說五種法이니 爲不信者에 不讚正信하며 爲毁禁者에 不讚持戒하며 爲慳貪者에 不讚布施하며 爲懈怠者에 不讚多聞하며 爲愚癡者에 不讚智慧니 何以故오 智者가 若爲是五種人하야 說是五事하면 當知說者의 不得名爲具足知諸根力이니 不得名爲憐愍衆生이라 何以故오 是五種人이 聞是事已에 生不信心과 惡心과 瞋心이니 以是因緣으로 於無量劫에 受苦果報라하시니라 今疏引之하야 以成今文에 應具四義라 言是隨樂者는 彼不樂故로 亦是不宜讚故니라

● '그러나 아울러 네 가지 따름을 해명한다'는 것은 경문과 회통함이다. 가름을 표방할 적에 '네 가지를 갖추었지만 단지 하나만 있다'고 해석한 것은 대개 생략했을 뿐이다. 그러므로 열반경을 인용하여 네 가지 뜻을 증명하였으니 말하자면 첫째와 같이 보시행은 보시하기 좋아하는 이에게 권유함은 곧 좋아함을 따름이요, 예전에 일찍이 수행했을 적에 능히 바라밀과 선근을 생기게 한 것은 곧 마땅함을 따름이요, 보시를 인하여 이치를 보아서 재물이 꿈과 같음을 알아서 마음과 일을 모두 버린 것은 곧 뜻을 따름이다.『열반경』에 이르되, 인색함 등은 곧 제34권 가섭보살품의 내용이다. 부처님께서 가섭보살에게 말씀하셨다. "나는 다른 경전에서 말하기를, '다섯 가지 중생에게 응당 다시 다섯 가지 법을 말하지 말 것이니, (1) 믿지 않는 이에게 바르게 믿는 것을 찬탄하지 말고, (2) 계율을 훼손하는 이에게 계율 지

키는 것을 찬탄하지 말고, (3) 인색하고 욕심 많은 이에게 보시하는 것을 찬탄하지 말고, (4) 게으른 이에게 많이 배우는 것을 찬탄하지 말고, (5) 어리석은 이에게 지혜 있는 것을 찬탄하지 말 것이니라'고 하였느니라. 왜냐하면 지혜 있는 이가 만약 그 다섯 가지 사람에게 이 다섯 가지 사항을 말한다면, 마땅히 말하는 이는 모든 근기를 아는 힘을 구족하지도 못하였고 또한 중생을 연민한다고도 이름하지 못한다는 것을 알아야 하느니라. 왜냐하면 그 다섯 가지 사람이 이 말을 듣고 나서는 믿지 않는 마음과 나쁜 마음과 성내는 마음을 일으키고, 이러한 인연으로 한량없는 세상에서 괴로운 과보를 받을 것이니라." 지금 소가는 그것을 인용하여 현재 경문에서 응당히 네 가지 뜻을 구족함을 이루었다. '즐거움을 따른 것이다'라고 말한 것은 저들이 좋아하지 않으므로 또한 마땅히 찬탄하지 않은 것이다.

ㄴ. 두 구절은 앞을 결론하고 뒤를 시작하다[後兩句結前生後]

(二結 39下2)

如是次第修하면　　　　漸具諸佛法이니라
이와 같이 차례로 수행하면
모든 불법을 점점 갖추리라.

[疏] 二, 結前生後中에 上句는 結前이요 下句는 生後니라
■ ㄴ. 앞을 결론하고 뒤를 시작함 중에 위 구절은 앞을 결론함이요, 아래 구절은 뒤를 시작함이다.

(나) 네 게송은 여러 행법으로 과덕을 성취하는 가름을 해석하다
   [後四釋衆行成果章] 3.
ㄱ. 총합하여 뜻을 해석하다[總釋義] (後四 39下3)

[疏] 後, 四偈는 釋衆行成果中에 各上半은 喩오 下半은 合이라 然有二意[217]하니 一, 仍前漸具之義하야 便得釋成智爲上首오 二, 正明所用不同일새 故須兼具라

- (나) 네 게송은 여러 행법으로 과덕을 성취함을 해석함 중에 각기 위의 반의 게송은 비유이고, 아래 반의 게송은 법과 합함이다. 그런데 두 가지 의미가 있으니 (1) 앞의 점차 갖추는 뜻으로 인하여 문득 지혜를 성취함을 우두머리로 해석한 내용이요, (2) 작용할 대상이 다른 연고로 모름지기 겸하여 구족함을 바로 밝혔다.

ㄴ. 논문을 인용하여 경문을 해석하다[引論釋經] (然攝 39下5)

[疏] 然攝論第九에 明立六度가 通有三意하니 一, 爲諸惑故오 二, 爲生起佛法故오 三, 爲成熟衆生故라하니 前段에 具初意오 此段에 通具三이니 謂二에 二合者는 對治別故오 先基後室等은 即漸具故오 皆爲利他는 即成熟故라

- 그런데 『섭대승론』 제9권에 여섯 바라밀이 통틀어 세 가지 의미가 있다고 건립함을 밝혔으니 "첫째는 번뇌를 제거하기[除惑] 위함이고, 둘째는 불법을 생하여 일으키기 위함이며, 셋째는 중생을 성숙하게 하기 위함이다"라고 하였다. 앞의 문단에 첫째 의미를 구비함이요, 이

---

217) 意는 甲南續金本作義. 堵 담장 도. 墙 담장 장. 郭 성곽 곽. 戴 머리에 일 대. 鑑 거울 감. 볼 감. 澄 맑을 징.

문단에는 통틀어 셋을 갖추었으니, 이른바 '둘째에 둘이 합한 것'은 다스리는 방법이 다른 까닭이요, '앞은 기초이고 뒤는 집'이라는 따위는 곧 점차 갖추어 가는 까닭이요, 모두 이타행이 됨은 곧 성숙한 까닭이다.

[鈔] 一仍前等者는 卽前如是次第修하야 漸具諸佛法이니 由仍此言하야 顯智得爲上首니라 二, 正明等者는 行本防護니 與樂別故로 故須兼具라 前意는 釋印初義오 此意는 釋印後義라 然攝論下는 引論成經하야 通於前後니라

- '(1) 앞의 점차 갖추는 뜻으로 인하여' 등은 곧 앞의 이러한 순서대로 수행하여 점차 모든 불법을 구족하는 것이니, 이런 말씀으로 인함으로 말미암아 지혜를 얻음이 우두머리가 됨을 밝혔다. '(2) (겸하여 구족함을) 바로 밝혔다'는 등은 수행은 본래 막고 보호한다는 뜻이니, 즐거움을 주는 것이 다른 연고로 모름지기 겸하여 갖춘 것이다. 앞의 의미는 첫째 뜻을 인가함을 해석함이요, b. 然攝論 아래는 논문을 인용하여 경문을 해석하여 앞과 뒤를 회통한 내용이다.

ㄷ. 개별로 해석하다[別釋] 4.
ㄱ) 보시와 지계의 두 바라밀[施戒二度] (文中 40上4)

如先立基堵하고　　而後造宮室인달하여
施戒亦復然하여　　菩薩衆行本이니라
마치 집터를 먼저 닦고
그 뒤에 집을 짓듯이

보시와 계행도 또한 그러해서
보살의 모든 행의 근본이니라.

[疏] 文中에 初偈二度는 爲治不發行因이니 故로 合云行本이니 謂着財에 不發施하고 着家에 不發界故라 基堵에 有二義하니 一, 基卽是堵니 卽施爲進善之首오 戒爲防惡之初니 並稱基也라 二, 堵爲環墻이니 卽檀爲萬行首는 基也오 戒防未起는 非堵也오 宮室者는 解脫也라

■ 경문 중에 ㄱ) 처음 게송의 두 바라밀은 수행을 시작하지 않은 원인을 다스리기 위함이다. 그러므로 합하여 '수행의 근본'이라 하였으니 이른바 재물에 집착하면 보시를 시작하지 않고, 집안에 집착하면 세계에서 나가려 하지 않기 때문이다. 터와 담장에 두 가지 뜻이 있으니 (1) 터가 곧 집이니 곧 보시는 선근에 나아가는 우두머리가 됨이요, 계율은 악업을 막는 시초가 되나니 아울러 터[基]라고 칭한다. (2) 담장[堵]은 담장의 둘레가 되나니 곧 보시바라밀은 만 가지 수행의 우두머리이니 터라는 뜻이요, 계율로 일어나지 않는 것을 막는 것은 집이 아니요, 궁전의 집[宮室]은 해탈의 뜻이다.

ㄴ) 인욕과 정진의 두 바라밀[忍進二度] (次偈 40上10)

譬如建城郭은　　　爲護諸人衆인달하여
忍進亦如是하여　　防護諸菩薩이니라

비유하건대 성곽을 세우는 것은
모든 백성을 보호하기 위함이듯이
인욕과 정진도 또한 이와 같아서

모든 보살들을 보호하느니라.

[疏] 次偈二度는 已發修行心에 爲治退弱心因故니 謂不能忍生死苦事
　　라 長時修助善品에 有疲怠故로 今忍城으로 防外惱之敵하고 進郭으
　　로 長內行之衆이라 通說則此二가 皆能防外養內니라

- ㄴ) 다음 게송의 두 가지 바라밀은 이미 수행하려는 마음을 시작할
적에 물러나거나 겁먹은 마음의 원인을 다스리기 위한 까닭이다. 이
른바 능히 나고 죽음의 괴로운 일을 참지 않는 것이다. 오랫동안 조
도법의 선한 품류를 닦을 적에 피곤함과 게으름이 있는 연고로 지금
은 인욕의 성[忍城]으로 밖으로 뇌로운 적을 방비하고 정진의 성곽으
로 안으로 행하는 무리를 기르는 것이다. 통틀어 말하면 이 두 가지
가 모두 '능히 바깥을 방비하고 안을 기른다'는 뜻이다.

[鈔] 通說則此二皆能防外養內者는 諦察法理가 養內德也오 進防懈怠
　　하야 衆魔不入이 防外敵也니라

- '통틀어 말하면 이 두 가지가 모두 능히 바깥을 방비하고 안을 기른
다'는 것은 법의 이치를 자세히 관찰함이 '안의 덕을 기르는 것'이요,
정진으로 게으름을 방비하여 여러 마군이 들어오지 못함이 '외부의 적
을 방비한다'는 뜻이다.

ㄷ) 선정과 반야의 두 바라밀[定慧二度] (次偈 40下6)

　　譬如大力王을　　　　　率土咸戴仰인달하여
　　定慧亦如是하야　　　　菩薩所依賴니라

비유하건대 큰 힘을 가진 왕을
온 천하가 다 우러러 받들듯이
선정과 지혜도 또한 이와 같아서
보살들의 의지하는 바이니라.

[疏] 次偈二度는 治壞失心因故니 謂散亂은 壞靜慮하고 邪智는 壞正解故라 今明菩薩이 定靜惑亂하고 慧鑑萬法하야 動寂自在일새 故菩薩依之하야 以發通慧하며 賴之하야 以證理果라 其由有力之王이 澄淸四海하고 明鑑萬機일새 故로 率土戴恩하고 天下仰則이라

■ ㄷ) 다음 게송의 두 바라밀은 마음을 무너뜨리고 잃는 원인을 다스리는 까닭이다. 말하자면 산란함은 정려(靜慮)를 무너뜨리고, 삿된 지혜는 바른 이해를 무너뜨리기 때문이다. 지금은 보살이 번뇌로 산란함을 선정으로 고요하게 하고, 지혜로 온갖 법을 조망하여 동요와 적정에 자재하므로 보살이 그것에 의지하여 신통과 지혜를 일으키며, 그것을 신뢰하여 이치의 결과를 증명한다. 그것은 힘이 있는 왕이 천하를 맑고 깨끗하게 하고 온갖 근기를 분명히 조감하는 연고로 국토를 통솔하니 은혜에 대해 받들고[戴], 천하가 법칙을 우러러 받들더라는 뜻이다.

[鈔] 澄淸四海는 喩上定也오 明鑑萬機는 喩上慧也오 戴恩仰則喩依賴也니라

● '천하를 맑고 깨끗하게 함'은 위의 선정에 비유함이요, '온갖 근기를 분명히 조감함'은 위의 지혜에 비유함이요, '은혜에 대해 받들고 법칙을 우러러 받듦'은 의지하고 신뢰함에 비유한 내용이다.

ㄹ) 사무량심을 노래하다[四等法] (後一 41上3)

亦如轉輪王이 　　　能與一切樂인달하여
四等亦如是하여 　　與諸菩薩樂이니라
또 전륜왕이
능히 온갖 즐거움을 주듯이
자, 비, 희, 사도 또한 이와 같아서
모든 보살에게 즐거움을 주나니라.

[疏] 後, 一偈는 四等爲因하야 自他安樂이니 招果無盡故라
- ㄹ) 한 게송은 사무량심을 원인으로 삼아 나와 남이 편안하고 즐거웁나니, 과보를 초래함이 끝이 없기 때문이다.

[鈔] 招果無盡은 如慈一定이 得十五果니 三地에 當明하리라
- '과보를 초래함이 끝없음'은 마치 자애(慈愛)라는 한 가지 선정이 15가지 과보를 얻는 것과 같나니, 제3 발광지에 가서 설명하리라.

9. 하나의 도가 매우 깊다[一道甚深] 2.

1) 문수보살이 현수(賢首)보살에게 묻다[問] 2.
(1) 총합하여 고함을 표방하다[總標告] (第九 41上6)
(2) 질문의 단서를 밝히다[正顯問端] 3.
가. 종지를 표방하고 살펴서 정하다[標宗按定] (二正)

爾時에 文殊師利菩薩이 問賢首菩薩言하시되, 佛子여 諸
佛世尊이 唯以一道로 而得出離어시늘
저 때에 문수사리보살이 현수보살에게 물으셨다. "불자여,
모든 부처님 세존께서는 오직 한 가지 길로 벗어남을 얻으
셨거늘

[疏] 第九, 一道甚深이니 亦名一乘이라 問中에 標問賢首者는 至道柔順
故라 又賢은 猶直善이라 佛佛이 皆同一直道故니라 二, 正顯問端中
에 三이니 初, 標宗按定이니 謂佛佛所乘이 同觀心性하사 萬行齊修라
自始至終히 更無異徑일새 故云一道니 此理共許라

■ 9. 하나의 도가 매우 깊음이니 또한 일승(一乘)이라 이름하기도 한다.
(1) 질문 중에 현수보살에게 물은 것을 표방함은 지극한 도가 부드
럽기 때문이다. 또 현명함은 질직하고 선함과 같다. 부처와 부처가
모두 동일하게 정직한 도인 까닭이다. (2) 질문의 단서를 바로 밝힘
중에 셋이니 가. 종지를 표방하고 살펴서 정함이다. 이른바 부처와
부처가 타는 교법이 똑같이 마음의 성품을 관찰하여 만 가지 수행을
똑같이 닦는 것이다. 처음부터 끝까지 다시 다른 지름길이 없으므로
'하나의 길'이라 하였으니 이런 이치를 함께 허용한다는 뜻이다.

[鈔] 同觀心性者는 卽正道之一이라 是唯一之一이니 法性은 不並眞故라
萬行齊修者는 義兼正助니 千佛同轍이며 今古不易之一道也라 卽
218)明流類가 相同爲一이오 非一二三四數之一也니라
● '똑같이 마음의 성품을 관찰함'이란 곧 바른 바른 도의 하나이다. 이

---

218) 卽은 南續金本則. 按 누를 안. 참고할 안. 轍 바퀴자국 철.

것은 오직 하나뿐인 하나이니, 법의 성품은 함께 진실하지 않기 때문이다. '만 가지 수행을 똑같이 닦는다'는 것은 뜻이 바른 조도법을 겸하였으니, 천 분의 부처님이 똑같이 밟으며, 지금과 예전이 바뀌지 않는 한 가지 길인 것이다. 곧 흐르는 무리가 서로 같은 것을 하나라 하였고, 하나, 둘, 셋, 넷이란 숫자의 하나가 아니다.

나. 의심과 힐난을 설정하다[正設疑難] 2.
가) 총상으로 밝히다[總] (二云 41下6)

云何今見一切佛土의 所有衆事가 種種不同이니잇고
어찌하여 이제 보니 일체 부처님 국토에 있는 여러 가지 일이 가지가지로 같지 않나이까?

[疏] 二, 云何下는 正設疑難이니 先은 總이오 後는 別이라 前中에 謂因道旣一에 果應不別이어늘 云何現見佛刹等殊오 爲果異故로 因非一耶아 爲因一故로 無異果耶아 若雙存者인대 卽因果相違로다

■ 나. 云何 아래는 의심과 힐난을 설정함이니 가) 총상으로 밝힘이요, 나) 별상으로 설명함이다. 가) 중에 이르되 원인인 도가 이미 하나일 적에 결과가 응당히 다르지 않을 것인데 어찌하여 현재에 부처님 국토 등이 다름을 보는가? 결과가 다르게 되는 연고로 원인도 하나가 아닌 것인가? 원인이 하나가 되는 연고로 결과도 다름이 없는 것인가? 만일 둘 다 존재한다면 원인과 결과가 서로 위배됨이 된다.

[鈔] 謂因道旣一等者는 疏中에 有二하니 先, 釋文이오 後, 揀濫이라 今初

는 先, 釋總句라 亦有三重問意하니 一, 直問所以니 故云云何現見이
오 二, 爲果異故下는 帶疑오 三, 若雙存下는 辨相違難이라

● '이르되 원인인 도가 이미 하나'라는 등은 소문 중에 둘이 있으니 (1) 경문 해석이요, (2) 잘못을 가려냄이다. 지금 (1)에서 가. 총상 구절을 해석함이다. 또한 세 번 거듭 질문한 의미가 있으니 ① 바로 질문한 이유이니 그러므로 '어떻게 현재에 보는가?'라 함이요, ② 爲果異故 아래는 의심을 수반함이요, ③ 若雙存 아래는 서로 위배된다는 힐난을 설명함이다.

나) 별상으로 설명하다[別] 2.
(가) 과목에 따라 해석하다[隨釋] 10.
ㄱ. 세계에 더럽고 깨끗함이 다르다는 질문[界有染淨殊問] (下別 42上4)

所謂世界와 衆生界와 說法과 調伏과 壽量과 光明과 神通과 衆會와 敎儀와 法住가 各有差別이니
이른바 (1) 세계와 (2) 중생계와 (3) 설법과 (4) 조복과 (5) 수명과 (6) 광명과 (7) 진통과 (8) 대중의 모임과 (9) 가르치는 의식과 (10) 불법의 머무름이 각각 차별이 있으니

[疏] 下는 別辨十事니 一, 界有染淨等殊오
■ 나) 열 가지 일을 별상으로 설명함이니, ㄱ. 세계에 더럽고 깨끗함 등이 다르다는 것이요,

[鈔] 下別辨十事下는 釋所謂下經文이니 在文易見이어니와 今當略示異

相이라 言一界有染淨等者는 略有十義라 等字는 等於餘九라 二, 大小오 三, 所依오 四, 形狀이오 五, 體性이오 六, 莊嚴이오 七, 淸淨이오 八, 佛出이오 九, 劫住오 十, 劫轉變이니 此卽世界成就品十門中의 八이라 不取起具因緣은 以將因同하야 難果異故로 不等無差別門이니 今難差別門也라 爲欲滿十일새 故加染淨과 及與大小니 大小는 卽分量故라 亦形狀開出이오 染淨은 卽對淸淨하야 開出이니 通餘八門이라 如娑婆는 爲染이오 安樂은 爲淨等이라 小는 如娑婆는 一三千界오 大如法華富樓那國은 如一恒河沙三千界量等[219]이라 下之九門은 多如世界成就品이니라

- 나) 下別辨十事 아래는 所謂 아래 경문을 해석함이니, 경문에 있으니 쉽게 보겠지만 지금은 당연히 다른 모양을 간략히 보임이다. 'ㄱ. 세계에 더럽고 깨끗함' 등이란 간략히 열 가지 일이 있다. 등(等)이란 글자는 나머지 아홉과 같다는 뜻이다. b. 크고 작음 c. 의지할 대상 d. 형상 e. 체성 f. 장엄 g. 깨끗함 h. 부처님이 출현함 i. 겁에 머무름 j. 겁이 뒤바뀜이다. 이것은 곧 제4 세계성취품의 열 가지 문 중의 여덟 가지이다. (세계가) 생겨나고 구비한 인연을 취하지 않은 것은 원인이 같음을 가져서 결과가 다름을 힐난한 연고로 차별 없는 문과 같지 않나니, 지금은 차별된 문을 힐난한 것이다. 열 가지를 채우기 위한 연고로 a. 더럽고 깨끗함과 b. 크고 작음을 더한 것이니, 크고 작음은 곧 분량이기 때문이다. 또한 d. 형상에서 전개되어 나온 것이요, a. 더럽고 깨끗함은 곧 g. 깨끗함을 상대하여 전개하여 나온 것이니, 나머지 여덟 문과 통한다. 마치 사바는 더러움이 되고, 안락세계는 깨끗함이 되는 등과 같다. 작음은 사바가 하나의 삼천대천세계와 같

---

219) 量等은 金本作等量.

고, 큰 것은 마치 법화경에서 부루나의 나라는 하나의 항하 모래 같은 삼천세계의 분량과 같음이다. 아래의 아홉 문은 대부분 제4 세계성취품의 내용과 같다.

ㄴ. 거주민의 선함과 악함이 다르다는 질문[居人善惡殊問]
(二居 42下5)

[疏] 二, 居人善惡等異오
- ㄴ. 거주민의 선함과 악함이 다르다는 것이요,

[鈔] 二居人者는 等取或唯地上이며 或唯²²⁰地前이며 或通此二니 或三乘一乘等也니라
- ㄴ. 거주민이란 혹은 오직 십지 이상만 똑같이 취하였으며, 혹은 십지 이전만 취하기도 하며, 혹은 이 둘과 통하기도 하나니, 혹은 3승과 1승 등이기도 하다.

ㄷ. 여러 교법이 광대하고 간략함이 다르다는 질문[諸乘廣略殊問]
(三諸 42下7)

[疏] 三, 諸乘等別이니 廣略等殊오
- ㄷ. 여러 교법이 같고 다름이니 광대하고 간략함 따위가 다르다는 뜻이다.

[鈔] 三諸乘等別은 或有國土에 說一乘하며 或二或三이며 或四五하야 如

---
220) 唯는 甲南續金本作有.

是乃至無有量이라 或廣略者는 如釋迦如來는 廣制戒學하시고 迦葉
卽略하며 乃至有佛夢中說法이라
- ㄷ. 여러 교법이 같고 다름은 혹은 어떤 국토에서 1승을 설하기도 하며, 혹은 2승 혹은 3승을 설하며, 혹은 4승 5승을 설하여 이처럼 나아가 한량이 없다. 혹은 광대하고 간략함은 마치 석가여래는 널리 계학(戒學)을 제정하고, 가섭여래는 생략하며, 나아가 어떤 부처님은 꿈속에 설법하기도 함과 같다.

ㄹ. 삼학으로 조복함과 강제로 절복함이 다르다는 질문[調伏折伏殊問]
(四或 43上1)

[疏] 四, 或三學調伏과 或強頓折伏이오
- ㄹ. 혹은 삼학(三學)으로 조복함과 혹은 강하게 연하게 절복(折伏)하기도 한다.

[鈔] 四, 或三學調攝은 卽用前乘敎等하야 調攝衆生이니 或戒調練하며 或定以柔伏하며 或慧以攝御라 言强頓者는 卽勝鬘意니 已如上引이라 淨名에 亦云, 此土衆生은 剛强難化일새 故佛이 爲說剛强之語하사 以調伏之하며 言是地獄이며 是畜生이며 是餓鬼며 是愚人行處며 是身邪行이며 是身邪行報等이라 譬如象馬가 獷悷不調하면 加諸楚毒하야 乃至徹骨이라 然後調伏이라하니라
- 'ㄹ. 혹은 삼학(三學)으로 조복하고 섭수함'은 곧 앞의 교법의 가르침 등을 써서 중생을 조복하여 섭수하나니 혹은 계율로 조련하기도 하고, 혹은 선정으로 부드럽게 조복하기도 하며, 혹은 지혜로 거두어

제어하기도 한다는 뜻이다. '강하고 연하다'고 말한 것은 곧 『승만경』의 주장이니 이미 위에서 인용함과 같다. 『유마경』(제10 향적불품香積佛品)에도 이르되, "이 국토의 중생은 굳세고 굳세어서 교화하기 어려운 까닭에 부처님도 그들을 위하여 굳세고 굳센 말로써 그들을 조복합니다. 말씀하시기를, '이것은 지옥이다. 이것은 축생이다. 이것은 아귀다. 이곳은 어리석은 사람이 사는 곳이다. 이것은 몸의 삿된 행이다. 이것은 몸의 삿된 행의 과보다. 비유하자면 코끼리나 말이 사나워서 조복되지 않으면 온갖 매질을 가해서 뼈에 사무치게 한 뒤에 조복하게 되는 것과 같습니다'"라고 하였다.

ㅁ. 수명에 길고 짧음이 다르다는 질문[壽有修短殊問] (五壽 43上8)

[疏] 五, 壽有修短이오
■ ㅁ. 수명에 길고 짧음이 있음이요,

[鈔] 五或壽有修短者는 如佛名經第七에 說梵聲佛壽는 十億歲요 月面佛壽는 一日一夜라 智度論에 說須扇多佛은 朝現暮寂하며 阿彌陀佛壽命은 無量無邊阿僧祇劫이며 釋迦牟尼壽量[221]은 不滿百年等이니라

● 'ㅁ. 수명에 길고 짧음이 있다'는 것은 마치 『불명경(佛名經)』제7권에 말하되, "범성(梵聲) 부처님의 수명은 10억 살이요, 월면(月面) 부처님의 수명은 하루 낮 하루 밤이라 함과 같다." 『대지도론』에 말하되, "수선다(須扇多) 부처님은 아침에 출현하시고 저녁에 입적하시며, 아

---

221) 量은 甲南續金本作命. 扇 사립문 선

미타(阿彌陀) 부처님의 수명은 한량없고 끝없는 아승지겁이며, 석가모니 부처님의 수명의 분량은 백년이 차지 않는다"라고 한 등이다.

ㅂ. 광명과 색상이 다르다는 질문[光明色相殊問] (六光 43下2)

[疏] 六, 光明이니 或色相不同과 或常放具闕과 或照有遠近이오
- ㅂ. 광명이니 혹은 색상이 다른 것과 혹은 항상 방광함이 갖춤과 빠짐, 혹은 비춤에 멀고 가까움이 있음이요,

[鈔] 六光明과 或色相不同者는 如十定品에 或見如來가 放黃金色光하며 或見如來가 放白銀色光等이라 言或常放具闕者는 釋迦則具니 謂 常光은 一尋이오 放眉間光에 照萬八千佛土等이라 若普明佛의 常放光明인댄 無前後別하니 以常光故라
- 'ㅂ. 광명과 혹은 색상이 다름'이란 저 십정품에서 "혹은 여래가 황금색 광명을 놓은 것을 보기도 하며, 혹은 여래가 백은색 광명을 놓은 것을 보기도 한다"는 따위이다. '혹은 항상 방광함이 갖춤과 빠짐'이란 석가 부처님은 갖추나니, 이른바 항상 광명은 한 길이요, 미간 광명을 놓을 적에는 1만 8천 불국토를 비추는 따위이다. 저 보명(普明) 부처님의 항상 광명을 놓음이라면 앞과 뒤의 구별이 없나니 항상한 광명이기 때문이다.

ㅅ. 예토와 정토가 다르다는 질문[染土淨土殊問] (七隨 43下7)

[疏] 七, 隨染淨土하야 居人異故며 現通亦殊오

- ㅅ. 예토와 정토를 따라서 거주민이 다른 까닭이며, 신통을 나툼도 또한 다르기 때문이다.

[鈔] 七隨染淨等者는 謂隨見勝劣하야 多少不同故라 如普現如來國土에 其中衆生은 皆悉成就自然神足等하나니 則佛爲彼現에 必異此方이니라
- 'ㅅ. 예토와 정토를 따른다'는 등은 이른바 소견의 뛰어남과 하열함을 따라 많고 적음이 다르기 때문이다. 마치 여래의 국토에 널리 나타날 적에 그 가운데 중생은 모두 다 자연히 신족통(神足通) 등을 성취하나니, 부처님이 저곳에 나타날 적에 반드시 이곳과는 다른 것이다.

ㅇ. 대중 모임에서 범부와 성인이 다르다는 질문[衆會凡聖殊問]

(八衆 44上1)

[疏] 八, 衆會異者라 此有三種하니 一, 多少요 二, 會數요 三, 凡聖大小라
- ㅇ. 대중 모임이 다름이다. 여기에 세 종류가 있으니 (1) 많고 적음이요, (2) 모임의 숫자요, (3) 범부와 성인의 크고 작음이다.

[鈔] 一, 多少者는 或菩薩多하고 聲聞少하며 或反此하며 或俱多俱少라 故로 上世界成就品에 明佛出云하시되 或化多衆生이며 或調伏少衆生等이라하니라 佛名經에 說彌留勝王佛은 初會聲聞八十億百千那由陀等이라하니 斯卽多也니라 言二, 會數者는 如佛名經第七에 云, 彌留勝王佛은 四會說法하시고 華勝佛은 一會說法하시며 聲德佛은 三會說法하시며 放燄佛은 十會說法이라하니라 或一經多會說은 如華

嚴般若오 或一會說多經은 如無量義法華라 彌勒世尊은 龍華三會하시며 七佛說法은 會數不同이니라 三, 凡聖大小는 或唯集聲聞等하며 或唯集菩薩하며 或三乘同會等이니라

- (1) 많고 적음이란 혹은 보살이 많고 성문이 적기도 하며, 혹은 이와 반대이기도 하며, 혹은 모두 많고 모두 적기도 하다. 그러므로 위의 세계성취품에서 부처님의 출현에 대해 설명하기를, "혹은 많은 중생을 교화하며, 혹은 적은 중생을 조복한다"는 따위이다. 『불명경』에 말하되, "미류승왕(彌留勝王) 부처님은 첫 법회에 성문이 80억 백천 나유타 등이다"라고 하였으니, 이처럼 많은 것이다. (2) 모임의 숫자는 『불명경』 제7권에 이르되, "미류승왕불은 네 번의 법회에서 설법하시고, 화승(華勝) 부처님은 한 번 법회로 설법하시며, 성덕(聲德) 부처님은 세 번의 법회로 설법하시며, 방염(放燄) 부처님은 열 번 법회에 설법하신다"라고 하였다. 혹은 한 경전을 여러 번 설법함은 화엄경과 반야경과 같고, 혹은 한 법회에 많은 경전을 설함은 무량의경과 법화경과 같다. 미륵 부처님은 용화회(龍華會)에서 세 번 설법하시며, 일곱 부처님이 설법하심은 모임의 숫자가 같지 않다. (3) 범부와 성인의 크고 작음은 혹은 오직 성문만 모이는 등이며, 혹은 보살만 모이기도 하며, 혹은 3승이 함께 모이기도 하는 등을 뜻한다.

ㅈ. 가르치는 의식과 교법의 체성이 다르다는 질문[教儀教體殊問]
(九敎 44下1)

[疏] 九, 敎儀者는 如此土는 以音聲爲敎하고 香積는 以衆香敎化等이오
- ㅈ. 가르치는 의식은 마치 이 사바세계는 음성으로 가르침을 삼고,

향적(香積)세계는 여러 향으로 교화하는 등과 같다.

[鈔] 九教儀는 如教體中이라 而言等者는 有二하니 一, 瞪視等이오 二, 化儀前後라 或先小後大하며 先大後小하며 或顯密不同하며 頓漸等異니 並如教攝中說하니라
- ㅈ. 가르치는 의식은 교법의 체성 중과 같다. 그런데 '따위'라 말한 것은 둘이 있으니 (1) 주시(注視)해 보는 등이요, (2) 교화하는 의식의 앞과 뒤이다. 혹은 앞은 작고 뒤는 크기도 하며, 앞은 크고 뒤는 작기도 하며, 혹은 현교와 밀교가 다르기도 하며, 돈교와 점교로 다른 등이니, 아울러 교법에 섭수된 중에 설명한 내용과 같다.

ㅊ. 법으로 머묾이 오래고 가까움이 다르다는 질문[法住久近殊問]

(十法 44下5)

[疏] 十, 法住者니 有久近故라 各有差別者는 通上十位라
- ㅊ. 법으로 머묾이니 오램과 가까움이 있는 까닭이다. '각기 차별이 있다'는 것은 위의 열 가지 지위와 통한다.

[鈔] 十法住久近者는 如法華에 說華光佛은 正法住世三十二小劫이오 像法住世도 亦三十二小劫이오 若光明佛인대 正法像法이 各住²²²⁾二十小劫이오 山海慧自在通王佛은 壽無量千萬億阿僧祇劫이오 正法住世도 亦²²³⁾復倍壽命이오 像法住世는 復倍正法이니 則正法은 二無量千萬億阿僧祇劫이오 像法亦爾니라

222) 上五字는 甲南續金本作像各.
223) 亦은 甲南續金本作復. 濫 퍼질 람. 잘못할 남.

● 'ㅊ. 법으로 머무름이니 오램과 가깝다'는 것은 『법화경』에 말하되, "화광(華光) 부처님은 정법이 세상에 머무름이 32소겁이요, 상법이 세상에 머무름도 역시 32소겁이요, 광명(光明) 부처님은 정법과 상법이 각각 20소겁을 머무르고, 산해혜자재통왕불(山海慧自在通王佛)은 수명이 한량없는 천만억 아승지겁이요, 정법이 세상에 머무름도 역시 다시 수명의 배요, 상법이 세상에 머무름은 다시 정법의 배이다. 그렇다면 정법은 한량없는 천만억 아승지겁의 둘이요, 상법도 마찬가지이다.

(나) 잘못을 가려내다[揀濫] (然若 45上1)

[疏] 然若約一佛에 十事各不同者는 德首已明이요 今問諸佛十事는 互望不同耳니라
■ 그런데 만일 한 부처님을 잡을 적에 열 가지 일이 각기 다른 것은 덕수보살이 이미 설명하였고, 지금에 모든 부처님의 열 가지 일을 질문함은 서로 바라봄이 같지 않을 뿐이다.

[鈔] 然若約一佛下는 二, 揀濫也니 恐人이 誤謂一佛一因에 而有多果라 할새 故爲此揀이니 明此是多佛이 同修一因이어늘 何以見果種種差別耳라 一佛이 證一而果異者는 如前已明이니 謂文殊問德首云하시되 如來所悟는 唯是一法이어늘 云何乃說無量諸法하시며 現無量刹하시고 化無量衆等고할새 故云德首已明이니라
● (나) 然若約一佛 아래는 잘못을 가려냄이니 사람이 잘못 말하되, "한 부처님이 한 가지 원인에 많은 과보가 있다"라 말하므로 여기서 구분한 것이다. 이것은 많은 부처님이 한 가지 인행을 똑같이 수행하는데

어찌하여 과보가 갖가지로 차별함을 보는 것뿐이다. 한 부처님이 하나를 증득하지만 과보가 다른 이유는 앞에서 이미 설명한 내용과 같다. 말하자면 문수보살이 덕수(德首)보살에게 질문하되, "여래께서 깨달은 것은 오직 한 법뿐이거늘 어찌하여 한량없는 모든 법을 말씀하시며, 한량없는 국토를 나투시며 한량없는 중생들을 교화하시는가?"라고 하시므로 '덕수보살이 이미 설명하였다'고 말한 것이다.

다. 앞의 힐난을 결론하다[結成前難] (第三 45上9)

無有不具一切佛法하고 **而成阿耨多羅三藐三菩提者**나이다
온갖 불법을 갖추지 아니하고 아뇩다라삼먁삼보디를 이루는 자가 없나이다."

[疏] 第三, 無有下는 結成前難이니 謂若諸佛이 於因行法에 有具不具인대 可有刹等不同이어니와 今皆同具하니 刹等이 那別고 同具는 即是一道니라

다. 無有 아래는 앞의 힐난을 결론함이다. 이른바 만일 모든 부처님이 인행의 법을 갖추고 갖추지 않음이 있다면 국토 등이 같지 않음이 있을 수 있겠지만 지금은 모두 함께 구비하였으니 국토 등이 어찌 다르겠는가? 함께 구비함은 곧 '하나의 도'라는 뜻이다.

2) 현수보살이 게송으로 대답하다[答] 2.

(1) 대답한 의미를 드러내 보이다[顯示答意] 2.
가. 대답한 의미를 간략히 말하다[略敍答意] (第二 45下2)

時에 賢首菩薩이 以頌答曰,
그때에 현수보살이 게송으로 답하셨다.

[疏] 第二, 答中에 意云, 非唯[224]因同이라 果德도 亦同이니 而見異者는 隨機感耳오 非佛自位에 而有差別이니라
- 2) (현수보살의) 대답함 중에 의미로 말하되, "오직 인행이 같을 뿐 아니라 과덕도 또한 같다"고 말하나니, 그러나 소견이 다른 것은 근기에 따라 감응할 뿐이요, 부처님이 스스로의 지위에서 차별함이 있는 것이 아니다.

나. 널리 묻고 뜻을 해석하다[廣徵釋義] 2.
가) 질문하다[徵] (何者 45下3)
나) 해석하다[釋] 4.
(가) 네 가지 뜻을 통틀어 해석하다[通釋四義] (謂同)

[疏] 何者오 諸佛因果가 具同異故니라 謂同滿行海는 是同因也니 將此同因하야 隨所謂伏하야 種種廻向이라 應機之果는 是異因也니 由此異因하야 感差別果오 由上同因하야 同感眞應身土等果니라
- 무슨 까닭인가? 모든 부처님의 인행과 과덕이 같고 다름을 갖추기 때문이다. 이른바 함께 수행의 바다를 만족함은 곧 같은 인행이니 이런 같은 인행을 가져서 조복할 대상에 따라서 갖가지로 회향함이다. 근기에 응하는 과보는 곧 다른 인행이니 이런 다른 인행으로 말미암아 차별된 과보를 감득함이요, 위의 같은 인행으로 말미암아 진실로 응

---
224) 唯는 甲續金本作爲.

하는 몸과 국토 등의 과덕을 감득하는 것이다.

[鈔] 第二答中下는 疏文有二하니 一, 略敍答意오 二, 廣徵釋이라 前中에 印其因同하야 釋其果異니 異自在物이오 同是佛同이니라

何者諸佛下는 二, 廣徵釋이라 於中有二하니 一, 標徵이요 二, 釋義라 今初니 文殊가 向以因同으로 用難於果異에 今明果亦有同이라 何以不知오 因亦有異故로 互²²⁵⁾爲不說이니 故云俱有同異라 是則以佛就機에 因果俱異오 廢機說佛에 因果俱同이라 然果同因異相隱이오 因同果異相顯일새 故文殊가 以顯難其所隱하야 使物齊明하야 成乎一道니라

● 第二答中 아래는 소문이 둘이 있으니 가. 대답한 의미를 간략히 말함이요, 나. 널리 묻고 뜻을 해석함이다. 가. 중에 그 인행이 같음을 인가하여 그 과덕이 다름을 해석하였으니, 다름은 자연히 중생에게 있고, 같음은 곧 부처님이 같은 것이다. 나. 何者諸佛 아래는 널리 묻고 해석함이다. 그중에 둘이 있으니 가) 질문함이요, 나) 해석함이다. 지금은 가)이니 문수보살이 과거에 인행이 같음을 써서 과덕이 다름을 힐난할 적에 지금은 과덕도 또한 같음이 있음을 설명하였다. 어찌하여 알지 못하였는가? 인행도 또한 다름이 있는 연고로 서로 말하지 않은 것이니 그러므로 '모두 같고 다름이 있다'고 말하였다. 이렇다면 부처님이 (중생의) 근기에 나아가면 인행과 과덕이 모두 다름이요, 근기를 없애고 부처님 입장을 말하면 인행과 과덕이 모두 같은 것이다. 그러나 과덕은 인행의 다른 모양이 숨은 것과 같고 인행은 과덕의 다른 모양이 나타남과 같으므로 문수보살이 그 숨은 것을 힐

---

225) 互는 甲南續金本作胡.

난함에 대해 밝혀서 중생으로 하여금 똑같이 밝혀서 하나의 도를 완성한 것이다.

謂同滿行海下는 二, 釋相也라 於中有四하니 初, 通釋四義오 二, 結成同異오 三, 引證同異오 四, 別彰果同이라 今初라 一, 同滿行海者는 二利行也오 二, 將此同因下는 辨異因相이니 亦用上來二利行也라 然法相宗에 自受用身과 及受用土는 自利行成이오 若他受用變化身土인대 利他行招라 然則利他가 亦能隨機而取異果니 諸佛皆爾라 亦得言同이라 若法性宗인대 二利가 皆成同因異因이니 利他不圓에 安得眞報며 自利不足에 豈能利他리오 故隨二行하야 並成自果며 俱能利他니 但隨所宜와 化類差別하야 故取異果耳니라

- 나) 謂同滿行海 아래는 모양을 해석함이다. 그중에 넷이 있으니 (가) 네 가지 뜻을 통틀어 해석함이요, (나) 같고 다름을 결론함이요, (다) 같고 다름을 인용하여 증명함이요, (라) 결과가 같음을 별도로 밝힘이다. 지금은 (가)에서 '(1) 함께 수행의 바다를 만족한다'는 것은 이타행이요, (2) 將此同因 아래는 인행의 양상과 다름을 밝힘이니 또한 여기까지 이리행을 사용한 것이다. 그러나 법상종에서 자수용신과 수용하는 국토는 자리행을 완성함이요, 만일 타수용의 변화신과 국토라면 이타행을 부르는 것이다. 그렇다면 이타행이 또한 능히 근기에 따라 다른 결과를 취한 것이니 모든 부처님이 모두 그러하므로 또한 말이 같음을 얻은 것이다. 만일 법성종이라면 이리행이 모두 같은 원인과 다른 원인을 이루나니 이타행이 원만하지 않으면 어찌 진실한 과보를 얻을 것이며, 자리행이 만족하지 않으면 어찌 능히 이타행을 하겠는가? 그러므로 두 가지 행법을 따라서 아울러 자신의 과덕을 완성

하며 모두 능히 이타행을 할 수 있지만 단지 마땅한 대상을 따름과 교화하는 부류가 차별한 연고로 다른 과덕을 취한 것일 뿐이다.

(나) 같고 다름을 결론하다[結成同異] (是則 46下2)

[疏] 是則約佛에 卽同能隨異오 約機에 同處而見異니 以生就佛에 雖異 而常同이오 以佛就生에 雖同而見異오 以佛望佛에 能異之必同이 其 猶錦窠가 常同常異니라

- 이렇다면 부처님을 잡으면 곧 같음은 능히 다름을 따르는 것이요, 근기를 잡으면 장소는 같은데 소견이 다름이다. 중생으로 부처님께 나아가면 비록 다르면서도 항상 같음이요, 부처님으로 중생에 나아가면 비록 같으면서도 소견이 다름이다. 부처님으로 부처님을 바라보면 다르게 하는 주체가 반드시 같아짐이 마치 그 비단 보금자리가 항상 같고 항상 다름과 같다.

[鈔] 是則約佛下는 第二, 結成同異니 上은 直指因果同異之相이오 今此 는 融通會釋이라 然有五句하니 此句는 唯約佛이니 旣將同因하야 廻 成異因일새 故卽同果가 能爲異果라 二, 約機者는 唯約生說이니 心 自異故라 三, 以生就佛者는 猶如四心으로 同觀一境에 一境不差하 야 成本同義라 四, 以佛就生者는 如雖一境이나 令四心見殊하야 成 能異義라 五, 以佛望佛者는 佛佛이 皆能隨機見異니 卽是同義라 結 云猶如錦窠常同常異者는 融上五句가 不離同異無礙니라

- (나) 是則約佛 아래는 같고 다름을 결론함이니 위는 원인과 결과가 같고 다른 모양을 바로 가리킴이요, 지금 여기서는 융통하고 회통하

여 해석함이다. 그러나 다섯 구절이 있으니 (1) 이 구절은 오직 부처님만 잡은 것이니 이미 같은 원인을 가져서 되돌려 다른 원인을 이룬 연고로 곧 같은 결과가 능히 다른 결과를 만드는 것이다. (2) 근기를 잡은 것이란 오직 중생을 잡아 설명함이니 마음이 자연히 다르기 때문이다. (3) 중생으로 부처님에 나아감이란 마치 네 가지 마음으로 한 경계를 똑같이 볼 적에 한 경계도 차별되지 않아서 본래 같다는 뜻을 이룸과 같다. (4) 부처님으로 중생에 나아감이란 마치 비록 한 경계이지만 네 가지 마음으로 하여금 보는 것이 다르게 하여 능히 다른 뜻을 이룬 것이다. (5) 부처님으로 부처님을 바라본다는 것은 부처와 부처가 모두 능히 근기를 따라 소견은 다르지만 곧 같은 뜻이다. 결론하여 말하되, "마치 비단 보금자리가 항상 같고 항상 다름과 같다"고 말한 것은 위의 다섯 구절이 '같고 다름에 걸림 없음'을 여의지 않는다.

(다) 같고 다름을 인용하여 증명하다[引證同異] (瑜伽 47上3)

[疏] 瑜伽三十八에 諸佛平等이 唯除四法이니 一, 壽量이오 二, 名號오 三, 族姓이오 四, 身相이라하니 意明隨機故로 除此四事코 餘皆等也니라

■ 『유가사지론』 제38권에, "온갖 여래는 평등하여 (차별됨이 없거니와) 다만 네 가지 법만은 제외되나니, (1) 수명의 양이요, (2) 명호요, (3) 족성(族姓)이요, (4) 몸의 모습[身相]이다"라고 하였으니, 의미로는 근기를 따르는 연고로 이런 네 가지 일을 제외하고 나머지는 모두 평등함을 밝힌 것이다.

[鈔] 瑜伽三十八下는 三, 引證同異니 除意明隨機故一句는 是疏釋論이

오 餘皆論文이니라

- (다) 瑜伽三十八 아래는 같고 다름을 인용하여 증명함이니, '의미로 근기를 따름을 제외한다'는 한 구절은 소가가 논을 해석한 내용이요, 나머지는 모두 논의 문장이다.

(라) 결과가 같음을 별도로 밝히다[別釋果同] (就果 47上7)

[疏] 就果同中에 自性身土는 一向體同이오 自受用者는 平等無二니 相似 名同이오 餘二身土는 亦相似名同이니 而隨機見異니라 故로 成唯識 에 云, 自性身土는 一切如來同所證故로 體無差別이오 自受用身과 及所依土는 雖一切佛이 各變不同이나 而皆無邊하야 不相障礙오 餘 二身土는 隨諸如來所化有情하야 有共不共이라 所化共者는 同處同 時에 諸佛이 各變爲身爲土에 形狀相似하야 不相障礙하며 展轉相雜 하야 爲增上緣하야 令所化生으로 自識變現이니 謂於一土에 有一佛 身하사 爲現神通하야 說法饒益이라 於不共者는 唯一佛變이니 諸有 情類가 屬佛異故라하나라

- 결과가 같음에 나아간 중에 자성의 몸과 국토는 한결같이 체성이 동일함이요, 자수용(自受用)이란 평등하여 둘이 없다는 뜻이니, 비슷함을 '같다'고 이름함이요, 나머지 두 가지 몸과 국토도 또한 비슷함을 '같다'고 이름하였으니 근기에 따라 소견이 다른 것이다. 그러므로 『성유식론』(제10권)에 이르되, "자성(自性)의 신체와 국토는 모든 여래가 똑같이 증득한 것이기 때문에 자체가 차별이 없다. 자수용의 신체와 의지처인 국토는 모든 부처님이 각각 변화함이 같지 않지만, 모두 끝이 없고 서로 장애하지 않는다. 나머지 두 가지[타수용신과 변화신]의

신체와 국토는 모든 여래가 교화 받는 유정에 따라서 함께하는 것도 있고 함께하지 않는 것도 있다. 교화 받는 유정이 함께하는 경우는 (다음과 같다.) 같은 장소에서 동시에 여러 부처님이 각각 변화하여 신체와 국토가 되고, 형상이 서로 비슷해서 서로 장애하지 않으며, 전전하여 서로 섞여서 증상연(增上緣)이 되어, 교화 받는 중생 자신의 식(識)으로 변현케 한다. 한 국토에 한 분의 불신(佛身)이 있어서, 그들을 위하여 신통을 나타내고 법을 설하여 요익하게 함을 말한다. 함께하지 않는 경우에 있어서는 오직 한 분의 부처님만이 변현한다. 모든 유정의 무리가 부처님에게 속하면 다르기 때문이다"라고 하였다.

[鈔] 就果同中下는 第四, 別釋果同이니 以難見故라 於中에 二니 先, 正釋이오 後, 故成唯識下는 引證이니 卽第十論이라 於中에 四種身土를 文分226)爲三이니 初, 釋證227)自性身土라 旣同所證인대 明是體同이 如一室之空이오 二, 自受用이니 如十燈光이 同照室內오 三, 餘二身土는 卽他受用과 及變化者니 正證於前이라 亦相似를 名同이오 而隨機見異니라 疏文有二하니 先, 標요 後, 釋이라 今初니 就隨機見異中하야 有共不共者는 共爲異故로 名共이오 非是同義라 不共은 隨化別故니 上二皆異라 然共不共이 亦相似를 名同이오 令其各見共不共差가 卽隨機見異니라 所化共者下는 第二, 釋也라 於中에 三이니 初, 釋共義오 言佛各變者는 如今釋迦化身을 若一類衆生이 昔與阿閦, 彌陀, 藥師, 寶集으로 皆悉有緣하야 應受其化하면 所化之者가 身不可分이니 在賢劫時閻浮之處하야 則阿閦如來가 化一佛身하니 爲釋迦文이며 阿彌陀佛이 亦化一身하사 爲釋迦文藥師琉璃光이 亦化一身

---

226) 文分은 甲本作文之 南續金本作分之.
227) 釋證은 甲續金本作釋 南本作證.

하사 爲釋迦文하며 寶集如來가 亦化一身하사 爲釋迦文하야 同在迦毘菩提樹下하야 一時成佛하사 令諸衆生으로 但謂是一釋迦文佛이니 如五盞燈이 同照一物하고 共發一影이나 實有多光하고 各發一影하야 而相雜故로 謂之爲一이니라 如其一人이 屬於五佛은 如上所明이오 若百千人이 同屬五佛은 亦如是見五佛로 爲一이니라

● (라) 就果同中 아래는 결과가 같음을 별도로 밝힘이니 보기가 어렵기 때문이다. 그중에 둘이니 ㄱ. 바로 해석함이요, ㄴ. 故成唯識 아래는 인용하여 증명함이니『성유식론』제10권의 내용이다. 그중에 네 종류의 신체와 국토는 논문을 셋으로 나누었으니 (1) 자성의 신체와 국토를 증명함에 대한 해석이다. 이미 증명할 대상과 같다면 체성이 동일한 것이 한 방안의 허공과 같음을 밝힘이요, (2) 자수용의 신체와 국토이니 열 개의 등불 빛이 방안을 함께 비춤과 같음이요, (3) 나머지 두 가지 신체와 국토는 곧 타수용신과 변화신의 국토인 것이니 바로 앞을 증명한 내용이다. 또한 비슷한 것을 같다고 이름함이요, 그러나 근기를 따라 소견이 다른 것이다. 소문에 둘이 있으니 (ㄱ) 표방함이요, (ㄴ) 해석함이다. 지금은 (ㄱ)이니 '근기를 따라 소견이 다름에 나아가서 함께하고 함께하지 않는 것이 있다'는 것은 '함께함'은 다르다는 뜻인 연고로 '함께한다'고 이름하였고, (함께하지) 않는 것은 같다는 뜻이다. '함께하지 않음'은 교화함을 따라 달라지기 때문이니, 위의 둘은 모두 다르다는 뜻이다. 그러나 함께하고 함께하지 않는 것이 또한 비슷함을 같다고 이름하였다. 그 각각의 소견으로 하여금 함께하고 함께하지 않음을 차별함이 곧 근기에 따라 소견이 다르다는 뜻이다.

(ㄴ) 所化共者 아래는 해석함이다. 그중에 셋이니 a. 함께하는 뜻

을 해석함이요, '부처님이 각기 변화하여'라고 말한 것은 마치 지금의 석가모니 화신을 만일 한 종류의 중생이 옛적에 아축(阿閦)과 아미타, 약사(藥師), 보집(寶集) 부처님과 함께 모두 다 인연이 있어서 응당히 그 교화를 받으면 교화 받은 사람이 신체가 나누어지지 않나니 현겁(賢劫)시절 염부제에 있어서 아축불이 한 부처의 몸으로 변화하여 석가모니불이 되었으며, 아미타불이 또한 한 부처님으로 변화하여 석가모니불이 되었으며, 약사불과 유리광불도 또한 한 몸으로 변화하여 석가모니불이 되었으며, 보집불도 또한 한 몸으로 변화하여 석가모니불이 되어서 함께 카필라국 보리수 아래에서 일시에 성불하여 모든 중생들로 하여금 단지 이르되 하나의 '석가모니불'이라 하였으니, 마치 다섯 개의 등잔불이 함께 한 물건을 비춤과 같고, 함께 한 그림자를 내었지만 실제로 여러 광명이 있고, 각기 한 그림자를 내었지만 서로 섞인 연고로 하나라 말한 것이다. 마치 그 한 사람이 다섯 부처님에 속한 것은 위에서 밝힌 내용과 같다. 만일 백천 사람이 함께 다섯 부처님께 속한 것은 또한 이렇게 다섯 부처님을 하나로 됨을 본 것이다.

於不共者는 二, 釋不共이니 設見十方百千化佛이라도 亦是一佛化現諸身耳라 諸有情類者는 第三, 雙結釋成이니 就上來共不共義라 上來는 皆是論文이오 唯屬佛異故一句는 是義引이니 彼論에 具云諸有情類가 無始時來로 種性法爾하야 更相繫屬호대 或多屬一하며 或一屬多일새 故所化生이 有共不共이라 不爾면 多佛이 久住世間하야 各事勤勞라도 實爲無益이니 一佛이 能益一切生故라하니라 釋曰, 不爾已下는 即彼論文이니 彈餘師義라 然應更有或多屬多며 或一屬一이로대 文無者

略이라 又彼論에 云, 無始時來로 種性法爾는 今雖取彼共不共義나 但約結緣不必法爾니라 然攝論中에 有三師義하니 一은 云, 皆共이니 一一皆度一切等故오 二는 云, 不共이니 以類本來相屬別故라 如慈氏와 釋迦가 同事底沙佛이러니 佛見釋迦의 所化先熟하니 爲之入定하사 令其七日을 忘下一足하야 一偈讚佛하사 超於彌勒九劫先成이라하나니 豈非別耶아 三은 云, 有共不共이니 若一向共인댄 何用多佛이며 若一向不共인댄 不應歷事多佛하야 願度一切오 不應以已所化衆生으로 付囑後佛이라 今唯識論은 卽第三, 正義니 略彈共家하고 不彈不共이니라

- b. '함께하지 않는 경우'는 함께하지 않음을 해석함이다. 설사 시방의 백천으로 변화한 부처님을 뵙더라도 또한 한 부처님이 여러 신체로 화현했을 뿐이다. '모든 유정의 무리'는 c. 함께 결론하여 해석함이니 여기까지 함께하고 함께하지 않음에 나아간 뜻이다. 여기까지는 모두 논문이요, '오직 부처님께 속하여 다르기 때문'이란 한 구절은 뜻으로 인용함이다. 저 논문을 갖추어 말하면, "모든 유정의 무리가 아득한 옛적부터 종성의 있는 그대로 다시 서로 계박한다. 혹은 많은 것(교화할 대상인 많은 중생)이 하나(부처님)에 속하기도 하고, 혹은 하나(교화 받는 한 중생)가 많은 것(부처님)에 속하기 때문에, 교화 받는 중생이 함께하기도 하고 함께하지 않기도 한다. 그렇지 않다면 많은 부처님이 오래도록 세간에 머물면서 각각의 사업을 수고롭게 하는 일이 참으로 쓸 데 없게 된다.[228] 한 분의 부처님이 능히 모든 중생을 이롭게 할 수 있기 때문이다"라고 하였다. 해석하자면 不爾 아래는 곧 저 논문이니, 나머지 논사의 뜻을 비판한 내용이다. 그러나 응당히

---

[228] 만약 교화 받는 많은 유정들이 모두 함께 한 부처님만 만난다면, 많은 부처님이 계실 필요가 없다는 뜻이다.

다시 혹은 많은 것이 많은 것에 속하기도 하며, 혹은 하나가 하나에 속하기도 하되 문장이 없는 것은 생략한 것이다. 또한 저 논문에서 말한, '아득한 옛적부터 종성은 법이 그러함'은 지금 비록 저기서 함께 하고 함께하지 않는 뜻을 취하였지만 단지 인연을 맺어서 반드시 법이 그러하지 않음을 잡은 것이다. 그런데『섭대승론』중에 세 논사의 뜻이 있으니, "(1) 첫째 논사는 말하되, 모두 함께함이니 낱낱이 모두 온갖 중생 등을 제도하기 때문이요, (2) 둘째 논사는 함께하지 않음이니 본래의 모습과 유례하여 차별에 속하기 때문이다. 마치 자씨(慈氏)보살과 석가모니가 함께 저사(底沙) 부처님을 섬겼으니 부처님이 석가가 교화할 대상이 먼저 성숙함을 보았으니, 그를 위하여 선정에 들었으니 그 7일을 한 걸음 내디딤까지 잊게 하여 한 게송으로 부처님을 찬탄하여 미륵보살보다 9겁을 뛰어넘어 먼저 성불하였다"라고 하였다. 어찌 차별됨이 아니겠는가? "(3) 셋째 논사가 말하되, 함께 하고 함께하지 않음이 있으니 만일 한결같이 함께한다면 어찌 많은 부처님을 써야 할 것이며, 만일 한결같이 함께하지 않는다면 응당히 여러 부처님을 차례로 섬겨서 모든 중생을 제도하기를 원하였겠는가? 응당히 자신에게 교화 받을 중생을 다음 부처님께 부촉해야 하지 않겠는가? 지금 성유식론은 곧 '(3) 셋째 논사의 바른 뜻'이니 간략히 함께하는 가문[共家]을 비판하고 함께하지 않는 가문[不共家]을 비판한 것은 아니다.

(2) 경문을 바로 해석하다[正釋經文] 2.
가. 과목 나누기[分科] (偈中 49下3)

[疏] 偈中에 義理多含일새 故文勢非一이라 且分爲二니 初, 二偈는 印其立宗하야 明眞身無二오 餘偈는 答其疑難하야 辨應有異同이라

- 나. 게송 중에 뜻과 이치를 많이 포함한 연고로 경문의 세력이 하나가 아니다. 우선 둘로 나누었으니 가) 두 게송은 그 세운 종지를 인가하여 참된 몸이 둘이 없음을 설명함이요, 나) 나머지 게송은 그 의심과 힐난에 대답하여 응신에 다름과 같음이 있음을 밝힘이다.

나. 과목에 따라 해석하다[隨釋] 2.
가) 두 게송은 그 세운 종지를 인가하다[初二偈印其立宗] (今初 49下5)

文殊法常爾하여　　　法王唯一法이니
一切無礙人이　　　一道出生死니라

문수여, 법이 항상 그러해서
법왕께서는 오직 한 법이시니
모든 것에 걸림이 없는 사람이
한 길로 생사를 벗어나느니라.

一切諸佛身이　　　唯是一法身이며
一心一智慧니　　　力無畏亦然이니라

일체 모든 부처님의 몸이
오직 한 법신이시며
한 마음 한 지혜이시니
힘과 두려움 없음도 또한 그러하니라.

[疏] 今初니 初句는 總印이라 先標文殊者는 警其聽受라 法常爾者는 明因果無異니 法爾常規며 餘顯一相이라 略明四一은 初句는 法一이니 以法常故로 諸佛亦常이라 次句는 人一이오 次句는 因一이오 後偈는 果一이라 略擧其五하니 一者, 身一이니 此有二義라 謂若約所證法界爲身인대 則體同이 爲一이오 若兼能證無罣礙智爲身인대 卽相似名一이라 下에는 旣別明心智니 則正當初意라 然體同義異니라 二, 心一이니 八識心王을 俱不可知故라 三, 智慧一이니 四智와 三智와 二智와 一智가 皆無別故라 四, 十力一이오 五, 無畏一이니 此五는 亦略攝諸德이니라

■ 지금은 가)이니 첫 구절은 총합하여 인가함이다. 먼저 문수보살을 표방한 것은 그 듣고 받을 것을 경계함이다. '법이 항상 그러함'이란 원인과 결과가 달라짐 없음을 설명함이니 법이 그러함에 항상한 법이며, 나머지는 한 가지 양상을 밝힌 내용이다. 간략히 네 가지를 하나로 설명하였으니, 첫 구절은 법이 하나이니 법이 항상한 연고로 모든 부처님도 또한 항상한 것이다. 다음 구절은 사람이 하나요, 다음 구절[一道出生死]은 원인이 하나요, 뒤의 게송은 결과가 하나이다. 대략 그 다섯을 거론하였으니 (1) 몸이 하나이니 여기에 두 가지 뜻이 있다. 말하자면 만일 증득할 대상인 법계를 잡아 몸을 삼으면 체성이 동일함이 하나가 되고, 만일 증득하는 주체의 걸림 없는 지혜를 겸하여 몸으로 삼으면 비슷한 것을 하나라 말하였다. 아래에 이미 마음과 지혜를 별도로 밝혔으니 바로 첫째 의미에 해당한다. 그러나 체성은 동일하고 뜻은 다른 것이다. (2) 마음이 하나이니 제8식의 심왕을 모두 알 수 없기 때문이다. (3) 지혜가 하나이니 네 가지 지혜와 세 가지 지혜, 두 가지 지혜[여리지와 여량지]와 한 가지 지혜가 모두 차별

이 없기 때문이다. (4) 십력이 하나요, (5) 두려움 없음이 하나이니 이런 다섯 가지는 또한 간략히 모든 덕을 포섭하고 있다.

[鈔] 略明四一者는 上以因一로 難於果異니 今此具²²⁹⁾明因果一相이니라 然體同義者는 通妨이니 恐有難云호대 旣取初義體同爲一인대 則一佛證時에 一切皆證이오 若約出現인대 實如所難이니 佛見衆生이 皆已證竟이라 今約現事일새 故爲此通이니라 以體就能에 有證未證하니 千燈一室에 所照同空이라 以燈就空에 空體無二오 以空就燈에 有照未照나 隨燈各取하야 各屬本燈이니 佛義亦爾니라

八識心王等者는 以非佛無心은 但深妙玄奧니 難知相耳라 故로 出現品에 云, 如來心意識을 俱不可得이니 但以智無量故로 知如來心耳라하니 旣云知如來心하니 則非無心矣로다 彼有十相하니 一一皆云是爲如來心第一相等이니 諸菩薩摩訶薩이 應如是知라하니 今取佛佛之心이 皆不可知일새 故名一耳니라

● '간략히 네 가지를 하나로 설명함'이란 위의 원인이 하나로 결과가 다르다고 힐난하였으니, 지금 여기서 원인과 결과가 하나인 모양을 구비하여 설명한 내용이다. '그러나 체성은 동일하고 뜻은 다르다'는 것은 비방을 해명함이니 어떤 이가 힐난함을 두려워하여 말하되, "이미 첫째 뜻에서 체성이 동일함을 취하여 하나로 삼았다면 한 부처님이 증득했을 때에 일체가 다 증득할 것이요, 만일 출현함을 잡는다면 실제로 힐난한 바와 같을 것이니, 부처님은 중생들이 모두 증득해 마친 것으로 본다"는 뜻이다. 지금은 현재의 일을 잡은 연고로 여기서 해명한 것이다. 체성으로 주체에 나아가면 증득함과 증득하지 못함이

---

229) 具는 南續金本作且.

있을 것이니, 천 개의 등불이 하나의 방에서 비치는 대상은 동일한 허공인 것이다. 등불로 허공에 나아가면 허공의 체성이 둘이 없고, 허공으로 등불에 나아가면 비춤도 비추지 못함도 있지만 등불을 따라 각기 취하여 각기 본래의 등불에 속하나니 부처님의 뜻도 또한 그러하다. '제8식의 심왕' 따위는 부처님이 아닌 무심은 단지 깊고 묘하고 심오한 까닭이니 알기 어려운 모양일 뿐이다. 그러므로 여래출현품에 이르되, "여래의 마음과 뜻과 식을 모두 얻을 수 없나니 단지 지혜가 한량없는 연고로 여래의 마음을 알 뿐이다"라고 하였으니, 이미 여래의 마음을 안다고 하였으니 마음 없음[無心]이 아니다. 저기에 열 가지 양상이 있으니 낱낱이 모두 "이것이 여래 마음의 첫째 모양 등이니 모든 보살마하살은 응당히 이와 같이 알지니라"라고 하였으니, 지금은 부처와 부처의 마음이 모두 알 수 없으므로 하나라 이름했을 뿐이다.

나) 여덟 게송은 그 의심과 힐난에 대답하다[後八偈答其疑難] 2.
(가) 근기를 따라 소견이 다름을 총합하여 설명하다[總明隨機見異] 2.
ㄱ. 부처님을 잡아 해석하다[約佛] (二答 50下6)

如本趣菩提에 所有廻向心하여
得如是刹土와 衆會及說法이니라

처음 보리에 나아갈 적에
가진 바 회향심과 같이해서
이와 같은 세계와
대중과 설법을 얻느니라.

[疏] 二, 答疑難中에 分二니 初, 二偈는 總明隨機見異라 於中에 前偈는 約佛이오 後偈는 約機라 前中에 卽隨本異因하야 爲物回向하야 各得差別일새 故云如是니 如是는 卽差別之義也라 略擧十中三事耳니라 卽隨所化衆生하야 而取佛土니라

- 나) (여덟 게송은) 의심과 힐난에 대답함 중에 둘로 나누리니 (가) 두 게송은 근기를 따라 소견이 다름을 총합하여 밝힘이다. 그중에 앞의 게송은 ㄱ. 부처님을 잡아 해석함이요, 뒤의 게송은 ㄴ. 근기를 잡아 해석함이다. ㄱ. 중에 곧 근본을 따라 원인이 달라져서 중생을 위해 회향하여 각기 차별됨을 얻는 연고로 '이와 같은'이라 하였으니, 이와 같음은 곧 차별하다는 뜻이다. 간략히 거론한 열 가지 중의 세 가지일 뿐이다. 곧 교화할 대상인 중생을 따라 부처님 국토를 취한 것이다.

[鈔] 前中卽隨本等者는 如衆生이 宜以直心土化하면 菩薩이 卽將直心因하야 取直心土等이니 卽隨諸衆生의 應以何國으로 起菩薩根하야 而取佛土等이니 故云得如是佛土니 謂染淨等土가 相不一故니라

- ㄱ. 중에 '곧 근본을 따른다' 등은 마치 중생이 마땅히 정직한 마음의 정토를 교화하면 보살이 곧 정직한 마음의 원인을 가져서 '직심의 정토' 등을 취함과 같은 따위이다. 모든 중생의 어떤 국토에서 보살의 근본을 일으킴에 응하여 부처님 국토를 취하는 따위이니, 그러므로 '이와 같은 부처님 국토를 얻는다'고 말하였으니 이른바 물들고 깨끗한 등의 국토가 모양이 하나가 아니기 때문이다.

ㄴ. 중생의 근기를 잡아 해석하다[約機] (後偈 51上4)

一切諸佛刹이
莊嚴悉圓滿이나
隨衆生行異하여
如是見不同이니라
일체 모든 부처님의 세계가
장엄이 모두 원만하나
중생들의 수행이 다름을 따라서
이와 같이 보는 것도 같지 않도다.

[疏] 後偈, 約機者는 約佛에 則刹等皆圓이요 約機에 隨行見別이니 如直心爲行하야 則見不諂之國이니 故로 衆生之類가 是菩薩佛土니라

- ㄴ. 뒤 게송은 중생의 근기를 잡아 해석함에서 부처님께 의지하면 국토 따위가 모두 원만함이요, (중생의) 근기에 의지하면 행법을 따라 소견이 달라지나니 마치 정직한 마음으로 행법을 삼으면 아첨 없는 나라를 보는 것과 같으므로 중생의 종류가 바로 보살이나 부처님의 국토인 것이다.

(나) 여섯 게송은 전전히 의심을 해석하다[後六展轉釋疑] 4.
ㄱ. 모두 원만하다면 어찌하여 보지 못하는가 하는 질문에 대답하다
[答若皆圓滿何以不見問] (餘六 51上8)

佛刹與佛身과
衆會及言說이여
如是諸佛法을
衆生莫能見이니라
부처님 세계와 부처님 몸과
대중의 모임과 그 말씀이여
이와 같은 모든 불법을

중생들이 능히 볼 수 없도다.

[疏] 餘六偈는 展轉釋疑라 分四니 初, 一偈는 有疑云호대 若皆圓滿인대 何以不見고 答意에 云, 衆生不見이어니 豈得云無리오 然有三義하니 一, 約他受用인대 則地前凡小와 衆生不見이오 二, 約自受用하면 則等覺衆生이 亦皆不見이오 若約卽應同眞하면 權敎菩薩도 不見이니라

- (나) 나머지 여섯 게송은 전전히 의심을 해석함이다. 넷으로 나누리니 ㄱ. 한 게송은 어떤 이가 의심하여 말하되, "만일 모두가 원만하다면 어찌하여 보지 못하는가?" 대답한 의미를 말하면 "중생이 보지 못하는 것이지 어찌 없다고 말할 수 있겠는가?" 그런데 세 가지 뜻이 있으니 (1) 타수용신을 잡으면 십지 이전의 범부나 소승과 중생이 보지 못함이요, (2) 자수용신을 잡으면 등각과 중생이 또한 모두 보지 못함이요, (3) 만일 응신이 진신과 같음을 잡으면 권교보살도 보지 못하는 것이다.

[鈔] 答意에 云衆生不見者는 卽同淨名經에 云, 爾時舍利弗이 承佛威神하야 作是念호대 若菩薩이 心淨에 則佛土淨者인대 我世尊이 本行菩薩道時에 意豈不淨고한대 而是佛土不淨이 若是오 佛知其意하시고 卽告舍利弗하시되 日月이 豈不淨耶아 而盲者不見이니라 對曰, 不也니다 世尊하 是盲者過오 非日月咎니다 舍利弗아 衆生罪故로 不見如來佛國嚴淨이오 非如來咎니라 舍利弗아 我此土淨이어늘 而汝不見이 卽其義也니라

- '대답한 의미를 말하면 중생이 보지 못함'이라 말한 것은 곧 『유마경』(제1 불국품)에 이르되, "그때에 사리불이 부처님의 위신력을 받들어 이

러한 생각을 하였다. '만약 보살이 마음이 청정하여 곧 불국토가 청정하여진다면 우리 세존은 본래 보살로 있을 때에 생각이 어찌 부정하였겠는가마는 이 불국토가 부정한 것이 이와 같은가?' 부처님이 그 생각을 아시고 곧 (사리불에게) 말씀하셨다. '(어떻게 생각하는가?) 해와 달이 어찌 캄캄해서 맹인이 보지 못하는가?' 사리불이 대답하였다. '아닙니다. 세존이시여! 맹인의 허물이지 해와 달의 허물은 아닙니다.' '사리불이여, 중생의 허물로 여래의 국토가 청정하게 장엄한 것을 보지 못할지언정 여래의 허물은 아니니라. 사리불이여, 나의 이 국토는 청정하지만, 그대가 보지 못할 뿐이다"라 말함이 바로 그런 뜻이다.

ㄴ. 만일 모두가 보지 못하는데 어찌하여 있는 줄 아는가 하는 질문에 대답하다[答若皆不見何以知有問] (次偈 51下10)

其心已淸淨하고　　　諸願皆具足한
如是明達人이라야　　於此乃能覩니라
그 마음이 이미 청정하고
모든 원이 다 구족한
이와 같이 밝게 통달한 사람이라야
이것을 능히 보게 되리라.

[疏] 次偈에 有疑云호대 若皆不見인대 何以知有오 釋云, 有見者故라 亦有三義하니 初는 則淨意樂地已去에 由願自在力故로 見他受用이오 二, 淨無塵習하야 普賢圓滿에 方見自受用이오 三, 圓解之人을 則名心淨이니 卽應見眞이라 意在初後나 義兼中間이니라

■ ㄴ. 다음 게송에 어떤 이가 의심하여 말하되, "만일 모두가 보지 못하는데 어찌하여 있는 줄 아는가?" 해석하여 말하되, "보는 이가 있기 때문이다." 또한 세 가지 뜻이 있으니 (1) 생각으로 즐거워함이 깨끗한 지위 이후에 원과 자재한 능력으로 인하여 타수용신(他受用身)을 보게 되고, (2) 깨끗하여 경계에 대한 습기가 없어서 보현의 도가 원만할 적에 바야흐로 자수용신(自受用身)을 보게 되며, (3) 원교(圓敎)로 해탈한 사람을 이름하여 '마음이 깨끗하다'고 하나니 응신(應身)과 합치하여 진신(眞身)을 보게 된다. 의미는 (1)과 (3)에 있지만 뜻으로는 (2)도 겸한 것이다.

[鈔] 亦有三義初則淨意樂地者는 此中三義로 對前三義니 由初他受用身을 地前에 不見하야 此辨登地則見이라 下二는 例知니라

● '또한 세 가지 뜻이 있으니 (1) 생각으로 즐거워함이 깨끗한 지위'는 이 가운데 세 가지 뜻으로 앞의 세 가지 뜻에 상대하였으니, (1)에 타수용신을 십지 이전에는 보지 못함으로 인하여 여기서 십지(十地)에 오르면 보게 됨을 밝힌 것이다. 아래 두 가지 뜻도 유례하여 알지니라

ㄷ. 중생으로 인해 응신을 본다면 어찌하여 불국토라 이름하는가라는 질문에 대답하다[答若應由物見何名佛土問] (三有 52上8)

隨衆生心樂과　　　　及以業果力하여
如是見差別하니　　　此佛威神故니라
중생들의 마음에 즐기는 것과
업을 짓고 과보 받는 힘을 따라서

이와 같이 차별함을 보게 되나니
이것은 부처님의 위신력이로다.

[疏] 三, 有一偈는 疑云호대 若應由物見인대 何名佛土오 釋云, 佛威神故라하니 則知生佛共成이로다 旣攬同成異하니 亦稱體成益이로다
- ㄷ. 어떤 이가 한 게송에서 의심하여 말하되, "만일 응신을 중생으로 인하여 본다면 어찌하여 불국토라 이름하는가?" 해석하기를 "부처님의 위신력 때문이다"라고 하였으니 중생과 부처가 함께 이룸을 아는 것이다. 이미 같음을 잡아서 다르게 이루었으니 또한 체성과 칭합하여 이익을 성취함이다.

[鈔] 旣攬同成異等者는 旣是如來가 將其同因하사 以取異果일새 故令圓機로 卽應見眞일새 故云稱體成益이니라
- '이미 같음을 잡아서 다르게 이루었다'는 따위는 이미 여래가 그 같은 원인을 가지고 다른 결과를 취한 연고로 원교의 근기로 하여금 응신과 합치하여 진신을 보게 하였으므로 '체성과 칭합하게 이익을 이룬다'고 말한 것이다.

ㄹ. 세 게송은 의심과 힐난을 바로 해석하다[後三正釋疑難] 3.
ㄱ) 중생 스스로 다름을 본다고 대답하다[物自見異答] (四有 52下3)

佛刹無分別이며　　　無憎無有愛로되
但隨衆生心하여　　　如是見有殊니라
부처님의 세계는 차별이 없으며

미워함도 사랑함도 없으나
다만 중생들의 마음을 따라서
이와 같이 다름이 있음을 보도다.

[疏] 四, 有三偈는 釋疑云호대 上云衆生이 不見淨剎이라하고 又云佛神力
令異라하니 爲剎體處別가 佛有分別耶아할새 故로 釋云호대 剎實同
處며 佛亦無心이로대 物自見異耳니라 於中에 初半은 顯實이니 云剎
無分別이며 佛無憎愛라 分別이 卽差別義라 故로 晉經에 云, 佛剎은
無異相이며 如來는 無憎愛라하며 若順今經인대 亦可此二가 通佛及
剎이라 次半偈는 明異自在物이오

ㄹ. 세 게송은 의심을 해석하여 말하되, "위에서 중생이 청정한 국토를 보지 못한다"고 말하였고, 또 말하되, "부처님의 위신력으로 하여금 다르게 한다"고 하였으니 국토의 체성과 장소가 다른 것인가 부처님에게 분별함이 있는가 하므로 해석하여 말하되, "국토의 실체가 장소와 같으며, 부처님 또한 망심이 없지만[無心] 중생 스스로가 다름을 보는 것일 뿐이다." 그중에 처음 반의 게송은 실법을 밝힘이니 이르되, "국토는 분별이 없으며 부처님은 미워함도 사랑함도 없다"고 말한 것이다. 분별이 곧 차별의 뜻이다. 그러므로 진경(60권 화엄)에 이르되, "부처님의 국토는 다른 모양 없으며 여래는 미워하고 사랑함이 없다"라 하였고, 만일 본경을 따른다면 또한 이 두 구절이 부처님과 국토에 통하는 개념이다. 다음 반의 게송은 다름은 자연히 중생에게 있음을 설명한 내용이다.

[鈔] 若順今經者는 上取晉經意니 無分別이 是無差別일새 故但屬剎이오

無憎愛는 約心일새 故但屬佛이어니와 今直按文에 佛具無分別無憎愛라하니 以無分別智는 心平等故로 刹亦無分別無憎愛라 以境但無心이 卽無分別이니 何有憎愛리오 是則佛字는 兩用佛無分別과 佛刹無分別等이니라

● '만일 본경을 따른다'는 것은 위에서는 진경의 의미를 취하였으니, 분별 없음이 바로 차별 없음이므로 단지 국토에 속한 것이요, 미워하고 사랑함이 없음은 마음에 의지한 연고로 다만 부처님에게 속한 것이지만 지금은 바로 경문을 살펴 볼 적에 '부처님은 분별이 없고 미워하고 사랑함이 없음을 갖추었다'라 하였으니, (따라서) 분별 없는 지혜는 마음이 평등한 연고로 국토도 역시 분별 없고 미워하고 사랑함이 없다는 뜻이다. 경계에 다만 무심한 것이 곧 분별 없음이니 어찌 미워함과 사랑함이 있겠는가? 이것은 곧 '부처'라는 글자는 부처님이 분별 없음과 부처님 국토도 분별이 없는 등을 둘 다 사용한 뜻이다.

ㄴ) 국토가 달라도 바로 보는 것은 부처님의 허물이 아니라고 대답하다
[正見刹異非佛咎答] (次半 53上5)

以是於世界에　　　所見各差別이니
非一切如來　　　大仙之過咎니라
그러므로 온 세계에
보는 것이 각각 차별함이니
모든 여래와
대선의 허물이 아니로다.

[疏] 次, 半偈는 明正見刹異오 次, 半偈는 彰非佛咎오
- ㄴ)의 (ㄱ) 반의 게송은 국토가 달라도 바로 봄을 설명한 내용이요, (ㄴ) 반의 게송은 부처님의 허물이 아님을 밝힌 내용이다.

[鈔] 次, 半偈等者는 此明見異之因은 因心及業故라 下半은 正明見異니라
- (ㄴ) 반의 게송 등이란 여기서는 보는 것이 다른 원인은 마음과 업으로 인하였기 때문임을 설명하였다. 아래 반의 게송은 보는 것이 다름을 바로 설명함이다.

ㄷ) 부처님은 사랑하고 미워함 없지만 감응하면 바로 나타난다고 대답하다[佛無憎愛有感便現答] (次三 53上9)

一切諸世界에   所應受化者는
常見人中雄하나니   諸佛法如是니라
일체 모든 세계에
교화를 받을 사람은
사람 중의 영웅을 항상 보나니
모든 부처님의 법이 이와 같도다.

[疏] 次, 三句는 釋佛無憎愛니 有感에 便現이나 非佛有愛오 無感에 不見이나 非佛有憎이라 末後一句는 總結이니 一切諸佛이 法皆如是하사 隨機隱顯이나 眞體常存이라 亦通結一段이니라
- ㄷ) 세 구절은 부처님은 사랑하고 미워함 없음을 해석함이니, 감응함이 있을 적에 보지 못하지만 부처님에게 미워함 있는 것이 아니다. 마지막

한 구절[諸佛法如是]은 총합하여 결론함이니 일체의 모든 부처님의 법이 모두 이와 같아서 근기를 따라 숨었다가 나타나지만 진신의 체성은 항상 존재한다는 뜻이다. 또한 한 문단을 전체적으로 결론한 내용이다.

10. 부처님 경계가 매우 깊다[境界甚深] 2.

1) 오게 된 뜻[來意] (第十 53下3)
2) 경문 해석[釋文] 2.
(1) 여러 보살들이 문수보살에게 묻다[問] 2.
가. 질문하는 사람과 질문하는 법을 표방하다[標擧能所問人] (於中)

爾時에 諸菩薩이 謂文殊師利菩薩言하시되,
저 때 모든 보살들이 문수사리보살에게 말씀하셨다.

[疏] 第十, 佛境界甚深이니 十信觀圓에 便造佛境이라 於中에 亦先은 問이오 後는 答이라 問中에 分二니 初, 標能所問人이라 大衆同問者는 攝別歸總故로 總別無礙며 六相圓融이니라 問文殊者는 佛境甚深은 除般若妙德코는 無能達故며 始信終智가 皆託佛境故라 無按定結欸者는 表尊敬故니 若人若法을 難致230)詰故라

■ 10. 부처님 경계가 매우 깊음이니 십신(十信)의 지위에서 원만한 가르침을 관찰할 적에 문득 부처님 경계에 나아감이다. 그중에 또한 (1) (여러 보살들이 문수보살에게) 질문함이요, (2) (문수보살이 게송으로) 대답함이다. (1) 질문함 중에 둘로 나누리니 가. 질문하는 사람과 질문하

---

230) 致는 續金本作智.

는 법을 표방함이다. '대중이 함께 질문하는 것'은 별상을 섭수해서 총상으로 돌아가는 연고로 총상과 별상이 걸림 없으며, 여섯 모양이 원융함이다. 문수보살에게 질문한 이유는 '부처님 경계가 매우 깊음'은 반야의 묘한 덕을 제외하고는 능히 통달할 수가 없기 때문이며, 믿음으로 시작하여 지혜로 끝낸 것이 모두 부처님 경계에 의탁한 까닭이다. 선정을 살핌이 없이 결론하여 찬탄한 것은 존경을 표하기 위함이니, 사람과 법을 함께 힐난함에 이르기는 어렵기 때문이다.

[鈔] 十信觀圓等者는 此明來意니 亦辨在後之義라 始信終智等者는 文殊는 主二法門하나니 一, 主信이니 故로 善財初見에 便發信心이오 二, 主智니 故로 善財後見에 便見普賢이라 始入之信은 亦信佛境이오 能度之智는 亦證佛境耳라 故로 文殊說이니라

● '십신의 지위에서 원만한 가르침을 관찰함' 등이란 여기서 오게 된 뜻을 밝힘이니, 또한 밝힘은 뒤의 뜻에도 있다. '믿음으로 시작하여 지혜로 끝내는 따위'는 문수보살은 두 가지 법문을 주관한다. (1) 믿음을 주관하나니 그러므로 선재가 처음 볼 적에 문득 믿는 마음을 냄이요, (2) 지혜를 주관하나니 그러므로 선재가 뒤에 볼 적에 문득 보현보살을 만나게 된다. 처음에 들어가는 믿음은 또한 부처님 경계를 믿는 것이요, 제도하는 주체의 지혜는 또한 부처님 경계를 증득하는 것일 뿐이다. 그러므로 문수보살이 설하는 것이다.

나. 청법하는 질문을 바로 밝히다[正申請問] 2.
가) 앞을 결론하고 뒤를 표방하다[結前標後] (二佛 54上4)
나) 질문의 단서를 밝히다[別顯問端] (二何)

佛子여 我等所解를 各自說已로소니 唯願仁者는 以妙辯才로 演暢如來의 所有境界하소서 何等이 是佛境界며 何等이 是佛境界因이며 何等이 是佛境界度며 何等이 是佛境界入이며 何等이 是佛境界智며 何等이 是佛境界法이며 何等이 是佛境界說이며 何等이 是佛境界知며 何等이 佛境界證이며 何等이 是佛境界現이며 何等이 是佛境界廣이니잇고

"불자여, 우리들이 아는 바를 각자 말씀드렸사오니 오직 원컨대 어진 이께서는 묘한 변재로 여래의 소유하신 경계를 말씀하소서. (1) 어떤 것이 이 부처님의 경계며, (2) 어떤 것이 부처님 경계의 인이며, (3) 어떤 것이 부처님 경계로 제도함이며, (4) 어떤 것이 부처님 경계에 들어감이며, (5) 어떤 것이 부처님 경계의 지혜며, (6) 어떤 것이 부처님 경계의 법이며, (7) 어떤 것이 부처님 경계의 말씀이며, (8) 어떤 것이 부처님 경계의 알음알이며, (9) 어떤 것이 부처님 경계의 증득함이며, (10) 어떤 것이 부처님 경계의 나타남이며, (11) 어떤 것이 부처님 경계의 넓이이나이까?

[疏] 二, 佛子我等下는 正申請問이라 又分爲二니 初, 結前標後라 加[231] 讚妙辯者는 敬上首故라 二, 何等下는 別顯問端이라 句有十一하니 初는 總이오 餘는 別이라 初, 境界有二하니 一, 分齊境界니 謂從十地因後로 果位之法은 是佛所有라 二, 所緣境界니 謂佛所知之境은 並非餘測이오 總爲佛境이라 二, 謂[232]問佛境이 以何爲因이라 三, 請佛

---

231) 加는 金本作如.

境度生儀式이오 四, 應機普入世間이오 五, 能知之智오 六, 所知之
法이오 七, 圓音起說이오 八, 明知體相이오 九, 內證平等이오 十, 顯
現何法이오 十一, 量之大小는 並非因位와 作用所及이며 亦非下位
能知일새 故云佛境이라 若約能知能度等인대 卽是分齊오 約所知等인
대 名曰所緣이니 能所雙融하야 異卽非異며 言思道斷이 是佛境也니라

■ 나. 佛子我等 아래는 청법하는 질문을 바로 밝힘이다. 또 둘로 나누
었으니 가) 앞을 결론하고 뒤를 표방함이다. 묘한 변재를 더욱 찬탄
한 이유는 상수보살을 공경하는 까닭이다. 나) 何等 아래는 질문의
단서를 개별로 밝힘이다. 구절이 11가지이니 (가) 총상이요, (나) 별
상이다. (가) 경계에 둘이 있으니 (1) 분제의 경계이니, 말하자면 십
지의 인행 후로부터 과덕지위의 법은 부처님의 소유이다. (2) 인연할
대상 경계이니, 말하자면 부처님이 아는 경계는 아울러 나머지 지위
들은 측량할 수 없음이요, 총상으로 부처님 경계로 삼는다. (ㄴ) 부
처님 경계를 청법하여 질문함은 무엇으로 원인을 삼는가? (ㄷ) 부처
님 경계를 청하여 중생을 제도하는 의식이요, (ㄹ) 근기에 응하여 널
리 세간에 들어감이요, (ㅁ) 아는 주체의 지혜요, (ㅂ) 알아야 할 대
상의 법이요, (ㅅ) 원만한 음성으로 설법을 시작함이요, (ㅇ) 체성과
양상을 분명히 앎이요, (ㅈ) 안으로 평등함을 증득함이요, (ㅊ) 어떤
법을 밝게 나타냄이요, (ㅋ) 분량의 크고 작음은 아울러 인행의 지위
와 작용으로 미칠 바가 아님이며, 또한 아래 지위에서는 능히 알 수
가 없으므로 부처님 경계라 말한다. 만일 알 주체와 제도하는 주체
따위를 잡으면 곧 분제의 경계인 것이요, 알 대상 등을 잡으면 인연할
대상이라 말한다. 주체와 대상을 함께 융섭하여 다름은 곧 다른 것

---

232) 謂는 甲南續金本作請.

이 아니며, 말과 생각의 길이 끊어짐이 곧 부처님 경계이다.

[鈔] 並非因位等者는 結也니 此結分齊境이오 亦非下位所知者는 通結二境이니라
- '아울러 인행의 지위' 등은 결론함이니, 여기서는 분제의 경계를 결론함이요, '또한 아래 지위에서 능히 알 수가 없음'이란 두 가지 경계를 통틀어 결론함이다.

⑵ 문수보살이 게송으로 대답하다[答] 2.

가. 뜻을 표방하다[標義] (答中 52上2)

時에 文殊師利菩薩이 以頌答曰,
그때에 문수사리보살이 게송으로 대답하였다.

[疏] 答中에 十頌이 次第而答호대 唯廣一義가 獨在於初하야 與總合辨이라 欲顯分量에 偏於總故며 卽深而廣故라
- ⑵ (문수보살이) 대답함 중에 열 게송을 순서대로 대답하되 오직 광대한 한 가지 뜻만이 유독 처음에 있어서 총상과 함께 합하여 분별하였다. 분량을 밝히려 할 적에 총상으로 두루 한 까닭이며, 곧 깊으면서 넓기 때문이다.

나. 바로 대답하다[正答] 10.
가) 깊고 넓음으로 대답하다[答深廣] (初句 55上5)

如來深境界여　　　其量等虛空하시니
一切衆生入하되　　而實無所入이니라
여래의 깊은 경계여,
그 양이 허공과 같으시니
모든 중생들이 다 들어가되
실은 들어간 것이 없도다.

[疏] 初句는 總標體深이오 次句는 分量廣大라 故로 佛地論에 引經釋云호 대 諸佛境界는 唯除虛空코 無能爲喩라하니라 次句는 釋上廣이오 後 句는 釋上深이라 然有三義하니 一, 約一切衆生이 卽如來藏이니 更何 所入이리오 翻迷之悟일새 故云證入이라 二, 約理에 非卽非異일새 故 云入無所入이오 三, 約心境에 心冥眞境일새 故說爲入이라 若有所入 하야 境智未亡하면 豈得稱入이리오 實無所入이라야 方名眞入[233]이라 卽廣之深일새 本超言念이오 卽深之廣일새 安測其涯리오

■　(가) 첫 구절[如來深境界]은 체성이 깊음을 총합하여 표방함이요, (나) 다음 구절[其量等虛空]은 분량이 광대함이다. 그러므로 『불지론(佛地 論)』에 경문을 인용하여 해석하되, "부처님의 경계는 오직 허공만 제외 하고는 비유할 것이 없다"라고 하였다. (다) 다음 구절[一切衆生入]은 위의 광대함을 해석함이요, (라) 뒤 구절[而實無所入]은 위의 체성이 깊 음을 해석함이다. 그러나 세 가지 뜻이 있으니 (1) 일체 중생이 곧 여 래장임에 의지하였으니 다시 어느 곳으로 들어가리오! 어리석음을 바 꾸어 깨달은 것이므로 '증득하여 들어간다'고 말하였다. (2) 이치를 의지하면 합치하지도 다르지도 않으므로 '들어가도 들어간 곳이 없

---

233) 入은 甲續金本作如.

다'고 말하였다. (3) 마음과 경계를 의지하면 마음이 진실한 경계에 그윽이 계합했으므로 '들어간다'고 말하였다. 만일 들어간 곳이 있어서 경계와 지혜가 없어지지 않으면 어찌 능히 들어간다고 말하겠는가? 진실로 들어간 바가 없으므로 비로소 '진실로 들어갔다'고 말한다. 광대함과 합치한 깊음이므로 본래로 말과 생각을 초월하였고, 깊음과 합치한 광대함이므로 어찌 그 끝을 헤아리겠는가?

[鈔] 然有三義者는 正釋第四句니 而實無所入言호대 仍取第三句釋之일새 故皆有證入之言하니라 此三別者는 初一은 以理對悟說이요 二는 以理對事說이니 謂生是事라 與理非卽일새 故有入言이요 與理로 非異일새 故無所入이라 三은 正約心境契合說이니 謂證冥境時에 不作入解故라 卽廣之深下는 總結一偈意니라

● '그러나 세 가지 뜻이 있다'는 것은 바로 넷째 구절을 해석함이니, '실은 들어간 것이 없도다'라고 말하되, 셋째 구절[一切衆生入]을 인하여 취하여 해석하였으므로 모두에 증입(證入)이라는 말이 있다. 여기에 '세 가지로 분별한 까닭'이란 처음 하나[일체 중생이 곧 여래장]는 이치로 깨달음과 상대하여 말함이요, 둘째[이치를 의지하면]는 이치로 현상과 상대하여 설명하였으니 중생이 바로 현상이다. 이치와 합치하지 않으므로 들어간다는 말이 있는 것이요, 이치와 다른 것도 아니므로 들어간 곳도 없다. 셋째는 마음과 경계가 계합함에 의지하여 설하였으니, 증득하여 경계와 그윽하게 계합할 때에 들어간다는 알음알이를 짓지 않는 까닭이다. 卽廣之深 아래는 한 게송의 뜻을 총합하여 결론함이다.

나) 인행의 질문에 대답하다[答因問] (二答 55下8)

如來深境界의　　　　　所有勝妙因은
億劫常宣說하여도　　　亦復不能盡이니라
여래의 깊은 경계의
수승하고 미묘한 원인은
억겁 동안 항상 연설하여도
또한 능히 다할 수 없도다.

[疏] 二, 答因問이라 謂此因無限이나 略示三義니 一, 殊勝이니 以行超絶하야 無等等故오 二, 微妙니 以證理深玄하야 盡法源故오 三, 廣大니 以多劫에 說少하야도 亦不盡故니라

■ 나) 인행의 질문에 대답함이다. 말하자면 여기의 인행이 한계가 없지만 간략히 세 가지 뜻을 보이나니 (1) 수승함이니 행법이 월등히 뛰어나서 견줄 수 없는 까닭이요, (2) 미묘함이니 이치가 깊고 현묘함을 증득하여 법의 근원을 다한 까닭이요, (3) 광대함이니 오랜 겁에 적다고 말하더라도 또한 다하지 않는 까닭이다.

[鈔] 一殊勝等者는 三義가 並在偈中하니라
● (1) 수승함 따위는 세 가지 뜻이 아울러 게송 중에 있다는 뜻이다.

다) 중생을 제도함에 대한 질문에 대답하다[答度問] (三答 56上3)

隨其心智慧하여　　　　誘進咸令益케하시니

如是度衆生이　　　　諸佛之境界니라
그 마음과 지혜를 따라서
나아가기를 권해서 다 이익케 하시니
이와 같이 중생을 제도하는 것이
모든 부처님의 경계로다.

[疏] 三, 答度問이니 謂隨其心器의 意樂不同하며 隨其智力의 解悟差別하야 誘引進修하야 令各獲益호대 以徧法界하야 委悉無謬라 差別難知일새 故云佛境이니라

■ 다) 제도함에 대한 질문에 대답함이다. 말하자면 그 마음의 그릇의 생각과 즐거워함이 같지 않음을 따르며, 그 지혜력의 알고 깨닫는 차별을 따라서 정진하고 수행하도록 유인하여 하여금 각각 이익을 얻게 하되, 법계에 두루 하여 다 자세하고 잘못이 없나니, 차별을 알기 어려운 연고로 '부처님의 경계'라 말한 것이다.

라) 들어감에 대한 질문에 대답하다[答入問] (四答 56上7)

世間諸國土에　　　　一切皆隨入하시되
智身無有色하시니　　非彼所能見이니라
세간의 모든 국토에
일체가 다 들어가지만
지혜의 몸은 색상이 없으시니
저들이 능히 볼 수 없도다.

[疏] 四, 答入問이라 謂世間은 卽是衆生世間이오 國土는 卽器世間이라 一切者는 徧法界故라 入有二義하니 一, 以智身潛入하야 密益衆生故오 二, 以色身現入하야 顯益衆生이라 智身難知일새 文中에 偏顯하니라

■ 라) 들어감에 대한 질문에 대답함이다. 이를테면 세간은 곧 중생세간이요, 국토는 곧 기세간이다. '일체'란 법계에 두루 한 까닭이요, 들어감에 두 가지 뜻이 있으니 (1) 지혜의 몸으로 몰래 들어가서 비밀하게 중생을 이익하는 까닭이요, (2) 형색의 몸으로 나타나 들어가서 드러나게 중생을 이익하는 까닭이다. 지혜의 몸은 알기 어려우므로 경문 중에 치우쳐 나타낸 것이다.

마) 지혜의 경계에 대한 질문에 대답하다[答智問] (五答 56下8)

諸佛智自在하사 三世無所礙하시니
如是慧境界가 平等如虛空이니라
모든 부처님은 지혜가 자재하사
삼세에 걸림이 없으시니
이와 같은 지혜의 경계가
평등하여 허공과 같도다.

[疏] 五, 答智問이니 上半은 權智니 橫無不知일새 故云自在오 豎達三際일새 故無所礙라 下半은 實智니 故云慧境이라 平等如空은 無若干也라 虛空之言은 亦兼喩上無罣礙也니 權實無礙가 方爲佛境이니라

■ 마) 지혜의 경계에 대한 질문에 대답함이다. 위의 반의 게송은 방편 지혜이니 옆으로 알지 못함이 없으므로 '자세하다'고 말하였고, 세워서

세 짬을 통달한 연고로 걸림이 없는 것이다. 아래 반의 게송은 실법의 지혜이니 그래서 '지혜 경계'라 말하였다. 평등하여 허공과 같음은 약간이 아니라는 뜻이다. 허공이란 말은 또한 겸하여 위의 걸림 없음에 비유한 말이니 방편과 실법에 걸림 없음이 비로소 부처님 경계가 된 것이다.

[鈔] 無若干者는 卽淨名第三이니 其無礙慧에는 無若干也니라
- '약간이 아님'이란 곧 『유마경』 제3권의 내용이니 그 걸림 없는 지혜에는 약간이 아님을 뜻한다.

바) 법계에 대한 질문에 대답하다[答法問] (六答 56下8)

法界衆生界가　　　　究竟無差別을
一切悉了知하시니　　此是如來境이니라
법계와 중생의 세계가
구경에 차별이 없음을
일체를 다 밝게 아시니
이것이 여래의 경계로다.

[疏] 六, 答法問이라 法界는 是理오 生界는 是事라 攬理成事며 理徹事表일새 故云無別이라 是故로 事則不待壞而恒眞이오 理則不待隱而恒俗이라 非直廣大가 無限이라 亦乃甚深無際니 究盡了知일새 故稱佛境이니라
- 바) 법계에 대한 질문에 대답함이다. 법계는 이치의 법이요, 중생의 세

계는 현상의 법이다. 이치를 잡아 현상을 성취하며, 이치로 현상의 겉까지 사무치므로 '차별이 없다'고 하였다. 이런 까닭에 현상은 무너짐을 기다리지 않고 항상 진실하고 이치는 숨김을 기다리지 않고 항상 속된 것이다. 곧바로 광대하지 않음이 한계가 없음이니 또한 비로소 매우 깊어서 끝이 없나니 궁구하여 모두 깨달아 아는 연고로 '부처님 경계'라 칭한 것이다.

[鈔] 答法問이라 疏有二釋하니 前釋은 但融二境이오 後釋은 境智雙融이라 前中에 攬理成事者는 是依理成事門이오 理徹事表者는 是眞理卽事門이라 但用此二하야 卽顯無別하니 此影略明耳라 亦應云理依事顯이니 卽事能顯理門이오 事徹理源이니 卽事法卽理門이니라 是故事則不待壞者는 成上二句니 此成前句의 以事全攬理라 非色滅空이오 色性自空故라 下句는 成下理徹事表니 故不待隱而恒俗也니라

非直廣大下는 結이니 謂生生稱眞에 一一廣大오 理非事外인대 是謂甚深이라 又理徧於生일새 故云廣大오 卽生卽理일새 故曰甚深이니 此卽結歸라 初總偈中에 深廣義也니라

● 바) 법계에 대한 질문에 대답함에 소가가 두 가지로 해석하였으니 (ㄱ) 앞의 해석은 단지 두 경계를 융섭함이요, (ㄴ) 뒤의 해석은 경계와 지혜가 함께 원융함이다. 앞의 해석 중에 '이치를 잡아 현상을 성취함'은 이치에 의지하여 현상을 성취하는 문이요, '이치로 현상의 겉까지 사무침'이란 참된 이치가 현상과 합치하는 문이다. 단지 이런 둘을 써서 곧 차별 없음을 밝혔으니 이것은 비추어 생략함이 분명하다. 또한 응당히 '이치는 현상에 의지하여 드러난다'고 말하나니 곧 현상이 능히 이치를 드러내는 문이요, 현상은 이치의 근원까지 사무침이

니 곧 현상의 법이 이치와 합치하는 문인 것이다. '이런 까닭에 현상
은 무너짐을 기다리지 않는다'는 것은 위의 두 구절을 완성함이니 여
기서는 앞 구절의 현상 전체로 이치를 잡음을 완성함이다. 형색이 멸
한 공함이 아니요 형색의 체성이 자연히 공함인 까닭이다. 아래 구절
은 아래의 이치는 현상의 겉을 사무침을 완성한 부분이다. 그러므로
'숨김을 기다리지 않고 항상 속된 것'이다.

非直廣大 아래는 결론함이다. 말하자면 태어날 적마다 진리와 칭합
하면 낱낱이 광대함이요, 이치가 현상의 바깥이 아니라면 이것을 일
러 '매우 깊음'이라 말한다. 또한 이치는 태어남에 두루 한 연고로 '광
대하다'고 말하였고, 태어남이 곧 진리인 연고로 '매우 깊음'이라 말
하나니 이것은 곧 결론하여 돌아감이다. (1) 게송 중에 깊고 광대한
뜻을 총합한 내용이다.

[疏] 又法界는 是所證이오 生界는 是所化요 了知는 是能證能化라 究尋
其本인대 亦無差別이니 是難知之佛境也라
■ 또한 법계는 증득할 대상이요, 중생계는 교화할 대상이요, 깨달아 앎
은 증득하는 주체이며 교화하는 주체이다. 그 근본을 궁구하여 찾는
다면 또한 '차별 없음'이니, 곧 알기 어려운 부처님 경계인 것이다.

[鈔] 又法界下는 第二, 釋融境智也라 則究竟無差別言은 有其兩向하니
向上하야 融二界通이오 向下하야 融能所了니 故云究尋其本에 亦無
差別이니 卽能所契合하야 同一法界[234]니라
● (ㄴ) 又法界 아래는 경계와 지혜가 융섭함을 해석함이다. '구경에 차
별이 없다'는 말은 두 가지로 향함이 있나니, 위로 향하여는 두 세계

를 융섭하여 통함이요, 아래로 향하여는 깨닫는 주체와 대상을 융섭함이다. 그러므로 '그 근본을 궁구하고 찾는다면 또한 차별 없음'이라 하였으니 곧 주체와 대상이 계합하여 동일한 법계인 것이다.

사) 음성 설법에 대한 질문에 대답하다[答說問] (七答 57下7)

一切世間中에　　　　所有諸音聲을
佛智皆隨了하시되　　亦無有分別235)이니라
일체 세계 가운데에
있는 바 모든 음성을
부처님의 지혜로 다 따라 아시나
또한 분별이 없도다.

[疏] 七, 答說問이라 一切言音이 隨性隨相을 皆悉了知하시고 未曾起念일새 故無分別이니 以一切差別言音이 即是如來法輪聲攝故라 以斯答說이니 音聲實相이 即法輪故니라

■ 사) 음성설법에 대한 질문에 대답함이다. (가) '일체의 말과 음성이 체성을 따르고 모양을 따름을 모두 다 깨달아 아시고 일찍이 망념을 일으키지 않은 연고로 분별 없음'이라 한 것이니, (나) 온갖 차별된 말과 음성이 곧 여래가 법을 굴리는 음성에 섭수되기 때문이다. 이것으로 설법에 대하여 대답하였으니 음성의 참된 모습이 곧 법륜이기 때문이다.

---

234) 一法界는 甲本作法界, 南續金本作法界也.
235) 間은 明宮淸合綱杭鼓纂金本作界, 麗宋元思南及晉經作間; 杭注云 北藏世界 南藏作世間.

[鈔] 以一切下는 通妨이니 謂有問云호대 上問說法이어늘 今答智了하니 豈得同耶아할새 故今答云호대 所了之聲이 是佛法輪聲攝故로 隨其類音하니 爲說法故라 出現品에 云, 音聲實相이 卽法輪故라하며 賢首品에도 亦云, 能令三界所有聲으로 聞者가 皆是如來音이라하니 故로 上疏에 云, 隨性隨相하야 皆悉了知니 了相差別하야 隨宜之用이오 了性體融하야 一攝一切니라

● (나) 以一切 아래는 비방을 해명함이다. 말하자면 어떤 이가 묻기를 "위에서 설법에 대해 질문하였거늘 지금은 지혜로 깨닫는다고 대답하였으니 어찌 동일함을 얻는 것인가?" 하므로 지금 대답하여 말하되, "깨달은 바 음성이 부처님의 법륜 굴리는 음성에 섭수되는 연고로 그 부류의 음성을 따르나니 법을 설하기 위한 것이다." 여래출현품에 이르되, "음성의 실상이 곧 법륜인 연고"라 하였으며, 현수품에도 또한 "능히 삼계에 있는 소리로 하여금 듣는 자가 다 이 여래의 음성이 되게 하나니라"라고 하였으니 그러므로 위에 소가가 말하되, "체성을 따르고 모양을 따라 모두 다 깨달아 아나니 모양의 차별을 깨달아서 마땅한 작용을 따른 것이요, 성품의 자체가 융섭함을 깨달아서 하나가 일체를 포섭한다"는 뜻이다.

아) 아는 것에 대한 질문에 대답하다[答知問] 5.
(가) 표방하여 보이다[標示] (八答 58上7)

非識所能識이며　　　　亦非心境界라
其性本淸淨을　　　　　開示諸群生이시니라
인식으로서 알 바가 아니며

또한 마음의 경계도 아니니
그 성품이 본래 청정한 것을
모든 중생들에게 열어 보이시도다.

[疏] 八, 答知卽心體라
- 아) 아는 것이 곧 마음의 체성이라 대답함이다.

[鈔] 知卽心體者는 此句는 標示라 上에는 智는 卽對所證之法하야 明能證
之智어니와 今에는 直語靈知眞心이 異乎木石者는 通能所證也니라
- '아는 것이 곧 마음의 체성'이란 이 구절은 (가) 표방하여 보임이다.
위에서 지혜는 곧 증득할 대상의 법에 상대하여 증득하는 주체의 지
혜를 설명했거니와 지금은 바로 '신령스럽게 아는 참된 마음이 나무
나 돌과 다르다'고 말한 것은 증득하는 주체와 증득할 대상에 통하
는 개념이기 때문이다.

(나) 경문 해석[釋文] 4.
ㄱ. 남종선과 북종선에 함께 회통한 해석[釋初句雙會南北宗禪]

(了別 58上10)

[疏] 了別은 卽非眞知니 故非識所識이라
- '요달하여 분별함'은 곧 진실로 아는 것이 아니니, 그러므로 인식으로
알 수 있는 대상경계가 아닌 것이다.

[鈔] 了別下는 雙會南北宗禪하야 以通經意니 此句는 卽遣南宗病也라

謂識以了別로 爲義니 了見心性도 亦非眞知라 淨名에 云, 依智不依識이라하나니 謂分別은 名識이오 無分別은 名智라 今有了別之識일새 故非眞知니 眞知는 唯無念이라야 方見이니라

- ㄱ. 了別 아래는 남종선과 북종선의 가풍을 함께 모아서 본경의 뜻과 회통함이다. 이 구절은 남종선(南宗禪)의 병통을 보낸 내용이다. 말하자면 인식으로 요별함으로 뜻을 삼았으니, 마음의 성품을 요달하여 보는 것도 또한 진실로 아는 것이 아니다. 『유마경』에 이르되, "지혜에 의지해야지 인식에 의지하지 말라"고 하였으니, 분별은 '인식'을 말하고 분별 없음은 '지혜'라 말한다. 지금은 요달하여 분별하는 인식이므로 진실로 아는 것이 아니라는 뜻이니, 진실로 아는 것은 오로지 망념이 없어야[無念] 비로소 볼 수 있는 것이다.

ㄴ. 북종선의 병통을 보냄에 대한 해석[釋次句遣北宗之病]

(瞥起 58下5)

[疏] 瞥起도 亦非眞知일새 故非心境界라
- '언뜻 보기 시작함'도 또한 진실로 아는 것이 아니므로 '마음의 경계가 아니다'라고 하였다.

[鈔] 瞥起亦非者는 此釋第二句니 遣北宗之病也라 北宗은 以不起心으로 爲玄妙일새 故以集起로 名心이라 起心看心은 是卽妄想이니 故非眞知라 是以로 眞知는 必忘心遣照하야 言思道斷矣니라 故로 勝天王般若에 問云호대 云何菩薩이 修學甚深般若하야 通達法界이닛고 佛告勝天王言하시되 大王아 卽是如實이니라 世尊하 云何如實이닛고 大王

아 卽不變異니라 世尊하 云何不變異닛고 大王아 所謂如如니라 世尊하 云何如如닛고 大王아 此可智知오 非言能說이니 離相無相이오 遠離思量이며 過覺觀境이라 是謂菩薩이 修行甚深般若하야 了達甚深法界라하니라 釋曰, 但以無念心으로 稱此而知하면 卽同佛知見이니라 經에 云, 如實이 卽無念이니 是用無念心하면 見聞覺知로 覺知一切事法호대 心常寂靜이라 卽如來藏이라하니라

- '언뜻 보기 시작함도 또한 아니다'는 것은 둘째 구절[亦非心境界]에 대한 해석이니, 북종선의 병통을 보낸 내용이다. 북종선(北宗禪)은 마음 일으키지 않는 것으로 '현묘하다' 하므로 집기심(集起心)을 마음이라 부른다. 마음을 일으켜 마음을 보는 것은 곧 망상이므로 진실로 아는 것이 아니다. 이런 까닭에 진실로 아는 것은 반드시 마음을 잊고 비춤을 버려서 말과 생각의 길이 끊어진 것이다. 그러므로 『승천왕반야경』에 묻기를, "'어떻게 해야 보살이 깊고 깊은 반야를 수학하여 법계를 통달하겠나이까?' 부처님께서 승천왕에게 말씀하시되 '대왕이여, 곧 여실함이니라.' '세존이시여, 어떤 것이 여실함입니까?' '대왕이여, 곧 변하여 바뀌지 않는 것입니다.' '세존이시여, 어떤 것이 변하여 바뀌지 않는 것입니까?' '대왕이여, 이른바 여여함입니다.' '세존이시여, 어떤 것이 여여함입니까?' '대왕이여, 이는 지혜로 알 바요 말로써 설명할 수 없는 것이니, 모양을 떠나 모양이 없으며, 사량분별도 멀리 떠났으며, 각관의 경계도 지났음이라. 이것을 일러 '보살이 깊고 깊은 반야를 수행하여 심심법계를 요달한다'고 합니다." 해석하기를, 단지 망념이 없는 마음으로 이것과 걸맞게 안다면 곧 부처님의 지견과 같아진다고 말한다. 경에 이르되, "여실함이 곧 망념 없음이니 이런 망념 없는 마음을 쓰면 보고 듣고 생각하고 아는 것[見聞覺知]으로 온갖

현상과 법을 깨달아 알되 마음이 항상 고요하나니 이것이 곧 여래장이다"라고 말하였다.

ㄷ. 다음 구절은 두 종지를 함께 회통함에 대한 해석[釋次句雙會二宗]

(心體 59上7)

[疏] 心體離念과 卽非有念可無일새 故云性本清淨이라
■ 마음의 체성은 망념을 여의고, 가지고 있는 마음을 없앨 수 없음도 아니므로 '체성이 본래 청정하다'고 말하였다.

[鈔] 心體離念者는 雙會二宗하야 釋第三句니 以北宗은 宗於離念이어늘 南宗에 破云호대 離念하면 則有念可離어니와 無念하면 卽本自無之니 離念은 如拂鏡이오 無念은 如本淨이라하니 今爲會之리라 起信에 旣云[236) 心體離念이라하니 亦本自離오 非有念可離라 亦同無念可無가 卽性淨也오 非看竟方淨이니 若無看之看은 亦猶無念念者니 則念眞如也니라

● '마음의 체성은 망념을 여읜다'는 것은 남종선과 북종선의 두 종지를 함께 모아서 셋째 구절[其性本清淨]을 해석한 내용이다. 북종선에서는 '망념을 여읨[離念]'으로 종지를 삼는데, 남종선에서는 타파하여 말하되, "망념을 여의면 가지고 있는 마음은 여읠 수 있겠지만 망념 없음은 곧 본래 스스로 없었던 것이다. '망념을 여읨'은 마치 거울을 털어

---

236) 起信論 解釋分 所言覺義條에 나온다. 具云하면, "所言覺義者는 謂心體離念이니 離念相者가 等虛空界하야 無所不遍하야 法界一相이라 卽是如來平等法身이니 依此法身하야 說名本覺이니라. 何以故오 本覺義者는 對始覺義說이니 以始覺者가 卽同本覺이오, 始覺義者는 依本覺故로 而有不覺이어든 依不覺故로 說有始覺이니라."

냄과 같고, '망념이 없음[無念]'은 본래 청정함과 같다"고 하였으니 지금에 회통하리라. 『기신론』에 이미 이르되, "마음의 체성은 망념을 여의었다"고 하였으니, 또한 본래 스스로 여읜 것이요, 가지고 있는 마음을 여의는 것이 아니다. 또한 무념을 없앨 수 없는 것이 곧 본성이 청정함과 같으며, 보는 것이 끝나야 비로소 청정한 것이다. 만일 봄이 없이 보는 것은 또한 생각 없이 생각함과 같나니, 곧 진여를 생각함이다.

ㄹ. 마지막 구절은 법화경을 인용하여 해석하다[釋末句引法華證]

(衆生 59下4)

[疏] 衆生等有어늘 惑翳不知일새 故佛開示하사 皆令悟入이라
  ■ 중생들이 똑같이 가진 것이거늘 번뇌에 가리어 알지 못한 연고로 부처님이 열어 보여서 모두 깨달아 들어오게 한 것이다.

[鈔] 衆生等有下는 釋第四句라 卽用法華開示悟入佛知見意니 謂開除惑障하고 顯示眞理하야 令悟體空하고 證入心體也니 大意然矣니라 此有多釋하니 已如前引이어니와 今更略擧禪門釋之리라 北宗에 云, 智用은 是知오 慧用은 是見이라 見心不起가 名智니 智能知오 五根不動이 名慧니 慧能見이니 是佛知見이라 心不動이 是開니 開者는 開方便門이오 色不動이 是示니 示者는 示眞實相이라 悟卽妄念不生이오 入卽萬境常寂이라하며 南宗은 云, 衆生佛智를 妄隔不見하니 但得無念하면 卽本來自性寂靜이 爲開오 寂靜體上에 自有本智하니 以本智로 能見本來自性寂靜을 名示라 旣得指示에 卽見本性이니 佛與衆

生이 本來無異가 爲悟오 悟後에 於一切有爲無爲와 有佛無佛에 常見本性하야 自知妄想無性이며 自覺聖智라 故是菩薩이 前聖所知로 轉相傳授가 即是入義라하니라 上二가 各是一理니 前之略釋이 是疏本意라 餘如別說하니라

- ㄹ. 衆生等有 아래는 넷째 구절[開示諸群生]을 해석함이다. 바로『법화경』(제2 방편품)의 '부처님의 지견을 열어 보여 깨달아 들어오게 한다'는 뜻을 써서 해석하였다. 말하자면 번뇌의 장애를 열어 제거하고 참다운 이치를 드러내 보여서 하여금 체성이 공함을 깨닫게 하고 마음의 본체를 증득해 들어오게 함이니, 큰 의미는 마찬가지이다. 여기에 여러 해석이 있으니 이미 앞에서 인용한 내용과 같거니와 지금 다시 선문(禪門)을 간략히 거론하여 해석하리라. 북종선은 이르되, "지(智)의 작용은 아는 것이요 혜(慧)의 작용은 보는 것이다. 보는 마음이 일어나지 않는 것을 지혜[智]라 이름하나니 지혜로 능히 아는 것이요, 다섯 감관이 동요하지 않음을 슬기[慧]라고 이름하나니 슬기로써 볼 수 있나니, 이것이 부처님의 알고 보는 것[知見]이다. 마음에 동요 없음이 '연다'는 뜻이니, 연다는 것은 방편문을 여는 것이요, 형색에도 동요 않는 것이 보임이니, '보임'은 진실한 모양이 보이는 것이다. 깨달으면 망념이 생기지 않고, 들어가면 만 가지 경계가 항상 고요하다"라고 하였다. 남종선(南宗禪)에서는 이르되, "중생과 부처의 지혜를 망념이 사이해서 보지 못하나니, 단지 망념 없음만 얻으면 곧 본래로 자성이 고요한 것이 '여는 것'이 되고, 고요한 본체 위에 자연히 근본 지혜가 있으니, 근본지로 본래 자성이 고요함을 능히 보는 것을 '보인다'고 말한다. 이미 가리켜 보임을 얻을 적에 곧 본래 성품을 보게 되나니, 부처와 중생이 본래부터 다르지 않음이 '깨달음'이요, 깨

달은 뒤에 일체의 유위법 무위법이나 부처 있음과 부처 없음과 항상 본래 성품을 보아서 스스로 망상은 체성이 없고, 스스로 성스러운 지혜를 깨닫는 것을 아는 연고로 이 보살이 앞의 성인이 아는 것을 전전히 서로 전수함이 곧 '들어옴'의 뜻이다"라고 하였다. 위의 두 견해가 각각 일리가 있으니, 앞의 간략한 해석이 소가의 본래 뜻이요, 나머지는 별도로 설명한 내용과 같다.

(다) 위배함을 회통하다[會違] (卽體 60上9)
(라) 인용하여 증명하다[引證] (知之)
(마) 수행하기를 권하다[勸修] (若能)

[疏] 卽體之用일새 故問之以知오 卽用之體일새 故答以性淨이라 知之一字가 衆妙之門이니 若能虛己而會하면 便契佛境이니라
■ 체성과 합치한 작용이므로 아는 것으로 질문하였고, 작용과 합치한 체성이므로 '본성 청정함'으로 대답하였다. 지(知)의 한 글자가 여러 미묘한 문이 되나니, 만일 능히 자신을 비우고 안다면 문득 부처님 경계에 계합하리라.

[鈔] 卽體之用下는 會違니 謂前問은 問知어늘 今答性淨하고 都無知言하니 何以會通고할새 故爲此會하니라 故로 水南善知識이 云, 卽體之用을 名知오 卽用之體를 爲寂이니 如卽燈之時가 卽是光이오 卽光之時가 卽是燈이라 燈爲體오 光爲用이니 無二而二也라하니라 知之一字 衆妙之門은 亦是水南之言이라 若能虛己下는 勸修니 卽可以神會237)오 難以事求也라 能如是會하면 非唯空識而已니 於我에 有分也

니라

- (ㄷ) 卽體之用 아래는 서로 위배함을 회통함이다. 말하자면 앞의 질문에서 지(知)를 물었는데, 지금은 '본성이 청정하다'고 대답하였고, 도무지 지(知)라는 말이 없으니 어떻게 회통할까? 하므로 여기서 회통한다. 그런데 수남(水南) 선지식(水南守遂, 1072~1147)²³⁸⁾이 말하되, "체성과 합치한 작용을 지(知)라 하였고, 작용과 합치한 체성을 적(寂)이라 하였으니 마치 등불과 합치한 때가 바로 광명이요, 광명과 합치한 때가 곧 등불이다. 등불은 체성이고 광명은 작용이니 둘이 없으면서 둘이다"라고 하였다. '지(知)의 한 글자가 여러 미묘한 문'이라 함도 또한 수남(水南)선사의 어록이다. (마) 若能虛己 아래는 수행하기를 권함이니, 곧 신령스럽게 알 수는 있어도 현상으로 구하는 것은 어렵다. 능히 이렇게 알면 오로지 헛되게 아는 것이 아닐 뿐 아니라 나에게도 깨달을 분이 있다는 뜻이다.

자) 증득함에 대한 질문에 대답하다[答證問] 3.
(가) 세 가지 덕을 표방하다[標三德] (九答 60下9)

非業非煩惱며　　　　　無物無住處며
無照無所行일새　　　　平等行世間이시니라
업도 아니고 번뇌도 아니며
사물도 없고 머물 곳도 없으며
비춤도 없고 행할 곳도 없어서
평등하게 세간에 행하도다.

---

237) 會下에 南續金本有矣字.
238) 『五家正宗贊』(希叟紹曇선사 著) 응암담화조에 보인다.

[疏] 九, 答證問이니 卽證大涅槃三德圓也라
■ 자) 증득함에 대한 질문에 대답함이니, 곧 대열반의 세 가지 덕이 원만함을 증득함이다.

(나) 세 가지 덕의 양상을 해석하다[釋三德相] 3.
ㄱ. 세 가지 덕의 체성을 보이다[示三德體] (非業 60下9)

[疏] 非業繫故로 解脫也라 非煩惱者는 轉煩惱가 卽菩提니 是般若也오 無物者는 虛相盡故니 法身顯也라
■ 업에 얽매임이 아닌 연고로 해탈덕이다. '번뇌가 아님'이란 번뇌를 바꿈이 곧 보리이니 곧 반야덕이다. '사물이 없음'은 헛된 모양이 다한 까닭이니 법신의 덕이 나타난 것이다.

[鈔] 九, 答證問이라 疏文有三하니 初, 標擧요 二, 釋相이오 三, 結示라 非業繫下는 釋相이라 於中에 有三하니 初, 經中七字로 示三德體오
● 자) 증득함에 대한 질문에 대답함이다. 소문에 셋이 있으니 (가) 표방하여 거론함이요, (나) (세 가지 덕의) 양상을 해석함이요, (다) (세 가지 덕의 뜻을) 결론하여 보임이다. (그중에) (나) 非業繫 아래는 양상을 해석함이다. 그중에 셋이 있으니 ㄱ. 경문의 일곱 글자[非業非煩惱無物]로 세 가지 덕의 체성을 보임이요,

ㄴ. 세 가지 덕의 상을 털어내다[拂三德相] (無住 61上3)
ㄷ. 세 가지 덕의 공능을 말하다[辨三德功能] (由無)

[疏] 無住處者는 成上法身無所在也오 無照者는 成上般若의 能證相寂
也오 無所行者는 成上解脫의 無業行之用也라 由無用故로 用彌法
界하고 由無照故로 無所不知오 由無在故로 無所不在라 故結句에
云, 平等行世間也라

- '머물 곳도 없음'은 위의 법신은 있는 곳이 없음을 완성함이요, '비춤
이 없음'은 위의 반야의 증득하는 주체의 모양이 고요함을 완성함이
요, '행할 곳도 없음'이란 위의 해탈의 업과 행의 작용이 없음을 완성
함이다. 작용함이 없음으로 인해 작용하여 법계를 뒤덮고, 비춤이 없
음으로 인해 알지 못하는 것이 없다는 뜻이다. 있는 곳이 없음으로
인해 어디에도 있고, 그러므로 결론한 구절에서 '평등하게 세간에 행
한다'고 말하였다.

(다) 세 가지 덕의 뜻을 결론하다[結三德義] (是謂 61上10)

[疏] 是謂三德秘藏이며 佛之境也니라
- 이것을 일러서 '세 가지 덕의 비밀창고'이며 '부처님의 경계'라 말한다.

[鈔] 二, 無住處下八字로 拂三德相이오 三, 以第四句로 辨三德功能이라
由無用下는 釋第四句니 合上體相不二일새 故로 功用普周也라 三,
是謂三德下는 結示三德이라 廣義는 已見玄中하고 下出現品에 復重
解釋호니 此但撮略對文耳니라
- ㄴ. 無住處 아래 여덟 글자로 세 가지 덕의 양상을 털어냄이요, ㄷ.
넷째 구절[平等行世間]로 세 가지 덕의 공능을 밝혔다. 由無用 아래는
넷째 구절을 해석함이니 위의 체성과 양상이 둘이 아님과 합한 연고

로 공용이 없고 두루 함이다. (다) 是謂三德 아래는 세 가지 덕을 결론하여 보임이다. 자세한 뜻은 이미 현담에서 보았고, 아래 여래출현품에서 다시 거듭 해석할 것이요, 여기서는 단지 간략히 줄여서 경문과 대조했을 뿐이다.

차) 출현에 대한 질문에 대답하다[答現問] (十答 61下4)

一切衆生心이　　　普在三世中이어늘
如來於一念에　　　一切悉明達이니라
일체 중생들의 마음이
삼세에 널리 있거늘
여래는 한순간에
일체를 다 밝게 통달하도다.

[疏] 十, 答現問이라 上半은 所現이니 初句는 橫盡十方이오 次句는 竪窮三際라 下半은 能現이니 並於如來圓鏡智中에 無念頓現이라 故로 出現品에 云,[239] 菩薩普現諸心行이 卽斯義也라 上來에 辨十甚深이니 卽問答은 竟하다

■ 차) 출현에 대한 질문에 대답함이다. 위의 반의 게송은 출현할 대상이니 (가) 첫 구절[一切衆生心]은 가로로는 시방을 다함이요, (나) 다음 구절[普在三世中]은 세로로는 삼세를 궁구함이다. (다) 아래 반의 게송은 나타내는 주체이니 아울러 여래의 대원경지(大圓鏡智) 속에 망념 없이 몰록 나타난다는 뜻이다. 그러므로 여래출현품에 이르되,

---

239) 이는 如來出現品 제37의 '如來正覺'에 대한 게송이다. 經云, "如海印現衆生身일새 以此說其爲大海인달하야 菩提普印諸心行일새 是故說名爲正覺이로다 譬如世界有成敗나 而於虛空不增減인달하야 一切諸佛出

"보리에 마음과 행 모두 나타난다"고 말한 것이 곧 여기의 뜻이다. 여기까지 열 가지 매우 깊음에 대해 밝혔으니 질문과 대답함은 마친다.

(二) 현상을 나타내어 결론하고 통하다[現相結通] 2.

1. 현상을 나타내다[現事] 3.
1) 오게 된 뜻[來意] (自下 62上1)

爾時此娑婆世界中에 一切衆生의 所有法差別과 業差別과 世間差別과 身差別과 根差別과 受生差別과 持戒果差別과 犯戒果差別과 國土果差別을 以佛神力으로 悉皆明現하며

저 때에 이 사바세계 가운데 일체 중생이 가지고 있는 바 (1) 법의 차별과 (2) 업의 차별과 (3) 세간의 차별과 (4) 몸의 차별과 (5) 근의 차별과 (6) 생을 받는 차별과 (7) 계를 지니는 과보의 차별과 (8) 계를 범하는 과보의 차별과 (9) 국토의 과보 차별과 (10) 법을 설하는 차별이 부처님의 위신력으로 다 모두 분명하게 나타났다.

[疏] 自下로 第二, 現事結通이라 於中에 二니 先, 現事오 後, 結通이라 今初는 因何而現고 上來에 十首法光으로 開曉衆生身心故며 佛力으로 暫現하야 示相而答하사 令其自驗而欣厭故니라
■ 이 아래로 2) 현상이 나타내어 결론하고 통함이다. 그중에 둘이니 1.

世間이나 菩提一相恒無相이로다."(교재 권3 p. 294-)

현상이 나타남이요, 2. 결론하고 통함이다. 지금 1. 은 무엇으로 인하여 나타났는가? 여기까지 열 분의 수자보살의 법의 광명으로 중생들의 몸과 마음을 밝게 열었기 때문이며, 부처님의 능력으로 잠깐 나타나서 모양을 보이고 대답하여 그 자신의 경험으로 하여금 좋아하거나 싫어하게 하는 까닭이다.

[鈔] 因何而現下는 疏文有三하니 初, 來意를 可知라 二, 所現有十下는 釋文이오
● 因何而現 아래는 소문에 셋이 있으니 1) 오게 된 뜻은 알 수 있으리라. 2) 所現有十 아래는 경문 해석이요,

2) 경문 해석[釋文] (所現 62上6)

[疏] 所現有十하니 第一, 法은 卽所行之法이니 謂三學等殊오 二, 業은 謂正行漏無漏等이오 三, 集因苦果오 四, 身類不同이오 五, 根機差別이오 六, 四生非一이오 七, 持戒니 則人天240)勝劣이오 八, 犯戒니 則三塗重輕이오 九, 國土니 則依處染淨이오 十, 說法이니 則近報淨居하고 聰明利智로 速具佛法이라 此經은 文闕이나 晉本에 具之니라
■ 나타낼 대상이 열 가지가 있으니 (1) 법은 곧 행할 대상의 법이니 삼학(三學) 따위가 다름을 말하고, (2) 업은 이른바 유루와 무루 등을 바로 행함이요, (3) 집제의 원인과 고제의 결과요, (4) 몸의 종류가 다름이요, (5) 근기가 차별함이요, (6) 네 가지 태어남이 하나가 아님이요, (7) 계를 지님이니 인간과 천상이 뛰어나고 하열함이요, (8)

---

240) 天은 金本作生.

계를 범함이니 삼악도(三惡道)의 무겁고 가벼움이요, (9) 국토이니 의지하는 장소가 더럽고 깨끗함이요, (10) 법을 설함이니 가깝게는 정거천(淨居天)의 과보요, 총명하고 영리한 지혜로 빠르게 불법을 구족함이다. 이 부분은 본경에 문장이 빠졌으니 진역 경전[241]에는 갖추어져 있다.

[鈔] 三, 又此亦可下는 重會前文이라 二中에 持戒는 卽人天勝劣等[242]者는 如第二地라 說法卽近報淨居總明利智等者는 皆智論文이니 論第十三에 引育王經云호대 育王이 常供養衆僧이러니 有一比丘가 口內馨香이어늘 育王懷疑하야 試而驗之코사 方知本有하고 問其所因한대 比丘答云호대 迦葉佛時에 說法之果니라 復問說法果는 唯爾耶아 答此是華報니라 問云호대 果報云何오 因說偈云호대, 大名聞端正이며 得樂及恭敬이라 威光이 如日月하야 爲一切所愛오 辯才로 有大名하고 能盡一切結하며 苦滅得涅槃이니 如是名爲十이니 此卽說法之果也니라

● 3) 又此亦可 아래는 앞의 경문과 거듭 회통함이다. 2) 중에 '(7) 계를 지님은 곧 인간과 천상의 뛰어나고 하열함' 등이란 제2 이구지의 내용과 같다. '(10) 법을 설함은 곧 가깝게는 정거천의 과보요, 총명하고 영리한 지혜' 따위는 모두 대지도론(大智度論)의 논문이다. 『대지도론』 제13권에서 아육왕경문을 인용하여 말하되, "아육왕이 항상 대중스님에게 공양을 올렸는데, 어떤 한 비구가 입안에서 향기를 풍기거늘 아육왕이 의심을 품고서 시험해 보고 나서 바야흐로 본래 가

---

241) 晉經에 云, "爾時 此娑婆世界衆生 佛神力故 見此佛剎一切衆生 (1)如所行法 (2)如所行業 (3)如世間行 (4)隨身所行 (5)隨根所行 (6)隨其所報 (7)所生之處 (8)持戒 (9)毀禁 (10)說法果報"라 하다.
242) 上三十七字는 南續金本作七持戒者 如第二地中說法.

졌던 것임을 알고 그 원인을 물었는데, 비구가 답하기를 '가섭 부처님 시절에 설법한 과보입니다.' 다시 묻되 '설법의 과보가 오직 그것뿐입니까?' 대답하되, '이것은 화보(華報)입니다.' 또 묻기를 '과보는 어떠합니까?'" 그로 인하여 게송으로 설하기를, "크게 명성이 알려지고 단정하며 즐거움과 공경을 받습니다. 위덕광명이 해와 달과 같아서 모두의 사랑을 받으며 변재로 큰 명성이 있고, 능히 온갖 원결(怨結)이 다하며 괴로움을 없애고 열반을 얻게 되나니, 이러한 것이 열 가지가 되는데 이것이 곧 설법의 과보라 합니다"라고 하였다.

3) 앞의 경문을 거듭 회통하다[重會前文] (又此 62下8)

[疏] 又此를 亦可配十甚深이니 以是示相答故라 一, 法首는 正教甚深이오 二, 寶首는 業果오 三, 勤首는 懈怠難出이오 四, 財首는 觀內身等이오 五, 德首는 佛法一味가 隨根異說等이오 六, 覺首는 往善惡趣오 七, 智首는 六度順行이 通爲持戒之果오 八, 目首는 佛田平等이나 但犯戒布施가 得果差別이오 九, 賢首는 隨心하야 世界有差別等이오 十, 晉經에 旣有說法하니 卽是說佛境界法也니라

■ 또한 이것을 열 가지 매우 깊음과 배대할 수 있으니 모양을 보여서 대답하였기 때문이다. (1) 법수보살은 바른 교법이 매우 깊음이요, (2) 보수보살은 업과 과보가 매우 깊음이요, (3) 근수보살은 게으름과 나태함은 벗어나기 어려움이요, (4) 재수보살은 몸 안을 관찰하는 등이요, (5) 덕수보살은 불법이 한 맛인 것이 근기를 따라 다르게 설하는 등이요, (6) 각수보살은 선한 갈래와 악한 갈래를 왕래함이요, (7) 지수보살은 육바라밀에 수순하는 행법이 통틀어 지계의 과보가

됨이요, (8) 목수보살은 부처님의 복전은 평등하지만 단지 범계(犯戒)함과 보시는 과보 얻음이 차별됨이요, (9) 현수보살은 마음을 따라서 세계의 차별이 있는 등이요, (10) (문수보살은) 진경에 이미 설법이 있으니 곧 부처님의 경전을 설한 법이 된 것이다.

[鈔] 又此十亦可者는 重會前文이라 不爲此釋하면 則現事無由니 理必合爾라 但文이 影略일새 故致亦可之言이니라
- 3) 又此亦可 아래는 앞의 경문과 거듭 회통함인데, 이것을 해석하지 않으면 나타난 현상이 이유가 없음이다. 이치는 반드시 그것과 합하는 것이다. 단지 경문이 비추어 생략된 연고로 '또한 그렇게 될 수 있다'고 말한 것이다.

2. 결론하고 시방에 통하다[結通] 2.

1) 동방을 결론하다[結東方] (於二 63上10)

如是東方百千億那由他와 無數無量無邊無等과 不可數不可稱不可思不可量不可說인 盡法界虛空界一切世界中에 所有衆生의 法差別과 乃至國土果差別을 悉以佛神力故로 分明顯現하시니

이와 같이 동방의 백천억 나유타와 수없고 한량없고 끝없고 같을 이 없고 셀 수 없고 일컬을 수 없고 생각할 수 없고 헤아릴 수 없고 말할 수 없는 온 법계와 허공계의 일체 세계 가운데 있는 바 중생의 법의 차별과 내지 국토의 과보 차별

을 다 부처님의 위신력으로 분명하게 나타내시니,

[疏] 第二, 如是下는 結通廣徧이라 於中에 二니 初, 結東方이오
- 2. 如是 아래는 결론하고 광대하게 시방에 통함이다. 그중에 둘이니
  1) 동방을 결론함이요,

2) 나머지 아홉 방위와 유례하다[類餘九方] (後南 63下2)

南西北方과 四維上下도 亦復如是하니라
남, 서, 북방과 네 간방과 상방과 하방도 또한 다시 이와 같으니라.

[疏] 後, 南西下는 類餘九方에 亦現十事니 以此處說法에 則現事通於十方이오 餘處說法에 亦應類此하야 總爲一法界大會라 思之어다 問明品의 辨信中解는 竟하다
- 2) 南西 아래는 아홉 방위와 유례하여 통함이다. 역시 열 가지 현상을 나타내나니, 이 사바세계에서 법을 설할 적에 나타난 현상이 시방에 통함이요, 나머지 장소에서 법을 설할 적에도 역시 응당히 이 사바세계에 유례하여 총합하여 하나의 법계의 큰 법회가 되는 것이니 생각해 보라. 보살문명품에서 믿음의 지위 중 이해를 밝힘은 마친다.

제10. 보살문명품(菩薩問明品) 終

화엄경청량소 제6권

| 초판 1쇄 발행_ 2018년 11월 22일

| 저_ 청량징관
| 역주_ 석반산

| 펴낸이_ 오세룡
| 편집_ 손미숙 박성화 정선경 이연희
| 기획_ 최은영 권미리
| 디자인_ 김효선 고혜정 장혜정
| 홍보 마케팅_ 이주하
| 펴낸곳_ 담앤북스
　　　　　서울특별시 종로구 새문안로3길 23 경희궁의 아침 4단지 805호
　　　　　대표전화 02)765-1251 전송 02)764-1251 전자우편 damnbooks@hanmail.net
　　　　　출판등록 제300-2011-115호
| ISBN 979-11-6201-109-6 04220

정가 30,000원